W9-CIB-759

ENCICLOPEDIA
PUERTORRIQUEÑA
SIGLO XXI

ENCICLOPEDIA PUERTORRIQUEÑA

SIGLO XXI

Volumen 5

Matienzo

Ramírez

CARIBE GROLIER, INC.

PUERTO RICO

Edición 1998

Copyright © 1998 by Caribe Grolier, Inc.
601 del Parque Street
Santurce, Puerto Rico 00910
Tel: (787) 724-2590

Impreso en los Estados Unidos de America

ISBN: 0-7172-5164-0

Todos los derechos reservados. No está permitida la reproducción total o parcial
de este libro, ni su transmisión en cualquier forma, ya sea electrónica, mecánica,
o de otro modo, inventada ahora o en el futuro, incluyendo fotocopia, registro,
o por cualquier sistema informático de archivo y recuperación, sin el previo
permiso y por escrito de la editorial.

M

▼ Matienzo Cintrón, Rosendo

Abogado, orador parlamentario, ensayista, dirigente político. Nació y falleció en Luquillo (22 de abril de 1855–13 de diciembre de 1913). Se graduó de abogado en Barcelona en 1875; inició en Madrid estudios doctorales que quedaron inconclusos. En Barcelona fue elegido vicepresidente de la Academia de Derecho. Regresó a Puerto Rico en 1884 y estableció su bufete de abogado en la ciudad de Mayagüez. Poco después fue arrestado por las autoridades coloniales y acusado de ser miembro de una logia masónica, lo que estaba rigurosamente prohibido. Puesto en libertad, se inició en la política y fue elegido diputado provincial por su pueblo adoptivo. En 1887 concurrió a la histórica Asamblea de Ponce en que se fundó el Partido Autonomista. Dentro de esta colectividad apoyó la propuesta de Don Luis Muñoz Rivera para pactar con el Partido Liberal Fusionista de Práxedes Mateo Sagasta. Fue miembro del Comité Provincial del Partido Liberal Fusionista Puertorriqueño, pero cuando se produjo la ocupación de la isla por Norteamérica ya se había separado de esta organización. En 1898 fue designado por el gobierno militar presidente de la Audiencia de Ponce. En 1900 formó parte del Consejo Ejecutivo como miembro del Partido Republicano Puertorriqueño al cual se había adherido el año anterior, pero renunció al mismo por discrepancias con el Dr. José Celso Barbosa, y se incorporó al Partido Unión de Puerto Rico. En 1904 fue elegido delegado a la Cámara, organismo que presidió entre 1905 y 1906, y fue reelegido para tal cargo en 1906 y 1908. En 1912, persuadido de que la independencia era la solución definitiva al problema del *status* político de la isla, dedicó todos sus esfuerzos a fundar un nuevo partido con tal propósito. En este momento su lucha por destacar el perfil hispánico y la puertorriqueñidad de su pueblo tomó nuevo impulso y vuelo. Con la colaboración de Manuel Zeno Gan-

Lab. Fotográfico UPR

El distinguido abogado, político y escritor luquillense Rosendo Matienzo Cintrón

día, Santiago Oppenheimer, Luis Lloréns Torres y otros dio a conocer un «Manifiesto del Partido de la Independencia». Pero el esfuerzo fue inútil, pues no lograron inscribir el partido.

A lo largo de su vida pública Matienzo Cintrón defendió con la palabra y con la pluma sus opiniones, para algunos demasiado vehementemente. Su dominio de la oratoria y su repentismo hicieron de él un adversario de cuidado, y su agudo sentido del humor le permitió salir airoso de las situaciones más difíciles. Se ha señalado que su exaltación mística, su creencia en las fuerzas sobrenaturales y su apasionado ardor al defender ideas no siempre ortodoxas limitaron su carrera política y sus logros, pero todos, amigos y adversarios, coinciden en señalar que su patriotismo, su honradez y dignidad fueron excepcionales. Escribió en defensa de sus ideas en numerosas publicaciones periódicas: *El Buscapié, La Democracia, La Gaceta de Puerto Rico, Boletín Mercantil, La Revista de las Antillas, El País*, y el periódico espiritista *El Buen Sentido*. Su extensa obra, dispersa antes, ha sido recogida con devoción por

DIGNO DE ENCOMIO ES CONSERVAR EL ESPAÑOL

...debemos tratar de conservar ambos idiomas en su mayor pureza por lo mismo que aquí corren ambos peligros mayores de corromperse. Los puertorriqueños deben aprender el inglés con verdadero entusiasmo y el gobierno americano debe considerar que si la conservación del bisonte, en grandes parques de la Unión, es cosa digna de encomio, mucho más digno de encomio es procurar conservar el español entre nosotros.

Rosendo Matienzo Cintrón

DEFENDER LO NUESTRO

Desde el punto de vista humanitario o absoluto o espiritual, claro es que la idea de patriotismo puede resultar estrecha y cursi. Negarse a aceptar un adelanto porque procede de un país que creemos nuestro enemigo es pura y simplemente idiota. Y aplaudir sin reserva, sin ton ni son, todo lo que procede de nosotros es igualmente estúpido. Pero será siempre respetable la defensa justa de nuestro derecho, de nuestra conveniencia, de nuestra comodidad, siempre que no sea en perjuicio de otros que tienen como nosotros derecho a lo mismo.

Rosendo Matienzo Cintrón

PANCHO IBERO

Para Rosendo Matienzo Cintrón, el iberoamericano es un ser humano perfectamente definido e identificable tanto en lo físico como en lo espiritual. Descendiente de España y Portugal, asentado en toda América, habla dos idiomas: español y portugués, y se cobija en una misma bandera de tres colores: amarillo, que recuerda a España; verde en honor de Portugal, y blanco, «para indicar sus aspiraciones incontaminadas con abominables aspiraciones incompatibles con la libertad de otros pueblos». Matienzo nos dibuja ese hombre ideal, Pancho Ibero, en lo físico, como sigue: «Estatura mediana, ancha espalda, piernas fuertes y nervudas, manos y pies pequeños, ojos grandes y negros, cabellos color ala de cuervo, un ligero bigote sobre el labio para hacer resaltar el blanco mate de su tez, y el andar a la vez nervioso y firme. Ese sería el representante de un pueblo que se asienta sobre la extensión más grande de la Tierra y que preparara su educación del futuro control de la humanidad en dieciocho repúblicas, al lado de cuyas grandes capitales serán pequeñas Babilonia, Nínive, París y Londres. Y esto en no lejano día, sino a fines de este mismo siglo».

LA VANIDAD, EL PEOR PECADO

¿Cuál es la araña que teje la tela que nubla nuestra mente colectiva? La vanidad. Esta es la peor cualidad que puede tener un pueblo degenerado o no; porque si no está degenerado lo degenerará, y si lo está impedirá con la mayor fuerza posible que se regenere. La vanidad es una maldita maga que convierte en virtudes los defectos de sus víctimas. ¿Y cómo corregir defectos que parecen virtudes? La vanidad nos hace exclamar: tenemos el mejor clima del mundo, la mejor tierra del mundo, las mejores frutas del mundo, los mejores animales del mundo, y como hombres somos, moralmente hablando, buenos, muy buenos, buenísimos, o intelectualmente considerados, somos listos, muy listos... pero muy listos...

Empecemos, pues, por rendir culto a la modestia. En toda vanidad hay necedad, en toda jactancia hay grosería.

Rosendo Matienzo Cintrón en «Tengamos fe», *La Correspondencia*, 7 de enero de 1903

EL CARÁCTER NOVELERO

Queríamos arrancarnos de la noche a la mañana la lengua, las costumbres, las leyes y hasta los nombres propios.

Desaparecieron de la casa puertorriqueña los Manolitos, Panchitos y Pepitos o Joseítos. Se acostaron una noche llamándose así y amanecieron Franks, Jimis, Williams, Joes, etc.

Nuestro carácter impresionable o novelero así lo exigía y así fue sin que nadie ni nada pudiera evitarlo. Pero después vino la reflexión, la comparación, la deducción y la reacción se siguió inmediatamente, y desde entonces las cosas van tomando la posición no precisamente que tenían, sino la que debían tener.

Rosendo Matienzo Cintrón

SOMOS HEREDEROS DE UN HERMOSO PASADO

Somos herederos de un hermoso pasado porque somos españoles, y tenemos derecho a un fastuoso porvenir porque somos americanos.

No te humilles, pueblo puertorriqueño, porque así como no te conviene la vanidad menos te conviene la humillación.

Eterna cenicienta del Mar Caribe, prepárate para ocupar el puesto que te corresponde; que a través de tus guiñapos se trasluce la noble alcurnia y el noble destino de tu genio bondadoso y hospitalario.

Rosendo Matienzo Cintrón

el Dr. Luis M. Díaz Soler en *Rosendo Matienzo Cintrón-Recopilación de su obra escrita* (Río Piedras, 1960).

▼ Matienzo Román, Amelia

Poetisa nacida en Río Grande en 1913, nieta de Don Rosendo Matienzo Cintrón. Utilizó el seudónimo de «Altamira Fagot». Varios de sus poemas fueron publicados en la revista fajardeña *Entre flamboyanes,* en 1937. Entre ellos se cuentan los titulados «A Don Antonio», «Avemaría», «De nieta a nieta», «Gabriela Mistral» y «Mamá Carmen».

▼ Matilde (Pastillo), río

Nace en el barrio Guaraguao del municipio de Ponce. Longitud aproximada: 18.9 kms. (11.8 millas). Atraviesa el municipio citado y desemboca en el mar Caribe. Sus tributarios son el río Cañas y las quebradas del Agua y Limón.

▼ Matilla Rivas, Alfredo

Poeta nacido en España en 1937, radicado en Puerto Rico desde su infancia. Autor de los cuadernos de versos *Yo no soy novia de nadie* (1973) y *Catálogo de locos* (1978).

▼ Matojo de playa

Ver **Ecología.**

▼ Matón, río

Tributario del río de la Plata. Nace al este del barrio Sumido del municipio de Cayey a una altura de 680 metros (2,230 pies) sobre el nivel del mar. Longitud aproximada: 4 kms. (2 5 millas); corre de sur a norte y tributa sus aguas al río de la Plata. Tiene de afluente a la quebrada Pedro Ávila. En el Matón se pueden pescar camarones y dajaos.

▼ Matón Abajo, barrio

Del municipio de Cayey (1,109 habitantes según el censo de 1990).

▼ Matón Arriba, barrio

Del municipio de Cayey (784 habitantes).

▼ Matos, cueva

Situada en el barrio Carreras de Arecibo, en terrenos de una finca privada. Tiene acceso desde el kilómetro 1.5 de la carretera número 626, por un camino pavimentado que parte hacia el sur.

▼ Matos Bernier, Félix

Periodista, poeta, ensayista, narrador. Nació en Coamo y falleció en Ponce (1869–1937). Cursó sus estudios bajo la tutoría de su padre. Después de un corto período en que se empleó como tenedor de libros, se dedicó a los dos temas que serían el objeto de su vida: el periodismo político y la poesía. Comenzó a escribir para *La Juventud Liberal* de Braschi, y luego para la *Revista de Puerto Rico* de Francisco Cepeda. En el «año terrible» de 1887 se vio obligado a abandonar su patria, y residió por algún tiempo en Santo Domingo, luego en Venezuela, donde colaboró en algunas publicaciones periódicas. Cuando fue expulsado de Caracas viajó a Martinica y más tarde a Santo Tomás. En 1890 regresó a Ponce y trabajó en la *Revista de Puerto Rico*. En 1894 fundó su propio órgano, *La Libertad,* cuyo nombre le auguraba corta vida. Poco después fue condenado a tres meses de prisión por haber atentado contra el sacramento de la confesión en un artículo titulado «El confesionario». Luego se trasladó a San Juan, donde fundó *La Tribuna* (1898); a Mayagüez para iniciar *La Voz de la Patria* (1901), y a Ponce para crear *Puerto Rico* (1903) y *La Opinión* (1914). En esta última ciudad trabajó para varias empresas periodísticas y publicó sus artículos en diversas revistas literarias y políticas. Regresó a San Juan para trabajar como editorialista de *El Mundo* (1920). También escribió para *La Democracia, Puerto Rico Ilustrado* y *El Imparcial.*

LOS EMBELECOS DE MATIENZO

La fe nos ciega, nos hace impulsivos, nos vuelve intolerantes y feroces, nos trueca en energúmenos. El mismo Matienzo —ese chispeante Matienzo que si no tuviera fe en tantísimo embeleco como tiene en la cabeza sería delicioso— nos ofrece la mejor demostración de todo esto. No hay para él nada bueno, nada sano, nada merecedor de respeto o de cariño si no está dentro del molde peculiar de sus ideas, de sus creencias, de sus prejuicios.

Nemesio Canales

DEBEMOS RESOLVERNOS A SER LO QUE DEBEMOS SER

Para que la familia puertorriqueña se mantenga firme en el lar nativo necesita saber lo que es y lo que debe ser como pueblo, y después que esto sepa, resolverse a ser lo que debe ser.

Rosendo Matienzo Cintrón

Félix Matos Bernier, poeta, periodista y escritor

EL PENSAMIENTO
DEBE SER
TENAZ COMO
LA GOTA DE
AGUA FILTRADA

El pensamiento debe
ser, como la gota fil-
trada, tenaz. El ideal
que no perecerá nun-
ca, tiene que vencer.
En medio de las ne-
bulosidades del futu-
ro, surgirá la estrella
que alumbre y diafa-
nice los sueños huma-
nos, y la razón, que es
una diosa prisionera,
sacudirá su túnica…

Félix Matos Bernier

CANTO A LA
MUJER

Quiero decirle al dés-
pota que infama tu
virtud, tu bondad, y
tu belleza, que eres
sangre y calor de
cuanto ama y que
bajo, a tu vista, la ca-
beza; que te juzgue
cual eres, magnáni-
ma, sublime, resig-
nada a renunciar a
todos los placeres
por la ventura de
sentirse amada: que
eres alma sin odios,
al bien y a las virtu-
des sometida y de
Hogar excelsa funda-
dora… ¡Visión de ro-
sas de la negra vida
en el seno de nácar
de la Aurora!

Félix Matos Bernier,
«La mujer»,
fragmento

La obra de Matos Bernier es muy extensa. Cultivó el verso en los poemarios *Di-*
sonancias (1885), *La salvación de un ángel*
(1886), *Margarita Gautier* (1894), *Nieves y*
lavas (1894), *Pedazos de roca* (1894), *Recuer-*
dos benditos (1895), *Bernardo de Palissy*
(1897), *Canto a la patria* (1898), *Cantos ro-*
dados (1900), *Acantos* (1902) y *La protesta de*
Satán (1909). Reunió sus artículos periodísticos en *Ecos de propaganda* (1889), poesía y
prosa en *Páginas sueltas* (1897), y probó la
mano en la novela con *Puesta de sol* (1903),
en el ensayo con *Isla de Arte* (1907), obra
muy lograda, y en el cuento con *Llore y ría*
(1907). Su poesía, de estilo un tanto abul-
tado, se encuadra en el romanticismo. Su
novela se orientó hacia el naturalismo.

▼ Matos Bernier, Rafael

Poeta y escritor nacido en Coamo y fallecido
en Ponce (1881–1939). Estudió Artes en Estados Unidos. Cultivó el verso, el drama y la
novela, de las que dejó varias inéditas. Colaboró en *El Diario de Puerto Rico, El Mundo, El*
Día, La Correspondencia de Puerto Rico, Plumas
Amigas, Puerto Rico Ilustrado, y dirigió *La De-*
mocracia. En Ponce fundó *La trinchera.* Publicó el folleto breve *Tiempo tras tiempo o la jus-*
ticia de Dios (1899) y el drama *Deshonra y*
muerte o el rescate del honor (1903).

▼ Matos Cintrón, Nemir

Poeta nacida en 1949; autora de los poemarios *A través del aire y del fuego pero no del*
cristal y *Las mujeres no hablan así,* ambos
publicados en 1981.

▼ Matos Paoli, Francisco

Dentro del abigarrado panorama de la lírica puertorriqueña del siglo XX Francisco
Matos Paoli se destaca no sólo por la calidad de su poesía, sino también por la per-
sistencia de su vocación y la rara armoni-
zación de una poderosa intuición poética y
una segura elaboración del estilo personal.

Nació en Lares en el 1915 y allí cursó
su escuela elemental y secundaria. Su vocación literaria surge muy temprano y en
plena adolescencia escribe sus primeros
versos. Más adelante ingresa a la Universidad de Puerto Rico, donde estudia Pedagogía y obtiene su diploma de normalista
con licencia de maestro de escuela elemental. Prosigue sus estudios de bachillerato en la misma institución y tiene la
oportunidad de contar con maestros de literatura hispánica como Antonio S. Pedreira, Margot Arce y Concha Meléndez
en el Departamento de Estudios Hispánicos, donde cursa estudios hacia la concentración en español. Se gradúa con altos
honores. Mientras tanto, continúa culti-
vando la poesía y recoge la producción de
estos años en *Cardo labriego* (1937), poemario que lo ubica entre los poetas jóvenes más destacados.

Al igual que muchos otros escritores
puertorriqueños, Matos Paoli se identifica
desde muy joven con la causa de la independencia política de Puerto Rico y se
vincula, en la década del treinta, al Partido Nacionalista Puertorriqueño. A partir
del 1943 pasa a ejercer la docencia en el
Departamento de Estudios Hispánicos de
la Universidad, donde también lleva a
cabo estudios postgraduados. Enseña cursos de Literatura española y puertorriqueña y lleva a cabo una intensa labor de difusión cultural, sobre todo a través de la
Escuela del Aire, donde tiene a cargo programas radiales sobre poesía. En 1947
viaja a Francia para proseguir sus estudios
y se matricula en el programa de Literatura Comparada de la Sorbona. Publica,
además, durante la década del cuarenta,
dos poemarios, *Habitante del eco* y *Teoría*
del olvido, ambos de 1944, que evidencian
su madurez como poeta y que merecen
premios del Instituto de Literatura Puertorriqueña. En 1949 fue nombrado secretario general del Partido Nacionalista y al
estallar la revolución nacionalista en
1950 se le priva de su cátedra universita-

CANTO DE LA LOCURA

(Fragmento)

Y Dios es la locura,
la grata beldad del exilio,
la impronta que no tiene impronta,
el extranjero,
la cerrazón de alegría que perturba
al Electo.

¿O es que tú, manumitido de los cierzos,
no entiendes lo que es paz,
ese orto, ese orto
que aún reclinado tiene la prestancia
de llamarme su hijo?
No puedo ahora cantar,
decir el día que vivo,
cuando la hurí me espera en el desierto
y una chicharra me avisa de la familia
                                    [tremenda
que hay en todo nimbo.

Estoy con los pobres ahora,
los infelices claros,
los mendigos que hacen de la rosa
una gran corona de estupor.

Estoy con los pobres, digo,
y los labios no suenan a mentira
porque el Silencio me prohíbe,
me hace ser pulso dual en la azucena

Mi Madre me lleva de la mano
hacia donde no hay espacio,
me levanta hasta él yo bien escondido,
me presenta al que fue bajo la ley de Dios
un río extático que no vuelve a jugar con
                                    [el mar.

Sí, he aprendido esto: soy el separado,
el que evita la extrañeza del mundo,
el solo solo solísimo
que roba de la concha
el latir indecible de los pájaros.

Francisco Matos Paoli

Francisco Matos Paoli, autor del «Canto de la locura»

torno a planteamientos teóricos y la valoración crítica de la lírica puertorriqueña. En los últimos años se le ha nominado varias veces candidato al Premio Nobel de Literatura, lo que ha contribuido a la proyección y al reconocimiento internacional de su obra poética.

Resulta difícil ubicar a Matos Paoli dentro del desarrollo de la poesía puertorriqueña ya que se trata de un autor que ha desarrollado un estilo poético muy personal, vinculado a su peculiar visión místico-religiosa del mundo. Por un lado, su poesía arranca de la renovación vanguardista de los años veinte por la importancia que concede a la imagen y la libertad de su imaginación poética. En él se combinan, además, sus preocupaciones nacionalistas, su patriotismo trágico, pero esperanzado, con la aspiración a trascender la realidad para alcanzar una realidad trascendente. Es un poeta visionario y esta modalidad rige su vastísima producción de más de treinta y cinco poemarios publicados y una gran cantidad de libros inéditos.

Su primer libro significativo, *Cardo labriego*, lo ubica dentro de la poesía intimista y el nuevo criollismo esencial de la década del treinta, pero es a partir de *Habitante del eco* y *Teoría del olvido* que se define claramente su estilo poético. Se trata de una poesía difícil, por la poderosa intuición del poeta y su manejo de la imagen, pero de gran belleza. Proliferan en ella las metáforas, los símbolos y las imágenes que responden a la necesidad de expresión. Su poesía es una búsqueda de una realidad trascendente que capta en momentos privilegiados. El lenguaje se torna esencialmente simbólico, y algunos símbolos se repiten como claves de múltiples significados. La poesía de Matos Paoli está, pues, generalmente ligada a una experiencia místico-religiosa. El poeta lucha con la palabra para expresar sus visiones de lo oculto o trascendente. El misterio de la poesía misma y de la creación poética es uno de sus temas constantes. Sin embargo, esta visión de lo trascendente no lo desvincula de su vivir en el mundo, ni de sus preocupaciones políticas y sociales. Existe un imperativo ético-religioso que lo impulsa al compromiso sociopolítico y a la solidaridad humana.

El tema de la patria se recoge en *Canto a Puerto Rico* (1952), donde el amor

ria y se le condena a veinte años de prisión. En la cárcel escribe *Luz de los héroes* (1954) y pierde la razón debido al confinamiento solitario. En 1955 se le concede incondicionalmente un indulto y se le extiende un nombramiento permanente de escritor residente de la Universidad como reconocimiento a sus grandes méritos como poeta. Dicho cargo le permite proseguir intensamente la creación de su poesía y su prosa ensayística, la cual gira en

a la tierra se encauza hacia la alborozada poetización de su belleza y la evocación de la infancia. Estos elementos no aparecen descritos, sino recreados subjetivamente por medio de una intensa metaforización. La experiencia carcelaria produce, además de *Luz de los héroes*, otro libro, hermoso y extraño: *Canto de la locura* (1962), una de las cimas de la lírica puertorriqueña contemporánea. La locura aparece aquí como una transfiguración que amplía la capacidad de penetrar en el misterio de la existencia misma. El poemario recoge, además, el forcejeo del poeta con Dios, sus experiencias místico-religiosas y su reafirmación de fe cristiana y patriótica. Estas experiencias, teñidas de hondo dramatismo y sentido humano, se expresan mediante un lenguaje poético extraño y delirante, pero dominado por una rara lucidez.

Matos Paoli es actualmente un poeta en plena producción. Sus libros posteriores a *Canto de la locura* reinciden en las preocupaciones constantes del poeta —Dios, la patria, la justicia, la poesía, la belleza, el amor— que encuentran diversos cauces de expresión. En algunos poemarios como *Unión de la tierra* (1975) predomina el tema patriótico; en otros como *Rielo del instante* (1974) predomina la indagación en el misterio de lo trascendente. A veces su expresión se torna densamente simbólica; en otras ocasiones, como en *La orilla sitiada* (1973), se aclara para responder a un anhelo, siempre presente, de comunicación. En sus poemarios más recientes —*Isla para los niños* (1981), escrito en colaboración con su esposa Isabel Freire de Matos, y *Hacia el hondo vuelo* (1983)— prevalece este deseo de comunicación que lleva al poeta a simplificar su estilo sin traicionar su esencia poética. El primero es un hermoso libro de poesía para niños y el segundo recoge décimas sueltas sobre diversos temas donde se perciben ecos de la poesía popular y donde el poeta demuestra, una vez más, su maestría en el manejo del verso.

Las variaciones de estilo, así como las variaciones estróficas que van desde el versículo libre hasta la cerrada rotundidad del soneto en su *Cancionero* (ocho tomos publicados del 1970 al 1980), responden a variaciones de intención y contenido del mensaje poético. Lo que no varía es la persistente vocación del poeta y su indudable dominio de la palabra. Ver **Literatura**. (*Ramón Luis Acevedo*).

▼ Matrimonio
Puertorriqueñismo. Plato en que se sirven juntamente arroz y habichuelas guisadas.

▼ Matrullas, lago
Situado a unos 8 kms. (5 millas) al norte de la población de Villalba, a 734 metros (2,415 pies) de altura sobre el nivel del mar, con el lago Garzas está en segundo lugar en altura, después del Guineo. Fue construido en la cuenca del río Matrullas, afluente del Manatí, con una capacidad original de 3,005 acres/pie. Drena un área de 11 kms. cuadrados (4.42 millas). Se utiliza para generar energía eléctrica, para riego, pesca y otros deportes acuáticos.

▼ Matrullas, río
Afluente del río Toro Negro, tributario del Grande de Manatí. Nace en el cerro Doña Juana, barrio Bauta Abajo del municipio de Orocovis, a unos 1,000 metros (3,280 pies) de altura sobre el nivel del mar. Tiene una longitud aproximada de 12 kms. (7.5 millas); generalmente corre de sur a norte y tiene como afluente a la quebrada Novillo. En su cauce fue construido el embalse de su mismo nombre. En sus proximidades habita el falcón de sierra de Puerto Rico (*Acipiter striatus venator*), especie en peligro de extinción.

▼ Mattos, Ángel, hijo
Ver **Música. Periodo nacionalista**.

▼ Matungo
Americanismo. Flaco, débil, desmedrado.

▼ Matuyas Alto, barrio
Del municipio de Maunabo (322 habitantes según el censo de 1990).

▼ Matuyas Bajo, barrio
Del municipio de Maunabo (397 habitantes según el censo de 1990).

▼ Mauleón de Benítez, Carmen C.
Educadora nacida en San Juan alrededor de 1919. Se graduó de bachiller en Educación (1937) y de maestra en Estudios

Hispánicos (1948) en la Universidad de Puerto Rico, y de doctora en Filosofía y Letras en la Universidad de Madrid, España (1965). Autora del libro *El español de Loíza Aldea* (1974). En 1978 dio a conocer en el periódico *El Mundo* un ensayo titulado «¿Interacción y conflicto? Los modelos rectores y la enseñanza de la lengua». Éste había sido precedido por otro de 1975: «El español en Puerto Rico». Ejerció la docencia desde 1948, y diez años después ingresó al cuerpo de profesores de su Alma Máter.

▽ Maunabeño

Gentilicio de los nacidos en el municipio de Maunabo.

▽ Maunabo, barrio y pueblo

Cabecera del municipio de este nombre (660 habitantes) que, junto a partes de los barrios Emajagua (492 habitantes), Quebrada Arenas (1,364 habitantes) y Talante, integra la zona urbana del municipio de Maunabo.

▽ Maunabo, municipio

Superficie

34 kms. cuadrados (21 millas cuadradas)

Población

12,347 habitantes (censo de 1990)

Habitantes por barrios

Calzada	1,369
Emajagua	3,719
Lizas	764
Matuyas Alto	322
Matuyas Bajo	397
Maunabo, pueblo	660
Palo Seco	2,032
Quebrada Arenas	2,239
Talante	845

Situación

Ubicado en el sudeste de la isla, sobre la llanura costanera del poniente, limita por el norte con el municipio de Yabucoa, por el sur y sudoeste con Patillas y por el este con el mar Caribe.

El faro de Maunabo, situado en Punta Tuna, en el extremo sudoriental de la isla, erigido en 1892, es hoy lugar de gran atractivo para los visitantes

Axel Santana

Breve reseña

Por este territorio corre la cuchilla de Pandura, en la que se destacan los cerros de La Pandura y El Sombrerito. Hacia el sudoeste se encuentra la sierra de Guardarraya, donde se elevan los cerros Mala Pascua y Torrecilla. El río Maunabo atraviesa el territorio de noroeste a sudeste. Su afluente el Lachí y varias quebradas drenan también el territorio. En la costa se destacan las puntas Toro y Tuna y el puerto de Maunabo.

En este municipio impera la economía agrícola. A comienzos de siglo (1901–1920) contó con la central «Batey Columbia». Recientemente han tomado impulso la siembra de plátanos y otros frutos me-

nores, la manufactura de alimentos y otras industrias ligeras, y se cultivan plantas ornamentales.

El nombre de Maunabo se debe al río. Se cree que la población fue fundada en 1799, fecha en que se levantó la iglesia, que se colocó bajo la advocación de San Isidro Labrador y Santa María de la Cabeza, aunque la Casa del Rey no se construyó hasta 1825. En 1892 se erigió el faro de Punta Tuna que hoy tantos pueden contemplar. Por su posición, Maunabo ha sido afectado gravemente por muchos huracanes. En 1902 la Asamblea Legislativa de Puerto Rico aprobó la Ley para la Consolidación de ciertos Términos Municipales que dispuso que Maunabo fuera consolidado con el municipio de Yabucoa. Esta situación se mantuvo así hasta tres años después, cuando una nueva ley derogó la antes citada.

Las fiestas patronales de Maunabo se celebran alrededor del 15 de mayo, día de San Isidro. También tienen lugar los festivales de Navidad, de los Jueyes, del Plátano, del Mangó y el de la Niñez.

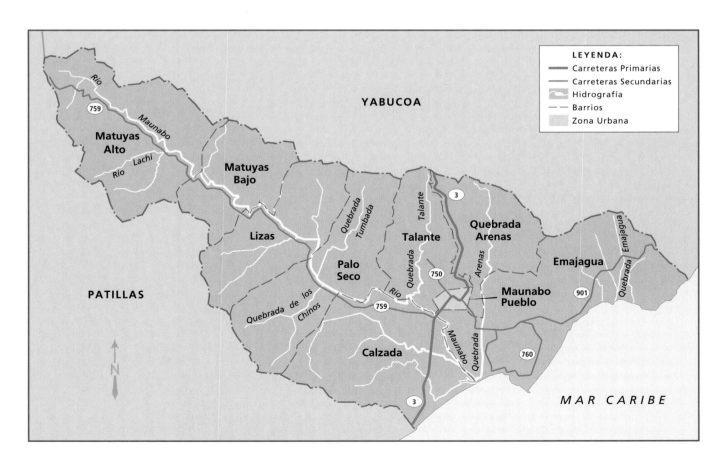

▼ Maunabo, río
Nace en el barrio Matuyas Alto del municipio de Maunabo y desemboca en el mar Caribe. Longitud aproximada: 15.3 kms. (9.6 millas). Tiene como afluentes al río Lachi y a las quebradas Arenas, Coroco, de los Chinos, Talante y Tumbada.

▼ Mauricio
Ver **Alciba, Burro, Jagüilla, Mauricio.**

▼ Mavilla, barrio
Del municipio de Vega Alta (319 habitantes).

▼ Mavilla, río
Tributario del río Cibuco. Nace al sur del barrio Cedro Arriba del municipio de Naranjito, a unos 650 metros (2,132 pies) de altura sobre el nivel del mar; corre de sur a norte y luego se desvía hacia el oeste. Longitud aproximada: 25 kms. (15.5 millas). Tiene como afluentes numerosas quebradas, entre ellas la de Jacinta. En él se pescan camarones, dajaos y guábaras.

▼ Mayagoez, cacique
Jefe indígena de la región de Mayagüez.

▼ Mayagüecilla, quebrada
Afluente del río Mayagüecilla, tributario del Grande de Añasco. Nace al sur del barrio Maravilla Sur del municipio de Las Marías, a una altura de 500 metros (1,040 pies) sobre el nivel del mar; corre de sur a norte.

▼ Mayagüecilla, río
Tributario del río Grande de Añasco. Nace al sur del barrio Palma Escrita del municipio de Las Marías, a unos 390 metros (1,279 pies) de altura sobre el nivel del mar, y la mayor parte de su curso sigue un rumbo norte. Longitud aproximada: 8.3 kms. (5.2 millas). Tiene como afluentes a las quebradas Mayagüecilla y La Verde.

▼ Mayagüez, barrio y pueblo
Cabecera del municipio de este nombre (35,279 habitantes) que, junto a los barrios Algarrobos (5,074 habitantes), Guanajibo (7,862 habitantes), Miradero (5,279 habitantes) y Sábalos (11,683 habitantes), y partes de los barrios Juan Alonso (876 habitantes), Mayagüez Arriba (5,435 habitantes), Quebrada Grande (4,796 habitantes), Río Cañas Abajo (1,324 habitantes), Río Hondo (2,743 habitantes) y Sabanetas (2,659 habitantes), integran la zona urbana del municipio de Mayagüez.

El teatro Yagüez, orgullo de la ciudad de Mayagüez. Debe su bautismo al río de ese nombre, que recorre todo el territorio de este a oeste

Axel Santana

▼ Mayagüez, municipio

Superficie

200 kms cuadrados (77 millas cuadradas)

Población

100,371 habitantes (censo de 1990)

Habitantes por barrios

Algarrobos	5,074
Bateyes	1,088
Guanajibo	7,862
Isla de Mona e Islote Monito	–
Juan Alonso	1,482
Leguísamo	1,774
Limón	1,488
Malezas	682
Mayagüez Pueblo	35,279
Mayagüez Arriba	5,905
Miradero	5,279
Montoso	815
Naranjales	1,039
Quebrada Grande	5,882
Quemado	3,185
Río Cañas Abajo	1,958
Río Cañas Arriba	1,254
Río Hondo	3,365
Rosario	1,483
Sábalos	11,683
Sabanetas	3,794

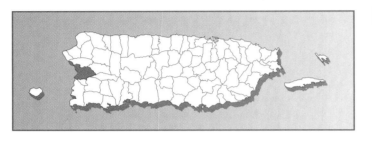

Situación

Ubicado en la costa occidental de la isla, limita por el norte con el municipio de Añasco, por el sur con los municipios de Cabo Rojo, Hormigueros y Maricao, por el nordeste con el de Las Marías, por el este con los de Las Marías y Maricao y por el oeste con el canal de la Mona.

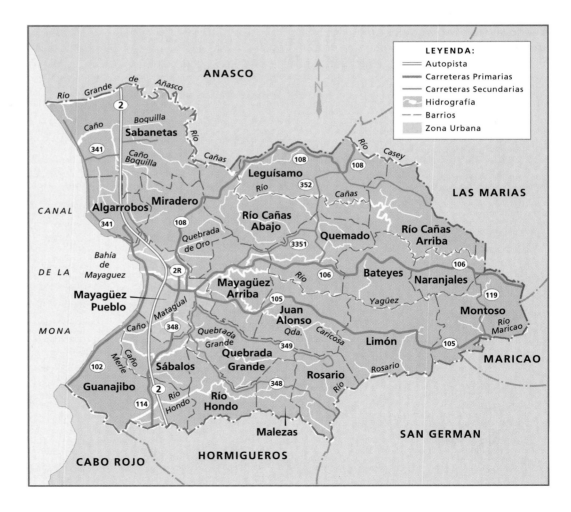

Breve reseña

El territorio mayagüezano es llano, aunque por el nordeste y el este se elevan las montañas de Urayoán, donde se destaca el cerro Las Mesas. Otros puntos culminantes se encuentran en los cerros Leclerc y Montoso. El río Yagüez lo recorre de este a oeste. Otros ríos importantes son el Grande de Añasco, el Cañas, el Hondo, el Guanajibo, el Mayagüecilla, el Casey y el Bucarabones. Frente a las costas se encuentran las islas de Mona o Amona y Monito, y el islote Desecheo. También se destacan varias puntas y cabos.

La economía tradicional se basaba en el cultivo de caña de azúcar, café, tabaco y frutos menores. Al presente predominan las industrias de procesamiento de alimentos, electrónicas y químicas, de calzado, de prestación de servicios y otras.

Este territorio estaba densamente poblado de taínos que radicaban en las márgenes del río Yagüez. Los lingüistas nos dicen que Mayagüez quería decir «sitio de aguas». Vecinos de San Germán se establecieron en el lugar atraídos por la fertilidad de la tierra y porque el río era rico en oro aluvial. Hacia 1760 dichos vecinos dieron poder a Francisco Martínez de

Axel Santana

Estatua levantada al Descubridor de América, el Almirante Cristóbal Colón, en Mayagüez

Vista de la casa alcaldía de Mayagüez. La casa municipal original había sido construida en 1845. Fue arrasada por el terremoto de 1918 y reedificada como aparece en esta foto

Axel Santana

Axel Santana

Interior de la Casa Franco, la repostería mayagüezana que, fundada en 1850, aún hoy es centro de reunión

Matos para que a sus nombres solicitara del Gobernador Esteban Bravo de Rivero autorización para separarse de San Germán y crear un partido y parroquia propios con el título de Nuestras Señora de la Candelaria. Dos ricos propietarios, Juan de Aponte y Juan de Silva, donaron el terreno necesario para erigir las obras municipales. En 1763 se llevó a cabo la fundación; la iglesia quedó bajo la advocación de Nuestras Señora de la Candelaria y Patrocinio de San José.

En 1777 Mayagüez se vio envuelto en un conflicto internacional. Dos goletas corsarias armadas por las Trece Colonias durante la guerra de independencia de Estados Unidos, perseguidas por una fragata inglesa, pidieron protección a las autoridades municipales. Éstas izaron en las goletas banderas españolas y les dieron asilo a pesar de las protestas del capitán de la fragata; el Gobernador, Coronel José Dufresne, ratificó la medida y exigió el retiro de la nave inglesa. En las primeras décadas del siglo XIX este partido experimentó un notable desarrollo debido a que en 1804 el puerto de Mayagüez fue abierto al comercio. El 7 de mayo de 1836 a Mayagüez le fue otorgado el título de villa, y el 10 de julio de 1877, el de ciudad. En 1841 un incendio arrasó gran parte de la población. El Gobernador Santiago Méndez Vigo colaboró con las autoridades municipales para reparar el daño, y el Consejo Municipal bautizó la calle comercial mayagüezana más importante con su nombre.

Las fiestas patronales para honrar a la Virgen de la Candelaria tienen lugar alrededor del 2 de febrero. También son tradicionales los festejos a los Reyes Magos y el Festival de la Danza Puertorriqueña.

▼ Mayagüez Arriba, barrio
Urbano de la ciudad de Mayagüez (5,905 habitantes según el censo de 1990).

▼ Mayagüezano
Gentilicio de los nacidos en el municipio de Mayagüez.

▼ Maymón, Miguel A.
Compositor puertorriqueño; autor del famoso bolero «Locura».

MAYAGÜEZ HACIA 1775

El pueblo de Mayagüez, fundado en 1760, dista 3 leguas al poniente de Añasco. El territorio intermedio está interrumpido por diferentes lomas que dejan algunos hermosos valles, cruzados de algunos arroyuelos. Toda esta tierra es gredosa y de buena calidad hasta la población, que está situada a la falda de unos cerros en una divertida vega, que fecunda el río Mayagüez. Por la parte del oriente y mediodía lo circunvalan las montañas de Hormigueros, por el norte las de Añasco, y la mar por poniente; tiene 50 casas, que dejan una buena plaza cuadrada: a un lado está la iglesia parroquial, que es muy decente, erigida por Don Miguel Rodríguez Feliciano, su primer párroco; el resto del vecindario, que asciende a 419 familias con 1,791 almas, viven en sus haciendas.

La parte de su territorio, que comprende la vega, es muy fértil y cultivan en él de todos los frutos de la Isla. Tienen algunos buenos trapiches y bastante ganado de todas especies. Las lomas y partes altas hasta Hormigueros, aunque la tierra es buena, está inculta y sólo hay algunas pequeñas estancias para ganado.

Fray Íñigo Abbad y Lasierra, *Historia geográfica, civil y natural de la isla de San Juan Bautista de Puerto Rico*

Mayol, Bartolomé

Pintor nacido en Utuado en 1915. En Puerto Rico estudió bajo la dirección de Oscar Colón Delgado. Posteriormente estudió en Estados Unidos y en Inglaterra. Ha expuesto sus obras en los museos de Baltimore, Richmond, Los Ángeles, de la Universidad de Puerto Rico y de Arte de Ponce. Ha ganado varios premios de pintura y dibujo.

Maysonet Marrero, Pablo

Poeta y pastor evangélico nacido en 1937. Es autor, con la colaboración de Moisés Rosa, Juan Francisco del Pilar y Lucas Torres, de una antología de la poesía titulada *Toda esta sed de amor* (1970. Ha publicado además los cuadernos de versos *Voz de la palabra* (1972), *Monte Rey, mi barrio triste y pequeño* (1975) y *Taller* (1977). Su poesía se inspira en su religión y en el amor por la patria chica.

Mazagrán

Bebida confeccionada a base de hielo, azúcar moscabada, ron y limón. Según Tomás Blanco, «tomado con natural moderación [sirve para] limpiar de telarañas la sesera. Sin que esto signifique en ningún modo, que embote la sagaz facultad y perspicacia de captar las musarañas de la imaginación y del ingenio». El mazagrán fue muy popular a principios de siglo en Puerto Rico. Según algunos autores se originó en Francia, de donde pasó a España. Puede haber sido el antecedente del daiquirí cubano, que se prepara con azúcar refino, ron y limón.

McManus, James Edward

Religioso redentorista nacido en Brooklyn en 1900. Obispo de la diócesis de Ponce de 1947 a 1963, año en que fue promovido a Nueva York como obispo auxiliar, debido al conflicto de la Iglesia Católica, y en especial del Obispo McManus con el entonces gobernador de Puerto Rico Luis Muñoz Marín, en la década de los sesenta. McManus fue el fundador de la Universidad Católica de Puerto Rico, y simpatizaba con la estadidad federada para la isla.

Media Luna, barrio

Del municipio de Toa Baja (11,359 habitantes según el censo de 1990).

Medianía Alta, barrio

Del municipio de Loíza (8,231 habitantes).

Medianía Baja, barrio

Del municipio de Loíza (7,421 habitantes según el censo de 1990).

Medina, cerro Altos de

Se eleva a 870 metros (2,853 pies) de altura sobre el nivel del mar. Está situado en el barrio Yayales del municipio de Adjuntas y tiene acceso desde la Carretera Estatal 526; se localiza en el cuadrángulo 8,166 del Mapa Topográfico de Puerto Rico.

Medina, Jaime

Ver **Música. Periodo nacionalista.**

Medina, Ramón Felipe

Poeta, narrador, ensayista, catedrático. Nació en San Juan en 1935. Se graduó de bachiller en Artes en la Universidad de Saint John, Collegeville, Minnesota, de maestro en Artes en la Universidad de Puerto Rico, donde profesa desde 1963, y de doctor en Filosofía y Letras en la Universidad Nacional Autónoma de México. Ha colaborado con sus versos en *Alma Latina, Asomante, Bayoán, Guajana, Orfeo, Palestra, Prometeo* y otras publicaciones periódicas. Autor de los poemarios *El ruiseñor bajo el cielo* (1956), *Canto de Dios airado* (1969), *Te hablo a ti* (1971), *Del tiempo al tiempo* (antología, 1973), *Andina de la alborada* (1978), *UPR 1981: Crónica variada II, Crónicas variadas y otros poemas* y *Un árbol de palabras* (1982), *A quien contigo va* (1987). También es autor de la novela *El 27* (1973), de libro de cuentos *El prodigio del tiempo* (1972) y del ensayo *Juan Antonio Corretjer, poeta nacional puertorriqueño* (1984). Medina ha dirigido el Departamento de Estudios Hispánicos de la UPR, Recinto de Río Piedras.

Medina González, Adolfo

Abogado, poeta y escritor nacido en San Sebastián y fallecido en Aguadilla (1867–1925). A la par que trabajaba como abogado se dedicó al periodismo y la poesía. Su obra poética incluye los títulos *Primeros versos* (1885), *Ecos del camino* (1915) y *Notas rítmicas.* Autor de los ensayos biográficos *Dr. Salvador Carbonell* (1910), *Castelar* (1911), *Rosendo Matienzo Cintrón* (1914), *Manuel Corchado Juarbe* (1921) y *Luis Rodríguez Cabrero* (1923).

Medio, canal del

Ver **Loíza, río Grande de.**

▽ Medio peso
Ver **San pedrito, Medio peso, Papagayo.**

▽ Medregal
Ver **Jurel.**

▽ Meireles, Eduardo
Autor de teatro puertorriqueño del siglo XX. Escribió la pieza cómico-lírica, en un acto y en verso, *La entrega del mando o fin del siglo* (1899), con que se inicia la crítica al régimen norteamericano en el teatro puertorriqueño.

▽ Melao
Ver **Ecología.**

▽ Meléndes, Joserramón
Poeta y escritor nacido en 1952. Su nombre correctamente escrito leería José Ramón Meléndez. Ha publicado versos en revistas y antologías y en el cuaderno *Desimos désimas* (1976). Es autor del ensayo *En Borges* (1980) y editor de las antologías poéticas *Poesiaoi. Antolojía de la sospecha* (1978) y *Puño de poesía* (1979).

▽ Meléndez, Concha
Poeta, ensayista, profesora y prestigiosa crítica de la literatura hispanoamericana y puertorriqueña. Nació en la ciudad de Caguas el 21 de enero de 1895 y falleció en la de San Juan el 26 de junio de 1983. Recluida por enfermedad desde el 1980, siguió recibiendo homenajes por su obra escrita, recogida en quince tomos por la Editorial Cultural y en 5 tomos por el Instituto de Cultura Puertorriqueña. Los títulos de mayor divulgación revelan sus preferencias temáticas: *Amado Nervo, Signos de Iberoamérica, Entrada en el Perú, Asomante, La inquietud sosegada, Figuración de Puerto Rico y otros estudios, José de Diego en mi memoria, Literatura hispanoamericana, Palabras para oyentes, Poetas hispanoamericanos diversos, Personas y libros, Literatura de ficción en Puerto Rico, El arte del cuento en Puerto Rico, Moradas de poesía en Alfonso Reyes.* Este último libro de 1973 es el cuarto ensayo dedicado a Reyes, siendo los otros tres: *Alfonso Reyes, flechador de ondas* (1934), *Retorno a Alfonso Reyes* (1939) y *Ficciones de Alfonso Reyes* (1956), que colocan a la autora entre los críticos más importantes del insigne escritor mexicano. Educada en Puerto Rico hasta obtener el bachillerato universitario en 1922, continuó la búsqueda de horizontes intelectuales en el Centro de Estudios Históricos de Madrid, en la Universidad de Columbia en Nueva York, y en la Universidad Nacional de México, donde obtuvo el grado de doctora en Filosofía y Letras en 1932, con una disertación sobre «La novela indianista en Hispanoamérica», precedida por su tesis de maestría sobre Amado Nervo, publicada en 1926 por el Instituto de las Españas en la Universidad de Columbia.

Paralelamente a la labor erudita, cultivó Concha Meléndez la poesía en su juventud y en algunos pasajes de sus ensayos se aprecia el estilo refinado de una escritora amante de la belleza lírica y del paisajismo, aspecto esencial de su personalidad que ha descrito la profesora Laura Ríos en un bello cuaderno: *Concha Meléndez* (Editorial Cordillera, San Juan de Puerto Rico, 1978). La carrera pedagógica de la profesora Meléndez se inició en las escuelas públicas siendo muy joven. Después de graduarse, ejerció la docencia en la Universidad de Puerto Rico, donde llegó a fundar la cátedra de Literatura Hispanoamericana y a ocupar el rango de catedrática y directora del Departamento de Estudios Hispánicos entre 1939 y 1943. Su vida académica está sembrada de méritos indiscutibles. Viaja, escribe, dicta conferencias, recibe invitaciones para enseñar en universidades de los Estados Unidos, habiendo ejercido la docencia en Middlebury College y en otros centros de enseñanza superior, y en su peregrinaje por los países americanos del Norte, del Centro y del Sur, cultiva amistades y divulga los valores del quehacer intelectual de los creadores de todos los países hermanos por la lengua y la cultura en el mapa de América. Al jubilarse en 1957, con el título de Catedrática Emérita, sus actividades se multiplican, ya que además de continuar las investigaciones que culminan en sus libros de los últimos veinticinco años, colabora en revistas, sigue ofreciendo conferencias, y se ocupa de sus obligaciones como Ministro Ordenado de la Escuela Unity de Cristianismo Práctico junto a su hermana, Doña Rafaela Meléndez, profesora por muchos años en las escuelas superiores de Puerto Rico, quien fue la compañera inseparable de la escritora hasta su muerte. Los premios y

---

PARA ENSEÑAR, JUZGAR, CURAR

Enseñe el que haya cultivado más el saber; el que posea riqueza moral suficiente para hacer de sus lecciones sustancia de su propio vivir. Juzgue el que haya afinado su juicio en las disciplinas con que va a medir la obra de los otros; cure el que conozca las raíces del mal y las medicinas eficaces.

Concha Meléndez

LO SABEN LAS MONTAÑAS

(Fragmento)

De mi tierra,
amo las montañas altivas:
aquí, donde todo es suave y tranquilo,
ellas son bravías;
ellas son el símbolo de una oculta fuerza
que a través de los tiempos germina…

Las montañas, de cerca, parecen
una esperanza encendida,
y de lejos, un sueño de virgen
flotando en la azul lejanía…
¿Por qué se levantan serenas y meditativas?
¡Es que saben muchas cosas que nosotros
[ignoramos,
y en las noches floridas
las estrellas les contaron los destinos
[luminosos
de todas las islas:
los pasados grandiosos viejos de las islas
[helénicas!

Concha Meléndez

La destacada ensayista, poeta y educadora, Dra. Concha Meléndez

CONCHA MELÉNDEZ Y LA LITERATURA HISPANO AMERICANA

Concha Meléndez —uno de los más prestigiosos valores en la historia de nuestro ensayo— trata de hermanar en una misma visión los rasgos permanentes de los pueblos hispanoamericanos… [Como Hostos], busca nuestra expresión en la vibración cultural, armónica y coherente de los pueblos americanos identificados por la sangre, por el idioma y por la historia. Así su criollismo amplio la lleva a abarcar en su crítica, como en un solo haz, las diversas literaturas de los pueblos americanos hispanoparlantes, incluyendo en este amplio concepto de hispanidad la nuestra.

Mariana Robles de Cardona

galardones que recibió en repetidas ocasiones la Dra. Concha Meléndez revelan el aprecio que han merecido sus obras. Entre éstos deben mencionarse la Medalla Eugenio María de Hostos, que le fue impuesta al celebrarse en Puerto Rico el primer centenario hostosiano en 1939: las diversas ocasiones en que recibió el Premio Anual del Instituto de Literatura Puertorriqueña; la Orden de Andrés Bello que le otorgó el gobierno de Venezuela en ceremonia celebrada en el Ateneo Puertorriqueño; y los honores que le ofrecieron en dicho Ateneo, en la Academia Mexicana de la Lengua Española, en la Universidad de Puerto Rico, que le confirió el grado de Doctor *Honoris Causa,* en la Asociación de Graduadas de la Universidad de Puerto Rico, y en el gobierno del Estado Libre Asociado de Puerto Rico, mediante el Departamento de Estado, que le rindió público homenaje en agosto de 1963, y en la Fundación Puertorriqueña de las Humanidades que la seleccionó en 1979 como Conferenciante Humanista del año. Perteneció Concha Meléndez a la Academia Puertorriqueña de la Lengua Española, siendo la primera mujer del país en ocupar un sillón en la prestigiosa institución, y también fue miembro de la Academia de Artes y Ciencias de Puerto Rico, y de las asociaciones de lengua y literatura de Estados Unidos y de Puerto Rico. En 1949 asistió a la Escuela de Crítica de Kenyon College en Ohio (Estados Unidos), y en 1953 representó a Puerto Rico en el Congreso de Escritores Martianos en La Habana. Las influencias más notables en su vida de estudio y creación fueron José de Diego, Federico de Onís, Alfonso Reyes, y su propia hermana, Rafaela Meléndez. Al primero, que la llamó en un poema «La Musa de la brava poesía del ideal iberoamericano», lo consideraba ella «como un padre», y de esos primeros años datan los poemas modernistas que reunió en un libro titulado *Psiquis doliente* (1923). En cuanto a Don Federico de Onís, con quien sostuvo una estrecha relación desde que se estableció el Departamento de Estudios Hispánicos en el recinto de la Universidad de Puerto Rico en Río Piedras, y fue su consejero y maestro en la Universidad de Columbia en Nueva York mientras preparaba su *Memoria sobre Amado Nervo,* publicada luego por la misma universidad a través del Instituto de las Españas, Concha Meléndez

GRACIAS A CONCHA MELÉNDEZ

Su infatigable gestión intelectual y docente fue contrapeso para las reiteradas manifestaciones españolistas, sin que dejara de reconocer todo lo bueno de la tradición hispánica; pero, más que otra cosa, quiso limpiar nuestras expresiones de los lirismos frívolos y dio consistencia a nuestra condición de entes iberoamericanos, los iberoamericanos del polo más autóctono, cultivadores de una literatura singularmente mestiza. En rigor, ahora nos sentimos cómodos dentro del vasto territorio espiritual iberoamericano, gracias al amoroso empeño de Concha Meléndez.

Enrique Laguerre, «Concha Meléndez y los dos polos culturales de América», *Revista del Instituto de Cultura Puertorriqueña*, 1976

lo distinguió siempre junto al recuerdo de Alfonso Reyes, de quien dice en el Proemio a *Moradas de poesía de Alfonso Reyes,* «La atracción de la obra de Alfonso Reyes ha sido la más constante e intensa en mis estudios, buscadores de las revelaciones de las palabras; detenidos, de modo inverso a como él me confesó, más en los libros que en la vida».

Y su hermana Rafaela, maestra de español y compañera de estudios y de inquietudes religiosas, trajo a su vida personal la consagración de sus esfuerzos como Ministro Ordenado de Unity.

Federico de Onís dijo de la autora que el carácter general de su obra «tiene su valor en el hecho de que siendo pura puertorriqueña, buscó lo más hondo y extenso de toda América». Ver **Literatura**. (*María Teresa Babín*).

Bibliografía:

(a) De la autora:

Obras completas de Concha Meléndez. Instituto de Cultura Puertorriqueña, San José, 1970, (I, II), 1972, (III, IV), 1974, (V). Tomo I: *Amado Nervo; La novela indianista en Hispanoamérica (1832–1889); Signos de Iberoamérica. Entrada en el Perú,* 596 págs. Tomo II: *Asomante, La inquietud sosegada, Figuración de Puerto Rico, José de Diego en mi memoria,* 691 págs. Tomo III: *Literatura hispanoamericana, Palabras para oyentes,* 625 págs. Tomo IV: *Poetas hispanoamericanos diversos, Personas y libros, Literatura de ficción en Puerto Rico: cuento y novela,* 625 págs. Tomo V: *El arte del cuento en Puerto Rico, Moradas de poesía en Alfonso Reyes,* 661 págs.

(b) Sobre la autora:

- Josefina Rivera de Álvarez. *Diccionario de literatura puertorriqueña.* Segunda edición revisada y aumentada y puesta al día hasta 1967. Volumen II, Instituto de Cultura Puertorriqueña, San Juan de Puerto Rico, 1974, págs. 958–965.
- Rubén del Rosario, Esther Melón de Díaz, Edgar Martínez Masdeu, *Breve enciclopedia de la cultura puertorriqueña,* Editorial Cordillera, Inc. San Juan de Puerto Rico, 1976, pág. 292.

▼ Meléndez, Julio

Escritor nacido en Vega Baja en 1924. Estudió Pedagogía y se graduó de maestro en Artes en la Universidad de Puerto Rico (1962). Ha ejercido la docencia y el periodismo. Cultiva el cuento, el ensayo, la novela y el teatro. Autor del libro de cuentos *La carne indócil,* (1964), de la antología poética *Literatura vegabajeña* (1967) y de la novela *El buitre y la carroña* (1969), sobre la figura de un cacique político que se nutre de la corrupción dominante.

▼ Meléndez, Víctor

Ver **Música. Periodo nacionalista**.

▼ Meléndez Arana, Alfonso

Ver **Arana, Alfonso**.

▼ Meléndez Báez, Juan

Militante del Partido Popular Democrático; fue representante a la Cámara (1949–68) y delegado a la Asamblea Constituyente que redactó la Constitución del Estado Libre Asociado de Puerto Rico (1951).

▼ Meléndez Bruna, Salvador

Gobernador de Puerto Rico de 1809 a 1820. Presidió el gobierno en momentos dramáticos, coincidentes con el desarrollo de la Guerra de Independencia de las colonias españolas del Continente y Mesoamérica. Poco después de su toma de posesión fue elegido Ramón Power y Giralt diputado a Cortes, y el recién llegado gobernador presenció las primeras manifestaciones separatistas en la isla que lo alarmaron. Meléndez Bruna gobernó en forma despótica y sin freno. A su favor se dice que hizo una labor constructiva. Construyó la carretera de San Juan a Caguas, creó varias aduanas, y fundó los pueblos de Patillas, San Sebastián, Sabana Grande, San Lorenzo, Adjuntas, Gurabo, Morovis e Isabela. Además, bajo su régimen se abolió la Inquisición, se estableció la Corte Mercantil, y se inició la instalación del alumbrado de las calles de San Juan.

Pasando juicio sobre los gobiernos de algunos mandatarios españoles, Sotero Figueroa, en su obra *Ensayo biográfico de los que más han contribuido al progreso de Puerto Rico*, nos dice: «Así vemos... a un Don Salvador Meléndez, que se atreve decir en pleno Ayuntamiento de la Capital, como si se dirigiera a esclavos abyectos: "Ya revivió el déspota, mi castigo es muy largo, y ahora se ha de ver," etc., por cuyas frases injuriosas reclamó aquel Cabildo la consiguiente reparación; que se muestra enemigo de nuestro Diputado Power, porque pidió y obtuvo que se anularan las facultades omnímodas de los Capitanes Generales, y que, por último, se declarara contrario a las salvadoras medidas económicas del Intendente Ramírez, no tanto porque era hechura de Power, sino porque, recto y pundonoroso, no aprobó que el citado General, en 7 de octubre de 1815, hiciera postura a uno de los oficios perpetuos de Regidor, vacantes en el Ayuntamiento de la ciudad, para sí y sucesores de su familia, con calidad de servirlo por teniente, calificando Ramírez la solicitud de sin ejemplar, y de contraria a diferentes leyes que prohibían los tenientes o sustitutos en los oficios de Cabildo o Concejales».

▼ Meléndez Contreras, José

Pintor y grabador nacido en Naguabo en 1921. Cursó estudios en la Universidad de Puerto Rico, en Río Piedras, con los pintores Cristóbal Ruiz y Walter Debner, y en la Academia de Arte de Cincinnati con Louis Bouchí y Josef Alhers. Trabajó en la División de Educación de la Comunidad por 25 años. Ha realizado numerosos carteles y diseños de libros. Entre sus obras figura «Campanario», de la colección del Museo de la Universidad de Puerto Rico.

El escritor y autor de la novela Yuyo, *Miguel Meléndez Muñoz*

▼ Meléndez Muñoz, Miguel

Ensayista, narrador costumbrista, periodista, dramaturgo. Usó los seudónimos de «Amílcar Barca» y «Judith Drummont». Nació y falleció en Cayey (1884–1966). Hijo del Coronel del Ejército español Juan Meléndez Urios, residió a temprana edad en España. Estudió en el Colegio San Isidro de Cayey bajo la tutela del profesor Hipólito Vázquez. Lector voraz, la cultura que adquirió como estudioso hizo que mereciera ser investido con el grado de Doctor en Letras Honoris Causa por la Universidad de Puerto Rico. Trabajó en diversos menesteres —empleado de comercio, funcionario bancario, agricultor, administrador escolar— al tiempo que colaboró en numerosas publicaciones periódicas de Puerto Rico y del extranjero. Huella de su quehacer literario ha quedado en *El Heraldo Español, La Democracia, Plumas Amigas, La República Española, Self Help, Puerto Rico Ilustrado, Rocinante, Almanaque Asenjo, Orientación, El Agricultor Puertorriqueño, El Mundo, El Imparcial, El Diario de Puerto Rico, Carteles*. Después de su debut en las letras con el libro de ensayos y cuentos *Retazos* (1905), se inició en la novela con *Yugo* (1913). Más tarde su narrativa siguió la senda trazada por Manuel A. Alonso; sus cuentos, escritos en lenguaje coloquial campesino, se inspiran en la vida del pequeño agricultor de fines del

LA REALIDAD DEL JÍBARO ESTÁ EN NOSOTROS

Fuera de ese jíbaro que marcha camino de la leyenda con su tiple y sus décimas, con sus viejas costumbres en desuso, la realidad del jíbaro está en nosotros mismos. Toda la diversa y apremiante promicidad de su existencia es nuestra, porque el ritmo de nuestra economía nos aproxima y nos identifica en la búsqueda de sus soluciones, pues que no afectan a una parte de nuestro pueblo, a una clase, sino a todo él, globalmente.

Miguel Meléndez Muñoz

EL JÍBARO HISTÓRICO

El jíbaro de ayer, histórico, como dice Pedreira, el jíbaro que sale de la pluma del Doctor Alonso, de Méndez Quiñones, y pasa por las manos de Zeno Gandía, de González García, de Virgilio Dávila y de Lloréns, penetra en la primera década subsiguiente al cambio de soberanía. Entra en ella con el remo, la gas, la mascaúra, los jarabes pa las dolamas, los hechizos, los velorios, la Fiesta de Reyes, el Corpus Christi, la Semana Santa, el picapleitos, el curandero, la Manífica, etc.

Miguel Meléndez Muñoz en *Puerto Rico Ilustrado*, 5 de junio de 1937

¿ESTAMOS PERDIENDO EL JÍBARO?

Vamos perdiendo, muy rápidamente, al jíbaro típico, si por tal conceptuamos el tipo del costumbrismo literario que cultivaron algunos escritores de otras generaciones y que hemos personalizado, en ese mismo género de literatura, algunos escritores de esta época. Aquél se ha ido esfumando en todo lo que constituían sus atributos en filial derivación de usos, costumbres, tradiciones y leyes al sobreponerse al suyo un módulo de civilización diferente que le marcó nuevas y distintas normas de vida. Y terminará por desaparecer. «¿No obedecerá esa insistencia en estudiar al jíbaro a la borrosa convicción de que ya va desapareciendo?» (Pedreira, *La actualidad del jíbaro*).

Miguel Meléndez Muñoz, *Puerto Rico Ilustrado*, 5 de junio de 1937

NADIE ES PROFETA EN SU PUEBLO

Somos *inconfundibles* como puertorriqueños. Podemos destacarnos en cualquier parte, y darnos a conocer enseguida. Nos distinguimos por nuestra fácil adaptabilidad a todas las situaciones y por nuestro fatalismo ancestral. Porque todo lo esperamos del gobierno, o de los «hombres providenciales» que, luego nos resultan verdaderas calamidades públicas; por nuestra anquilosada resignación y por nuestra tendencia a *dejar hacer*.

Bondad, perspicacia, aun en nuestras más ínfimas estratificaciones sociales; generosidad sin límites; admiración e idolatría por el último que llega a nuestro lar. Manía de buscar afuera, o importar, lo que tenemos en casa. Empeño, ahínco, tenacidad para que se realice, en toda ocasión para que no falle nunca el viejo refrán, que es parte del ideario de nuestro pueblo: «Nadie es profeta en su tierra».

Miguel Meléndez Muñoz, *Revista Índice*, Vol. I, 1930

siglo pasado y principios del presente. Entre ellos destacan los volúmenes *Cuentos del cedro* (1936) y *Cuentos de la carretera central* (1941). Además de este género, cultivó el ensayo, en el cual cosechó *Retablo puertorriqueño* (1941), *Lecturas puertorriqueñas* (1919), *Fuga de ideas* (1942), *Dos Luises* (1957), *Algunos ensayos* (1958), *Un profano en el Ateneo Puertorriqueño* (1963), *Un jíbaro del siglo XIX* (1963), *Sobre esto y aquello* (1963), *La personalidad puertorriqueña* (1965). Sus *Obras completas* en tres volúmenes fueron publicadas en Barcelona en 1963. De él ha dicho la Dra. Margot Arce de Vázquez: «En ese limpio espejo han de mirarse los puertorriqueños que deseen salvar la substancia de su ser y de su cultura». Ver **Literatura**.

▼ Melgarejo, Memoria de

El Capitán Juan López de Melgarejo (ver su biografía en esta obra por López de Melgarejo), conocido por el segundo de sus apellidos, nombrado por la Audiencia de Santo Domingo, ejerció interinamente el mando en Puerto Rico, entre 1581 y 1582. Durante su gobierno, entre las fechas citadas, Luis Ponce de León y Troche y Antonio de Santa Clara redactaron un extenso informe sobre la isla que contiene una descripción del Puerto Rico de fines del siglo XVI indispensable para el estudioso de la historia. Hemos eliminado los capítulos del 20 al 26 porque se refieren a temas que consideramos hoy son de menor interés. Dice así el informe:

Descripción del Puerto Rico de fines del siglo XVI por Melgarejo

Capítulo 1. Puertorrico es el pueblo principal; no se sabe que haya tenido otro nombre en lengua de indios, más de que toda la isla se llamaba el Boriquén; el nombre español que tiene de Puertorrico se le puso por la mucha riqueza de oro que se halló en ésta; otros han querido decir que se le puso por ser el puerto muy bueno y cerrado y seguro de tormentas.

Capítulo 2. El descubridor y conquistador de esta isla fue Juan Ponce de León, natural de la villa de Santervás del Campo; conquistóla a su costa por mandato del Almirante D. Diego Colón [note el lector que no hace referencia a Nicolás de Ovando], hijo del primer descubridor de las Indias; partió para este efecto desde la isla de Santo Domingo del puerto de Xigüey [Higüey] el Viejo, de un lugar que llamaban Salvaleón; la primera vez que vino al dicho efecto, tomó puerto en una punta de esta isla, que llaman la Aguada, que está en la banda del Norte de ella, y allí tomó ciertos indios con que hizo amistad y descubrió haber oro, volvió con la muestra al dicho Almirante, sin conquistarla, con el cual capituló y volviéndola a conquistar y poblar, tomó tierra de la banda del Sur de esta isla, donde fundó un pueblo en el puerto de Guánica, a donde estuvo por teniente a Don Cristóbal de Sotomayor, Caballero de Galicia, y desde allí se empezó a conquistar esta isla, fue en el año de 1508.

Capítulo 3. El temperamento de la ciudad de Puertorrico y su comarca, que casi es el de toda la isla, es muy bueno y casi todo el año es uno, excepto diciembre y enero, que reconoce el tiempo a invierno; entre año no es muy caluroso; llueve mucho desde mayo hasta septiembre, aunque en esto no hay orden, porque en unos años no lo guarda; el viento que corre de ordinario es del Este o el Nordeste, y a las noches salta el viento a la tierra, que son balsares de ella; por agosto y septiembre suele haber tormentas, junta la conjunción de la luna, que llaman *juracanes,* y las veces suele hacer grandísimos daños los vientos; pero el que más daño hace es el viento Norte, porque éste donde alcanza quema y abrasa las sementeras y derriba los platanales, que es una fruta que sirve de sustento a falta de pan; y al principio de la población de esta isla y muchos años después eran muy ordinarios estos juracanes de dos en dos y de tres en tres años; ahora se pasan diez y doce años que no los hay.

Capítulo 4. Esta isla es muy áspera y montuosa y doblada y de muchos ríos y arroyos de aguas, que por extremos son muy buenas y sanas, por causa que en todos los más de los arroyos se ha hallado y halla oro, y descienden sus nacimientos de cerros y collados donde se han hallado y se cree hay hoy ricos nacimientos de oro, aunque en la ciudad de Puertorrico se carece de esta agua, porque está su sitio en una isleta distinta de la isla principal, y a esta causa no hay agua de río ni quebrada, sino sólo de una fuente que mana de arenales y sale junto a la mar, media legua de la ciudad en la isla grande, y pasan a ella; se pasa por una calzada que está sobre la mar, llámanla Puente de Aguilar, y no se han traído a la ciudad por falta de no tener propio y ser poca el agua, y así se bebe agua de aljibes, que los hay en las más de las casas; tiene falta de pastos para los ganados y cada día se espera habrá menos, respecto haber nacido en esta isla unos árboles, que se llaman *guayabo,* el cual echa una fruta como manzanas llenas de pepitas, la cual comen las vacas y bestias y puercos y aves, y donde quiera que tornan a estercolar de las pepitas de cada una sale un árbol, con lo cual se va cerrando la tierra, de tal modo que los ganados no se pueden pastorear y se alzan, y debajo de él no fructifica yerba que pueda servir de pasto, y así cada día se va más arruinando.

Capítulo 5. Que hubo y se hallaron por copia al tiempo del repartimiento que se hizo cuando se ganó la isla, cinco mil indios y quinientas indias, sin los que quedaron por repartir, que no están domésticos; y el día de hoy no hay de los naturales ninguno, salvo unos poquitos que proceden de indios de Tierra Firme traídos aquí, que serán como doce o quince, y apocáronse por enfermedades que les dio de sarampión, romadizo y viruelas, y por otros malos tratamientos se pasaron a otras islas con caribes, y los que hay no están en el pueblo formado; sirven algunos por soldados y otros están en su haciendillas entre españoles; no hablan en su lengua porque los más de ellos son nacidos en esta isla; son buenos cristianos.

Capítulo 6. La altura y elevación del pueblo en que está la ciudad de Puertorrico se verá por el eclipse que yo, Juan Ponce de León, por mandato del Capitán Juan de Céspedes, Gobernador que fue de esta isla, tomé el quince de julio del año pasado, el cual se envía en este propio navío a Su Majestad.

Capítulo 7. En esta isla hay una villa que llaman la Nueva Salamanca o San Germán el Nuevo, el cual fundó el Gobernador Francisco de Solís con el despojo que quedó de un pueblo o villa que se decía Guadianilla, que estaba a la banda del Sur de esta isla, y lo quemaron caribes indios y comarcanos de esta isla y robaron franceses, estaba junto a la mar en una sierra, como a media legua de la mar, y a esta causa de estar a tanto peligro se pasó la tierra adentro, con acuerdo de la Audiencia de Santo Domingo; está la dicha villa de Salamanca a cuatro leguas de la mar, en donde también han llegado franceses y la han robado, al Oeste de esta isla y distante de la ciudad de San Juan treinta leguas; gobiérnase por teniente que pone el gobernador de la ciudad y alcaldes ordinarios; y el temperamento y aires es lo mismo que corre en la ciudad de Puertorrico; no tiene defensa alguna para corsarios.

Capítulo 9. La ciudad de Puertorrico, que es la cabeza de esta isla, la fundó el dicho Juan Ponce de León, al que se hace referencia en el segundo capítulo; llamóla San Juan por su nombre y fue la fundación de ella en el año de veinte y uno, porque despobló una ciudad que antes había poblado en la dicha isla que estaba como a legua y media de donde ahora está poblada, a la cual llamaban Caparra; fue la causa de su despoblación que no se criaban niños, porque todos se morían, respecto de que tenían malas aguas y así pocas, tenía ésta al tiempo que se pobló muchos más vecinos que ahora tiene, porque al presente no tiene más de hasta ciento setenta vecinos y catorce prebendados y clérigos, porque se han ido muchos a Tierra-Firme, España y otras partes.

Capítulo 10. El sitio de esta ciudad principal, que es a la que en el capítulo antes de este se hace mención, es parte del llano y tiene una altura hacia un monasterio de frailes dominicos, que en ella hay, como parecerá por el rasguño que con esta va [se refiere a un mapa], y la parte más alta, que es donde está el dicho monasterio; mira al Norte, y la parte más llana, que es al contrario, mira al Mediodía.

Capítulo 14. Por la noticia que se tiene de algunos conquistadores se halla que los indios de esta isla era gente mansa; no comían carne humana, ni eran sométicos, ni tenían ponzoña; peleaban los de la costa de la mar con flechas y arcos, y los de la tierra adentro con palos a modo de bastones; adoraban al demonio, con el que hablaban; temían a los caribes, indios comarcanos de la parte de Levante de ésta, que son bravos y guerreros y comen carne humana, y tienen yerba, y hoy en día lo son, y han destruido y destruyen esta isla y son parte muy principal para su despoblación y arruinamiento, como se ha avisado a su majestad, con informaciones que sobre ello se han enviado a la Casa de la Contratación de Sevilla.

Capítulo 15. En esta isla no hubo cacique que la señoréase toda, más de que en cada valle o río principal había un cacique, los cuales tenían otros capitanes como tenientes de quienes se servían, a los cuales llamaban en su lengua *nitaynos;* y después que fueron repartidos a los españoles, el tributo que daban a sus amos era traerlos a las minas a sacar oro y a hacer *conucos* de cazabe y maíz, lo que es el mantenimiento de esta tierra, y batatas, que era la comida que ellos antes usaban, demás de otras raíces que comían, que se dicen *ymoconas, yahutías, guayaros, lerenes* y *maní.* Entiéndase que la principal causa de haberse acabado los indios, demás de las enfermedades arriba dichas, fue el sacarlos de sus pueblos y llevarlos a las minas y a otras partes fuera de donde nacieron, aunque no los sacaron de esta isla.

Capítulo 16. El asiento de la ciudad de San Juan de Puertorrico es el que está dicho en el capítulo décimo; pueblo de indio no hay alguno como está dicho; la villa de la Nueva Salamanca está en una sierra con mal asiento, así por no haber cosa llana en él, como por tener el agua lejos y haber un barro que tiñe como almajara la ropa, en venteando el viento el polvo que se levanta causa hacer lo dicho; el río que más cerca de él pasa se llama *Guanaibo* [Guanajibo].

Capítulo 17. La ciudad de Puertorrico es tierra sana, comúnmente andan los hombres con buenos colores; las enfermedades que en ella son más peligrosas y más frecuentes son pasmos, y de esto mueren muchos niños en naciendo, o a lo menos antes de los siete días, y muchos hombres sólo de beber un jarro de agua estando sudando: de los remedios que más se usan para curar esta enfermedad, de que suelen escapar pocos, es el fuego, labrándolo junto a la nuca y por el cerro abajo de los riñones y dándoles a beber el zumo de la yerba que llaman tabaco, que es a modo de beleño; en la Nueva Salamanca es lo mismo que esta ciudad en cuanto a la salud y enfermedades.

Capítulo 18. De la ciudad de Puertorrico a la parte del Sudeste de ella está una sierra muy grande que hace tres abras y es muy alta, llámase toda ella junto la sierra de *Loquillo*, aunque desmembrada a las tres alturas que muestra; a la más alta llaman la Sierra de *Furidi*, puesto este nombre por negros, que en su lengua quiere decir cosa que siempre está llena de nublados; la otra llaman el Espíritu Santo, y la otra *Loquillo*, está a diez leguas de la ciudad de Puertorrico; llámase Loquillo porque los españoles la denominaban así, respecto de que un indio cacique que en él posaba, se alzaba de ordinario contra los cristianos y nunca tenían sosiego; de esta sierra nace una cordillera que parte la isla por medio de Este a Oeste y llega a la mar, y a la comarca de la Nueva Salamanca.

Capítulo 19. Hay un río que se llama Bayamón, que sale la boca de él dentro la bahía del puerto de la ciudad de Puertorrico y está la boca de la ciudad, a casi media legua, poco menos; suben por él barcos del servicio de la ciudad a traer leña, yerba para los caballos y fruta de naranjas, limas, plátanos y cidra y otras cosas; sírvense por este río cuatro ingenios de moler azúcar que llaman trapiches, por que vuelven con caballos que están en la ribera del dicho río y por él traen los azúcares a los navíos que

están en el puerto cargando para España, aunque en la boca de dicho río hay un banco de arena que muchas veces no pueden pasar sino es a mareas; hay así mismo en la ribera de dicho río algunas haciendas que llaman conucos, en donde se hace el cazabe, que es el pan de esta tierra y maíz, y se crían plátanos en abundancia; el nacimiento de este río trae muy poca agua; ensancha con otros arroyos que se juntan con él; hay otro río caudaloso y de los grandes de esta isla que se llama *Toa* [de la Plata], cuya boca sale a la mar a legua y media de la ciudad de San Juan, tiene fértil ribera en la cual hay tres ingenios, uno de agua y otros dos de caballos, de hacer azúcar, y se siembra jengibre que se da en ella muy bien; el nacimiento de este río viene de muy lejos, a más de catorce leguas de esta ciudad, de una sierra que llaman *Guavate*, y en su ribera está un árbol que llaman *seyba* [ceiba] en lengua de indios, el cual es tan grande que la sombra que hace al mediodía no hay ningún hombre que con una bola, como una naranja o poco más, pueda pasarla de una parte a otra; y un brazo de ella atraviesa todo el río de la otra parte que será el río tan ancho por allí, con lo que está al pie del árbol apartado del río como ciento veinte pasos; y hubo un carpintero llamado Pantaleón que hizo hacer y lo empezó en el hueco del árbol, socavándole, una capilla y poner altar en que se dijese misa; tendrá de ancho por el pie abajo, tanto en contorno que quince hombres no lo alcanzan a abarcar y hay hombre de fe y crédito, que dijo con juramento que hizo, que la había medido en compañía de otro y que halló tener de siete brazas el contorno; no da fruto; fue en tiempo antiguo habitación de indios y aún se halla alrededor de ellos algunos *cemíes* pintados en piedras allí cercanas, que son ídolos de los indios, que entonces adoraban en este río; junto al ingenio de agua arriba dicho, que llaman la Trinidad, hay una cantera de piedra muy buena, blanca y lisa, que la traían de allí para la obra que se comenzó antiguamente en la Iglesia Mayor de esta ciudad; por la costa abajo; hacia el Oeste de la isla sale otro río a la mar, llamado *Cibuco*, no es muy grande, y en su nacimiento, que es en Cibuco alto y bajo se ha sacado mucho oro, de veinte y uno a veinte y dos quilates; en la ribera de este río se cría mucho ganado vacuno y porcino, y como se dejó de sacar oro por falta de negros, se han despoblado muchas haciendas de minas y otras estancias; la boca de este río estará de la ciudad a cinco leguas; en la costa más abajo, al Poniente, que es la banda del Norte de esta isla, sale un río muy caudaloso, que se dice el *Guayanés* [Manatí], y que es casi tan grande como el de Toa; en sus riberas, que son fértiles, hubo antiguamente, en tiempo de indios y después de españoles, muchas haciendas y labranzas de mantenimiento de ganados; todo está al día de hoy despoblado por haber faltado indios y no haber venido negros a la tierra; más al Poniente, como a cinco leguas de la boca de este río, sale otro río muy más caudaloso, que se dice *Arecibo*, que en lengua de indios se decía *Abacoa*, el cual está despoblado por la razón de arriba; en la boca están congregados ciertos vecinos como hasta diez, gente pobre; tienen un teniente puesto por el gobernador de esta isla; allí los roban franceses que llegan con lanchas a la costa; por la costa abajo sale ;a boca de otro río a la mar, que llaman *Camuy*, despoblado y cenagoso; está de la boca del Arecibo, a dos leguas; divide los términos de esta ciudad y Salamanca; más al Poniente está otro río que llaman *Guataca* [Guajataca], sale a la mar y de una parte y de otra es peña tajada y está de la boca de Camuy tres leguas más abajo; por la otra costa sale otro río a la mar que se dice *Culebrina*, que está a la punta de la Aguada; no tiene cosa memorable; a la parte del Oeste de esta isla sale un río caudaloso, que se dice *Guaorabo*, donde antiguamente estaba poblada una villa que se dice San Germán, de hartos vecinos y gente principal y rica; despoblóse por causa de los franceses, que la quemaron dos o tres veces o cuatro, hasta que la despoblaron, como atrás queda dicho, y si no fuera por esta ocasión, se pudiera hacer en este río muchos ingenios y labranzas, porque es muy fértil su ribera; en esta costa de Norte a Sur, que va desde la punta de la Aguada a Caborrojo, hay otro río que llaman *Guanaybo* [Guanajibo] en lengua de indios, que es el que pasa por la nueva villa de Salamanca; por la costa del Sur sale un río a la mar, que se dice *Guadianylla* [Guayanilla], en donde estuvo asentado el pueblo que

atrás se dice haberse despoblado por franceses y caribes; en su ribera solía haber muchas y buenas estancias y en ella se daban granadas, uvas y parras y membrillos, como en España; más hacia el Este por la costa Oeste, por la banda del Sur, está otro río que se dice *Taiaboa* [Tallaboa], no está poblada su ribera; más adelante al Este por la costa sale otro río a la mar que llaman *Xacagua* [Jacaguas]; en sus riberas habitan algunos vecinos españoles, a los cuales, aunque están lejos de la mar, los han robado caribes. Este río parte los términos de la ciudad de San Juan y de la Nueva Salamanca; tres leguas más al Este por la costa sale otro río a la mar, que llaman *Cuamo* [Coamo], y de él toma el nombre cierta población que allí está de españoles, que será un número como veinte; tiene su alcalde, proveído por el gobernador de la ciudad; hay en sus dehesas muchos hatos de ganados que comienzan a criar, porque los pastos y dehesas son los mejores que se hallan en esta isla, a causa de que por aquella costa del Sur no se multiplica tanto el maldito árbol guayabo, y demás de esto es tierra de oro y muy templada; agóstase la tierra como en España y dase allí el trigo, por que se ha hecho la experiencia, en poco; hay una fuente en este término y junto a este río de Cuamo, que llaman el baño, y de su naturaleza el agua de él muy caliente, huele a azufre, es medicinal a los que allí se bañan, no se puede sufrir la mano, espacio de un cuarto de un credo en el agua, fue baño de indios antiguamente, porque tiene una piedra a modo de pila y figuras de indios pintadas; sale de un cerro pequeño y bajo, y de la otra parte de él, a un tiro de ballesta, sale otra fuente de muy agua fría; luego por la costa adelante, sale a la mar otro río, que llaman *Abeyno* [Salinas], no está poblado por respeto de caribes indios comarcanos, que tienen a su causa despoblado lo mejor de esta isla los españoles y lo que más era apuesto para fructificar; más adelante a cinco leguas, sale un río a la mar que se dice *Guayama* [Guamaní], donde hubo grandes haciendas y se despoblaron por razón de los dichos indios que los robaron, mataban y cautivaban; luego hay otro por la misma costa, que se llama *Unabo* [Maunabo], en lengua de indios, a tres leguas de Guayama; está despoblada su ribera por la misma razón, y más al Este por la misma costa hay otro río, que se llama *Guayanéz* [Guayanés], río grande, y a legua y media de Maunabo, está despoblado por la misma razón; una legua más adelante de la costa arriba está otro río que se dice *Jumacao* [Humacao], en lengua de indios, cuya ribera es la más fértil para la labranza de cazabe y maíz y ganados y todas las granjería de esta isla, y en él se halló mucho oro, algunos nacimientos de oro ricos, el cual está despoblado por los dichos caribes, que habitan en la Dominica y demás islas comarcanas; a legua y media de allí, hacia la cabeza y principio de esta isla, que se dice la cabeza de San Juan, está otro río, que llaman *Pedagua* [Daguao] en lengua de indios; tiene buen puerto para naos, que se dice el puerto de Santiago; fue poblado de muchas minas y estancias por ser fertilísima tierra y darse bien en ella cañafístolas, y aunque se hizo una casa de piedra para defensa de los caribes, casa fuerte, no se pudieron defender de los dichos caribes y así prendieron allí un caballero llamado Cristóbal de Guzmán con muchos esclavos suyos y de otros vecinos y lo mataron y quemaron la dicha casa y al fin se despobló la dicha ribera por esta razón; desde la dicha cabeza de San Juan, viniendo por la costa abajo, a la ciudad de Puertorrico, por la banda del Norte, está otro río que se dice *Fajardo*, el cual descubrió un hidalgo del mismo nombre, el cual río ha sido muy rico de oro y al presente lo es, si hubiese negros con que sacarlo; despoblóse su ribera por la misma ocasión dicha de caribes; al Oeste de este río, a cuatro leguas grandes, hacia la ciudad de Puertorrico, sale otro río, que llaman *Río-grande*, que también fue rico de oro y estancias de mantenimientos; está despoblado por la razón dicha; a tres cuartos de leguas, al Oeste de este río, está otro que sale a la mar, muy más caudaloso; llámase así por que desciende de la sierra que arriba dijimos, del propio nombre; ha sido río riquísimo de oro y labranzas, y en aquella sierra de él se crían unos árboles grandes, que llaman *tabonucos*, echan una resina blanca como anime, sirve ésta de brea para los navíos y para alumbrar como hachos en las procesiones y otros regocijos, y aun es medicinal para sacar frío donde lo hay y para curar llagas; está despoblado por la misma razón de caribes, que sólo un vecino ha quedado en él al cual le han quemado dos o tres veces su hacienda; de aquí de este río a tres leguas al Oeste están dos ríos, que se dicen los ríos grandes, no han sido poblados, ni hay cosa particular que decir de ellos; desde éste, a legua y media por la costa abajo, sale un río muy caudaloso que dicen *Loísa*, porque era de una cacica principal que, vuelta cristiana, se llamó Luisa; hácenlo tan caudaloso gran cantidad de ríos que entran en él; es río de oro; y el más fino que se hallaba en la isla era el de un río que entra en éste, que se dice el *Macauca* [Majagua], tocaba en veinte y tres quilates sobre cobre; en este río Loísa hay tres ingenios de hacer azúcar; el uno es de agua, que está en un río que llaman *Canóbana*, con cuya agua muele, los otros dos son de caballos; es ribera muy fértil y ha sido muy poblada de muchas más haciendas que al presente tiene; un ingenio de ellos que está junto a la boca del dicho río Loísa, ha sido quemado y robado tres veces de caribes, que entran con sus piraguas por el río arriba hasta dicho ingenio; hanle llevado por tres veces muchos negros porque en una vez le llevaron veinte y cinco y le mataron el maestro de azúcar; no lo han despoblado por ser una de las buenas haciendas de esta isla y que mejores partes tiene, y por haberse hecho en él cierto reparo a modo de casa fuerte a costa de su propio dueño; desde este río Loísa a la ciudad de Puertorrico por la costa, hay seis leguas, y en unas marismas, tierra baja, arenales como dos leguas, de la ciudad se vinieron a recoger ciertos vecinos, huidos de los dichos caribes, a hacer estancias de cazabe, aunque la tierra no fructifica tan bien como la que dijimos estar despoblada, y como aquí a pocos días llegaron los caribes y cautivaron gentes y quemaron haciendas; de modo que estos ríos dichos y otros que están por la tierra dentro, que se vienen a juntar con ellos, se ha hallado en todos oro y se halla al presente; no se dice acerca de la denominación más de lo contenido en este capítulo.

Capítulo 27. En esta isla hay gran cantidad de puercos alzados, montesinos, que proceden de los que de España se trajeron a ella, en tanta cantidad que en todas las partes de la isla se hallan y ayudan mucho al sustento; se multiplican mucho, salvo que los perros que se han alzado por los montes, de que hay en abundancia, los matan, no solo a ellos, pero a los ganados vacunos y potros; hay gallinas, venidas de Guinea, que son tan grandes como las de Castilla, cantan y tienen el mismo gusto que la perdiz, son negras pintadas de unas pintas menudas blancas; no son naturales; fueron echadas a mano el año de cuarenta y nueve por Diego Lorenzo, Canónigo de Cabo Verde, que fue el que trajo los árboles de coco a esta isla, que han multiplicado en abundancia, y es él que dio orden de cómo hiciesen ingenios de agua con que hacen los azúcares.

Capítulo 28. En toda esta isla, como no sea junto a la mar, se han hallado muchos mineros de oro, así por veta de nacimientos como en peladeros de sabanas como en hilos de oro que salen de los ríos y en las mismas maderas de los ríos por la mayor parte todo el oro que se hallaba era sobre plata, desde diez y ocho a veinte y un quilate, y a veinte y dos y de veinte y tres era sobre cobre, que es el del *Macauca* [Majagua] que atrás queda dicho, y en otras partes se hallaba de este oro que cuando menos se sacaba por jornal, que fue cuando se dejaron las minas, no bajaba el jornal de dos reales y a cuatro de oro, y hoy día algunas personas, que por curiosidad echan algunos negros a sacar oro, sacan a cuatro reales, y es cierto que sin esta granjería del oro la tierra no estuviera próspera y muy poblada y muy proveída de las cosas de España, porque habiendo oro nada faltara; cesó esta granjería respecto de acabarse los indios y de encarecerse los negros y ser pocos los que vienen, porque los que pasan a estas partes llévanlos a Tierra Firme y Nueva España, y si Su Majestad hiciese merced de mandar traer a esta isla mil negros y venderlos a los vecinos, en muy breve tiempo se le pagarán y los vecinos quedarán ricos y las Reales Rentas se aumentarían en gran manera, y en la venta de negros, sacado el costo de ellos, quedaba gran aprovechamiento a la Real Hacienda, porque además del oro que se saca por los ríos, se han hallado muchos nacimientos en esta isla, de donde han sacado de sólo uno más de ochenta mil ducados y de esto ha habido hartos, y hoy en día está por catear y buscar la mayor parte de la isla, y los que estaban hallados y se iban labrando, se derrumbaron y cayeron, y por falta de gente se quedaron así sin más beneficio, donde se entiende que con gran certidumbre se sacaría de ellos mucha cantidad de oro, si hubiese gente para limpiarlos y beneficiarlos; hanse hallado en esta isla mineros de metal de plata en muchas partes, y se han hecho ensayos de ellos y se ha sacado plata y muy fina, pero han hallado los alquimistas que las vetas eran pobres y por esto no las beneficiaban; entiéndese fue falta de entenderlo, porque no había tanta curiosidad acerca de esto como el día de hoy, pues no usaban el azogue que ahora, y se cree que si se beneficiasen por el modo que en la Nueva España, y hubiese esclavos que anduviesen en las minas, es seguro que se hallarían minas ricas de plata, porque en muchas partes se hallan piedras de aquel metal; hase hallado así mismo por esta isla, en el nacimiento de un río, que se dice *Inabón*, veta de una piedra azul, de que se sirven los pintores; hase hallado así mismo vetas de cobre en muchas partes y vetas de estaño y de plomo y otros metales; y cesado el buscar y beneficiar las halladas respecto de lo que atrás queda dicho, que es haberse muerto los indios y no haber negros.

Capítulo 30. En toda esta isla hay cuatro o cinco salinas que cuajan algunos años, sin hacerles ningún beneficio; la mayor de ellas se llama la de *Caborrojo*, que es la última punta al Oeste de esta isla, por la banda del Sur de ella; es la sal muy buena, sala mucho más que la de España, y podríanse sacar de ella cuando cuaja grandísima cantidad de sal, porque es muy grande, pero como los vecinos de la Nueva Salamanca, en cuyo distrito está la dicha salina, son pobres, no sacan más que lo que han menester, y algunas tres o cuatro mil fanegas para vender; hay otra en el dicho término, que llaman las salinas de Guánica, que también cuaja, y no se aprovechan de ella por falta de gente; hay otra que llaman la del Peñón en dicho término, que también cuaja sin beneficio alguno y no se aprovechan de ella; hay otra en el río de Abey, término de Puertorrico; no se aprovechan de ella, porque se proveen de la isla Margarita y salinas de

Araya, que es en Tierra Firme, en la provincia de Cumaná, respecto de hallarla más barata, porque haber de traerla por tierra a esta ciudad es dificultuoso a causa de los caminos ser ásperos, y traerla por la mar mucho más porque han de venir barloventeando, y viniendo de la Margarita corre Norte a Sur, y como los vientos más ordinarios son del Este, puédese navegar con ellos con más facilidad.

Capítulo 31. La forma y edificio de las casas de la ciudad de Puertorrico son algunas de ellas de tapiería y ladrillo, los materiales con que se hacen las dichas casas son de barro colorado, arenisco, y cal y tosca de piedra; hácese tan fuerte mezcla de este, que es más fácil romper una pared de cantería que una tapia de ésta; son de tejas las coberturas de las casas y algunas de azoteas, aunque las menos; las demás casas se hacen de estantería, árboles muy derechos, y entabladas con unas tablas que se hacen de palmeras, y las cubiertas son de tejas.

Capítulo 32. En la ciudad de Puertorrico, sobre la mar y puerto y barra de ella está la fortaleza con una plataforma en donde está la artillería que son doce piezas. A la entrada del puerto, en una angostura, está una fuerza que llaman el Morro, que en una plataforma de él tiene seis piezas medianas de bronce. El puerto respecto de ser tan cerrado, parece fuerte e inexpugnable si en él hubiese dos pedreros y dos culebrinas gruesas, y la fortaleza tiene muy buenos aposentos y salas y dos aljibes de agua, buen patio labrado de cantería y tapiería; tiene su sobrerronda, que se puede andar por dentro; tiene su homenaje; en tiempo de necesidad, podrán caber doscientas personas dentro; a la puerta tiene un revellín que en él hay otra puerta, que sale al contrario de la fortaleza, y delante de la puerta del revellín tiene una media bola para su defensa; es de muy hermosa vista por dentro, y de fuera no puede minarse por estar sobre peña; sólo puede ofender a la parte de la mar, para cuyo efecto se hizo, porque de la tierra sólo es fuerte para lanza y espada; debióse labrar de esta suerte porque a los principios se temían de los indios caribes y negros de la tierra.

Capítulo 33. Los tratos y contrataciones y granjerías de que viven los vecinos españoles de esta isla, son de azúcares, que hacen en los ingenios y de cueros de los ganados vacunos; cazabe, maíz, de hace poco se empieza a sembrar jengibre, que se da muy bien y hay aviso de España que es más fino que el de la isla Española, y esas granjerías se cargan y envían a España, y de ello se pagan allá derechos a Su Majestad en Sevilla, aunque todo es poco, respecto que los once ingenios que hay en esta isla, que son los diez de que atrás se ha hecho mención, y el uno que es de caballos y está como a una legua de la ciudad de Caparra, que se despobló; hacen poco azúcar por tener pocos negros esclavos en ellos, y los que hay son ya viejos cansados, y de cada año se van a la banda [es decir, se mueren] y así acabados cesará esta granjería que es la que el día de hoy sustenta toda la isla, y a causa de ella no está despoblada de todo punto; hácense en estos dichos once ingenios cada año quince mil arrobas de azúcar, poco más o menos, y cierto harían cincuenta mil arrobas y más si tuviera cada ingenio cien negros, y así por no tenerlos pierde Su Majestad mucha renta, la iglesia catedral muchos diezmos, y habiéndolos no supliría Su Majestad las quinientas mil sobre la cuarta, que manda dar a su obispo de la isla, y los vecinos serían aprovechados, cargarían muchos más navíos en esta tierra, los cuales forzosamente habían de traer carga y estaría la tierra abundante del todo, y repararía su perdición que tan a la clara se deja entender por no haber los dichos negros en ella; estos ingenios son a manera de lugares, como aldea de España, a causa de los buenos edificios que tienen, porque los negros y mandadores, fuera de la casa principal, tienen en el contorno cada persona su casa, que parece alcarria de España, y tienen iglesia, y en algunos hay capellanes, cuando se hallan porque la tierra está tan pobre que un clérigo, no siendo prebendado, no se puede sustentar en ella y se va.

Capítulo 34. La isla de Puertorrico es obispado; su metropolitano es el arzobispo de la isla Española, la catedral reside en la isla de Puertorrico; las leguas, comúnmente, son poco menores que las de España, aunque se tarda más, a causa de ser doblada la tierra.

Capítulo 35. En la ciudad de Puertorrico hay una iglesia catedral y es parroquial, porque no hay otra; las dignidades que tiene son deán, chantre, que está vacante, cuatro canónigos, dos racioneros y un cura, y algunos capellanes; en tiempo antiguo hubo más dignidades, porque había arcediano y maestre-escuela, y arcipreste; no hay en la iglesia capilla alguna dotada; en la ciudad de la Nueva Salamanca, hay iglesia parroquial, tiene un cura y un beneficiado siempre.

Capítulo 36. En la ciudad de Puertorrico hay monasterios de frailes dominicos, de buenos edificios, salvo que están arruinados; solía mantener veinte y cinco religiosos y ahora ha venido en pobreza; de ordinario hay diez frailes poco más o menos; piden limosna; tienen algún ganado manso y alzado; tiene el monasterio la capilla mayor de bóveda; fundóla García Troche, alcalde y contador de Su Majestad en esta isla, padre de Juan Ponce de León; dotóla con cierta memoria; hay otra capilla que es la del altar de Nuestra Señora del Rosario, que es de Juan Guilarte de Salazar y Doña Luisa de Vargas, su cuñada.

Capítulo 37. Hay en la ciudad de Puertorrico un hospital de la Concepción de Nuestra Señora, que lo fundó Pedro de Herrera, vecino que fue de esta ciudad, el año de veinte y cuatro; curan en él pobres; tendrá de renta, de la mala moneda de esta isla, tres mil pesos, poco más o menos, que serán ducados de Castilla, aun no doscientos ducados; hay otro que llaman el hospital de San Alfonso; fundólo el Obispo Don Alonso Manso, primer obispo de esta isla, Inquisidor General de las Indias, que murió electo Arzobispo de Granada, con cierta parte de los diezmos, y no se cura en él enfermos; la renta de él se le ha prestado a la fábrica por estar muy pobre, para la obra de la Santa Iglesia; léese en él gramática; dejó cierta renta para ello Antón Lucas, vecino que fue de esta ciudad.

Capítulo 38. La banda del Norte de esta isla no tiene puerto para nao, más que sólo el de Puertorrico y el de la Aguada, porque toda la banda del Norte es una muy tormentosa costa brava, con muchos bajos y arrecifes que a lo largo de ella corren; de la banda del Sur es mar mejor, blanda, y tiene muchos puertos abiertos; el tiempo más ordinario en que suelen suceder las tormentas está dicho atrás.

Capítulo 40. Las mareas que hace la mar en esta isla son pequeñas, que no llegan con mucho a las de España, ni a las de Tierra-Firme, y a las de otras partes de estas indias; las mayores y más crecidas son en las conjunciones y oposiciones de la luna y al tiempo que la luna sale o se pone, y es mayor la marea de la noche que la del día, crece un cuarto más de marea, si en esta sazón reina el viento Norte o Noreste.

Capítulo 41. Los cabos y puntas que hay en la costa del Norte de esta isla, viniendo de la cabeza de ella para el Oeste, hace una punta la mar de tierra baja de arena, que se llama la punta de Cangrejos, con bajos, y está de la ciudad a cinco leguas, y al final de la isla, de la dicha banda del Norte, hace la punta que llaman la Aguada, la que atrás se ha referido; pasado de esta punta en la costa de la isla, que corre de Norte a Sur, hasta Caborrojo, está una bahía grande, que se dice la bahía de San Germán, donde antiguamente fue el pueblo así llamado; tiene una bahía muy grande, y entre ella y la tierra pueden pasar navíos para surgir en el puerto, que por de fuera de ella viniendo al puerto gobernando al Este puede entrar a surgir en el otro puerto, llegándose más a una sierra que cae sobre la bahía, que no a la boca del río *Guaorabo,* que allí sale; desde este puerto van muy grandes bajos hasta Caborrojo, que muéstranse algunas cabezas de ellos fuera del agua donde acaban estos bajos y el Caborrojo; pueden entrar navíos de doscientas toneladas en un puerto cerrado que llaman el puerto de Vargas; y desde este puerto al de San Germán, por entre los arrecifes dichos y la tierra de la isla, pueden ir navíos pequeños de a cien toneladas, porque donde hallase menos agua será tres brazas y media de mar llana, por el abrigo que los bajos hacen, y hay otras ensenadas, que llaman puerto Francés y puerto de Pinar; desde Caborrojo, por la banda del Sur de la isla, yendo al Este está un puerto cerrado, a cinco leguas del cabo, que llaman *Guánica,* que es el mayor puerto que hay en todas las Indias, por estar honda la entrada, y después de dentro es cerrado a la boca, y seguro de todos los vientos, los navíos se pueden atar a los árboles y poner las proas en tierra; fue antiguamente allí el primer pueblo que en esta isla despoblaron, como arriba está dicho, porque los indios se alzaron y mataron a Don Cristóbal de Sotomayor, que era teniente de Juan Ponce de León, el Adelantado; fue hijo de la Condesa de Camiña y Secretario del Rey Católico; no se tornó a reedificar por los muchos mosquitos; a dos leguas por la costa hacia el Este está un puerto, que llaman *Guadianilla,* donde estuvo el pueblo así llamado, a que atrás se hace mención, que lo quemaron los caribes; éste se hace puerto cerrado a causa de unos arrecifes que tiene a la boca, aunque al parecer es bahía, pueden entrar en él navíos de doscientas a trescientas toneladas; cinco leguas más arriba a la costa se halla una bahía honda, buen puerto, que se llama Mosquital, mar muerta, pueden surgir en él navíos de cualquier parte, es arena limpia, hace el abrigo una isleta que tendrá de amplio tres cuartos de legua, llámase isla de *Antías;* púsosele este nombre por unos animalejos que hay en ella a modo de conejos que se llaman *dantía* [jutía o hutía], tienen la cola como ratón, más corta; puede hacer daño al puerto el viento Sudeste, el cual no cursa en esta isla sino pocas veces y bonancible; más adelante, como dos leguas y media, por la costa hacia el Este, se hace una bahía, que llaman el puerto de *Cuamo,* y a la entrada de él, a la parte del Oeste, hay unos arrecifes, y a la parte del Este dos isletas; éntrase por las isletas y arrecifes, es puerto para navíos pequeños de a ciento y ciento cincuenta toneladas; aunque como no se llegue a tierra hay honduras para cualquier navío, y en este puerto se han hallado las conchas de ostras de perlas, en cantidad que echa la mar fuera cuando vienta el viento Sur, no se ha hallado ninguna viva, ni perlas, ni se entiende de dónde pueden venir las dichas conchas; más adelante, por la dicha costa, está una gran bahía, que llaman el puerto de *Abey* [Salinas]; es un buen puerto, aunque no cerrado; llámase por un río que sale a él del mismo nombre, a que atrás se hace mención; desde esta dicha bahía, hacia el Este, van mucha cantidad de isletas pequeñas que llaman las bocas de los Infiernos, entre las cuales se hacen muchos puertos cerrados, para navíos pequeños y galeras y fragatas, con grandísimos abrigos para todos los vientos, y al cabo de las isletas que corren, como tres leguas por la costa, se hace un gran puerto, que llaman de *Guamaní* [Jobos] y de los Infiernos, es muy hondo para cualquier navío y cerrado con las dichas isletas y fin de ellas, y por la parte del

Este con un gran arrecife que sale a la mar; pueden surgir muy junto a la tierra, el suelo es lama; más adelante, por toda la costa, hasta el puerto *Guayama,* hay bahías y surgideros muy buenos, está el puerto de Guayama al Este del de *Guamaní,* a cuatro leguas; es razonable puerto y para navíos grandes; abrígale un grande arrecife de la parte del Este, está desabrigado de los demás vientos desde el Sudeste hasta el Sudoeste; de este puerto de Guayama, al que llaman de *Maunabo,* hay dos leguas y media, no es buen puerto por estar desabrigado y de ordinario hay resaca, y antes de llegar a él se hace una punta de tierra alta que llaman el cabo de Malapascua, mala de doblegar a los navíos que van a barlovento; de este puerto de Maunabo al de *Yabucoa* hay dos leguas y media, tiene muchos arrecifes de una parte y de otra la entrada, es puerto peligroso, y de poco fondo salvo para fragatas, galeras y navíos pequeños; del dicho puerto de Yabucoa a la cabeza de San Juan habrá cuatro leguas donde se hace un puerto que llaman de Santiago [Naguabo], bahía abierta, pero hácele abrigo la cabeza de San Juan; frontero de él al Este, como a cuatro leguas, está una isleta, que llaman *Bieque* [Vieques] la cual tendrá ocho leguas en contorno, tiene gran cantidad de ovejas sin tener dueño, ni saber cuyas son de certidumbre; de la ciudad de Puertorrico, suelen ir con licencia de Su Majestad, que dio para ello el cabildo de la ciudad, por carneros, aunque se hace pocas veces respecto de temor de los caribes de la Dominica, que allí de ordinario vienen, para desde aquella isla dar salto a San Juan, y vuelven con la presa a la dicha isla de Bieque, y dejándola allí, suelen tornar a volver por más presa; por la banda del Norte de esta isla, donde está el dicho puerto de Santiago, no hay punta, ni cabo, ni puerto de que hacer mención; acerca de la denominación de las puntas y puertos y cabos contenidos en este capítulo, no se ha podido saber más de lo que aquí se ha dicho, ni hay memoria de por qué se hayan llamado así; y esto es lo que en Dios y en nuestras conciencias hallamos ser y pasar acerca de lo que se nos encomendó y mandó, que así lo certificamos a Vuestra Majestad y lo juramos a Dios y a ésta.— *Presbítero, Juan Ponce de León.— El Bachiller, Antonio de Santa Clara.*

▼ Mellado, Juan
Ver **Música. Periodo modernista.**

▼ Mellado Parsons, Ramón

Ramón Mellado Parsons, educador y escritor

Educador, dedicado servidor público y escritor nacido en Carolina y fallecido en San Juan (1904–1985). Cursó la enseñanza primaria en su pueblo natal y la secundaria y el bachillerato en Ciencias en la Universidad de Puerto Rico. Se graduó de maestro en Artes (1940) y de doctor en Educación (1947) en la Universidad de Columbia, Nueva York. Inició sus servicios al Departamento de Instrucción Pública como maestro de escuela superior; después trabajó como director (1931–32) y superintendente de escuelas (1932–34), supervisor general de Ciencias (1934–1941), subcomisionado de Instrucción Pública (1941–43) y secretario de Instrucción Pública (1969–73). En su Alma Máter fue profesor y director del Departamento de Pedagogía General (1943–48), decano de Administración (1948–56) y profesor de la Escuela Graduada de Educación (1957–68). Fue delegado a la Convención Constituyente del E.L.A. de Puerto Rico (1952), senador por acumulación (1973–77) en representación del Partido Nuevo Progresista, y miembro del Consejo de Educación Superior. Mellado Parsons es autor de las siguientes obras: *La enseñanza de Ciencias en la escuela elemental*, *La educación en Puerto Rico*, *Puerto Rico y Occidente*, *La moral en la educación* y *Culture and Education in Puerto Rico*.

▼ Melón, Esther M.
Educadora y escritora nacida en Isabela en 1933. Se graduó de bachiller en Educación (1954), maestra en Estudios Hispánicos (1963) y doctora en Filosofía (1969) en la Universidad de Puerto Rico, institución en la que profesará a partir 1966. Es autora de las siguientes obras: *Vida y obra de Pablo Morales Cabrera* (1966), *El jíbaro de Puerto Rico: símbolo y figura* (en colaboración con Enrique A. Laguerre, 1968), *Biografías puertorriqueñas: Perfil histórico de un pueblo* (en colaboración con Cesáreo Rosa Nieves, 1970), *Literatura puertorriqueña. Antología general* (en colaboración con E. Martínez Masdeu, dos volúmenes, 1970, 1971), *Puerto Rico: Figuras del presente y del pasado y apuntes históricos* (1972), *Breve enciclopedia de la cultura puertorriqueña* (en colaboración con R. del Rosario y E. Martínez Masdeu, 1976) y *La narrativa de María Brunet* (1976).

▼ Membrillo, barrio
Del municipio de Camuy (2,305 habitantes según el censo de 1990).

▼ Membrillo, monte
Se eleva a 1,100 metros (3,608 pies) de altura sobre el nivel del mar y está situado en el barrio Río Prieto del municipio de Yauco. Tiene acceso desde la Carretera Estatal 428, y se ubica en el cuadrángulo 8,166 del Mapa Topográfico de Puerto Rico.

▼ Méndez, Alfred Francis
Sacerdote norteamericano nacido en Chicago en 1907, de la Congregación de la Santa Cruz; primer obispo de la diócesis de Arecibo, de 1960 a 1974, año en que le sucedió Miguel Rodríguez Rodríguez.

▼ Méndez, Ana G.
Educadora nacida en Aguada en 1908 y muerta en 1997. Se graduó de bachiller en Educación Comercial en la Universidad de Puerto Rico (1940) y de maestra en Artes

La educadora Ana G. Méndez, creadora de la Fundación Educativa que lleva su nombre

en la Universidad de Nueva York (1948). En 1941 fue cofundadora del Puerto Rico High School of Commerce; en 1949 del Puerto Rico Junior College y en 1967 el Colegio Universitario del Turabo, hoy Universidad del Turabo. Creó y presidió la Fundación Educativa Ana G. Méndez, que hoy abarca las dos últimas instituciones citadas, la Universidad Metropolitana y un canal de televisión educativo-cultural. También presidió la Editorial Turabo y el Club de Lectores de Puerto Rico. Publicó numerosos artículos de carácter pedagógico en Puerto Rico y el extranjero. Miembro de numerosas organizaciones educativas, culturales, profesionales y cívicas, recibió un doctorado Honoris Causa de la Universidad Católica de Puerto Rico (1975) y el Gran Premio Puertorriqueño de Educación de la Academia de Artes y Ciencias de Puerto Rico (1983).

▼ Méndez, cueva

Situada en el barrio Río Arriba, en el sector Bosque Estatal de Río Abajo, en Arecibo, tiene acceso desde la Carretera Estatal 621 hacia el sur, por un sendero, y luego a través de una quebrada. Presenta dos niveles, uno húmedo y otro superior seco y cubierto de guano.

▼ Méndez, quebrada de los

Tributaria del río Culebrinas. Nace en el barrio Marías del municipio de Moca; es corta y corre de sur a norte.

▼ Méndez, Justo A.

Ingeniero y político nacido en Lares en 1917, ya fallecido. Se graduó de ingeniero químico en la Universidad de Puerto Rico, Recinto de Mayagüez. Ejerció esa profesión en varias centrales azucareras, en algunas de las cuales también desempeñó cargos administrativos. Sirvió en el Ejército de Estados Unidos (1943–46). Fue miembro fundador y vicepresidente del Partido Nuevo Progresista, por el cual fue elegido senador en 1968 y 1972; en 1974 abandonó esa colectividad y en 1976 se unió al Partido Popular Democrático, que lo eligió senador en las elecciones de 1980 y 1984. En 1973 integró el Comité *ad hoc* para estudiar las relaciones federales. En 1986 fue designado secretario del Departamento de Recursos Naturales, cargo que desempeñó hasta 1988.

▼ Méndez Ballester, Manuel

Dramaturgo, novelista, escritor. Nació en Aguadilla en 1909. Aunque recibió alguna enseñanza formal —ingresó como estudiante en la Universidad de Puerto Rico en dos ocasiones y estudió técnica radial en Estados Unidos— puede ser calificado de autodidacto. Siendo muy joven comenzó a trabajar en la Central Coloso, donde se relacionó con la vida del trabajador de la caña. Posteriormente se trasladó a San Juan, donde trabajó en diversos empleos relacionados con el comercio. Así tuvo oportunidad de conocer de primera mano la vida del hombre común, lo que le serviría de inspiración para escribir algunas de sus obras dramáticas. Se inició como escritor colaborando en algunas publicaciones periódicas de Aguadilla. Trabajó para la Escuela del Aire del Departamento de Instrucción Pública, en la cual se relacionó con la actividad que ocuparía casi todo el resto de su vida: en unión de Fernando Sierra Berdecía y Francisco Manrique Cabrera organizó un teatro rodante para dar a conocer este arte a los campesinos de la isla, y actuó en algunos papeles en que destacó como actor aficionado. En este período escribe su novela *Isla cerrera* (1937) inspirada en la historia de los primeros años coloniales. Pretende reconstruir los hechos ocurridos en este momento formativo de la sociedad puertorriqueña utilizando algunos personajes históricos y otros ficticios. Después de este primer ensayo estudia técnica radial en Estados Unidos y regresa a Puerto Rico para aplicar los conocimientos adquiridos en la Escuela del Aire, al tiempo que escribe *El clamor de los surcos* (1938). Este drama en tres actos premiado por el Ateneo Puertorriqueño plantea la situación que vive una familia de pequeños propietarios cuando no puede pagar una deuda contraída con la central azucarera. Don Álvaro, el personaje central, jura que no podrán despojarlo de su tierra, pero cuando llega el momento de actuar acepta los hechos pasivamente. Su hijo Luis se nos presenta como contraparte de Don Álvaro, pues lucha contra los abusos de la empresa y apoya la huelga declarada por los obreros. Esta obra nos muestra un dramaturgo aún inmaduro que no logra desarrollar la compleja estructura psicológica que podemos esperar en sus persona-

Lab. Fotográfico. UPR

El distinguido dramaturgo y novelista Manuel Méndez Ballester

jes. Dos años después, con apoyo de la Sociedad Dramática de Teatro Popular Areyto estrena *Tiempo muerto* (1940). Méndez Ballester es ahora un autor maduro dueño de su oficio. Este drama en tres actos emplea sólo seis personajes. El padre de familia, Don Ignacio, enfermo, no encuentra trabajo durante el «tiempo muerto», el período de miseria que viven los trabajadores cuando se paraliza anualmente la labor de corte, acarreo y elaboración de la caña de azúcar. Su hija Rosa va a trabajar como doméstica a casa del mayordomo, quien la seduce. Don Ignacio acepta la situación que le permite obtener trabajo. Samuel, el hijo que maldice el destino de los trabajadores de la caña que, como su padre, sufren miseria y enferman, ha ido a buscar empleo fuera de la central; cuando regresa se entera de que su hermana ha sido seducida por el mayordomo, y al tratar de vengar el honor familiar es muerto por el ofensor. Don Ignacio no puede soportar calladamente esta segunda afrenta y da muerte al mayordomo. En la primera versión de la obra Juana, la esposa de Ignacio, se suicida cuando éste es conducido a la cárcel; en una posterior queda como testimonio de la miseria física y moral del mundo en que vive. Otros dos personajes, Juanito, novio de Rosa, y un mendigo, quien hace el papel del coro, completan la obra. Es este el período de más intensa actividad creadora de Méndez Ballester. Da a la imprenta el cuento *Tierra* e inmediatamente *Hilarión*, versión del Edipo Rey de Sófocles, cuya trama se desarrolla en Sudamérica. Después viene *Nuestros días*, rebautizado *Este desamparo* (1944), que plantea la angustia del hombre que ha visto frustradas sus aspiraciones. A partir de esta fecha nuestro autor busca inspiración en el humorismo popular; sus obras presentan fina ironía que a veces tiene propósito moralizador. Escribe un libreto para zarzuela, «El misterio del castillo» (1946), el sainete «Un fantasma decentito» (1950) y «Es de vidrio la mujer» (1952). Regresa al drama con *La encrucijada. Historia de una familia puertorriqueña* (1958), en el cual trata de los problemas de identidad que confronta una familia inmigrante que radica en Harlem. Mientras alguno se adapta y americaniza, otro se incorpora a la lucha por la independencia de Puerto Rico, y un tercero cae en un trance místico y espera que todos los problemas se resolverán cuando predomine la fraternidad entre todos los seres humanos. *El milagro* (1958), comedia en dos jornadas, plantea los problemas que derivan del conocimiento metafísico y la credulidad. Luego vienen «La feria o el mono con la lata en el rabo» (1964), comedia en tres actos; «Bienvenido, Don Goyito» (1965) y «Arriba las mujeres» (1968), también comedias; los dramas *La invasión* y *Jugando al divorcio,* ambos de 1970; y finalmente la comedia *Los cocorocos* (1975). En 1991 el Instituto de Cultura Puertorriqueña publicó, en dos volúmenes, *Teatro. Manuel Méndez Ballester,* que presenta sendos ensayos introductorios de Francisco Arriví y María Teresa Babín, y contiene las obras: «Tiempo muerto», «Encrucijada», «Bienvenido Don Goyito», «La invasión», «La polilla», «El circo», «El milagro», «La feria», «Arriba las mujeres», «Los cocorocos» y «Tambores en el Caribe».

TIEMPO MUERTO, CLARO EXPONENTE DE REALISMO SOCIAL

Tiempo muerto, de Manuel Méndez Ballester, estrenado por Areyto en 1940, es un claro exponente del realismo social que irrumpiera en nuestro quehacer teatral con la generación de los treinta. El autor traspone a la escena un trozo de vida rural típica de todo campo puertorriqueño. A través de la «observación fotográfica» nos revela la problemática, las actitudes, los ademanes, los gestos y el lenguaje de seres ligados a un medio natural; nos desarrolla su tragedia siempre atento a la «ilusión de realidad ambiental» que se convierte finalmente en destino.

En *Tiempo muerto* culminan los postulados teatrales de la generación de los treinta. Dramatiza dentro de un estilo sostenido, con clara virtud técnica, con plena consciencia de nación y sociedad, con militante posición ante el problema de la dignidad humana y la necesidad económica, el agudo choque de la materia y el espíritu en el ánimo del hombre-patria puertorriqueño: el jíbaro.

Tomado de la antología *Teatro puertorriqueño, Quinto Festival,* publicada por el Instituto de Cultura Puertorriqueña, estudio introductorio de Francisco Arriví, 1963

Carmen Dolores Trelles, en *La Revista del Centro de Estudios Avanzados de Puerto Rico y el Caribe*, 1991, ha dicho sobre este autor: «Méndez Ballester, un escritor que aúna la exploración de las realidades sociales puertorriqueñas con un aliento universal en la manera de presentar los temas (ha utilizado en ocasiones los modelos del teatro clásico) es también conocido por una vis cómica que aligera el tono de muchas obras posteriores en donde lleva a cabo a cabalidad aquel famoso precepto de *castigat ridendo mores*».

Además de su labor como dramaturgo, en la serie radial «La condición humana» nos ofreció Méndez Ballester interesantes comentarios sobre los problemas culturales puertorriqueños y universales; y ejerció el periodismo en *El Mundo* a partir de los años cuarenta, en el cual publicó una columna que llevó el mismo título de la citada serie radial, y en *El Nuevo Día* (1970–87). Su labor periodística ha sido estudiada en *Periodismo humorístico-satírico de Manuel Méndez Ballester* (1993) de Carmen Cazurro de Quintana. Este autor ha recibido innumerables premios y distinciones, y en 1981 fue elegido miembro de la Academia Puertorriqueña de la Lengua.

▼ Méndez Jiménez, Bernardo

Fundador del Partido Popular Democrático, fue senador (1944), apoyó el Proyecto Tydings (1945) y fue delegado a la Asamblea Constituyente que redactó la Constitución del Estado Libre Asociado de Puerto Rico (1951).

▼ Méndez Quiñones, Ramón

Poeta, costumbrista y actor teatral nacido en Aguadilla y fallecido en Tegucigalpa, República de Honduras (1847–1889). Estudió Ingeniería Civil en Madrid, España. Cultivó el teatro cómico costumbrista en *Un jíbaro* (1881), *Los jíbaros progresistas o la feria de Ponce* (1882) y *La vuelta de la feria*, todas en verso. Entre sus obras inéditas cabe mencionar «La triquina», «Un comisario de barrio», «Un casamiento», «Un bautizo» y «¡Pobre Sinda!». El teatro de Méndez Quiñones se inspira en la obra costumbrista de Manuel A. Alonso, y pinta con extraordinaria fidelidad al campesino de la altura.

▼ Méndez Vigo, Santiago

Nació en Oviedo, España, en 1790, descendiente de una familia noble; ostentó el título de Conde de Santa Cruz. Llegó a San Juan el 2 de octubre de 1840 y tomó posesión del gobierno de la isla, que presidió hasta 1844. Durante este período se comportó en forma tan caprichosa y arbitraria, que justifica que el historiador Lidio Cruz Monclova, en su *Historia de Puerto Rico*, lo calificara de abusivo, brutal y despótico. Entre otros excesos, dispuso que ninguna persona no militar pudiera usar bigote o pera; que ningún extranjero circulara por la isla sin previa licencia del gobierno, y destituyó sin justa causa a unos funcionarios y arrestó a otros. A pesar de tales excesos, debemos destacar que fue un gobernador progresista que ganó un lugar destacado en el amor de sus gobernados. Propició la fundación de la Facultad de Farmacia, la Casa de Beneficencia, y los pueblos de Dorado y Santa Isabel; impulsó la educación, creó una Comisión Directiva de Caminos y Canales, construyó varios puentes, proyectó la creación de un cuerpo de bomberos para San Juan, y creó una junta para la protección de los bosques, en 1843. Méndez Vigo es recordado con gratitud en Mayagüez, pues habiendo sido arrasada esa población por un incendio, el 30 de enero de 1841, fue reconstruida por decisión y con la participación directa de este gobernador.

El distinguido periodista Sotero Figueroa, en su *Ensayo biográfico de los que más han contribuido al progreso de Puerto Rico*, incluye una laudatoria biografía de Méndez Vigo que reproducimos a continuación: «Méndez Vigo… tan pronto como arribó a esta Isla y se penetró del profundo desbarajuste que en ella reinaba, dictó las convenientes medidas para contenerlo, lo que logró en gran parte. Luego lanzó su bendecido Decreto mandando establecer una casa de reclusión y beneficencia para ambos sexos; y con el fin de arbitrar recursos para llevarla a cabo, dispuso que se abrieran suscripciones en toda la Isla. Además, se establecieron ciertos arbitrios por el Ayuntamiento de la Capital, y se llevaron a cabo funciones teatrales por aficionados, en las que tomaron parte los hijos del Gobernador, y se abrieron bazares; todo lo cual dio grandes rendimientos.

«La inusitada actividad con que se acometió esta obra filantrópica, queda probada con decir que al año inmediato de dictarse la superior resolución, o sea en 1842, ya había centralizados gran parte de los fondos necesarios y se daba principio a la construcción de la Casa de Beneficencia que tan satisfactorios resultados debía dar en el porvenir, dejando memoria grata del Gobernante que la fundara. Obra acometida con decisión y buena voluntad en momentos de estrecheces y penurias, no podía responder del todo a las exigencias de los tiempos ni a las necesidad desde la Isla; pero así y todo, prestó inapreciables beneficios a la orfandad desvalida, contribuyendo a impedir que cayeran en el lodo de la culpa, por las arteras mañas de la seducción, niñas que quedaban desamparadas, sin pan ni hogar, por la muerte de sus padres; y acogió, para devolver como miembros útiles a la sociedad en que habían de vivir, a los infelices que, sin esa casa caritativa, hubieran ido a poblar las cárceles y los presidios. Sí, que siempre ha sido un incentivo para el mal, el abandono, las necesidades, la falta de educación que tanto contribuye a moralizar al individuo.

«Hasta 1847 no vino a quedar terminado del todo este benéfico Asilo, en el que también se da acogida, y este es un mal que ya debe corregirse, a los alienados de toda la Isla. Y decimos que este es un mal, porque para los que padecen de afecciones mentales se debe construir un edificio *ad hoc,* conforme lo exijan los modernos procedimientos científicos, además de que no es conveniente estén contiguas la estúpida demencia y la niñez bulliciosa e impresionable, limitándose por esa causa la luz, el espacio y la comodidad.

«En este particular estamos conformes con la opinión que emitiera el periódico *El Agente,* en 1883: "El Asilo, tal como hoy existe, es a la vez hospicio y manicomio: como manicomio ya hemos demostrado su carencia de condiciones; como hospicio no puede extender su benéfica influencia en la forma que fuera de desear, por el espacio que le ocupa el servicio anexo. De aquí el que se agrupe en sus salas una tercera parte más de niños de los que contener debieran, viéndose la Diputación en la imprescindible necesidad de no admitir muchas peticiones de ingresos, que duermen en sus oficinas."

«En el citado Asilo benéfico obtienen actualmente los acogidos la instrucción primaria elemental y nociones de dibujo; ingresando, los que revelan felices disposiciones, en el Instituto provincial a cursar las asignaturas del Bachillerato, o en la Escuela profesional, de donde saldrán con los conocimientos técnicos para ganarse la vida decorosamente. Además, cuenta el Asilo con una Academia de música, y talleres de carpintería, zapatería y creemos que de sastrería. Las niñas asiladas gozan de igual instrucción, que les inculcan cariñosas Hermanas de San Vicente de Paúl, a la vez que aprenden a hacer labores y otras ocupaciones propias de su sexo. En la actualidad alberga el establecimiento cerca de 300 acogidos, y desde su fundación a la fecha se reputa en 5,000 el número de los que allí han encontrado amparo y protección contra el vicio y la ignorancia. Es un contingente valioso que habla muy alto en favor del Asilo de Beneficencia.

«Y no fue esta la única obra de importancia en la que el General Méndez Vigo reveló sus buenos y decididos propósitos en favor de esta Isla. A la par que lanzaba la idea de la Casa de Beneficencia y procuraba que cuanto antes dieran principio las obras, se ocupó del interesante ramo de caminos, bajo el nuevo plan que aprobara, y emprendió la construcción de algunas carreteras, que sirvieron de base, aunque imperfectas, para la red de vías de comunicación que después siguieron fomentando otros Gobernadores. Más tarde, en agosto de 1842 acometió, de acuerdo con la Junta de Comercio de la plaza, la obra del muelle del puerto de la Capital, de tan gran interés para facilitar las operaciones mercantiles, y que fue contratada en 80 mil pesos.

«Comprendiendo que del legítimo valor que se dé a la moneda, signo de cambio en todo país civilizado, se evitan entorpecimientos y depreciaciones que siempre redundan en perjuicio del país contribuyente, apoyó a la Intendencia para que recogiera las pesetas sevillanas que entonces circulaban al tipo de dos reales macuquinos, dándoles su legítimo valor de veinte centavos de peso.

«Fue el General Méndez Vigo quien hizo abrir los varios puertos cerrados al comercio de importación por una extraña circular que expidiera la Intendencia en 1839, y con la cual no se hizo otra cosa que entorpecer las especulaciones mercantiles y dificultar el desarrollo de nuestra agricultura. Por desgracia esta medida se desconoció poco después; pero ya estaba sentado el precedente, y el General Prim logró abolirla definitivamente.

«Tan acertadas mejoras influyeron ventajosamente en nuestra prosperidad, y de ahí que cobrasen incremento todas las riquezas, en particular la urbana, principalmente en la Capital de la Isla, donde se construyeron muchas casas particulares, y se restauraron edificios públicos como la Casa Consistorial, que por el año 1842 recibió la elegante fachada que hoy tiene.

«En poco menos de cuatro años que desempeñó su elevado cargo el General Méndez Vigo, realizó tan fructuosas obras de pública utilidad. Esto acredita que "querer es poder", y más, *si se quiere*, ocupando el primer puesto en la Gobernación de esta Isla.

«Gestión tan acertada no podía pasar sin el reconocimiento de estos habitantes, y por eso la Sociedad Económica de Amigos del País, en su sesión pública de fecha 27 de junio de 1844, a la que asistió el nuevo Gobernador Conde de Mirasol, le declaró socio de mérito, estampando en su acuerdo estas enaltecedoras frases: "Estando en las atribuciones de las Sociedades Económicas recompensar el talento y los servicios públicos, no podía la de Puerto Rico olvidarse del Excmo. Sr. Don Santiago Méndez Vigo, Gobernador Político y Capitán General que fue de esta Provincia, cuya grata memoria se conservará siempre en varias obras de utilidad general que llevan el sello de su benéfica mano y laboriosa administración. En esta virtud, y con arreglo a sus Estatutos, confirió a S.E. el título de socio de mérito".

«La hoy ciudad de Mayagüez puso a su calle principal el nombre de este Gobernante, y lo mismo hizo esta emprendedora ciudad de Ponce con una de sus vías públicas más céntricas.

«El General Méndez Vigo, una vez que cumplió su período de gobernación, marchó para la metrópoli en los primeros meses del año 1844, satisfecho por haber contribuido a ensanchar la esfera de las legítimas aspiraciones de todo un pueblo, y llevándose la gratitud de éste».

Ver información relacionada en **Música. Periodo romántico.**

Mendizábal, José Antonio

Gobernador de Puerto Rico de 1724 a 1731; le sustituyó en el cargo Matías de Abadía.

Mendoza, Cristóbal de

Teniente de Gobernador de Puerto Rico de 1513 a 1515. Durante su mandato se emprendió la pacificación de los indios de Vieques; allí murió el cacique Yaureibo. Renunció al cargo en 1515; le sucedió el Licenciado Sancho Velázquez. Ver **Historia. La crisis del gobierno.**

Mendoza, quebrada

Afluente del río Viejo, uno de los tributarios del Guanajibo. Tiene de afluente a la quebrada Pileta.

Mendoza de Muñoz, Inés María

Educadora, escritora y política nacida en Naguabo (10 de enero de 1908) y fallecida en San Juan (13 de agosto de 1990). Obtenido su certificado de maestra rural (1925), se graduó de maestra normalista, *Magna Cum Laude* (1927), en la Universidad de Puerto Rico, y de bachiller en Ciencias, con especialización en supervisión de escuelas, en la Universidad de Columbia, Nueva York (1931). En la UPR realizó estudios posgraduados de Literatura española, y fue alumna de la gran poetisa chilena Gabriela Mistral. Ejerció la docencia durante doce años, como maestra rural, profesora especial de inglés y de español, y principal de escuela. Luchó para que se restituyera la enseñanza en español en Puerto Rico, por lo cual fue expulsada de su puesto en la Escuela Superior Central de Santurce (1937), época en la que militó en el Partido Nacionalista. Por este tiempo conoció al entonces Senador Don Luis Muñoz Marín, con quien contrajo matrimonio. Compartió con él no sólo sus ideales y sus luchas políticas, sino también su amor por todo lo puertorriqueño y su vocación literaria.

Como Primera Dama de Puerto Rico cumplió las funciones inherentes a tal posición con sencillez y fina sensibilidad ante la desgracia ajena. Pero ello no le impidió dedicar parte de su tiempo a satisfacer su vocación literaria, nutrida en el amor y admiración que sintió por su pueblo y su tierra, como muestran algunos de los artículos y ensayos breves que publicó en la prensa del país y del extranjero, a partir de la década del treinta, en publicaciones tales como *El Mundo, Escuela, El Diario de Nueva York, Artes y Letras, Temas* y *La Prensa*. Entre dichos artículos figuran «Alegría de Jájome», «Bahía», «Campanero y campanario», «Cómo se sirve al pueblo de Puerto Rico», «Junto al mar del Convento, en Fajardo», «La costurera», «Los rezos», «Duelo», «Encantamiento», «Las nostalgias del padre», «Padre», «¿Qué significa dictadura», «Ruego después de la sequía», «Sembremos el mundo de bien y de amor», «Sobre las cooperativas en la democracia», «Tristeza de las caobas muertas».

Menéndez, Francisco

Arquitecto puertorriqueño; estudió en la Universidad de Columbia. En sociedad con el arquitecto José Luis Basora ha realizado importantes obras, entre ellas los diseños originales del edificio de la emisora de radio y televisión del gobierno de Puerto Rico (WIPR), los apartamentos El Monte, en Hato Rey, y la planta embotelladora de ron Bacardí en Cataño.

Menéndez de Valdés, Diego

Alcaide de la fortaleza y presidio de Puerto Rico desde 1879 y capitán general y gobernador civil de la isla de 1582 a 1593. Bajo su gobernación se levantaron los planos del Castillo del Morro, se aumentó el presidio para construir la fortaleza y se estableció el situado. La estrechez económica en que vivía la isla era de tal magnitud que «en octubre de 1583, al recibir Menéndez de España alguna ropa para su uso, se vio en la necesidad de venderla en San Germán, mejor dicho, cambiarla por casabe, carne y maíz para alimentar a sus soldados hambrientos y tan desprovistos a la vez de vestidos y zapatos, que para trasladarse de la ciudad al Morro a servir las guardias, tenían que utilizar la espesura del monte para velar su desnudez… A las dificultades de orden económico habíanse agregado para Menéndez las de la defensa militar… Por fin, las fatigas de los colonos y las continuas reclamaciones de Menéndez tuvieron término, comisionándose al maestre de campo Don Juan de Tejada para transformar el fuerte del Morro en una ciudadela…» (Salvador Brau, *Historia de Puerto Rico*). A Menéndez le sucedió en la gobernación Pedro Suárez Coronel.

El humorista José Mercado, «Momo»

¡FISGONA!

(Fragmento)

Señora, usté me
[encocora,
y me cansa, y me
[acalora,
y es causa de mi
[fastidio.
¡No me fastidie,
[señora,
porque hago un
[femenicidio!

Si me asomo a la
[ventana
porque así me da la
[gana,
advierto en seguida
[que
tras la entreabierta
[ventana
surgen los ojos de
[usté.

José Mercado
(«Momo»)

Meolaya, quebrada

Tributaria del río Jacaguas. Nace en el barrio Villalba Arriba de Villalba a una altura de 500 metros (1,640 pies) sobre el nivel del mar. Es corta y corre en dirección este. Se une al río Jacaguas al norte del pueblo de Villalba.

Mercado, Alonso de

Militar español, veterano de las guerras de Flandes, era conocido por su gran arrojo. Fue gobernador y capitán general de Puerto Rico, y alcaide del Castillo del Morro de 1599 a 1602. Cuando arribó a la isla traía órdenes del Rey Felipe II de castigar a los soldados que hubieran desertado durante el ataque inglés de George Clifford. Le sucedió en el cargo Sancho Ochoa de Castro.

Mercado, César
Ver **Deportes. Atletismo.**

Mercado, Joaquín

Pintor nacido en San Juan en 1940. Realizó estudios en Nueva York, en la Escuela de Artes Visuales y en el Instituto Pratt; en esa ciudad y en las de San Juan y Sao Paulo (Brasil), ha expuesto sus obras.

Mercado, José (Momo)

Poeta y periodista nacido en Caguas y fallecido en La Habana, Cuba (1863–1911). Fue conocido por el seudónimo de «Momo». Autodidacto, escribió sus primeros versos en la adolescencia. Fue colaborador de las publicaciones *La Balanza, El Palenque de la Juventud, El Ideal Latino, Heraldo Español,* y fundador de *La Araña* (1902) y *El Perro Amarillo* (1904). En 1905 se trasladó a La Habana, donde colaboró en la prensa; allí falleció. Sus restos fueron trasladados a Puerto Rico en 1916. Su obra poética la publicó en *Virutas* (1900) y *Mi equipaje* (1901). «Momo» fue uno de los más destacados humoristas de Puerto Rico. De su poesía festiva destacan «Fisgona», «La burra de Matanzas», «La maraca» y «Mis novias». Entre su poesía seria figura «La lengua castellana», parte de un proyecto muy ambicioso que no llegó a culminar.

Mercado, Manuel de

Religioso de la Orden de San Jerónimo; fue obispo de Puerto Rico de 1570 a 1576.

▼ Merengue
Ver **Música popular.**

▼ Merey
Otro nombre que se da al árbol y fruto del pajuil.

▼ Mergal, Ángel M.
Escritor, educador, políglota, nacido en Cayey y fallecido en San Juan (1909–1971). Se graduó de bachiller en Artes en la Universidad de Puerto Rico y estudió en el Seminario Evangélico. Hizo su maestría en Letras en la propia U.P.R., con la tesis «José A. Negrón Sanjurjo. Su tiempo, su vida y su obra» (1940), y su doctorado en Filosofía y Letras en la Universidad de Columbia, Nueva York, con la tesis «Federico Degetau, un orientador de su pueblo» (1944); en esa ciudad también realizó estudios de maestría en el Seminario de la Unión Teológica. A su dominio del vernáculo, sumó los de las siguientes lenguas: alemán, árabe, francés, hebreo, inglés y latín. Comenzó a publicar sus escritos en su pueblo natal para 1926. Colaboró en *El Mundo* de Puerto Rico, *Nueva Democracia* de Nueva York, *Luminar* de México, *Carteles* de Cuba, y *Cuadernos Teológicos* de Argentina; de esta última publicación fue subdirector. Fue profesor del Seminario Evangélico, ministro bautista, conferenciante, supervisor del Departamento de Instrucción Pública y vicepresidente del Instituto de Literatura Puertorriqueña. Cultivó la poesía en *Puente sobre el abismo* (1941) y el ensayo de crítica, interpretación y análisis en *El hidalgo iluminado* (1939), *El agraz* (1945), *Religión, cristianismo y educación* (1945), *Defensa de la educación democrática* (1946), *Reformismo cristiano y alma española* (1949), *Spiritual and Anabaptist Writers* (1957), *Puerto Rico, enigma y promesa* (1960), *De semántica musical y otros estudios* (1963) y *El reino permanente* (1965). La perceptiva profesora Josefina Rivera de Álvarez afirma que Mergal «figura entre los literatos puertorriqueños del presente siglo como uno de los ensayistas de más sólida cultura humanística, nutrida en los campos de la filosofía, la teología, las lenguas clásicas europeas y semíticas, las letras hispánicas, la música» (en *Literatura puertorriqueña. Su proceso en el tiempo*). Ver **Iglesias protestantes.**

▼ Merle, caño
Nace en el barrio Sábalos de la ciudad de Mayagüez; sólo circula por el municipio de Mayagüez y desemboca al oeste de Puerto Rico, en la bahía de Mayagüez. Longitud aproximada: 4 kms. (2.5 millas). Tiene como tributarios a los caños Corazones y Majaguas y a la quebrada Sábalos; esta última tiene como afluentes a las quebradas Grande y Guifén.

▼ Mero
(*Epinephelus adscensionis*, entre otros, familia Serránidos) Nombre que se aplica a una diversidad de peces que representan poco más del 10% de la producción de peces y mariscos de Puerto Rico. Son muy abundantes y solicitados en el mercado local. Algunos, como la guasa (*Epinephelus mystacinus*) alcanzan gran tamaño y peso. Otras especies comunes son el mero o guajil (*Mycteroperca venenosa*); la cherna (*Epinephelus striatus*); la cabrilla (*E. guttatus*), el mero mantequilla (*E. fulva*) y la mora o cabra ya citada (*E. adscensionis*). Se pescan con nasas, calas de fondo y redes. Sus colores son muy variados, desde el rojo vivo del mantequilla hasta el blanco cubierto de puntos rojos de la cabrilla, o el marrón oscuro con rayas de la cherna. Habita fondos rocosos y coralinos en aguas poco profundas. El tamaño promedio del mero es de unos 70 centímetros (2 pies 8 pulgadas); de la cherna casi un metro (más de tres pies); de la cabrilla 30 centímetros (un pie); el mero mantequilla es menor.

▼ Messina Yglesia, Félix María de
Marqués de la Serna y teniente general español, fue gobernador de Puerto Rico de 1862 a 1865. En España había sido un destacado liberal, pero en la isla fue un agresivo conservador enemigo de las libertades. Envió dos batallones locales, «Puerto Rico» y «Valladolid», a combatir contra las fuerzas dominicanas de Luperón y Cabral. Prohibió la circulación de la novela de Eugenio María de Hostos *La peregrinación de Bayoán* y deportó de la isla a Betances, al Brigadier Luis Padial y Vizcarrondo y otros. Según Sotero Figueroa, en su obra *Ensayo biográfico de los que más han contribuido al progreso de Puerto Rico*, el Gobernador Messina «llena su cometido con celo, si bien no exento de esa suspicacia colonial dolorosa

para los portorriqueños, y lanza el primer Decreto orgánico sobre instrucción, del que se puede decir arranca el verdadero progreso de nuestras escuelas». Le sucedió en el cargo José María Marchesi y Oleaga.

▼ Mestizo
Término aplicado al descendiente de blanco e india o de blanca e indio.

▼ México, quebrada
Tributaria del río de la Plata. Nace al sur del barrio Candelaria del municipio de Toa Alta; es corta y corre en dirección oeste. En sus inmediaciones se encuentran los mogotes de Nevárez, donde habita la boa puertorriqueña o culebrón (*Epicrates inornatus*), la más grande de las culebras de Puerto Rico

▼ Meyners, José Arnaldo
Periodista, ensayista. Nació en Mayagüez y falleció en San Juan (1904–1984). Ejerció el periodismo en Puerto Rico (*El Mundo, Puerto Rico Ilustrado*) y como secretario de prensa de los gobernadores Robert H. Gore (1933–34), Blanton Winship (1934–39), Guy J. Swope (1941) y Rexford G. Tugwell (1941–46); y en el extranjero (como corresponsal de la U.S. Information Agency). Fue presidente de la Sociedad Puertorriqueña de Escritores. De sus obras citamos, *Siluetas y ensayos* (1968), *De ayer y de hoy* (1969) y *Huella en el camino* (1977).

▼ Micheli, Julio
Pintor nacido en Ponce en 1937. Estudió en la Universidad de Miami y en la Escuela Graduada de Claremont, California. Ha sido profesor y director del Departamento de Bellas Artes de la Universidad Católica de Ponce, y ha recibido varios premios, entre ellos los ganados en el Certamen de la IBEC y en el Festival de Navidad del Ateneo Puertorriqueño.

▼ Mignucci Calder, Armando
Miembro del Partido Popular Democrático y de la Asamblea Constituyente que redactó la Constitución del Estado Libre Asociado de Puerto Rico (1951).

▼ Miles, Nelson A.
General norteamericano (1839–1925). En su país combatió en la Guerra de Secesión y en la lucha contra los indios sioux, comanches, cayenos y otros. Participó en la Guerra Hispano-cubano-americana y comandó las tropas norteamericanas que invadieron Puerto Rico en 1898. En dicha ocasión dirigió una histórica proclama a los habitantes de Puerto Rico. Ver más información en **Historia.**

▼ Milián, Francisco
Maestro, músico y compositor puertorriqueño nacido en Ponce y fallecido en Nueva York (?–1936). Durante dos déca-

PROCLAMA DEL GENERAL NELSON A. MILES AL PUEBLO DE PUERTO RICO, DE 28 DE JULIO DE 1898

A los habitantes de Puerto Rico:

En la continuación de la guerra contra el Reino de España por el pueblo de los Estados Unidos, en la causa de la libertad, de la justicia y de la humanidad, sus fuerzas militares han venido a ocupar la Isla de Puerto Rico. Vienen portando la bandera de la libertad, inspiradas por un noble propósito de buscar a los enemigos de nuestro país y capturar a todos los que ofrezcan resistencia armada. Os traen el brazo alentador de una nación de pueblo libre, cuyo mayor poder consiste en la justicia y la humanidad para todos los que viven dentro de su comunidad. Por lo tanto, el primer efecto de esta ocupación será una inmediata ruptura de vuestras anteriores relaciones políticas, y esperamos una calurosa aceptación del Gobierno de los Estados Unidos. El principal objetivo de las fuerzas militares norteamericanas será el de derrocar la autoridad armada de España y dar al pueblo de vuestra bella isla la mayor medida posible de libertad que sea compatible con esta ocupación militar. No hemos venido a hacer la guerra contra el pueblo de un país que ha sido oprimido durante siglos, sino al contrario, a traeros protección, no sólo para vosotros, sino para vuestra propiedad, para promover vuestra prosperidad y para procuraros los privilegios y bendiciones de las instituciones liberales de nuestro Gobierno. No es nuestro propósito el de interferir ninguna de las leyes y costumbres presentes que sean sanas y beneficiosas para vuestro pueblo, mientras estén de acuerdo con las normas de la administración militar, del orden y de la justicia. Esta no es una guerra de devastación, sino una que persigue el dar a cuantos estén bajo el control de sus fuerzas militares y navales las ventajas y las bendiciones de la ilustrada civilización.

Nelson A Miles Mayor-General
Comandante del Ejército de los EE.UU.

das (1903–23) vivió en Comerío, donde organizó una banda. Se distinguió como maestro de música; uno de sus alumnos fue Francisco López Cruz, a quien dio clases de solfeo y clarinete. Otros miembros de la familia Milián que han sido compositores son Guadalupe, Juan y Liborio.

▼ Millán, Clemente
Fue vocal de la junta revolucionaria Centro Bravo, fundada en Lares. Participó en el alzamiento ocurrido en Lares y fue nombrado ministro de Gracia y Justicia del efímero gobierno provisional revolucionario. Fue arrestado junto a Manuel Rojas y sometido a juicio. Después fue amnistiado.

▼ Miller, Paul Gerard
Educador y militar norteamericano nacido en 1875. Desembarcó en Puerto Rico en 1898 con las fuerzas de ocupación norteamericanas. Ocupó cargos en el sistema educativo isleño entre 1902 y 1921; fue comisionado de Instrucción Pública (1915–21). Presidió la Junta de Síndicos de la Universidad de Puerto Rico y escribió varias obras de historia, entre ellas una *Historia de Puerto Rico* (1922) que se usó como texto en las escuelas de la isla.

▼ Mimbre, Sauce
(*Salix chilensis* o *S. humboldtiana,* familia Salicáceas) Árbol siempre verde nativo de Sudamérica, que alcanza hasta 20 metros (65 pies) de altura, de copa en forma de columna estrecha, eje erguido, hojas alternas de pecíolos cortos y delgados, muy estrechas, con la punta larga y los bordes finamente aserrados, fruto en cápsula con muchas semillas pequeñas con copos de vellos, semejantes al algodón. En Puerto Rico, donde se cree que no florece, su madera sólo se ha usado para postes o como leña. Existen otras varias especies de diversos tamaños; entre ellas el sauce de Babilonia o llorón (*S. babylonica*), oriundo de China, que se siembra como ornamental en los cementerios, especialmente en Europa.

▼ Mime
Puertorriqueñismo. Especie de mosquito. Aceptado por la Academia de la Lengua.

▼ Mimoso Raspaldo, José
Abogado y político nacido en Santa Isabel en 1907. Estudió en la Universidad de Puerto Rico. Militó en los partidos Liberal y Popular Democrático. Fue representante a la Cámara, elegido en 1926, 1944 y 1948, y delegado a la Convención Constituyente del Estado Libre Asociado de Puerto Rico (1951).

▼ Mina, cerro de la
Se eleva a 920 metros (3,017 pies) de altura sobre el nivel del mar, situado en el barrio Río Abajo del municipio de Naguabo. Tiene acceso desde la Carretera Estatal No. 191, y se ubica en el cuadrángulo 8,256 del Mapa Topográfico de Puerto Rico.

▼ Mina, río de la
1. Tributario del río Coamo. Nace al este del barrio Santa Catalina, municipio de Coamo, a una altura de 435 metros (1,426 pies) sobre el nivel del mar. Longitud aproximada: 8.3 kms. (5.2 millas); generalmente corre de norte a sur y se une al río Coamo al sudoeste del pueblo de Coamo, en el barrio San Ildefonso. Tiene como afluente al río Pasto. 2. Otro río de este nombre es afluente del río Mameyes.

▼ Mina, monte La
Montaña situada en el barrio Río Abajo del municipio de Naguabo. Alcanza 920 metros (3,017 pies) de altura sobre el nivel del mar. Se localiza en el cuadrángulo 8,256 del Mapa Topográfico de Puerto Rico. Tiene acceso desde la Carretera Estatal 191.

▼ Mina, quebrada La
1. Afluente del río Grande de Manatí, al cual se une en el barrio Río Grande de Morovis. Nace en el barrio Cuchillas del municipio de Morovis. Longitud aproximada: menos de 1.6 kms. (menos de 1 milla); corre de norte a sur. 2. Afluente del río Jájome, al cual se une al oeste del barrio Jájome de Cayey. Nace al norte del barrio Cercadillo del municipio citado, a unos 738 metros (2,400 pies) sobre el nivel del mar. Es corta y corre en dirección sur. 3. Otra quebrada de este nombre es afluente del río Grande de Manatí. Nace al sudoeste del barrio Toro Negro del municipio de Ciales, a unos 948 metros (3,313 pies) sobre el nivel del mar. Longitud aproximada: 2 kms. (milla y media). Corre de norte a sur.

Minas, quebrada

Tributaria del río Grande de Manatí, al cual se une al nordeste del barrio donde nace, el Pasto del municipio de Morovis.

Minerales

Ver **Recursos minerales.**

Minga I, Minga II, cuevas

Se encuentran ubicadas en el barrio Callejones del municipio de Lares. Tienen acceso desde la Carretera 454, kilómetro 4.3, a través de un camino vecinal pavimentado que parte hacia el oeste y se bifurca luego hacia el sudoeste. Están ubicadas en una finca privada. Son húmedas, obscuras y profundas.

Mingo I, Mingo II, Mingo III, cuevas

Situadas en el barrio Barahona del municipio de Morovis, tienen acceso desde un camino vecinal de tierra que parte de la Carretera Estatal 633, kilómetro 2.0, hacia el sur. La primera es seca; las otras dos, húmedas y obscuras. Se ubican en una finca privada.

Miguella de la Merced, Toribio

Agustino, último de los obispos españoles de Puerto Rico; ocupó el cargo de 1894 a 1898, año en que regresó a España. Una vez en ese país, se le nombró obispo de Sigüenza.

Minguillo, quebrada

Afluente del río Toro Negro, tributario del Grande de Manatí. Nace en el barrio Pesas del municipio de Ciales, a una altura de 310 metros (1,017 pies) sobre el nivel del mar; es corta y corre en dirección general sur.

Minillas, barrio

1. Urbano del municipio de Bayamón (42,420 habitantes). 2. Del municipio de San Germán (2,931 habitantes).

Minillas, río

Tributario del río Bayamón. Nace en el barrio Buena Vista de Bayamón, a unos 180 metros (590 pies) de altura sobre el nivel del mar. Longitud aproximada, 6 kms. (3.5 millas). Corre de sur a norte y tiene como afluentes a las quebradas Burgos y Rivera.

Mirabal, Antonio

Poeta y escritor nacido en Ponce (1888–1971). Autodidacto, su obra poética incluye los títulos *De tu rosal y mi selva* (1917), *Patria* (1920), *Alas y olas* (1922) y *Mis versos quisqueyanos y otros poemas* (1926). Cultivó el teatro cómico en *Los tres monstruos de la agresión* (1942) y *Cantinflas en Puerto Rico* (1944). En prosa dio a la imprenta el ensayo histórico *De Rosas a Trujillo* (1937), en que examina las dictaduras habidas en América. También escribió estudios biográficos sobre Daniel de Rivera y Juan Morel Campos y un ensayo histórico sobre los símbolos patrios de los países antillanos.

Mirabal, Mili

Poeta y periodista nacida en 1940. Autora de los cuadernos de versos *Mis comunicados boca arriba* (1979), *Apuntes de servilletas y otros poemas* (1981) y *Monólogos a la intemperie* (1981). Sus temas predilectos son la injusticia social, el amor, el tiempo y la muerte.

Mirabales, barrio

Del municipio de San Sebastián (526 habitantes según el censo de 1990).

Miradero, barrio

1. Del municipio de Cabo Rojo (10,757 habitantes). 2. Urbano de la ciudad de Mayagüez (5,279 habitantes).

Miraflores, barrio

1. Del municipio de Añasco (619 habitantes). 2. Del municipio de Arecibo (3,886 habitantes según el censo de 1990).

Miranda, Luis Antonio

Poeta y escritor nacido en Ciales (1896–1975). Colaboró en la prensa isleña desde muy joven. Fue cofundador de la revista *Poliedro* (1926), que dirigió; director y propietario del semanario *Florete* (1930–1955) y colaborador y director de *El Mundo* y *El Imparcial.* Como poeta publicó *Abril florido* (1918), *El rosario de doña Inés* (1919), *Albas sentimentales* (1923), *Música prohibida* (1925) y *El árbol lleno de cantos* (1946). Cultivó la narrativa en *Prosas ingenuas* (1922) y el ensayo en *El negrismo en la literatura de Puerto Rico* (1960). Fue miembro de la Academia Puertorriqueña de la Lengua. Militó en los partidos Nacionalista y Popular Democrático y fue repre-

---

SEÑOR

Señor, tú que sin
 [medro lisonjero
por nuestra
 [humanidad la
 [vida diste;
tú que tantos
 [vejámenes
 [sufriste
en el rudo tormento
 [del madero:

Señor, tú que en las
 [pruebas del
 [sendero,
florida sangre de
 [pasión vertiste
para vencer el mal:
 [tú que creíste
enseñarnos del bien
 [el derrotero:

tú que en el huracán
 [de las inquinas,
convertiste en
 [amores las
 [espinas
por redimir tus
 [siervos de
 [pecado,

vuelve, Señor, a nos
 [tu bienandanza,
¡que olvidaron los
 [hombres tu
 [enseñanza
y permanece el bien
 [crucificado...!

Luis Antonio Miranda

El poeta y escritor cialeño Luis Antonio Miranda

sentante a la Cámara. Reunió parte de sus artículos periodísticos en *La justicia social en Puerto Rico* (1943).

▼ Miranda, Luis R.

Músico y compositor nacido en Utuado (1879–1945). Estudió en Puerto Rico y en el Conservatorio de Música de Madrid, España. Fue clarinetista de la Banda del Regimiento de Puerto Rico, que dirigió. Entre sus danzas se encuentran «Impromptu», «Recuerdos de Borinquen» y «Todo por ti». También compuso canciones, mazurcas, una marcha triunfal, una sinfonía, una obertura y otras obras. Ver **Música. Periodo modernista.**

▼ Miranda, Neftalí

Compositor nacido en Morovis en 1898. Entre sus composiciones figuran los valses «Florinda», «Lágrimas» y «Quejas del alma».

▼ Miranda Archilla, Graciany

Poeta, periodista, ensayista y traductor nacido en Morovis y fallecido en San Juan (1908–1993). Publicó su primer libro de versos, *Cadena de ensueños,* en 1926. Dos años después, en unión a otros poetas, fundó el movimiento de vanguardia literaria denominado «Atalayismo», que según Enrique Anderson Imbert agrupó «iconoclastas e individualistas que constituyeron un cenáculo con algo de hermética bohemia de Dadá y algo de poesía pura». Dentro del Atalayismo, Miranda escribió el poemario *Responsos a mis poemas náufragos* (1931) y el conocido poema «Cristo debió tener un hijo». Al segundo poemario citado siguieron *Sí de mi tierra* (1937), *El oro en la espiga* (premio del Instituto de Literatura Puertorriqueña, 1941), *Monody with Roses in Ash-November, Himno a la caballa* y *Matria.* Entre sus poemas que han recibido premios figuran

---

CARACOLA DE MI DIOS DORMIDO

(Fragmento)

Mientras duermes, forma intáctil, yo
[despierto y a tu lado
con espigas de preguntas, sangre y
[sangre.
Quién yo soy, acaso en sueños me
[creaste y no recuerdas...
Y yo que vine a decirte cómo lloran
[los esclavos,
cómo padecen hambre los huérfanos,
cómo la justicia da tumbos de ciego
[azotando inocentes
contra las piedras, cómo la libertad
[huye ladrada y mordida

por los perros, cómo los ideales
se disfrazan de cuervos,
cómo la fe se parece a una ubre seca
[y sin esperanza.
Y duermes, mientras pienso: acaso
[hay fiebre:
fiebre de mi Dios enfermo, arrepentido
[de haber creado tantas
cosas inútiles, como la pequeña forma
[sacrílega...
Duermes y yo que vine creyendo que
[conmigo jugarías la partida
más pura en los tableros de ajedreces
[eternos.

Duermes y tener que volver a la
[partícula de tierra,
a la pequeña forma que Dios se llama
[en ella, metido en cosas
tristes como la verdolaga, la saliva y
[los brindis de sangre.
Duerme mi Dios en lo infinito: baja la
[luz sus párpados de rosa;
[pastor de los silencios
[apacienta sus nubes ovejas.
No habrá luz para nadie, no habrá pan
[para nadie, no habrá paz para nadie:
¡mi Dios está dormido!

Graciany Miranda Archilla

«Canto a Douglas Mac Arthur», «Soneto a la madre del soldado puertorriqueño» y su hermoso «Canto a la lengua castellana», primer premio en el certamen del Ateneo Iberoamericano de Buenos Aires (1937). Otros de sus poemas más conocidos, no atalayistas, son: «Angustia», «Canción estremecida», «Don Juan de España» y «La callada». Tradujo *Salomé* de Oscar Wilde, *El cuervo* de E. Allan Poe, *Poesía en cristal (poetas norteamericanos), 500 años de poesía inglesa y norteamericana* (breviario en español) y *Caravan of Spanish Modern Poets* (poetas de España e Hispanoamérica). Como ensayista publicó *Ensayos de sangre, Vanguardia Betances* y *Clamores antillanos.* Fue director de la edición dominical de *El Mundo* y de *El Diario de Nueva York,* director interino del semanario *Florete,* editorialista de *El Imparcial* y fundador y director de las revistas *Alma Latina, Surcos* y *Sindicales* y del periódico de combate *Juan Caliente.* Fue colaborador de *El Diluvio, La Linterna, El Tiempo, Hoy, El Día, La Correspondencia de Puerto Rico, La Democracia, Gráfico de Puerto Rico, Poliedro, Puerto Rico Ilustrado* y de varios periódicos y revistas hispanoamericanos, entre ellos el *Repertorio Americano* (San José, Costa Rica) y *Nosotros* (Buenos Aires). Premio de periodismo del Instituto de Literatura Puertorriqueña (1940). Fue miembro honorario de la Sociedad Bolivariana de San José, Costa Rica, y de la Sociedad Bolivariana de Quito, Ecuador.

▼ Miranda Marchand, Graciany

Abogado, periodista, nacido San Juan en 1934; hijo del poeta Graciany Miranda Archilla. Se graduó de abogado en la Universidad de Puerto Rico (1960). Perteneció a la *Revista Jurídica;* laboró en la judicatura puertorriqueña, primero como Fiscal Especial y más tarde como Fiscal Auxiliar del Tribunal Superior en San Juan, Caguas y Ponce; posteriormente se dedicó a la práctica privada de su profesión. En 1975 fundó y presidió la Asociación de Abogados Defensores. Presidió el Colegio de Abogados de Puerto Rico (1976–78). Ha sido partidario y defensor de la independencia para Puerto Rico en diferentes foros y en la prensa escrita, radial y televisada. Colabora en este Diccionario con la biografía de Pedro Albizu Campos.

Graciany Miranda Archilla, fundador del movimiento poético de vanguardia «Atalayismo»

▼ Mirasol, barrio

Del municipio de Lares (949 habitantes).

▼ Misanteco

Ver **Lebisa, Misanteco, Palo de misanteco.**

▼ Mislán, Ángel

Compositor y músico. Nació en San Sebastián y falleció en Barceloneta, o en Arecibo, según otras fuentes (1862–1911). Estudió bajo la dirección de su padre. Destacó como bombardinista, instrumento que siempre prefirió, aunque también dominaba el cuatro y el clarinete. Impartía clases de música. Dirigió la Banda del Tercer Batallón de Voluntarios de Arecibo hasta que éste se disolvió cuando tuvo lugar el cambio de soberanía. Después dirigió varias agrupaciones como bandas y orquestas. Compuso danzas, marchas, pasodobles y valses. Entre sus danzas destaca la famosa «Sara». Otras de sus composiciones son «Lo imposible», «Ojos de cielo», «Pobre Borinquen», «Recuerdos y lágrimas», «Tú y yo». Ver **Música. La danza puertorriqueña.**

Ángel Mislán, compositor de la inolvidable danza «Sara»

▼ Misterio, cueva

Está situada en el barrio Caguana del municipio de Utuado. Tiene acceso desde el kilómetro 3.1 de la Carretera Estatal 621 por un camino no pavimentado que se dirige al oeste. Se ubica en una finca privada. Es húmeda, profunda y obscura.

▼ Miyares González, Fernando

Militar y cronista nacido y fallecido en Santiago de Cuba (1749–1818). Ingresó en el Ejército español en su país natal en 1764; cinco años después fue destinado a servir en el cuerpo de la guarnición de San Juan de Puerto Rico; aquí, además de cumplir con sus funciones, ocupó el cargo de secretario del gobernador y capitán general de la isla hasta 1779, lo cual le facilitó reunir la información necesaria para escribir *Noticias particulares de la isla y plaza de San Juan Bautista de Puerto Rico* (1775), que contiene interesantes datos históricos del Puerto Rico que Miyares conoció, durante el gobierno de Miguel de Muesas, el cual fue su protector. La obra se publicó por vez primera en 1954 con un magnífico estudio preliminar del Dr. Eugenio Fernández Méndez. Como militar, Miyares llegó a alcanzar el rango de brigadier. En 1779 fue trasladado a Venezuela, donde gobernó las provincias de Barinas y Maracaibo. Como premio a la obediencia en que mantuvo a esta última se le nombró capitán general de Venezuela, cargo que no pudo ocupar debido a la creación de la Junta de Gobierno en 1810 que destituyó al Capitán General Emparan y desconoció la autoridad de la Regencia española. Volvió a su gobernación de Maracaibo y más tarde fue nombrado capitán general de Guatemala; esta vez tampoco pudo desempeñar tal cargo. Un año antes de su muerte regresó a su ciudad natal.

Las «Noticias» ofrecen información sobre el estado general de la capital en la segunda mitad del siglo XVIII, sobre la arquitectura militar, el estado general de las defensas, la composición de la guarnición, y una extensa descripción de los partidos existentes entonces en la isla. A continuación el lector encontrará la primera parte de este documento que se refiere a la ciudad capital.

«Noticias particulares de la isla y plaza de San Juan Bautista de Puerto Rico.

«*Actual estado de la ciudad:* En el día tendrá esta ciudad [de San Juan] trescientas cincuenta toesas [poco menos de setecientos metros] de longitud y poco más de doscientas de latitud. Sus calles principales corren de este a oeste y son cortadas por otras en ángulos rectos. El mayor número de casas son de un alto; otras, terreras de piedra y algunos barrios de bohíos o chozas cubiertas de paja o yaguas, siendo notable la ventajosa diferencia que se advierte, así en el mayor número de casas como en la reedificación de muchas que acompañadas del famoso frente que presenta a la plaza el castillo de San Cristóbal, le facilitan una lucida vista.

«Hállase enteramente concluido el frente de tierra de esta plaza, cuya situación por la parte norte se eleva como unos cien pies sobre el nivel del mar y desciende su terreno hasta formar playa en la bahía. Su fortificación consta de un semibaluarte llamado del Norte, un baluarte plano y otro que se nombra de Santiago. Enfrente de las cortinas que resultan de los dichos tres baluartes se han construido dos revellines, de los cuales, el que está entre el semibaluarte del norte y el plano, se llama de San Carlos y el otro, del Príncipe. Entre estos dos revellines (cuya situación corresponde enfrente del ángulo flanqueado del baluarte plano) se halla una plaza de armas llamada de la Trinidad, por constar de tres baterías en anfiteatro que siguen la irregularidad del terreno, teniendo así ésta como los revellines su foso que se comunica con el principal. Toda esta obra está guarnecida de un camino cubierto, con sus traversas correspondientes y estacada. En la cortina que está entre el baluarte plano y el de Santiago se halla la puerta de este nombre, única para salir a la campaña con carruajes, cubriéndola, como se ha dicho, el revellín del Príncipe.

«Toda la muralla principal de este frente de tierra se ha levantado y engrosado sobre el recinto antiguo, pero los revellines y demás obras exteriores se han formado desde cimientos. En el baluarte plano hay construido un caballero o macho, cuyas obras, junto con el semibaluarte del norte, tienen la nominación del castillo de San Cristóbal, detrás del cual hay una grande plaza de armas con sus bóvedas, en las que puede alojarse cómodamente un batallón. Asimismo, hay un magnífico aljibe que consta de cinco bóvedas igualmente a prueba; resultando por el cálculo que con prolijidad se ha hecho que sobran aguas para llenarse en un año, pues aprovecha todas las vertientes del castillo. Entre las caras, flancos y cortinas de las obras de este frente, se pueden montar cien piezas de cañón. Los glaciales se hallan contraminados, pero ignoro su detalle.

«El castillo del Morro está situado en la punta más occidental de la plaza. Se halla, en el día, en un bellísimo estado para impedir la entrada en el puerto de los navíos enemigos, pues sus tres principales baterías de cañones, que por la natural pendiente del terreno hacia la mar logran la situación de anfiteatro y corren por todo lo largo del castillo, tienen sus fuegos en tal disposición que pueden seguir la nave por toda la canal. Se continúan sus obras con el mayor esfuerzo, pues desde que se concluyó el frente de tierra es el único objeto, por lo que se reunieron en él todas las fuerzas. Su figura, como antes he dicho, es irregular, principalmente por los costados que miran al mar, pues en éstos, por la irregularidad del terreno y aprovechar el recinto antiguo, ha sido preciso dejar algunos ángulos muertos, aunque vistos por sarracena que a este efecto se ha construido. El único frente hacia la plaza está fortificado con una cortina y dos semibaluartes. Debe igualmente hacerse en la parte superior del castillo una batería de morteros y en la inferior un aljibe, para lo cual hay suficiente capacidad y podrá proveerse de agua la guarnición de un batallón, que es la que admiten cómodamente sus

bóvedas a prueba, de suerte que puede muy bien este castillo, aun en el adverso accidente de perderse la plaza, resistir lo suficiente para hacer disputable su posesión.

«Resuelto por S.M. aumentar la guarnición de esta plaza con dos batallones de infantería y una compañía de artilleros del ejército, se expidió la orden correspondiente, con fecha de veinte de septiembre de setecientos sesenta y cinco y con la de trece de junio de sesenta y seis, se aprobó la reforma del batallón fijo y compañía de artillería de la antigua dotación, comunicándose en la primera haberse dado los avisos correspondientes al Virrey de México para el envío de los cien mil pesos asignados a reales obras. Aumentóse igualmente al cuerpo de ingenieros, un ordinario que corre con el detall y tres subalternos que subsisten y a la maestranza de fortificación, los maestros mayores, aparejadores, canteros y demás que corresponden al número de seiscientos forzados, brigadas de tropa y peones voluntarios que trabajan diariamente en reales obras.

«Inmediatamente se embarcó en El Ferrol para esta isla el regimiento de León y una compañía de artillería, cuyo capitán se encargó del mando de este ramo, estableciendo sin pérdida de tiempo maestranza para construcción de cureñas, parque, sala de armas, almacenes y demás trenes de que carecía absolutamente la plaza, lográndose por este medio y el eficaz celo del referido comandante, Teniente Coronel Don José Pedraza, hallarse hoy pertrechada con el mayor arreglo y abundancia en sus repuestos, de modo que no le falta circunstancia conducente a dar una gloria a las armas del rey en cualquiera acontecimiento de guerra.

«Pidiendo ya esta plaza, por su mayor consideración, un cabo subalterno en quien recayese el mando de ella por ausencia y enfermedades, creó S.M. la tenencia de rey por su real orden de trece de febrero de setecientos sesenta y ocho, confiriéndola con tres mil pesos de sueldo anual al teniente coronel graduado y capitán de granaderos del regimiento de infantería de Toledo Don José Tentor.

«Exigiendo estos crecidos expendios de caudales mayor formalidad y despacho en la real contaduría, dispensó S.M. a los oficiales reales de ella, por Real Orden de veinte y dos de julio de setecientos sesenta y cinco, la gracia de que se les guardasen los mismos privilegios que a los de Caracas y por otra de diez y ocho de febrero de sesenta y seis, se les aumentó el sueldo hasta la cantidad de mil doscientos pesos anuales, en lugar de los quinientos setenta y cuatro que gozaban antes. Para más bien poder atender al cúmulo de asuntos que ocurren, resolvió el Rey, por su orden de doce de junio de mil setecientos sesenta y seis, crear en la misma contaduría las plazas de oficial mayor, con quinientos pesos al año y la de segundo, con cuatrocientos, cuyos empleos subsisten auxiliados con algunos escribientes supernumerarios, que se consideran indispensables por constar esta oficina de treinta y seis ramos, sin otras muchas ocupaciones extraordinarias que llenan bastante tiempo. Para resguardo de rentas hay un guarda mayor con treinta pesos mensuales y sus gajes; dos cabos de ronda con veinte pesos cada uno y tres guardas con quince. En los demás pueblos de la isla, para la recaudación de reales intereses se consigna ordinariamente a los tenientes a guerra.

«Por Real Cédula de veinte y seis de agosto de setecientos sesenta y cuatro, se creó en esta isla el nuevo establecimiento de Correos de los dominios de España a los de estas Indias Occidentales, teniendo por objeto S.M. los perjuicios que ha ocasionado la retardación en el cumplimiento de sus reales órdenes y de las providencias de justicia, trascendiendo a los vasallos ultramarinos, cuyas quejas o recursos llegaban con tal atraso y dificultad que las decisiones más imparciales y prudentes se frustraban por la mudanza de circunstancias.

«Es esta caja la primera donde tocan los correos de España. Sin detenerse más tiempo que el preciso para entregar y recibir la correspondencia continúan a La Habana. Para el cargo y gobierno de este ramo hay un administrador principal con mil trescientos pesos al año y un oficial mayor interventor con quinientos pesos, cuyos sueldos y demás gastos cubre la misma renta.

«En el referido año de mil setecientos sesenta y cinco, terminó la época miserable de esta isla, que en muchos tiempos estuvo constituida, pues es increíble el conocido aumento que ha tenido en todas sus partes debido a las crecidas entradas de caudales en reales arcas, que por situación corresponde su expendio anual a cuatrocientos ochenta y siete mil, ochocientos cincuenta y ocho pesos, siete reales.

«La circulación de éstos y demás proporciones que exige el mayor comercio dio fomento a varios vecinos que se aprovecharon del primer tiempo para adquirir caudales, pues aunque no pasan de cuatro los sobresalientes, son muchos los de diez a veinte mil pesos y es evidente que si a esta isla se le facilitasen arbitrios para proveerse de negros a un moderado precio, lograrían sus habitantes las mayores ventajas y el rey infinita utilidad en sus derechos, respecto a que por carecer en el día de este auxilio sólo extienden las siembras a lo preciso para vivir.

«Conociendo yo que estas noticias, por su mala narración y poco orden, no sufragan la pena de leerlas, he procurado ceñirme a las más inexcusables, prefiriendo siempre no embarazar el tiempo con molestas digresiones.»

▼ Moca
(*Andira inermis,* familia Leguminosas) Árbol común en Puerto Rico, las Antillas, América y África Tropical, de mediano tamaño, hojas caducas y corteza agrietada y escamosa, que alcanza entre 6 y 15 metros (20–50 pies) de altura. Hojas alternas, compuestas por 7–13 hojuelas pareadas (excepto en el extremo superior), oblongas o elípticas, finas y estrechas; flores numerosas y muy llamativas, en racimos, de color rosa o púrpura, fruto en legumbre o vaina gruesa carnosa por fuera y dura por dentro, elíptica o aovada, de color verde, con una semilla. Florece de enero a febrero y de mayo a septiembre; fructifica de mayo a diciembre. La madera es dura, pesada, fuerte, adquiere buen pulimento. En Puerto Rico se ha usado para muebles, aunque actualmente el tamaño pequeño de los árboles no lo permite; hoy sólo se usa para postes. En otros países ha sido utilizado para sombra de cafetos. Es planta melífera que también se siembra para sombra y embellecimiento. En Puerto Rico está ampliamente distribuido, excepto en las montañas más altas.

▼ Moca, barrio y pueblo
Cabecera del municipio de este nombre (2,059 habitantes) que, con parte del barrio Pueblo (2,172 habitantes), integra la zona urbana del municipio de Moca.

▼ Moca, municipio

Superficie

130 kms. cuadrados (50 millas cuadradas)

Población

32,926 habitantes (censo de 1990)

Habitantes por barrios	
Aceitunas	2,932
Capá	2,297
Centro	999
Cerro Gordo	3,163
Cruz	936
Cuchillas	3,967
Marías	1,461
Moca, pueblo	2,059
Naranjo	2,045

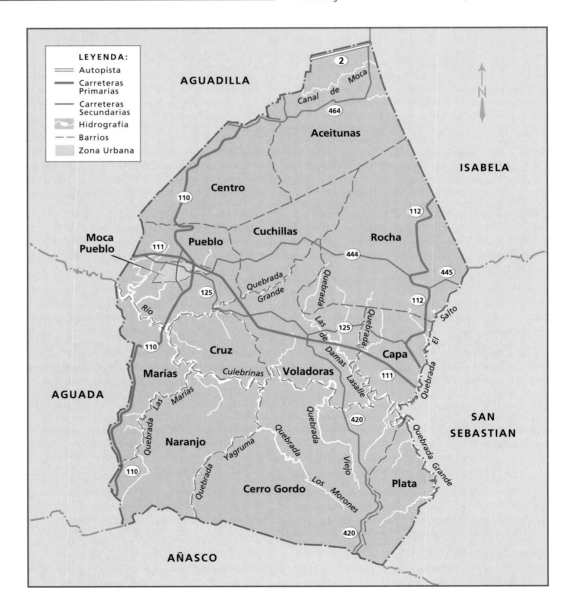

Plata	602
Pueblo	5,169
Rocha	3,067
Voladoras	3,869

Situación

Se encuentra cerca del extremo nor-occidental de la isla. Limita por el norte con el municipio de Isabela, por el sur con el de Añasco, por el este con los de Isabela y San Sebastián, y por el oeste con los de Aguada y Aguadilla.

Breve reseña

Al norte de este territorio se encuentra la cordillera Jaicoa, donde se alzan los montes El Ojo y Mariquilla, y el cerro Moca. Aquí se encuentran los sumideros, cuevas y mogotes propios de la zona cársica. Hacia el sur corre la cadena de San Francisco, que presenta escasas elevaciones. El río Culebrinas recorre este territorio de este a oeste, nutrido por numerosas quebradas, entre las que se destacan la Gran-

de, Las Marías, Yagruma, de las Gatas, Lasalle y de las Damas.

La economía de Moca es dominantemente agrícola, y se basa en el cultivo de la caña de azúcar, frutos menores y en la ganadería vacuna. Actualmente también cuenta con algunas industrias ligeras. Un factor económico de gran crecimiento es el artesanal. Entre las artesanías mocanas se cuenta el mundillo, fino encaje tejido a mano.

El municipio deriva su nombre de un árbol muy abundante en esta región llamado moca (*Andira inermis*), cuyas hermosas flores de atractivos colores lo delatan en medio del paisaje.

En las primera décadas del siglo XVIII, algunos vecinos de Aguada se establecieron en este territorio, que andando el tiempo llegó a ser un barrio aguadeño. Siendo Gobernador Miguel de Muesas, que favorecía la creación de nuevos partidos, el 7 de abril de 1772 José de Quiñones presentó a Don Miguel una solicitud

Iglesia católica del pueblo de Moca cuya edificación original data de 1775. Fue colocada bajo la advocación de Nuestra Señora de Monserrate y de San Juan Nepomuceno. Cuando se bendijo el pueblo tenía sólo 11 viviendas

Axel Santana

MOCA HACIA 1775

A dos leguas de la boca del río [Culebrinas], en su ribera derecha, está la nueva población de la Moca, a la falda de las montañas de la Tuna, en un pequeño valle, fundada en 7 de abril de 1772. Su iglesia tiene la precisa decencia; hay once casas en su inmediación; las demás, hasta 203, con 996 [habitantes] que componen este vecindario, viven en sus respectivas haciendas.

Fray Íñigo Abbad y Lasierra, *Historia geográfica, civil y natural de la isla de San Juan Bautista de Puerto Rico*

para fundar pueblo a nombre de los vecinos de Moca y Moquilla. Una vecina, Cándida Vives, donó el terreno necesario para levantar las obras municipales. Quiñones fue nombrado capitán poblador, y el partido quedó oficialmente constituido el día 22 de junio del año citado. Tres años después se terminó la edificación de la iglesia, que se colocó bajo la advocación de Nuestra Señora de Monserrate y de San Juan Nepomuceno. Cuando se bendijo la iglesia la aldea tenía sólo once viviendas.

Las fiestas patronales se celebran durante diez días alrededor del 8 de septiembre, para honrar a Nuestra Señora de Monserrate. Otras actividades son el Festival del Mundillo, alrededor del Día de Acción de Gracias; el del Camarón, en mayo, y la Parranda de los Enchaquetados, en diciembre.

▼ Mocano

Gentilicio de los nacidos en el municipio de Moca.

▼ Mocha, quebrada La

Ver **Bucaná, Cerrillos, río.**

▼ Mofongo

Plato hecho a base de plátano verde majado o molido con chicharrón de cerdo y ajo. Con pequeñas variantes, es el fufú de los cubanos y el mangú de los dominicanos.

▼ Mogoyo, cerro

Se eleva a 840 metros (2.755 pies) de altura sobre el nivel del mar, y está situado en el barrio Mameyes Arriba del municipio de Jayuya. Tiene acceso desde la Carretera Estatal 141, y se ubica en el cuadrángulo 8,264 del Mapa Topográfico de Puerto Rico.

▼ Mohosa, quebrada

Afluente de la quebrada de las Lajas, tributaria del río Guanajibo. Nace al sudeste del barrio Jagüitas del municipio de Hormigueros; corre en dirección general sur.

▼ Mojados

Puertorriqueñismo. Término aplicado durante el régimen colonial español a los peninsulares («de la banda de allá»), que habían cruzado el mar para llegar a la isla, en contraposición a los secos («de la banda de acá») que no lo habían cruzado.

▼ Mojar

Americanismo. Sobornar, dar propina.

▼ Mojarra

(*Diapterus olisthostomus,* familia Gérridos) Pez también llamado muniama. Aunque poco importante desde el punto de vista comercial, es muy conocido por los aficionados a la pesca. De pequeño tamaño, es plateado, algo más oscuro por el lomo. Habita en las aguas someras próximas a los manglares. Se captura con trasmallos, chinchorros y atarrayas; a veces con anzuelo. Alcanza un tamaño promedio de 25 centímetros (menos de un pie).

▼ Mojica Marrero, Águedo

Nació y murió en Humacao (1908–1982). Fue un distinguido abogado, educador y político. Estudió Derecho en la Universidad de Puerto Rico y se graduó de doctor en Filosofía y Letras en la Sorbona de París, Francia. También cursó estudios en la Universidad de Florencia, Italia y en la Central de Madrid. Además de la lengua materna dominaba el francés, el alemán, el griego, el italiano y el latín. En su Alma Máter fue profesor de Filosofía. Militó en los partidos Nacionalista, Popular Democrático, del Pueblo con Sánchez Vilella, e Independentista Puertorriqueño. Fue representante a la Cámara por el Partido Popular Democrático (1957–68) y vicepresidente de dicho cuerpo legislativo (1965–68). Profundamente respetado y admirado por sus conterráneos, a su sepelio, en su pueblo natal, acudieron destacadas figuras de los diferentes partidos políticos y del mundo intelectual isleño. Tras su muerte Luis Mojica Sánchez publicó *Águedo Mojica: la luminosa entrega* (1983).

▼ Molina, Francisco

Poeta nacido en Vega Baja en 1913. Estudió Artes en la Universidad de Puerto Rico y Teología en Estados Unidos. Ministro de la Iglesia Luterana, dirigió la publicación religiosa *El Testigo.* Es autor del cuaderno de inspiración religiosa *Ciudad allende el alba* (premio del Instituto de Literatura Puertorriqueña) y la sana burla de *Meditaciones de una camiseta* (1960).

▼ Molina, John John

Ver **Deportes. Boxeo.**

▼ Molina, Luis
Ver **Cine**.

▼ Molina, René
Periodista y cronista deportivo nacido en La Habana, Cuba, en 1918, radicado en Puerto Rico. Se inició en el periodismo deportivo en la década de los años treinta. En su país natal trabajó en los diarios *El País, Diario de la Marina* y *El Nacional;* de este último fue editor deportivo hasta que abandonó Cuba en 1962. Además fue redactor de la revista *Bohemia* por más de veinte años; actuó como comentarista deportivo en radio y televisión y editó la revista *Panorama*. Presidió la Asociación de Cronistas Deportivos de La Habana y fue directivo de la Asociación de Reporteros de la misma ciudad. En Puerto Rico trabajó diez años como editor deportivo del diario *El Mundo,* editó la revista *Campeón,* colaboró en la sección de Deportes de la *Enciclopedia Clásicos de Puerto Rico* y ha sido comentarista deportivo en radio y televisión. Actualmente es columnista del periódico *El Nuevo Día,* de San Juan de Puerto Rico, y del *Diario Las Américas* de Miami. Colabora en este Diccionario con los artículos sobre «Béisbol» y «Boxeo» y ha servido de asesor y coordinador en los temas de Deportes.

▼ Molina, Samuel
Actor y poeta puertorriqueño nacido en 1935. Ha publicado el poemario *Hombre y camino* (1976), de profundo humanismo y demanda de justicia social. Como actor se ha destacado en teatro, cine y televisión en Puerto Rico y el extranjero.

▼ Molina López, Marina
Educadora, escritora y poeta nacida en Humacao (1898–1969). Estudió magisterio en la Universidad de Puerto Rico. Ejerció la docencia en su pueblo natal como maestra, principal y supervisora escolar. Colaboró en varias publicaciones: *El Mundo, El Carnaval, Puerto Rico Ilustrado, Alma Latina, Minarete.* En colaboración con Cesáreo Rosa Nieves publicó *Teatro escolar* (1932) y el libro de lectura para niños *Juan Bobo infantil* (1932). Además, fue autora de *Jardín de las emociones* (prosa y verso, 1958), *Piedritas del camino* (prosa) y *Aprendiendo a vivir* (prosa).

▼ Moll Boscana, Arístides
Poeta nacido en Adjuntas y fallecido en Berkeley, California (1885–1964). Cursó estudios en Francia, donde se licenció en Ciencias, y en España. A su regreso a Puerto Rico ejerció la docencia en su pueblo natal y en Ponce. Luego, radicado en Mayagüez, ocupó el cargo de subadministrador de Aduanas. Estudió en Estados Unidos, donde se graduó de médico y desempeñó varios cargos públicos relacionados con la salud en el Gobierno Federal en Washington, D.C. A los 20 años de edad publicó su único cuaderno de versos, con 71 poemas escritos entre 1899 y 1905, *Mi misa rosa* (1905), que presenta la influen-

A GALOPE IBA EL GAUCHO

(Fragmento)

Dos cosas amó el gaucho: la pampa y su
[montura,
dos fuerzas encarnara: libertad y natura.
Cuando el sol se ponía por los campos
[de Flandes
nacer él lo veía sobre los níveos Andes,
y al cubrirse los prados de millares de reses
hasta el pescuezo hundidas entre pastos
[y mieses,
símbolo de una tribu de hombres de
[pelo en pecho,
como el galo regidos por Dios y su
[derecho,
con su fusil tumbando indios bravos de
[bruces
o empujando al desierto manadas de
[avestruces.
Fue la musculatura de su brazo de acero
que los eriales vírgenes trocar supo en
[granero.

El vigor varón hecho, campeón de la
[energía,
también fue el gaucho algo más grande:
[¡la poesía!
Al lucir las estrellas se tornó payador,
al brazo la guitarra y en cada copla amor,
salvo en la noche aquella cuando bajo el
[ombú,
Santos Vega perdiera su reto a Belbezú,
y al tender el demonio su calcinada garra
en humo disipáranse cantor, canto y
[guitarra.

Arístides Moll Boscana

cia del gran nicaragüense Rubén Darío. Escribió un diccionario médico inglés-español y numerosos trabajos de carácter científico. Rafael J. Linares, en *Mi pueblo, Adjuntas,* informa que también se mencionan como obras de Moll las siguientes: *Los nuevos del sur, Esculapio en Latinoamérica, Cantos y cuentos, Las orquestaciones* y *Walhalla Yankee!* Ver **Literatura.**

▼ Moll Boscana, Josefina

Hermana mayor de Arístides Moll Boscana, poetisa y cuentista, utilizó el seudónimo de «Flor Daliza». Nació en Adjuntas y falleció en Nueva York (1877-1966). Desde muy niña vivió con su familia en España hasta alrededor de 1890. A partir de 1900 comenzó a publicar sus versos y cuentos en la prensa del país, en *Los Domingos del Boletín, Propios y Extraños, El Carnaval, La Democracia, El Hogar, Cervantes* y *Plumas Amigas.* De 1914 a 1946 fue secretaria de la Embajada de España en Washington.

SOR ELIANA

(Fragmento)

Del convento la campana
con su toque triste y lento
dobla a muerto en alba obscura,
por la hermana
por la dulce Sor Eliana,
fenecida en la clausura
del convento...

Sor Eliana era una rosa,
pero, ¿a qué ser más divina
que una santa,
y a qué verse más hermosa
que María en su hornacina,
si así en un claustro confina
tal belleza, gracia tanta?

Josefina Moll Boscana

▼ Mona (Amona), isla de la

Está situada entre Puerto Rico y la República Dominicana, a 18 grados 5 minutos de latitud norte y 67 grados 55 minutos de longitud oeste. Tiene casi 10 kms. (6 millas) de largo y 7 kms. (4.5 millas) de ancho, y cubre una superficie de 40 kms. cuadrados (15.4 millas cuadradas). Dista 73.6 kms. de Puerto Rico y 65 kms. de la Española. Sus costas abruptas hacen difícil desembarcar en ella. En Cabo del Este se ha levantado un faro. Fue descubierta por Cristóbal Colón en 1494, cuando se encontraba habitada por indios taínos que la llamaban Amona. Por encontrarse situada en el camino marítimo hacia las regiones entonces en exploración, se le dio importancia, y fue cultivada, mas poco después abandonada, por lo que llegó a ser refugio de contrabandistas, piratas y corsarios, y como ocurre en estos casos, escenario de numerosas leyendas de poca sustancia. A fines del pasado siglo se inició con cierto éxito la explotación de los depósitos de guano o huano, excremento de murciélagos y aves muy rico en sales amoniacales de gran valor como fertilizante, pero el éxito resultó efímero. Por ser poco accesible, en esta isla se encuentran especies zoológicas autóctonas que han desaparecido en otros lugares. En La Mona se encuentran numerosas aves que anidan allí, en ella descansan las especies migratorias. La iguana de la Mona y otros reptiles son muy abundantes.

▼ Mona, canal de la

Estrecho que separa a Puerto Rico de la isla Española, que permite la comunicación del mar Caribe con el Atlántico.

▼ Mona, quebrada La

Afluente de la quebrada La Balsa, que desagua en el río Grande de Añasco. Nace al noroeste del barrio Alto Sano del municipio de San Sebastián; corre de oeste a este; luego se desvía hacia el sur.

▼ Monacillo, barrio

Urbano del municipio de San Juan (13,481 habitantes según el censo de 1990).

▼ Monacillo Urbano, barrio

Del municipio de San Juan (28,707 habitantes según el censo de 1990).

▼ Mondongo

Plato típico puertorriqueño. Caldo hecho a base de mondongo (intestinos y panza de reses) y otros ingredientes.

▼ Moneda y banca

Ver **Sistema financiero.**

▼ Moneda macuquina

Cuando se inició el éxodo de los residentes de Venezuela a consecuencia de la Guerra a Muerte, los emigrantes llevaban consigo la moneda que poseían, esto es, la que circulaba en su país de origen. Esta era la llamada moneda macuquina, que describe Don Adolfo de Hostos en el *Diccionario Histórico Bibliográfico Comentado de Puerto Rico* como sigue: «Consistía esta moneda en una chapa de plata u oro, más o menos redonda, estampada con un sello de la Real Hacienda, bien fuese el escudo real, el nombre del monarca reinante y su efigie, o bien con la ceca y el símbolo de la casa de moneda donde se acuñó». Tal moneda era fácilmente alterable porque no tenía cordoncillo, no siempre era aceptada y con facilidad era falsificada.

Darío de Ormaechea, en *Memoria acerca de la agricultura, el comercio y las rentas internas de la isla de Puerto Rico*, publicada en 1847, explica las dificultades que presentaba la circulación de dicha moneda en los siguientes términos: «Hemos dejado para lo último el hablar de la moneda macuquina, verdadera plaga para el país. Esta moneda es casi la única que circula en la Antilla, siendo escasas las piezas de su valor en moneda llamada fuerte o de cordoncillo, y sirve de consiguiente, para toda clase de transacción entre los naturales, exigiéndose la [moneda] fuerte para el pago de la cuarta parte de los derechos reales en las aduanas, y para todos los giros que se hacen contra la isla desde fuera de ella. Es también buscada esta última para la extracción y para cuantos pagos se hagan en Saint Thomas y demás puntos extranjeros. La macuquina tiene además en sí bastante menos valor intrínseco que la de cordoncillo, la cual, como muchas veces escasea y sea necesaria, fluctúa su precio en el mercado, habiendo casos y épocas de ganar hasta un 25 por 100 sobre la otra. De aquí se sigue el agio, se origina la dificultad y el entorpecimiento en los cambios y en las transacciones, lo cual contraría la prosperidad y el acrecentamiento de la riqueza; de aquí emanan perjuicios al comercio y aun al Tesoro; de aquí nacen todos los males que trae consigo una moneda, no sólo de mala ley, si también de ley desigual entre sí, falsa muy a menudo y en bastante abundancia, confusa en gran parte, distinguiéndose a veces con dificultad los reales de los medios; informe, desigual; todo lo cual origina graves daños al tráfico y a las permutas en que medie esa verdadera plaga de la isla de Puerto Rico, único país que en el día la conserva. Parécenos urgente, por lo dicho, que se destierre la moneda macuquina, cuya suma podrá ascender a cosa de 600,000 ps., procurando empero no causar perjuicios a los poseedores de buena fe por la diferencia del peso, aunque fuese necesario crear algún nuevo papel moneda con interés que siguiera los trámites ya expresados para su autorización».

Para descanso de los comerciantes y de la población en general la moneda macuquina fue recogida en 1894.

▼ Monga

Puertorriqueñismo. Enfermedad catarral, gripe.

▼ Monge, José María

Poeta y escritor nacido y fallecido en Mayagüez (1840–1891). Fue un autodidacto que empleó el humorismo para combatir los excesos del gobierno colonial y las instituciones retrógradas de la época que le tocó vivir. Colaboró en *La Razón* de Mayagüez, *El Derecho* de Ponce y *El Buscapié* de San Juan. Utilizó el seudónimo de «Justo Derecho». Publicó su obra po-

El escritor, periodista y poeta mayagüezano José María Monge

LOS CAMPOS DE MI PATRIA

(Fragmento)

¡Oh, si a las obras de natura sabia
también viese yo unidas
aquellas que pregonan
la inteligencia y el esfuerzo humanos!
¡Si desde las alturas que coronan
las lomas florecidas
y los extensos llanos
donde crecen la caña cimbradora,
la palmera, y el mangó y el yagrumo,
viese cruzar con rapidez que impone,
entre penachos de humo,
veloz locomotora!...

Entonces yo diría
lleno de orgullo y de emoción sincera,
que tú eras, patria mía,
entre todas las otras, ¡la primera!

José María Monge

ética en *Poesías y prosas* (1883), *Poesías* (1885) y *Los apuros del bachillerato* (1886), y su prosa en la obra citada en primer lugar y en sus crónicas *Viajes por Italia* (1887). También fue co-editor de la antología *Poetas puertorriqueños* (1879).

▼ Mongil, quebrada
Ver **Piedras, río.**

▼ Mongo
Puertorriqueñismo. Flojo, sin energía

▼ Monito, islote
Está situado en el canal de la Mona, a 5 kms. (3 millas) al noroeste de la isla de la Mona; de pequeño tamaño (1/10 de Km. cuadrado). Formado por roca caliza, al igual que la citada isla está rodeado de acantilados abruptos. Por carecer totalmente de llanura costanera está aislado. Las aguas que lo rodean son excepcionalmente transparentes y muy ricas en vida marina. Anidan en la isla numerosas especies de aves marinas.

▼ Monroy, Alonso de
Mercedario natural de Sevilla, fue comendador de los conventos de Sevilla, Burgos, Valladolid y Toledo, provincial de Andalucía, visitador general en el Perú y general de su Orden; el Rey Felipe III lo presentó para obispo de Puerto Rico y, aunque consagrado, falleció antes de llegar a la isla, en la primera década del siglo XVII.

▼ Monrozeau, José Antonio
Compositor y músico nacido y fallecido en Hatillo (1905–1989), radicado en Arecibo desde muy joven. Estudió armonía y composición en el Conservatorio de Boston. Como a Rafael Balseiro Dávila, se le considera el «rey del vals». Compuso muchos de éstos, entre los que destacan «Amándote en silencio», «Dora», «El sueño de una princesa», «Recordando a mi madre» y «Vals de la princesa». Ver **Música. La danza puertorriqueña.**

▼ Monserrate, cueva
Ver **Santa Rosa-Monserrate, cuevas.**

▼ Montalva, barrio
Del municipio de Guánica (2,893 habitantes según el censo de 1990).

▼ Montalvo, José
Ver **Música. La música electrónica.**

▼ Montalvo Guenard, José L.
Médico e historiador nacido en Mayagüez y fallecido en San Juan (1885–1950). Se

El médico José L. Montalvo Guenard también se distinguió como historiador

graduó de médico en Estados Unidos (1911). Practicó su profesión en su pueblo natal y en varios otros de la isla y colaboró extensamente en la prensa, especialmente en *El Imparcial* y *El Mundo*. Fue autor de varios libros de historia, como *Rectificaciones históricas* (1933) y *El supuesto mapamundi de Juan de la Cosa o Audacia del Barón de Walckenaer* (1935). También escribió *Algo sobre Ponce y su fundación, La época precolombina en Borinquen, El verdadero sitio del descubrimiento de Colón en nuestras playas* y *Día del verdadero descubrimiento de Puerto Rico*. Fue miembro de la Academia Puertorriqueña de la Historia.

▼ Montaña, barrio
Del municipio de Aguadilla (3,804 habitantes según el censo de 1990).

▼ Montaña, quebrada
Afluente del río Prieto, uno de los tributarios del Grande de Añasco. Nace al sudeste del Barrio Río Prieto, municipio de Yauco, a una altura de 910 metros (2,985 pies) sobre el nivel del mar; es corta y corre de sur a norte.

▼ Montañas de Puerto Rico
Para obtener información sobre los montes (altitud en metros y pies, barrio y municipio en que se encuentran, la vía de acceso más fácil y el número del cuadrángulo en que se localizan en el Mapa Topográfico de Puerto Rico levantado por el Servicio Geológico de Estados Unidos) ver los siguientes nombres: **Avispa, Bandera, Bartolo, Britton, Calderón, Coamo, Curet, Don Quiño, Doña Juana, El Bolo, El Cacique, El Gato, El Gigante, El Malo, El Pío, El Toro, El Yunque, Garrote, Guilarte, Honoré, Hormiga, Jayuya, La Chorrera, La Francia, La Santa, Lucero, Lloroso, Maravilla, Mata de Plátano, Medina, Mogoyo, Morales, Novillo, Palo de Café, Peñuelas, Pico del Este, Pico del Oeste, Piedra Blanca, Prieto, Pulguillas, Punta, Rodadero, Roncador, Rosa, Saliente, Tabla, Tetas, Torrecillas, Tres Picachos, Vaquiñas.** Ver también información relacionada en **Geografía. Orografía.**

▼ Montañez, Baltasar
Vecino de San Juan en el siglo XVIII, que dio origen a la legendaria historia de la Capilla del Cristo, mandada a construir por su familia en el lugar desde donde el caballo que montaba Montañez se precipitó al vacío durante una de las festividades que se celebraron en San Juan en 1753. A pesar de que cayó desde gran altura, el jinete resultó ileso del incidente, lo que se atribuyó a un milagro.

Marta Montañez Martínez

▼ Montañez Martínez, Marta
Chelista nacida en Humacao en 1937. Inició sus estudios de música con el maestro Rafael Figueroa y los continuó en Nueva York en el Colegio de Música Mannes. En 1951 conoció en Perpiñán, Francia, al gran chelista catalán Pablo Casals, bajo cuya dirección siguió estudiando a partir de 1954 en Prades. Dos años después regresó a Puerto Rico en compañía de Casals y participó en varios conciertos. En 1957 contrajo matrimonio con el Maestro, que ese mismo año trasladó a Puerto Rico el festival que organizaba anualmente en Prades. Fallecido Casals (1973) Marta se hizo cargo del comité que organizaba el Festival Casals. Luego se trasladó a Estados Unidos y en 1975 contrajo matrimonio con el famoso pianista norteamericano Eugene Istomin. Ha sido profesora del Instituto Curtis de Filadelfia y directora artística del Centro John F. Kennedy, en Washington.

▼ Monte de Caneja, cueva

Situada en el barrio Pueblo Viejo de Guaynabo, tiene acceso a través del portón principal de la Compañía Shell. Es clara y espaciosa, y presenta cinco entradas.

▼ Monte Grande, barrio

Del municipio de Cabo Rojo (5,206 habitantes según el censo de 1990).

▼ Monte Grande, cueva

Situada en el barrio de su nombre del municipio de Cabo Rojo, tiene acceso desde la quebrada La Trina. Es amplia y seca.

▼ Monte Guilarte, bosque

De la zona montañosa, se encuentra situado a gran altura sobre la Cordillera Central; fluctúa entre 760 metros (2,492 pies) sobre el nivel del mar hasta 1,204 metros (3,949 pies) en Pico Guilarte. Abarca una superficie de 1,457 hectáreas en seis segmentos separados. Recibe una precipitación anual promedio de 2,244 milímetros (88.69 pulgadas), y ocupa parte de los municipios de Adjuntas, Peñuelas, Guayanilla y Yauco. Está poblado de gran variedad de árboles. La palma de sierra (*Prestoea montana*) es muy común, así como el granadillo (*Buchenavia*) y el caimitillo (*Micropholis*); en este bosque existe una plantación de eucalipto.

▼ Monte Llano, barrio

1. Del municipio de Cayey (3,373 habitantes). 2. Del municipio de Cidra (731 habitantes). 3. Del municipio de Morovis (2,197 habitantes). 4. Del municipio de Ponce (764 habitantes).

▼ Monte Llano, quebrada

Afluente del río Unibón, el cual es tributario del Indio. Nace al sur del barrio de su mismo nombre, municipio de Morovis. Longitud aproximada: 4.3 kms. (2 7 millas); corre de sur a norte.

▼ Monteagudo, Joaquín

Poeta, orador, periodista. Nació en Mayagüez y falleció en San Juan (1890–1966). Usó el seudónimo de «Armando Duval». En sus primeros años fue portavoz del modernismo en Puerto Rico, influencia que posteriormente abandonó por las tendencias más modernas. Colaboró en el periódico *El Nacionalista,* en las revistas *Mundial* y

El poeta Joaquín Monteagudo

CANTO NUEVO AL AMOR

(Fragmento)

Yo sé lo que es amor. Conozco su bandera,
su palabra de fieltro, su siembra y su
                                        [cigarra;
con su sed sobrepasa los diálogos eternos
y sube por la escala de seda de Don Juan;
con Fausto se remoza, con Kempis se
                                        [persigna.
¡Oh flechas en sigilo, flechas de piedra a
                                        [piedra
que apuntalan las horas hechas para existir;
cuando llegue en voz alta la frutal
                                        [esperanza
y las manos se inviten y se amarille el sol,
retornará el rebaño —de los siete colores—
que amarren las estrellas en plenitud de
                                        [amor!...

Joaquín Monteagudo

Prensa, y en diversas publicaciones de la República Dominicana y Cuba. Publicó en verso *Lirios negros* (1918), *Humo y sol* (1921), *Canto a Puerto Rico* (1922), *Acústicas* (1928), *Cien endecasílabos en un intento de epístola a Francisco Lluch Mora* (1964) y *El hombre vertical* (1967). En prosa, *Dr. Manuel de la Pila Iglesias, el caballero de la bondad* (1953).

▼ Montería, quebrada

Afluente del río Cuyón, tributario del Coamo. Nace al este del barrio Coamo Arriba de Coamo, a una altura de 610 metros (2,000 pies) sobre el nivel del mar; corre de norte a sur. Tiene como afluente a la quebrada Salsa.

▼ Montero Tabares, Mayra

Nació en La Habana, Cuba, en 1952, y radicó en Puerto Rico desde su adolescencia; aquí ha desarrollado su carrera literaria. Trabajó durante diez años como corresponsal en varios países centroamericanos y como analista de asuntos internacionales del periódico *El Mundo* en su columna «Lo que no dijo el cable». Actualmente escribe una columna semanal en el periódico *El Nuevo Día:* «Aguaceros dispersos».

Se inició como cuentista bajo la orientación del escritor puertorriqueño Emilio Díaz Valcárcel en el Taller de Narrativa que éste ofreció en 1976 bajo los auspicios del

Instituto de Cultura Puertorriqueña. Ese mismo año dos de sus cuentos fueron premiados por el Ateneo y la revista *Sin Nombre*. Sus primeros cuentos publicados aparecen en la colección *17 de Taller* (1978), libro editado por Díaz Valcárcel. Los cuentos de Mayra Montero, casi todos incluidos en *Veintitrés y una tortuga* (1981), se distinguen por el rigor y la lucidez de su escritura, así como por la indagación en los ámbitos oscuros, extraños y ambiguos de la psiquis humana y del mundo contemporáneo. Esto también se observa, orientado hacia el ámbito caribeño, en sus novelas.

A partir de *La trenza de la hermosa luna* (1987), su primera novela, Montero se ha dedicado casi exclusivamente al cultivo de ese género en el cual ha alcanzado gran éxito y reconocimiento internacional. La atrae sobre todo el misterioso, violento y problemático mundo haitiano, el cual aparece en su primera novela, *Del rojo de su sombra* (1995), donde enfrenta un mundo racionalista occidental al fantástico y desconcertante mundo del vudú. Montero también es autora de otra novela erótica de marco caribeño, *La última noche que pasé contigo,* finalista del premio La Sonrisa Vertical en 1991.

Las novelas de Mayra Montero han sido publicadas por prestigiosas editoriales internacionales, y han sido traducidas a varios idiomas. Se le considera una de las máximas figuras de la narrativa caribeña actual. (Ramón Luis Acevedo).

▼ Montes, Toribio

Mariscal de campo y gobernador de Puerto Rico de 1804 a 1809. Durante su gobierno se inició en España la Guerra de Independencia contra el francés. El 22 de enero de 1809 la Junta Central Gubernativa de España e Indias expidió un Decreto que declaraba que las colonias eran parte integrante de la monarquía española, y reconociendo el derecho de las mismas a estar representadas en la Junta. Este fue uno de los factores que influyó en el nacimiento de los movimientos separatistas en América. Bajo el gobierno de Montes se imprimieron libros por vez primera en Puerto Rico, se publicó el primer periódico, *La Gaceta,* y se fundaron los pueblos de Camuy y Cidra. El 30 de junio de 1809 Montes fue sustituido en el gobierno por Salvador Meléndez Bruna.

▼ Montes de Puerto Rico
Ver **Montañas de Puerto Rico.**

▼ Montesino, Antón de

Religioso dominico defensor de los amerindios. Arribó a la isla Española con los primeros frailes dominicos a comienzos del siglo XVI. Con ayuda de un fraile lego que había sido encomendero, Juan Ganés, se dedicó a reunir pruebas de los maltratos de que eran víctimas los encomendados y de la vida ostentosa y depravada que llevaban los colonos. El primer domingo de Adviento, el 30 de noviembre de 1511, pronunció un elocuente sermón, en presencia del Virrey Diego Colón y de los más poderosos encomenderos, en el cual denunció con crudeza los abusos que se cometían contra los hasta entonces indefensos encomendados. Este sermón, que fue firmado por todos los dominicos de La Española, es justamente considerado como el primer clamor en favor de la libertad y la justicia que se escuchó en América. Autoridades y encomenderos protestaron con vigor y pretendieron obtener una retractación del padre dominico. En respuesta, Fray Antón pronunció un segundo sermón al siguiente domingo de Adviento tan crudo y valiente como el anterior. Don Diego Colón envió a la Corte a Fray Alonso de Espinal para denunciar los sermones, que consideraba escandalosos. Los dominicos comisionaron a su vez a Montesino para defender su causa ante el Rey Fernando. Este constituyó una Junta en Burgos para conocer de los problemas teológicos y humanos planteados. Con renovada elocuencia, Fray Antón atacó el régimen de la encomienda y aportó evidencia de los excesos cometidos por los encomenderos contra los taínos. A consecuencia de ello el Rey dictó las Leyes de Burgos, en las cuales se reglamentaban las encomiendas y se pretendía defender a los encomendados, pero se mantuvo el sistema. Fray Antón regresó a La Española en 1523 y continuó su incansable defensa de los amerindios. De allí fue trasladado a Cuba como comisario de la orden dominical; a Panamá, donde fue protector de los indios, y a Venezuela, donde falleció en 1540. Este religioso debe ser recordado con reverencia como digno antecesor de Fray Bartolomé de las Casas y representante de lo más puro de la fe cristiana.

El sermón a que hemos hecho referencia lo recoge parcialmente Salvador Brau en *La colonización de Puerto Rico* de la siguiente manera:

«El primer domingo de Adviento de 1511 anuncióse un sermón que debía predicar Fray Antón Montesino, afamado orador del orden dominico, y el gobernador, los oficiales reales, los juristas, el Concejo y personas principales de Santo Domingo invitados ex profeso acudieron a la iglesia a escuchar en boca del fraile la condenación más rotunda y enérgica de la conducta observada con los infortunados indios:

«¿Con qué autoridad —exclamara el predicador— habéis hecho tan detestable guerra a estas gentes, que en pacífica posesión de su tierra se hallaban? ¿Cómo los oprimís y fatigáis, sin darles de comer ni curarlos en sus enfermedades, haciéndolos morir o mejor matándolos con los excesivos trabajos que por adquirir oro les imponéis? ¿No son hombres? ¿No tienen alma racional? ¿No estáis obligados a amarlos como a vosotros mismos? ¿No entendéis esto; no lo sentís? ¿En tan letárgico sueño estáis dormidos...? Pues tened por cierto que en el estado en que estáis no hay salvación para vosotros, como no la hay para los que desconocen o rechazan la ley de Jesucristo.

«Doctrina tan inusitada en la colonia, expuesta sin embozo desde la cátedra sagrada, encendió en iracundia a los encomenderos que, escudando el agravio a sus intereses industriales con la ofensa inferida al rey, de quien recibieran los repartimientos, acordaron exigir correctivo a tal audacia. En la tarde de aquel mismo día presentáronse Don Diego Colón, Pasamonte y los demás oficiales reales, en la choza que por convento tenían los pobres frailes, y ante el vicario, Fray Pedro de Córdoba, reclamaron del predicador que se desdijese en el púlpito de sus manifestaciones, perniciosas al servicio del rey, quien al distribuir los indios entre los que tan afanosamente ganaran aquella tierra, había obrado como su señor natural .

«El vicario respondió a los manifestantes, con gran mesura, que el sermón se había acordado en comunidad, imponiéndose su predicación como verdad evangélica, al Padre Montesino bajo precepto de obediencia: que, en virtud de su ministerio, no podían ellos callar, cuando la salvación de españoles e indios convenía que éstos no continuasen pereciendo como las bestias; que habían sido enviados por el rey a predicar lo que creyesen necesario, y cuando Su Alteza se informase bien de lo que pasaba, lejos de desaprobar el sermón habría de agradecerlo».

▼ Montones, barrio
Del municipio de Las Piedras (5,099 habitantes según el censo de 1990).

▼ Montones, quebrada
Afluente del río Valenciano, tributario del Gurabo. Nace en el barrio de este nombre, municipio de Las Piedras; es corta y corre en dirección norte.

▼ Montoso, barrio
Del municipio de Maricao (1,202 habitantes). 2. Del municipio de Mayagüez (815 habitantes según el censo de 1990).

▼ Mora, barrio
Del municipio de Isabela (3,617 habitantes según el censo de 1990).

▼ Moral
(*Cordia sulcata*, familia Borragináceas) Árbol antillano propio de lugares húmedos, de tamaño mediano, copa amplia y extendida, hojas caedizas, corteza exterior acanalada en troncos grandes y ramitas nuevas con ligeros surcos; alcanza entre 6 y 20 metros (20–65 pies) de altura. Hojas grandes, parecidas a las del tabaco, ovaladas o elípticas, o casi redondas, ásperas, vellosas, con el borde liso o con dientes casi invisibles; flores en panículas muy ramificadas, muy abundantes, pequeñas, de color blanco; numerosos frutos, en drupas redondas y blancuzcas, que contienen una pulpa pegajosa y viscosa y un hueso grande, irregular. Florece de marzo a noviembre; el fruto madura todo el año. La madera, que está clasificada como rolliza, es blanda, liviana y buena para trabajar. Se encuentra en muchos de los bosques públicos puertorriqueños y a lo largo de carreteras, donde se siembra para sombra y embellecimiento.

▼ Morales, Ángel Luis

Educador, crítico literario. Nació en Culebra en 1919. Se graduó de bachiller en Educación (1941) y de maestro en Estudios Hispánicos (1943) en la Universidad de Puerto Rico, y de doctor en Filosofía y Letras (1951) en la de Madrid; para ello presentó como tesis de grado *La naturaleza venezolana en la obra de Rómulo Gallegos* (1969). Desde 1943 hasta 1974 perteneció a la facultad de la Universidad de Puerto Rico donde dirigió el Departamento de Estudios Hispánicos (1970–74). Además ha dado a la imprenta *Puerta al tiempo en tres voces: poema de Luis Palés Matos* (separata de la *Revista Iberoamericana,* México, 1957), y entre 1960 y 1970 las siguientes obras: *Antología de Jesús María Lago* , *El naturalismo en los cuentos de Rómulo Gallegos* (separata de la *Duquesne Hispanic Review, 1962), La angustia metafísica en la poesía de Rubén Darío, Literatura hispanoamericana: épocas y figuras, Poesía hispanoamericana,* en colaboración con Concha Meléndez. Morales se ha distinguido por haber estudiado no sólo la labor literaria de Alfonso Reyes, Rómulo Gallegos, Rubén Darío, Miguel Ángel Asturias y otros autores consagrados de las letras castellanas, sino también las de autores puertorriqueños como Hostos, Palés Matos, María Cadilla y Concha Meléndez.

▼ Morales, cerro

Se eleva a 988 metros (3,242 pies) de altura sobre el nivel del mar, y está situado en el barrio Jayuya Abajo del municipio de Jayuya. Tiene acceso desde la Carretera Estatal 531, y se localiza en el cuadrángulo 8,165 del Mapa Topográfico de Puerto Rico.

▼ Morales, Jacobo

Actor, dramaturgo, poeta, director de cine y libretista de televisión, nacido en 1934. Para el teatro ha escrito las obras «Muchas gracias por las flores; cinco alegres tragedias» (1973), «Cinco sueños en blanco y negro» (1975), «Aquélla, la otra, éste y aquél» (1978) y «Una campana en la niebla» (1979), estrenadas en los años consignados. Su poesía se caracteriza por el empleo de regionalismos y voces populares para presentar una visión irónica de la vida del hombre común y denunciar los convencionalismos, las injusticias sociales y el colonialismo cultural. En este género ha publicado los cuadernos de versos *100 x 35* ; *poesía* (1973) y *409 metros de solar y cyclone fence* (1978). Productor, director y actor de la película «Dios los cría», que obtuvo premios en el II Festival del Nuevo Cine Latinoamericano (Cuba, 1980), en el Festival de Cine Iberoamericano de Huelva (España, 1980), premio del público en el Festival de Biarritz (Francia, 1981), mención en el Festival de Londres (Inglaterra, 1981), y fue exhibida en el Festival de Cine de Cannes, Francia. En 1985 rodó su segundo largometraje, «Nicolás y los demás», y cuatro años más tarde su tercer largometraje, «Lo que le pasó a Santiago» compitió por el Óscar de la Academia de Artes y Ciencias Cinematográficas de Hollywood entre las películas extranjeras. En 1994 presentó «Linda Sara» que, como la anterior, tuvo mucho éxito en la taquilla. En Hollywood, Morales ha actuado en los filmes «Bananas», con Woody Allen, «Up The Sandbox», con Barbra Streissand, y «The Effects of Magic», que protagonizó junto a Melinda Dillon y Robert Carradine. Ver **Cine** y **Teatro**.

▼ Morales, Jorge A.

Poeta nacido en 1948. Ha publicado su obra poética en la revista *Sin Nombre,* en los periódicos *Claridad* y *Avance,* y en los poemarios *Escribalazos* (1976), *Baladas de vellonera* (1981) y *Vine en busca de tu voz* (1981).

▼ Morales, Jorge Luis

Poeta, educador, crítico literario. Nació en Ciales en 1930. Estudió en la Universidad de Puerto Rico, en la que se graduó de maestro en Artes (1963), y en la Universidad de Madrid, donde concluyó su doctorado en Filosofía y Letras (1965); allí presentó como tesis «El concepto de la literatura española en el humanista mexicano Alfonso Reyes». Después de ejercer la docencia en la enseñanza secundaria ingresó al cuerpo de profesores de la Universidad de Puerto Rico. Su obra poética y de crítica literaria se ha dado a conocer en *Asomante, Revista de Estudios Generales, Revista del Instituto de Cultura Puertorriqueña, Universidad, Orfeo, Repertorio Americano, El Mundo.* Entre 1952 y 1981 ha publicado los cuadernos de versos *Metal y piedra, Mirada en el olvido, Inspiración de viaje. Homenaje a la hermana muerta, Decir al propio ser, La ventana y yo, Acto poético, Jornada precisa,*

Jorge Luis Morales, prolífico poeta y destacado edu-cador cialeño

Discurso a los pájaros, Antología poética, Los ríos redimidos, primer premio en el Encuentro Mundial de Poetas (México, 1968); *Nueva antología poética, Búho entre ruinas, Tiempo y fábula, Alto en ventana.* Sus versos «Retorno del ruiseñor al arcoiris» y «Aventura biográfica» cuentan entre sus poemas más admirados. Muestras de su crítica literaria, además de la contenida en artículos de revistas y periódicos, se encuentran en la tesis de grado citada y en la selección e introducción de *Las cien mejores poesías líricas de Puerto Rico* (1973) y *Poesía afroantillana y negrista* (1976), así como en los ensayos *España en Alfonso Reyes* (1976) y *Alfonso Reyes y la literatura española* (1980). Morales ha sido galardonado con los premios Manuel A. Alonso del Instituto de Literatura Puertorriqueña (1981) y el Gran Premio Puertorriqueño de Poesía de la Academia de Artes y Ciencias de Puerto Rico (1983). «Jorge Luis Morales se mueve con gran seguridad y desembarazo por los recodos del lenguaje poético, identificando plenamente su ser lírico con las capacidades expresivas del idioma», dice la distinguida crítica literaria Josefina Rivera de Álvarez en *Literatura puertorriqueña. Su proceso en el tiempo.*

▼ Morales, José Pablo

Periodista y poeta que nació y falleció en Toa Alta (1828–1882). Desde niño mostró su gran inquietud intelectual, amor por el conocimiento y la justicia, y se dedicó a enseñar las primeras letras a sus hermanos y vecinos. Obtuvo licencia de maestro a los 22 años de edad; ejerció como tal hasta 1854. Colaboró en varios periódicos y revistas defendiendo sus ideas reformistas y denunciando los excesos del autoritario gobierno colonial. Esto explica que se escudara tras seudónimos constantemente cambiantes («Pepe», «Jorge Pill», «Un liberal reformista», «El corresponsal», «L.E. Ramos», etcétera). Escribió para *El Buscapié, El Progreso, El Fomento, El Agente, El Avisador, El Semanario Puertorriqueño, El Boletín Mercantil, El Derecho, Revista de Legislación;* en otras palabras, en todas las publicaciones en que le ofrecieron espacio. En 1874, habiendo radicado en San Juan, fundó su propio periódico, *El Economista.* Los temas que tocó su pluma son tan variados como las empresas para las cuales escribió: economía, historia, moral, literatura, sociología. Se distinguió combatiendo la infame «libreta del jornalero». En 1870 fue elegido miembro de la Diputación Provincial. Este prolífico autor también escribió poesía y cuentos breves. Su obra literaria aún se encuentra dispersa. Póstumamente se recogieron algunos de sus artículos periodísticos en *Misceláneas* (1895) y más tarde en *Misceláneas históricas* (1924).

La vida de José Pablo Morales inspiró a Sotero Figueroa, en su *Ensayo biográfico de los que más han contribuido al progreso de Puerto Rico,* las siguientes palabras: «¡Poder de la vocación irresistible y de la voluntad reflexiva e inteligente! Nacer en un pequeño pueblo del interior, allá en la tenebrosa noche del colonismo, cuando todo yacía en esta Isla en el abandono más desconsolador, hasta el punto de que había maestros de primeras letras —entre éstos el de la ilustre personalidad cuya silueta vamos a dar a conocer— que no podían presentarse a exámenes para obtener el título correspondiente, porque a ello se oponían sus limitadísimos alcances, y hacerse primero profesor de instrucción pública, luego escribano y notario, y por último periodista habilísimo, son esfuerzos que sólo pueden realizar las inteligencias privilegiadas, activas y perseverantes.

«Morales cumplió honradamente su cometido como instructor de la niñez y como guardador de la fe pública; pero donde se distinguió hasta sobresalir como el primero, dejando rastro indeleble de sus nobilísimos esfuerzos, fue en el campo periodístico.

«¡Qué caudal de ideas luminosas no hizo brotar de su poderosa mente creadora! Razón tienen los amigos de la libertad en esta Isla para lamentar eternamente su pérdida. Por eso dice muy bien el correcto Brau, ese otro periodista que une a la galanura de estilo la solidez en la argumentación, que "cuando se recuerda todo el esfuerzo de voluntad que representa la vida pública de Don José Pablo Morales; cuando se sabe con cuánta fe, con cuánta constancia se consagró a la defensa de nuestras libertades; cuando no se ignora que el ideal purísimo de sus aspiraciones permanecía inalterable en su cerebro; cuando se piensa, por último, que siendo como es hereditaria en su familia la longevidad, aún pudo proporcionar nuevos triunfos a su causa y más vívidos laureles a su frente, a no haber tronchado la muerte de una manera tan inesperada su existencia, oprímese el alma, agítase el corazón y lágrimas de pesar se desprenden de los ojos, escaldando, al rodar, las mejillas".

«Para los que han cuidado de orientarse en las cuestiones políticas de la Provincia, el nombre de Morales no es desconocido; pero para los que han seguido paso a paso la historia del periodismo portorriqueño; para los que vienen pidiendo, desde que despertaron a la vida del derecho constitucional, que se implanten en este suelo las prácticas liberales, ese nombre es digno de admiración y respeto, y debe ser recordado con gratitud por los que a las ideas de justicia, derecho y libertad rinden tributo.

«¿Quién no sabe lo que valía Don José Pablo Morales como experto periodista? ¿Quién no recuerda sus hábiles polémicas, en las que tan bien manejaba los recursos de la dialéctica, y en las que tantos y tan certeros golpes asestara a la reacción intransigente? Cuando haya pasado este período de transición y de lucha en que se agitan los políticos portorriqueños; cuando el apasionamiento vaya dejando el lugar a la reflexión; cuando se exhumen los trabajos políticos y literarios de Mora-

El toalteño José Pablo Morales, uno de los periodistas más distinguidos de Puerto Rico

les, si es que alguien de su familia se ha cuidado de irlos extrayendo de la multitud de periódicos en que los ha publicado, entonces se reconocerá sin duda alguna toda la importancia y significación del esforzado paladín de las reformas radicales.

«Naturaleza infatigable la de Don José Pablo Morales, se puede decir que no dio tregua a la pluma desde que vino al palenque de las ideas. Y si se recuerda que se formó solo; que a él exclusivamente debía el desarrollo de sus poderosas facultades intelectuales, no se puede menos de convenir que era uno de esos caracteres enérgicos que no ceden nunca, que no se doblegan a los embates de la adversidad, ni cobardes transigen con lo que a su conciencia repugna. Así se explica aquella consecuencia en sus principios; aquella honradez en la persecución de sus ideales; aquel batallar sin tregua con los enemigos de las soluciones descentralizadoras.

«Pudo haber errores en algunos de sus juicios; pudo alguna vez marchar en contradicción con la mayoría de sus correligionarios, como en el acto de la Conciliación y en las afirmaciones de dar por muerto al Partido Reformista de esta Isla; pudo equivocarse; pero sobre que nadie es infalible, tenemos que creía de buena fe lo que predicaba, y en sus sentimientos rectos y pundonorosos no creía capaz a nadie de la doblez o del perjurio.

«Nació don José Pablo Morales en el pueblo de Toa Alta en el primer mes del año 1828, y aunque sus padres gozaban de posición un tanto holgada y procuraron apartar de la mente de su hijo las brumas de la ignorancia, dado el atraso general que existía en esta Isla en materias de instrucción, se tuvieron que conformar con ofrecer a su hijo el escaso pasto intelectual que entonces podía ofrecer una escuela tan deficiente como la del pueblo donde residían. Pero Morales era de los que sentía vehemente deseo de aprender, y encontró sus más sabios mentores en los libros que con avidez solicitaba, y que leía no rápida e irreflexiblemente, como para hacerse de cierto barniz de ilustración, sino detenida y profundamente, cual cumple a aquel que quiere hacerse de sólida doctrina científica, y que cuenta con una memoria feliz, con buen gusto y discernimiento para sacar provechosa utilidad y renombre de los conocimientos adquiridos.

«Y téngase en cuenta que en la época a que nos referimos, conseguir un buen libro en Puerto Rico era un señalado triunfo. El movimiento bibliográfico no ya de Europa, sino de España, era totalmente desconocido en esta colonia. Quizá se creería que mientras más ignorantes fueran estos naturales serían más dóciles y gobernables, y se procuraba que no salieran de su bochornosa ignorancia, haciendo que pagaran un derecho crecido los introductores de libros impresos, de papel para imprimir y de aparatos y objetos para gabinetes de Física, de Mecánica y de Historia natural, así como para laboratorios de Química. Por esto era limitadísimo el comercio de obras científicas, y muy reducido el número de los que podían comprarlas en razón de su elevado precio.

«Y a pesar de todo, Morales, tras porfiadas investigaciones, lograba hacerse de los libros que cuadraban a sus gustos y aficiones. Esta ansia por instruirse lo hacía abstraerse por completo de todo otro esparcimiento. He aquí lo que cuenta Brau a este propósito: "En 1846, a consecuencia de las fiestas reales que hubieron de celebrarse en esta Capital, con motivo de los desposorios de S.M. la Reina Doña Isabel II, su padre tuvo por conveniente enviarle a disfrutar de ellas, poniendo a su disposición cantidad bastante para cubrir sus gastos y proveerse de ropa conveniente. Emprendió Morales el viaje, pero, con sorpresa de la familia, le vieron regresar casi repentinamente, sin haber adquirido una sola prenda de vestir: al llegar a la Capital había invertido en libros todo el donativo paterno, y cargado con ellos se encaminó a su hogar, sin cuidarse poco o mucho de las públicas diversiones. La recreación que él ambicionaba era exclusivamente espiritual, y en los libros había encontrado medios de satisfacerla".

«Ya joven y bien preparado, solicitó y obtuvo en 1850 el título de maestro de instrucción primaria, trasladándose al pueblo de Naranjito y, más tarde, al de Toa Baja, en cuyas localidades se dedicó a la enseñanza, respondiendo, como era consiguiente, a la confianza que en él depositaran los padres de familia. En 1854 el amor lo prendió en sus redes y contrajo matrimonio con la que le había arrebatado su albedrío. Aumentaron con este paso decisivo las necesidades del hogar, y siendo insuficientes las entradas de la escuela hizo los consiguientes estudios preparatorios, hasta creerse apto para desempeñar la Escribanía de actuaciones de su pueblo natal, que consiguió en 1860, y a la cual estaba unido el Registro notarial.

«Pero esa vida sedentaria sin emociones ni choques de ideas, no cuadraba a la naturaleza inquieta y batalladora de Morales, ni a su inteligencia feliz y bien provista para librar las batallas del pensamiento, y en 1865 empieza a dar sus cuartillas a la prensa periódica en *El Fomento de Puerto Rico*, periódico que ya sabemos fundara González, dirigiera Asenjo y redactara principalmente Morales…

«Desde 1865, en que como hemos manifestado vino al palenque de la prensa, hasta 1881, que da un momento de tregua a su espíritu para volver de nuevo a la brecha, ¡cuántos artículos no brotaron de su fácil pluma! ¡Qué de cuestiones administrativas, económicas y políticas no trajo a discusión con el buen sentido que lo distinguía! *El Fomento, El Progreso, El Derecho, El Porvenir, La España Radical, Don Simplicio, El Economista, El Bien Público, El Agente* y *El Buscapié,* periódicos que sucesivamente han ido apareciendo y desapareciendo, hasta quedar el último, se vieron favorecidos con las notables producciones de Morales, cuyo cerebro se enardecía mientras más empeñada era la lucha de la reacción con la libertad.

«Cuando en 1873 los adoradores del antiguo régimen se empeñaban en sembrar divisiones e inquietudes en los ánimos, con el fin de desvirtuar la eficacia de las modernas ideas, y con brutales amenazas de palabras y hechos se pensaba atemorizar a los defensores de las reformas, como se hizo con el señor Vances, director del periódico satírico *La Araña,* y con el de *El Estado Federal,* señor García Pérez, Morales no flaqueó un momento, y sin disputa éste fue el período de su vida que más acreedor le ha hecho a la gratitud inmensa de sus correligionarios los reformistas. En *El Progreso* escribía magníficos artículos doctrinales, que alentaban a sus correligionarios; en *La España Radical* discutía con los órganos intransigentes, haciéndose admirar por la discreción de sus juicios; en el *Don Simplicio* satirizaba cultamente a sus contrarios.

«Vino la reacción de 1874 con todos sus horrores y con todas sus inconsecuencias. La prensa liberal fue amordazada hasta el extremo de desaparecer completamente; los liberales que servían destinos públicos fueron barridos por completo; los prohombres del Partido Radical llegaron a ser objeto de vejámenes y persecuciones, y varios se vieron obligados a emigrar al extranjero. Muchos reformistas por debilidad, por miedo, quizá por las privaciones que sufrían, y con ellos su familia, se dejaron seducir por los halagos de los reaccionarios, y más tarde —¡ venales !— se dijeron engañados y se volvieron contra sus antiguos correligionarios: el pueblo gemía en la más ruda opresión, y una atmósfera asfixiante se respiraba dentro de los muros de la Capital.

«¿Y qué hacía en este lapso de tiempo Don José Pablo Morales? Retirado contra su voluntad de la arena periodística —que siempre la arbitrariedad ahoga la voz de la prensa independiente para imponerse con más facilidad— proseguía su obra de propaganda, de viva voz, y en sus conversaciones privadas ya en el seno íntimo de la amistad, ya en reuniones particulares, exponía sin vacilaciones sus ideas políticas, fortaleciendo a todos los que le escuchaban.

«Por esta época fundó *El Economista,* del cual se declaró director, y aunque ajena a la política local dicha publicación, no dejó de ser útil a los intereses económicos y a la literatura provincial. Un período de más expansión trajo a la vida *El Agente de Negocios,* que poco después de su creación se hizo político, y excusado es decir que Morales, desde el primer momento, se reputó como uno de sus redactores más asiduos.

«La bandera de la conciliación fue tremolada gallardamente en la prensa por Morales, hasta que, roto aquel pacto, los sostenedores de él por el Partido Liberal se retiraron a sus tiendas, declarando que habían sido burlados en sus esperanzas. Pero el hecho sirvió de lección para que despertase la colectividad reformista del sopor en que permanecía entregada desde 1874, y gracias a los elocuentes artículos de Morales y al entusiasmo y decisión de Don Félix Padial en *El Agente,* se logró darle alguna cohesión a las dispersas huestes liberales.

«Era Morales conciliador por temperamento, pues católico sincero, creía que la religión no excluye la libertad; pero no era partidario en la práctica del progreso indefinido, y de ahí que resistiera un tanto cuando empezó a dibujarse, traída por la necesidad de los tiempos, la fórmula autonomista, y declaró muerto al Partido Reformista precisamente cuando ya se significaba su evolución más trascendental, como era la identidad política y la descentralización administrativa

«Últimamente se preparaba a fundar y dirigir un nuevo periódico denominado *El Eco del Toa,* el que, dados los antecedentes y consecuencia de ideas de su presunto director, tenía que defender, sin ningún género de dudas, las aspiraciones liberales. Hubo quien dijo, con aviesa intención, que *El Eco del Toa* venía a sustentar las doctrinas conservadoras; pero esto fue rechazado desde luego. Para que se creyese hubiera sido indispensable que se presentase un documento auténtico de Morales, asegurándolo, y aún así quizá se dudaría de sus propios asertos. Tal confianza inspiraba a sus amigos el valiente adalid que un tanto cansado pero no domado, dijo que "en todo evento caería siempre del lado de la libertad".

«Esos son los puntos más salientes del admirable periodista que bajó a la tumba a los 54 años de edad, el día 22 de abril de 1882. Sus esfuerzos laudabilísimos por las reformas liberales le levantan un altar en el corazón de los dignos portorriqueños, y sus indisputables talentos le hacen acreedor a una página de la historia provincial».

▼ Morales Cabrera, Pablo

Cuentista, ensayista, político, fue hijo de José Pablo Morales Miranda. Nació en Toa Alta y falleció en San Juan (17 de agosto de 1866–24 de febrero de 1933). Se graduó de maestro normal y de maestro agrícola, profesiones que ejerció en diversos municipios de la isla. Inició su labor periodística en *El Buscapié* y *La Correspondencia de Puerto Rico;* más tarde en la revista *El Agricultor Puertorriqueño,* órgano oficial de la Asociación de Agricultores de Puerto Rico que él fundó y dirigió (1925–1927), y en otras publicaciones periódicas. Como su padre, José Pablo Morales Miranda, frecuentemente se amparó en seudónimos: «José Bálsamo», «Tirso de la Torre» y otros. Fue miembro de la Junta Central del Partido Unión de Puerto Rico, por el cual fue elegido en 1917 representante a la Cámara, y reelegido hasta 1920. Su aporte más duradero a la literatura puertorriqueña se encuentra en *Cuentos populares,* de 1910, y *Cuentos criollos,* de 1925, en los cuales recogió el folklore insular y lo vertió en lengua clara y sencilla, tratando siempre de conservar la frescura del relato popular. También cultivó el ensayo en *La disciplina escolar en Puerto Rico* (1903), premiado por el Ateneo puertorriqueño; *Biografía de Don Román Baldorioty de Castro* (1910), premiada en unos juegos florales; *El Libertador Simón Bolívar* (1922), *Letras y ciencias* (1927) y *Puerto Rico indígena. Prehistoria y protohistoria de Puerto Rico* (1932).

▼ Morales Carrión, Arturo

Historiador, educador y funcionario público puertorriqueño nacido de una familia puertorriqueña en La Habana, Cuba, el 16 de noviembre de 1913, y fallecido en San Juan el 28 de junio de 1989. Muy joven aún vino con su familia a Puerto Rico, en cuya Universidad se graduó de bachiller en Artes (1935). Se graduó de maestro en Artes en la Universidad de Texas, Austin (1936) y de doctor en Historia en la Uni-

El historiador y educador Arturo Morales Carrión desempeñó importantes cargos públicos en Puerto Rico y Estados Unidos

versidad de Columbia (1950). Fue profesor de Historia en las universidades de Miami (1938–39), George Washington (1968–69) y de Columbia (1947–48 y 1972), y estuvo vinculado por muchos años a la Universidad de Puerto Rico, institución que presidió (1973–77) y donde dirigió el Departamento de Historia (1945–52), el Centro de Investigaciones Puertorriqueñas (1948–53) y el Centro de Investigaciones Históricas Puertorriqueñas (1969–73). En el Departamento de Estado de Estados Unidos fue asistente de división (1939–43) y asistente del secretario para Asuntos Interamericanos (1961–64). Fue secretario de Estado de Puerto Rico (1953–61) y consejero especial del secretario general de la Organización de Estados Americanos (1964–69). Desde 1976 presidió la junta de directores del Centro de Estudios Avanzados de Puerto Rico y el Caribe, y desde 1971 hasta su muerte fue director ejecutivo de la Fundación Puertorriqueña de las Humanidades. Además, fue consejero o

EL ORO DE LA ESPERANZA

De las más profundas vetas de la cultura puertorriqueña hay que sacar hora tras hora el oro reluciente de la esperanza.

Arturo Morales Carrión

delegado de importantes comisiones del gobierno de Estados Unidos a partir de 1946 y miembro de numerosas organizaciones profesionales y culturales de Puerto Rico y Estados Unidos; miembro de la Junta de Gobierno del Ateneo Puertorriqueño, fundador del Instituto de Cultura Puertorriqueña, de las academias de la Lengua y de la Historia, corresponsal de la Academia Colombiana de la Historia, del Instituto Panamericano de la Geografía y la Historia y de la Sociedad Peruana de la Historia. Las universidades de Temple, Filadelfia, y de Bridgeport, Connecticut, le confirieron doctorados honoríficos; el gobierno de España le otorgó la Orden de Isabel la Católica (1979) y la Academia de Artes y Ciencias de Puerto Rico el Gran Premio Puertorriqueño de Humanidades (1983). Miembro del Partido Popular Democrático, en las elecciones de 1972 y 1980 aspiró a comisionado residente en Washington. Escribió y publicó numerosas obras; las principales son: *Puerto Rico and the Non Hispanic Caribbean* (1971), premiada por el Instituto de Literatura Puertorriqueña; *Ojeada al proceso histórico y otros ensayos* (1971), *Albores históricos del capitalismo en Puerto Rico* (1972), *El proceso abolicionista en Puerto Rico: documentos para su estudio* (1974), *Historia del pueblo de Puerto Rico: desde sus orígenes hasta el siglo XV* (1974), también premiada por el mencionado instituto; *Auge y decadencia de la trata negrera en Puerto Rico* (1978), *Testimonios de una gestión universitaria* (1978) y *Puerto Rico. A Political and Cultural History* (1983).

Como epitafio de este hombre dedicado a su patria y a su pueblo podemos escoger las palabras que, cerca del final de su fructífera vida, escribió: «Desciendo de pobladores que hacia fines del siglo XVIII se internaron en el valle de Caguas. Uno de ellos —mi tatarabuelo materno— fue uno de los fundadores del pueblecito de Gurabo. Todos profesaban un entrañable amor por su tierra, amor que me legaron, y esa tierra es mi patria-pueblo. Pero como humanista, tengo también otra patria, la que Cicerón llamó *humanitas*. Del antiguo mundo del Mediterráneo, he aprendido que nada humano nos debe ser extraño. Ahora pertenecemos a una nueva aldea: la aldea del mundo, la aldea global. Cuando mi tiempo se termine y me toque la hora, desearía que me recordaran como un buen aldeano, pero un buen aldeano de origen puertorriqueño, libre de odios racistas y prejuicios».

Reproducimos en esta obra su ensayo breve «Instituciones culturales».

LA LABOR DEL HISTORIADOR

Creo que el historiador tiene dos funciones: una es la de investigación minuciosa y detallista y la otra es la visión de síntesis. Los grandes historiadores han sido historiadores de síntesis. El historiador debe tener la capacidad de captar el perfil de un período. Esa es la síntesis. Tomar el estado de conocimiento de un momento dado, relacionarlo con el tema que está tratando y entonces hacer su síntesis...

A veces se cree que lo valedero en la historia es lo cuantificable, pero eso no es así. Hay cosas que se pueden cuantificar, pero otros elementos no. La historia, después de todo, es un hecho eminentemente humano: le ocurre al ser humano y a la sociedad que crea...

Las personas no pueden ser sustituidas por cifras, por mucho que éstas ayuden a determinar un estado histórico.

Arturo Morales Carrión en *Homenaje al historiador humanista,* Centro de Estudios Avanzados de Puerto Rico y el Caribe, 1989

EL LEGADO PUERTORRIQUEÑO

Hay cosas que al puertorriqueño se le han dado regaladas. Constituyen su herencia dadivosa. Entre ellas, la belleza de la tierra; la alegría del sol; la frescura de los aires; la convivencia social sin odios ancestrales; la campechanía y la espontaneidad en el trato; el sentimiento de mesura, contrario a toda forma de violencia colectiva; la voluntad de trabajo. Todo esto ha sido regalo para el pueblo de Puerto Rico.

Arturo Morales Carrión en «Puerto Rico: vivencia y querencia» discurso pronunciado en Barranquitas el 17 de julio de 1967

▼ Morales Ferrer, Abelardo

Médico y escritor nacido en Caguas y fallecido en Suiza (1864–1894). Estudió en Europa. En Puerto Rico colaboró en *El Buscapié*, *La Revista Puertorriqueña* y *La Ilustración Puertorriqueña*. Cultivó la poesía en *La religión del amor* (1889), la novela en *Idilio fúnebre* (1894), escribió el monólogo *Crisálida* (1887) y continuó la *Bibliografía puertorriqueña* de J. Géigel Zenón, dada a la imprenta en 1934.

▼ Morales Muñoz, Generoso E.

Nació en San Lorenzo y falleció en Estados Unidos (1898–1956). Se graduó de bachiller en la Universidad Pontificia de Santa María de Baltimore, de maestro en Artes en la Universidad de Columbia, en Nueva York, y también cursó estudios en la Universidad de Madrid. Entre 1922 y 1931 ejerció la docencia como Instructor de Idiomas Vivos y Muertos en las escuelas de Segunda Enseñanza de Nueva York y Puerto Rico; de 1931 hasta 1936 fue profesor de Historia Patria en la Escuela Superior Central de Santurce; después ejerció como Superintendente de Escuelas para Adultos en el Departamento de Instrucción Pública de Puerto Rico, de 1937 a 1939, y sus investigaciones sobre genealogía lo llevaron a los Archivos de Indias de Sevilla. También fue investigador de temas históricos en la Universidad de Puerto Rico. Fue miembro de las academias puertorriqueñas de la Historia y de la Lengua. En San Juan fundó y dirigió un *Boletín de la Historia Puertorriqueña* que publicó de 1948 a 1950. En 1943 dio a la imprenta *Orígenes históricos de San Miguel de Hato Grande (Actual pueblo de San Lorenzo)*, obra inicial de una serie de gran interés sobre los primeros años de la historia puertorriqueña, que continuó con estudios sobre Gurabo (1944, premiado por el Instituto de Literatura Puertorriqueña), Lares (1946), Naranjito (1948), Cataño (1949) y Dorado (1950), labor seminal para el estudio de la genealogía y la historia local.

▼ Morales Nieva, Ignacio

Músico y compositor español nacido en Valdepeñas, Ciudad Real, en 1928. Se graduó de bachiller en Teología en el Seminario Evangélico Unido de Madrid, donde fue organista y director de coros y organizó conciertos. Estudió armonía, composición y piano en el Conservatorio de Madrid. En 1954 arribó a Puerto Rico; de 1964 a 1967 radicó en Nueva York, ciudad en la que estudió dirección de orquesta, composición y armonía. En 1967 regresó a Puerto Rico. Ha sido profesor en el Puerto Rico Junior College y en el Colegio Universitario del Turabo, y crítico musical del periódico *El Mundo*. Es autor del libro *Música: Un arte y un idioma* (1983). Ver **Música. Periodo nacionalista; La composición musical en las últimas décadas.**

▼ Morales Otero, Pablo

Médico y escritor nacido y fallecido en San Juan (1896–1971). Se graduó de médico en la Universidad de Maryland (1919). Ejerció su profesión y fue profesor de la Escuela de Medicina Tropical (1930–35) y director de la misma (1941–48). Presidió la Asociación Médica de Puerto Rico. Militó en el Partido Popular Democrático, que lo eligió representante a la Cámara sucesivamente de 1952 a 1964, y delegado a la Convención Constituyente del Estado Libre Asociado de Puerto Rico (1951). Entre 1923 y 1966 publicó numerosos ensayos, muchos de ellos de carácter científico: *Estudio epizoótico de la peste bubónica en Puerto Rico, Recorriendo el camino, Algunas observaciones sobre la fiebre ondulante, Estudios sobre condiciones de salud y económico-sociales en Puerto Rico , Nuestros problemas, El arte de curar, Enfermedades de los*

El médico Pablo Morales Otero escribió numerosos ensayos de carácter científico

animales que se transmiten al hombre, Vivir soñando, Bebiendo espero, Puerto Rico, grande y rico, Cosas de la mente, Hombres de mi tierra, José Pablo Morales.

▼ Morales Ramos, Flor «Ramito»

Cantante de música jíbara nacido en Caguas y fallecido en Salinas (1915–1990). Fue uno de los más destacados intérpretes de la décima espinela y del seis y realizó más de un centenar de grabaciones en discos. Al igual que trovadores como «Chuíto el de Cayey», «Chuíto el de Bayamón» y «La Calandria», «Ramito» Morales alcanzó fama internacional, principalmente en Estados Unidos. Entre sus interpretaciones más conocidas figuran «El golpe cayeyano» y «Una mujer en mi vida». Su hermano Juan M. Morales, «Moralito» (nacido y fallecido en Caguas, 1924–1988), también destacó en ese género de música, alcanzó fama en y fuera de Puerto Rico e hizo numerosas grabaciones musicales; entre sus composiciones destaca «Un jíbaro en la altura». Ver **Folklore** y **Música popular.**

▼ Moralón

(*Coccoloba pubescens*, familia Poligonáceas) Árbol común en Puerto Rico, La Española y las Antillas Menores, trasplantado a Cuba y la Florida. Alcanza hasta 21 metros (70 pies) de altura, y poco más de medio metro de diámetro en su tronco, el cual presenta algunas raíces tabulares cuando está bien desarrollado. Crece en los bosques calizos húmedos de las montañas del centro y oeste de la isla. Se distingue por sus grandes hojas, casi redondas, más anchas que largas, acorazonadas, gruesas, resistentes, rígidas, con una red de venas profundas y levantadas en el envés velloso; numerosas flores pequeñas, femeninas y masculinas (en árboles distintos), de color verde claro; frutos pequeños, redondeados, de color verde con manchas de color rosa cuando nuevos, con una semilla triangular de color castaño. La madera es muy dura, duradera y pesada (más de 1.0 de peso específico). Se encuentra en los bosques de Guajataca, Maricao y Río Abajo.

▼ Moralón, quebrada

Tributaria del río Culebrinas. Nace en el barrio Calabazas del municipio de San Sebastián; corre de sur a norte.

▼ Morán Arce, Lucas

Abogado, educador y escritor nacido en Cuba en 1919. Se graduó de bachiller en Ciencias y Letras, de doctor en Derecho (Universidad de La Habana) y de maestro en Artes (Universidad de la Florida, Gainesville). Ejerció la docencia en las universidades de Oriente, Cuba (1949–59) y Puerto Rico (1963–72). Fue organizador del Movimiento 26 de Julio y oficial del Ejército Rebelde en la Sierra Maestra; por discrepancias ideológicas con Fidel Castro, Ernesto Che Guevara y Raúl Castro, renunció a dicho ejército en septiembre de 1958. En 1960 se exilió y en 1962 radicó en Puerto Rico. Dirigió y editó *Clásicos de Puerto Rico* (7 volúmenes, 1971), *Enciclopedia de Venezuela* (12 volúmenes, 1974), *Enciclopedia de Colombia* (7 volúmenes, 1977), *Puerto Rico A-Zeta. Enciclopedia alfabética* (6 volúmenes, 1988), *Diccionario general de Venezuela* (6 volúmenes, no impreso cuando esto se escribe), y ayudó a editar y actualizar el *Diccionario enciclopédico Monsa* (14 volúmenes, 1982). En 1975 escribió *Dime cómo es Venezuela;* posteriormente *Dime cómo es Puerto Rico* (1983), en cuya obra no consta su nombre; *La revolución cubana-Una versión rebelde* (1980), *Ser o no ser, o la angustia existencial puertorriqueña* (1982), *Historia de Puerto Rico* (1985); con la colaboración de Sarah Díez Trigo, *Biografías puertorriqueñas* (1986), *Diccionario biográfico de Puerto Rico* (2 volúmenes, 1994). Colaborador del periódico *El Nuevo Día* desde 1984, también ha publicado columnas en diarios de Caracas, Bogotá y Miami. Es director de esta obra, para la que también ha escrito el ensayo sobre Historia.

▼ Moreda y Prieto, Francisco J.

Mariscal de España, fue capitán general y gobernador de Puerto Rico de 1837 a 1838. Durante su gobierno la Reina Regente María Cristina de Borbón propuso al Rey Luis Felipe de Orleáns de Francia venderle las islas de Cuba y Puerto Rico, lo que fue rechazado por el francés; también tuvo lugar la conspiración acaudillada por Andrés Vizcarrondo. Le sucedió en la gobernación Miguel López de Baños.

▼ Moreira, Rubén

Pintor y artista gráfico puertorriqueño nacido en 1922. Estudió en el Instituto Pratts de Nueva York; profesó en la Escuela de

Artes Plásticas de San Juan. Ha destacado como ilustrador de libros, especialmente de las *Leyendas puertorriqueñas* de Cayetano Coll y Toste, y por una serie de grabados basados en la historia de Puerto Rico.

▼ Morel Campos, Juan

Nació y murió en Ponce (16 de mayo de 1857–12 de mayo de 1896). Era hijo de un dominicano y una venezolana. Fue compositor, músico y director de orquesta, considerado uno de los grandes en la música puertorriqueña. Estudió solfeo y flauta con Antonio Egipciaco y armonía y composición con Manuel Gregorio Tavárez, el padre de la danza puertorriqueña. Más tarde fue alumno del español José Valero en instrumentación y dirección de orquesta. Tocaba piano, flauta y bombardino. Durante varios años fue músico de la Banda del Batallón de Cazadores del Regimiento de Madrid radicada en San Juan. A su regreso a Ponce fundó la orquesta La Lira Ponceña. En esa ciudad se creó a su alrededor la llamada «escuela ponceña de la danza». Fue organista de la Catedral y director musical de la compañía española de zarzuelas Bernard y Abella, con la cual viajó por Sudamérica. Su primera composición fue la danza «Sopapos». Más tarde escribió en un día «Aires del país», que sirvió para musicalizar una obra estrenada por la compañía dramática de Astol. Además de la mencionada son muy conocidas sus danzas «Palito uno, pa-

El compositor y músico Juan Morel Campos, alrededor de cuya obra se creó «la escuela ponceña de la danza»

lito dos», «cielo de encantos», «Alma sublime», «Bendita seas», «Idilio» y «Sin ti jamás». También compuso música religiosa y zarzuelas. Ver **Música. Periodo romántico** y **La danza puertorriqueña.**

▼ Morena, quebrada

Afluente de la quebrada Maracay. Nace al sur del barrio San Salvador del municipio de Caguas, a una altura de 750 metros (2,460 pies) sobre el nivel del mar; corre de sur a norte.

▼ Moreno, María Luisa

Educadora y ensayista puertorriqueña nacida en San Juan en 1946. Obtuvo un bachillerato en Artes en la Universidad de Puerto Rico, un diploma de piano del Conservatorio de Música de Puerto Rico, una maestría con especialización en Historia del Arte en la Universidad de Harvard y un doctorado en Historia del Arte en la misma universidad con especialización en la historia de la arquitectura hispanoamericana. En la Facultad de Arquitectura del Recinto de Río Piedras de la Universidad de Puerto Rico fue profesora de Historia de la Arquitectura (1973–75) y desde 1980 forma parte del Departamento de Bellas Artes de la Facultad de Humanidades. En colaboración con el arquitecto Thomas S. Marvel es autora del libro *La arquitectura de templos parroquiales de Puerto Rico.* Ha laborado en la edición de los catálogos *Segunda colección Esso de gráfica puertorriqueña* (Museo de Ponce, 1982) *y Grabados franceses, 1650–1730* (UPR, 1983), y es autora del artículo «El mundo fantástico en las figuras de Susana Espinosa», publicado en el catálogo de la exhibición de la artista (Museo U.P.R., 1982). Comparte su interés en la Historia del Arte con una activa participación en el mundo de la música renacentista y barroca: desde 1976 pertenece a la Facultad del Coro de Niños de San Juan y dirige el Conjunto de Flautas de Pico de esa institución. Cuando esto se escribe prepara un libro sobre la historia de la arquitectura de la Universidad de Puerto Rico. Colabora en este Diccionario con los ensayos «Arquitectura civil», «Arquitectura militar» y «Arquitectura religiosa»

▼ Moreno, Pedro

Uno de los colonizadores más influyentes de Puerto Rico, bien relacionado en la Corte del Rey Fernando, vecino de Capa-

---

MOREL CAMPOS, SIEMPRE PUERTORRIQUEÑO

En Morel, Puerto Rico tiene su primer músico-héroe. Él cristaliza la visión que tenía la sociedad de la época sobre lo que un compositor debía ser: sobrio y simpático, romántico y disciplinado, fértil y controlado, maestro de su arte y despreocupado de la gloria y sobre todo, muy puertorriqueño. Morel Campos siempre se manifiesta puertorriqueño.

Héctor Campos Parsi

rra, viajó a España con la comisión del Cabildo de lograr que la Corona le otorgara un escudo de armas a la ciudad, lo que consiguió. Fue el primer procurador de San Juan y gobernador de Puerto Rico en dos ocasiones: de 1521 a 1522, y de 1524 a 1528. La primera vez fue su sucesor el Obispo Alonso Manso; la segunda, el Licenciado Antonio de la Gama.

La actriz Rita Moreno, ganadora de un premio Oscar por su trabajo en la película «West Side Story»

Colección Periódico El Mundo, Sistema de Biblioteca UPR

▼ Moreno, Rita

Actriz, bailarina y cantante bautizada Rosa Dolores Alverio, nacida en Humacao en 1931. Se trasladó con su familia a Nueva York cuando era una niña; allí, en medio de grandes sacrificios y estrecheces económicas, aún adolescente, recibió clases de baile y comenzó a bailar en centros nocturnos. Luego trabajó en la radio, en teatro en Broadway, y en varias películas en papeles menores. La película que la lanzó a la fama fue «West Side Story», que le valió el codiciado premio Oscar (1961), por su interpretación de Anita. Posteriormente ha ganado el premio Grammy por el álbum musical «The Electric Company» (1972), el premio Tony por su actuación en la obra teatral «The Ritz» (1975) y dos premios Emmys por su participación en los programas de televisión «Muppets» (1976) y «Rockford» (1978). Hasta el presente es la única artista que ha logrado obtener todos dichos premios, cada uno el más importante en su respectivo género. En 1982 fue seleccionada Mujer del Año de Puerto Rico y en Humacao se le entregaron las llaves de la ciudad.

▼ Morfi, Angelina

Educadora, actriz y escritora puertorriqueña nacida en 1919. Doctora en Filosofía y Letras, ha profesado en la Universidad de Puerto Rico y colaborado en diversas publicaciones periódicas. Autora de «Análisis estilístico de Enrique A. Laguerre» (tesis de maestría), «Un siglo de teatro puertorriqueño» (tesis doctoral), *Enrique A. Laguerre y su obra 'La resaca', cumbre en su arte de novelar* (1964), *Temas de teatro. Antología del teatro puertorriqueño* (1969), *Historia crítica de un siglo de teatro puertorriqueño* (1980) y «El teatro en Puerto Rico» (volumen 6 de *La gran enciclopedia de Puerto Rico*, 1976). Además de actriz, ha sido productora de teatro.

▼ Morillo, quebrada

Afluente de la quebrada Santo Domingo, tributaria del río de la Plata. Nace en el barrio Rincón del municipio de Cayey, a una altura de 385 metros (1,263 pies) sobre el nivel del mar. Longitud aproximada: 1.2 kms. (0.87 millas); corre de sur a norte.

▼ Morón

Puertorriqueñismo que significa retrasado mental, mongólico.

▼ Morones, quebrada Los

Tributaria del río Culebrinas. Nace en el barrio Cerro Gordo de Moca; corre de este a oeste y tiene como afluentes a las quebradas **Chiquita**, **Higuillo** y **Yagruma** (ver).

▼ Moroveño

Gentilicio de los nacidos en el municipio de Morovis.

▼ Morovis, barrio y pueblo

Cabecera del municipio de este nombre (1,157 habitantes) que, con partes de los barrios Monte Llano (1,116 habitantes) y Morovis Norte (82 habitantes), integra la zona urbana del municipio de Morovis.

▽ Morovis, municipio

Superficie

101 kms cuadrados (39 millas cuadradas)

Población

25,288 habitantes (censo de 1990)

Habitantes por barrios

Barahona	3,814
Cuchillas	1,164
Fránquez	3,843
Monte Llano	2,197
Morovis, pueblo	1,157
Morovis Norte	2,556
Morovis Sud	2,535
Pasto	730
Perchas	1,343

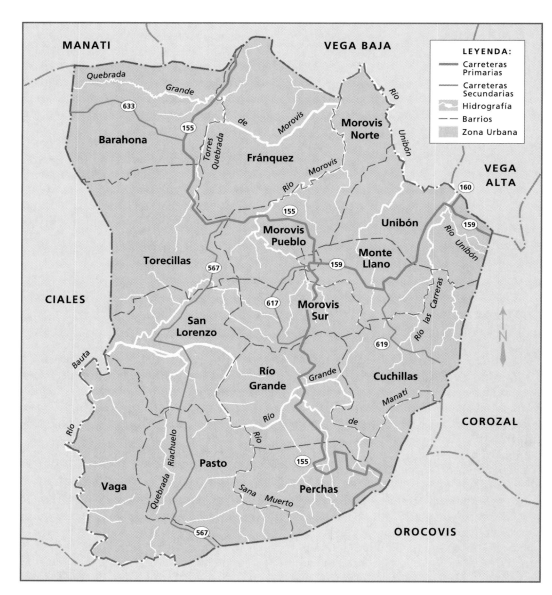

Río Grande	535
San Lorenzo	1,427
Torrecillas	621
Unibón	2,933
Vega	433

Situación

Ubicado en la vertiente norte de la Cordillera Central, limita por el norte con los municipios de Manatí y Vega Baja, por el sur con el de Orocovis, por el este con los de Vega Alta y Corozal, y por el oeste con el de Ciales.

Breve reseña

La parte norte de Morovis está situada en la zona cársica, y allí se encuentran mogotes, sumideros y cuevas propias del carso. Hacia el sur se sitúan las estribaciones de la Cordillera Central y las mayores elevaciones locales, como los cerros Malo, Quirós y Avispa. El río Grande de Manatí atraviesa el municipio de este a oeste y recibe el aporte del Bauta, el Sana Muertos y numerosos afluentes. Hacia el norte drenan el territorio los ríos Unibón y Morovis.

La economía, básicamente agrícola, depende del café, la ganadería, la avicultura, los frutos menores y el tabaco. Recientemente se han establecido algunas industrias ligeras para procesar alimentos,

Axel Santana

La escuela pública José Fontán, de Morovis, situada al lado de plaza del pueblo

laminados, ropa, productos de aluminio y cristal, etcétera.

Morovis debe su nombre al río, en cuya ribera se establecieron algunos vecinos de Vega Baja en la segunda mitad del siglo XVIII. En poco tiempo se aumentó la población, y en 1816 los pobladores nombraron a Juan de Unchauspe, Victorino Muñiz y Joaquín Muñoz sus representantes para so-

Mural alusivo al Maratón del Jíbaro, que se celebra en Morovis después de las fiestas patronales dedicadas a la Virgen del Carmen alrededor del 16 de julio

Axel Santana

licitar del Gobernador Salvador Meléndez Bruna se les autorizara a fundar partido separado de Vega Baja, prometiendo levantar las obras locales necesarias, esto es, iglesia, casa del rey, plaza, carnicería y cementerio, y llevar a cabo el deslinde de las tierras que se les concedieren. Una vecina, Evangelista Rivera, aportó el terreno necesario, y en 1818 se declaró constituido el nuevo partido. La iglesia se inauguró en 1823.

En 1885 Puerto Rico sufrió una epidemia de cólera morbo que causó gran número de defunciones. El único municipio de la isla que no sufrió el impacto del cólera fue Morovis. La *Gaceta Oficial* informaba regularmente el número de fallecimientos, y el informe decía: «La isla menos Morovis…». Aquí se originó la conocida expresión para señalar que este municipio presenta características propias.

Las fiestas patronales se celebran alrededor del 16 de julio en honor a la Virgen del Carmen. El Festival del Cuatro, el de la Chiringa, el del Centro Verano y las Cabalgatas Dominicales son también festividades locales. En Morovis se escenifica un Maratón del Jíbaro después de las fiestas patronales.

▼ Morovis, río

Afluente del río Indio, uno de los tributarios del Cibuco. Nace al sudeste del barrio Morovis, municipio de este mismo nombre, a una altura de 290 metros (951 pies) sobre el nivel del mar. Longitud aproximada: 11.2 kms (7 millas). Abastece de agua al pueblo de Morovis y a otras comunidades. Tiene como afluentes tres quebradas: Grande de **Morovis, Honda,** La **Casimba** (ver).

▼ Morovis, quebrada Grande de

Afluente del río Morovis. Nace en el límite entre los barrios Hato Viejo de Ciales y Barahona de Morovis. Longitud aproximada: 8.3 kms. (5.2 millas); corre de oeste a este; tiene de afluente a la quebrada Fránquez.

▼ Morovis Norte, barrio

Del municipio de Morovis (2,556 habitantes según el censo de 1990).

▼ Morovis Sud, barrio

Del municipio de Morovis (2,535 habitantes según el censo de 1990).

▼ Morro, castillo del

Ver **Arquitectura militar.**

▼ Morro, cueva del

Situada en el Viejo San Juan, en la muralla norte del castillo del Morro, tiene acceso desde el agua. Parece haber sido formada por la acción de las olas. Se requiere permiso del National Park Service para visitarla.

▼ Mortalidad y natalidad, índices de

Ver **Población.**

▼ Moscoso, Rodrigo de

Gobernador de Puerto Rico de 1512 a 1513, designado por Diego Colón. Le sucedió en el cargo Cristóbal de Mendoza.

▼ Moscoso, Teodoro

Servidor público, farmacéutico nacido en Barcelona, España, de padres puertorriqueños, y fallecido en San Juan (1910–1992). Se graduó de farmacéutico en la Universidad de Michigan (1932). Fue miembro fundador del Partido Popular Democrático y uno de los más destacados propulsores de la Operación Manos a la Obra. Redactó el proyecto de ley que creó la Administración de Fomento Económico (1950), dependencia gubernamental que dirigió en dos ocasiones, mediante la cual se inició en Puerto Rico una amplia reforma socioeconómica. Durante el gobierno del Presidente Kennedy ocupó los cargos de embajador de Estados Unidos en Venezuela y director del plan de la Alianza para el Progreso.

▼ Mosquera, Antonio de

Militar español y gobernador de Puerto Rico de 1597 a 1598. Durante su mandato, una flota inglesa al mando de George Clifford, Conde de Cumberland, atacó San Juan. Los ingleses lograron ocupar la ciudad y cargaron con un cuantioso botín. En dicho ataque Mosquera se refugió en el castillo del Morro, y se rindió a los ingleses que habiendo prometido llevarlo a Cartagena de Indias lo abandonaron. Le sucedió en el cargo interinamente, nombrado por la Audiencia de Santo Domingo, Jerónimo de Agüero, y a éste el Capitán Alonso de Mercado.

▼ Mosquito, barrio

Del municipio de Vieques (55 habitantes).

▼ Mota, quebrada La

Afluente de la quebrada Pepinera, que a su vez es afluente del río Grande de Añasco. Nace al sudeste del barrio Anones, municipio de Las Marías; es corta y fluye de sur a norte.

▼ Mota Sarmiento, Íñigo de la

Veterano de Flandes y caballero de la Orden de Santiago, ocupó el gobierno de Puerto Rico entre 1635 y 1641. Bajo su mando se continuó la construcción del fuerte de San Cristóbal y se terminó el murado de San Juan, iniciado en 1631. También se realizaron obras de reparación en la Catedral, en el convento de Santo Tomás y en la ermita de Santa Catalina, y se envió una expedición a la isla de Santa Cruz para rescatarla del poder de los franceses. Le sucedió en el cargo Agustín Silva y Figueroa.

▼ Motete

Americanismo que significa atado o envoltorio. Aceptado por la Academia de la Lengua.

▼ Motete, quebrada

Tributaria del río Guayanilla.

▼ Motillo

Ver **Cacaíllo, Cacao motillo, Cacao roseta, Cacaotillo, Motillo, Roseta.**

▼ Motín de los artilleros

Ver **Historia.**

▼ Moya, Roberto

Pintor nacido en Nueva York en 1931. Estudió en la Escuela de Diseño de Phoenix, en el Centro de Artes Gráficas Pratt de Nueva York y en la Universidad de Nuevo México. Ha expuesto sus obras en Puerto Rico, Estados Unidos e Italia, y ha participado en las bienales del grabado de San Juan y de Sao Paulo, Brasil.

▼ Moyano, Rafael

Educador y novelista nacido en Fajardo en 1896. Cursó estudios en Estados Unidos, donde fue profesor universitario durante cuarenta años. Entre 1949 y 1953 publicó las siguientes novelas: *El tiempo es un tirano, Juan Fortuna, Muchos mundos en uno, Juan Palomo, El eterno esclavo.*

▼ Mozambique

Ver **Chango, Mozambique, Pichón prieto.**

▼ Mucarabones, barrio

Del municipio de Toa Alta (9,099 habitantes). Manuel Álvarez Nazario, en *Arqueología lingüística,* acepta la posibilidad de que este topónimo se origine en el nombre de un cacique, Bucarabón.

▼ Múcaro común

(*Otus nudipes nudipes,* familia Estríngida) Ave de mediano tamaño (unos 20 centímetros, o sea, 8 pulgadas), de color achocolatado por el dorso y los muslos, más claro por debajo, que presenta un característico disco facial, esto es, que a diferencia de la mayoría de las aves tiene ambos ojos colocados en el mismo plano, por lo que presentan como un rostro o faz. Por esta razón tiene que girar la cabeza para ver hacia los lados. Es autóctona de la isla. Vive

El múcaro común de Puerto Rico (Otus nudipes nudipes) *es un ave de mediano tamaño, autóctona de la isla, que vive en huecos de árboles o entre ramajes muy densos. Su voz semeja una queja grave y triste*

José Colon

en huecos de árboles o entre ramas muy densas. Se le localiza por su voz, que recuerda una queja grave y triste. De hábitos nocturnos, caza de noche su alimento, que consiste en insectos y pequeños mamíferos. El múcaro ha sido muy perseguido por la creencia errónea de que pude dañar el café; hoy se ha reducido su hábitat a los lugares más despoblados de la isla. Ver **Ecología.**

▼ Múcaro real, Lechuza

(*Asio flammeus portoricensis,* familia Estríngida) Ave mayor que el múcaro común, que alcanza frecuentemente más de 35 centímetros (15 pulgadas); por lo demás, es semejante a éste, aunque se distingue, además del tamaño, porque su color es más amarillo, y tiene dos plumas en la cabeza que imitan orejas. Habita en sabanas secas y pantanosas; se alimenta de mamíferos e insectos que caza durante la noche y después del alba, hasta medio día. Aunque en el pasado su población mermó, al presente se ha recuperado y se observa en el hábitat apropiado. Como el múcaro común, se identifica por su canto. En la isla Española y en el oeste de Puerto Rico se le llama lechuza orejita. Ver **Ecología.**

▼ Muchitanga

Puertorriqueñismo. Multitud de muchachos ruidosos. Aceptado por la Academia.

▼ Muda, quebrada

Afluente del río Toro Negro, tributario del Grande de Manatí. Nace al sudoeste del barrio Pozas del municipio de Ciales, a una altura de 500 metros (1,640 pies) sobre el nivel del mar. Longitud aproximada: 4 kms. (2.5 millas); corre en dirección norte.

▼ Muelles de turismo

Ver **Turismo.**

▼ Muerta, cueva La

Es estrecha, profunda y seca y está situada en el barrio Rosario Peñón de San Germán, al oeste de la Carretera 348, kilómetro 12.5.

▼ Muerto

Ver **Indio.**

▼ Muerto, quebrada del

1. Tributaria del río Grande de Manatí. Nace en el barrio Perchas del municipio de Morovis; es corta y corre en dirección norte. 2. Otra quebrada de este nombre es afluente del río Piedras. Nace en el barrio Humatas del municipio de Añasco; es corta y corre de norte a sur.

▼ Muertos, cueva Los

1. Situada en el barrio Almirante Norte del municipio de Vega Baja, es seca y obscura. Tiene acceso desde la Carretera Estatal 160, km. 1.8, por un camino no pavimentado hasta terrenos que usufructúa el Servicio Estatal de Bosques. 2. Otra del mismo nombre ubicada en el barrio Ángeles del municipio de Utuado, es seca, amplia y profunda, y tiene acceso desde el km. 4.5 de la Carretera Estatal 489 por un camino municipal pavimentado que parte hacia el sudoeste, y luego por una vereda que se dirige al abra en la que está ubicada.

▼ Muertos, quebrada de los

1. Afluente del río Bairoa, tributario del Grande de Loíza. Nace en el barrio Sumidero del municipio de Aguas Buenas; es corta y corre en dirección norte. 2. Afluente del río Valenciano, que a su vez lo es del Gurabo. Nace dentro de los límites de la población de Las Piedras; es corta y corre de sur a norte.

▼ Muertos, quebrada Los

Afluente del río Guajataca. Nace dentro de los límites del pueblo de Lares, al noroeste, a unos 350 metros (1,148 pies) de altura sobre el nivel del mar. Longitud aproximada: menos de 1.6 kms. (menos de 1 milla); corre de sur a norte y se une al río Guajataca al norte del barrio Pueblo.

▼ Muesas, Miguel de

El Teniente Coronel del Ejército Español Miguel de Muesas ocupó el cargo de teniente de gobernador en Cuba (1767–69), donde radicó desde 1756 como miembro de la guarnición de La Habana. Fue gobernador y capitán general de Puerto Rico de 1769 a 1776. Tuvo como ayudante y secretario a Fernando Miyares y González, quien dejaría una útil descripción de la isla en sus *Noticias particulares de la Isla y Plaza de San Juan de Puerto Rico.* Durante su gobierno, para estimular el poblamiento, se fundaron Guaynabo, Cabo Rojo, Bayamón, Moca, Rincón, Fajardo, Cayey, Caguas y Vega Alta, y se estimuló el cultivo del cafeto y la educación de la niñez. Durante su mandato tres huracanes, San Agustín, San Ramón, San Pedro, todos en el mes de agosto, azotaron Puerto Rico. En muestra de gratitud por la diligencia que prestó en su fundación el municipio de Cayey lleva su apellido. Muesas fue sustituido por el Coronel José Dufresne.

Mujer, Comisión para los Asuntos de la

Ver **Gobierno. Departamentos, agencias e instrumentalidades.** Comisión de Derechos Ciudadanos.

Mula, barrio

Del municipio de Aguas Buenas (3,213 habitantes según el censo de 1990).

Mula, quebrada

Tributaria del río de la Plata. Nace en Anones, municipio de Naranjito, a una altura de 405 metros (1,312 pies) sobre el nivel del mar. Longitud aproximada: 3.2 kms. (2 millas); corre de oeste a este y tiene de afluente a la quebrada Ciénaga.

Mulas, barrio

Del municipio de Patillas (454 habitantes).

Mulas, quebrada

Tributaria del río Grande de Patillas.

Mulas, quebrada de las

Tributaria del río Antón Ruiz.

Mulato

Término aplicado al descendiente de blanco y negro.

Municipios, los

Ver **Gobierno. Los Municipios.**

Muñiz, Tomás «Tommy»

Actor de televisión y cine, productor y libretista de radio y televisión. Nació en Ponce en 1922. Se inició en la radio bajo la dirección de su padre. Durante décadas los programas que ha producido para televisión han sido favoritos del público puertorriqueño. Junto a la actriz Gladys Rodríguez protagonizó la película de Jacobo Morales *Lo que le pasó a Santiago* (1989) que fue nominada para el Oscar a la Mejor Película en Lengua Extranjera por la Academia de Artes Cinematográficas de Hollywood. En ésta Muñiz hace el papel de Santiago, un contable retirado que, además de enfrentar varios problemas familiares, se enamora de una enigmática mujer. Ver **Cine.**

Muñiz de Barbosa, Carmen

Educadora y ensayista puertorriqueña. Profesora Eméritus del Departamento de Español, Facultad de Estudios Generales, del recinto riopedrense de la Universidad de Puerto Rico, institución en la que obtuvo su maestría, en el Departamento de Estudios Hispánicos, con la tesis «Las greguerías de Ramón Gómez de la Serna» (1942). Es autora de *José Gómez Brioso. Nada menos que todo un hombre* (1982), en colaboración con René Torres Delgado.

Muñoz, Manuel

Escritor nacido en Utuado en 1920. Cursó estudios en Estados Unidos, en cuyo Ejército sirvió como voluntario, en el Regimiento 65 de Infantería, durante la Segunda Guerra Mundial. Sus vivencias de tal período las relató en las crónicas de guerra *¿Hacia dónde, héroes?* (1948). También es autor del drama *Mario y Elisa* (1951), de *Cuentos y relatos* (1966), y de las novelas *Guarionex: la historia de un indio rebelde*, de tema indigenista, y *Gloria en llamas*, sobre el tenor Antonio Paoli Marcano.

Muñoz Igartúa, Ángel

Poeta nacido en Quebradillas en 1905. Se graduó de abogado en la Universidad de Puerto Rico (1930). Fue alcalde de Manatí (1940–44). Autor de los poemarios *Savia íntima* (1927), *Versos de ayer y de hoy* (1946), *Por el sendero* (1954) y *Vibraciones* (1960).

Muñoz Lee, Luis

Pintor nacido en San Juan en 1920, hijo de Luis Muñoz Marín y Muna Lee en su primer matrimonio. Ignoramos si realizó estudios formales de pintura; comenzó a pintar a edad adulta. Ha pintado numerosos cuadros con escenas urbanas que, como sus nombres indican, pertenecen al Viejo San Juan: «Casa Rosa», «San Juan», «Ciudad de San Juan». También, por muchos años, ha trabajado en tareas periodísticas.

▼ Muñoz Marín, Luis

Poeta, periodista, hombre de estado, Muñoz Marín, fundador y líder del Partido Popular Democrático y primer gobernador elegido por el pueblo de Puerto Rico, dirigió la transformación de su país de una sociedad agrícola y pobre a una economía moderna e industrializada. Nació en San Juan el 18 de febrero de 1898. Hijo de Luis Muñoz Rivera, el más importante dirigente del movimiento autonomista durante la última década de dominio español y del Partido Unión de Puerto Rico durante los primeros años de la dominación norteamericana, Muñoz Marín vivió gran parte de su juventud en los Estados Unidos, donde su padre sirvió como comisionado residente de Puerto Rico en Washington desde 1910 hasta su muerte en 1916. Luego de morir el padre, Muñoz Marín rompió con el Partido Unionista e hizo campaña en favor del Partido Socialista de Santiago Iglesias Pantín. A principios de la década de 1920 regresó a los Estados Unidos, se alejó de la actividad partidista y se dedicó a la literatura, escribiendo poesías, cuentos, crítica y análisis político en revistas como *Poetry*, *The Smart Set*, *The Nation*, *The New Republic* y el *American Mercury*. Escribió además artículos sobre la situación latinoamericana en el *Baltimore Sun*. Durante esa época conoció y entabló amistad estrecha con escritores, periodistas y pensadores norteamericanos que posteriormente le servirán para adelantar su carrera. En este tiempo se casó con la poetisa norteamericana Muna Lee.

En 1931 Muñoz Marín regresó definitivamente a Puerto Rico y comenzó a dirigir *La Democracia*, periódico fundado por su padre. Ingresó en las filas del recién creado Partido Liberal. Elegido senador por acumulación en 1932, sus primeros éxitos en la política los facilitaron, además de su nombre y sus cualidades de líder, las muchas amistades que había hecho durante su estancia en Estados Unidos que, luego del triunfo de Franklin Roosevelt en el mismo año, le proveyeron acceso a las altas esferas del gobierno del Nuevo Trato. Hacia 1936 su estrella política brillaba esplendorosamente, pero pronto cambiaron las circunstancias. Sus relaciones con las autoridades federales se deterioraron no sólo por la oposición que desarrolló en *La Democracia*, desde cuyas páginas tildó a un

Fundación Luis Muñoz Marín

Luis Muñoz Marín en el momento en que tomaba posesión del cargo de gobernador de Puerto Rico

gobernador de «*a damn liar*» sino también por su reacción ante el asesinato de dos nacionalistas encarcelados por tirotear al jefe de la Policía: rehusó condenarlos a menos que se condenase igualmente la muerte en prisión de ellos.

Ese mismo año recomendó al Partido Liberal boicotear las elecciones, posición que resultó rechazada en una convención de la organización. El Partido Liberal perdió las elecciones y el futuro político de Muñoz Marín parecía incierto. Expulsado de ese partido luego de la Asamblea de Naranjales, Muñoz Marín con un grupo de leales y fervorosos seguidores, entre ellos Inés María Mendoza, quien se convertirá luego en su segunda esposa, comenzó una intensa campaña de viajes a través de toda la isla. Conversó directa e íntimamente con el campesinado, muchas veces en contra de los deseos de los hacendados y dueños de plantaciones que frecuentemente obstaculizaban su contacto con los trabajadores. En 1938 fundó el Partido Popular Democrático e intensificó su campaña en la ruralía enfatizando la virtualidad del voto como medio para forzar cambios en las condiciones del país y para elegir un gobierno comprometido con la justicia social. Atacó la práctica común de votar por quien pagase al elector una pequeña cantidad de dinero: «Quien vende su voto vende el futuro de sus hijos». Con esa

---

LÍBRATE DE OLVIDAR TUS RAÍCES

Líbrate de ser nacional, regional o localmente huraño y orgulloso de tus pequeñas diferencias. Sigue amando tus anchas igualdades con los hombres de todas partes. Líbrate también del afán de fugarte de tus raíces.

Luis Muñoz Marín

prédica y con la consigna de «el *status* no está en *issue*» esto es, que los votos a favor del Partido Popular no se entenderían como votos a favor de alguna fórmula de *status* sino para atender los inmensos problemas sociales y económicos del país, el Partido Popular Democrático logró una escasa aunque sorpresiva victoria en las elecciones de 1940. «El sol del 5 de noviembre», dijo Muñoz Marín, «salió quemando sogas y derritiendo cadenas».

El Partido logró la mayoría en el Senado, que pasó a ser presidido por Muñoz, y empató con la coalición republicano-socialista en la Cámara de Representantes, en donde tres miembros del Partido Unificación Tripartita poseían el balance para el control. La victoria popular, el cambio de uno de los tripartitas y el apoyo del nuevo gobernador norteamericano, Rexford Guy Tugwell, se unieron para permitir al Partido Popular legislar una extensa y profunda reforma económica y social. Se implantó la reforma agraria, se legisló en favor de la clase obrera, se comenzó la recuperación económica y la industrialización del país. El Partido Popular repitió su triunfo en 1944, y en 1948, cuando por primera vez los puertorriqueños pudieron elegir su gobernador, Muñoz Marín fue elegido por una abrumadora mayoría.

Luego de ocho años en el poder era obvio que había que encarar el problema de la condición política del país. Muñoz Marín fue un independentista ferviente durante su juventud, pero para ese tiempo se había convencido de que la independencia traería consecuencias ruinosas a la economía de la isla. A la misma vez rechazaba la incorporación de Puerto Rico como estado de Estados Unidos por su im-

¿QUÉ ES CULTURA?

Creo que podemos definir cultura, en su sentido más amplio, como una actitud de una comunidad —que puede ser un mundo, un hemisferio o una isla— como la trabazón de maneras de vivir la vida. En este sentido existe una cultura en el centro del Congo o en la Polinesia, lo mismo que en Europa o en América. Y si nos estuviéramos refiriendo no sólo a maneras de vivir la vida, sino a maneras de vivir la vida y esperar la muerte, encontraríamos cierta dificultad en decidir si estamos hablando de cultura o de religión. En su sentido más profundo ambas cosas se entrelazan y se sintetizan… Cultura, en su sentido más amplio es la actitud hacia la vida y maneras de vivir de una comunidad —actitud buena o mala, inteligente o torpe, pero real y espontánea— desarrollada por esa comunidad en el proceso de su formación como tal y en los antecedentes que precedieron a la iniciación de ese proceso.

Luis Muñoz Marín en *Revista del Ateneo*, Vol. 4 No. 2, 1940.

pacto económico y sus consecuencias de asimilación cultural. Ante esta disyuntiva propuso un proceso mediante el cual el pueblo de Puerto Rico podría asumir plena autonomía sin llegar necesariamente a una de esas dos fórmulas tradicionales de *status*. Mediante este proceso, entre 1950 y 1952, el pueblo puertorriqueño votó en favor de constituir una asociación libre con los Estados Unidos y redactó una Constitución para regir sus asuntos internos. Aprobada con voto mayoritario, el 25

QUÉ ES LA PATRIA

La patria tiene el paisaje que amamos, sus colores y las estaciones, el olor de su tierra que humedece su lluvia, la voz de sus aguas de quebrada (la de mar es más como la de todas las patrias que dan al mar), sus frutos y canciones y formas de trabajo y de fiesta, sus platos de celebración y los austeros y socorridos con que afronta el sustento de todos los días, sus flores y hondonadas y veredas, pero, por sobre todo, su gente: el pueblo, la vida, el tono, las costumbres, las maneras de entender, hacer, llevarse unos con otros. Sin eso, la patria es nombre, o abstracción, o a lo sumo paisaje. Con la gente: es patria-pueblo. Por eso digo que quienes profesan amar la patria y desprecian al pueblo sufren un grave enredo de espíritu. Lo sufren —y no debemos suponer que sea de perversidad o mala fe— quienes con palabra o por implicación de sus acciones dicen «¡que se salve la patria aunque se hunda el pueblo!».

Luis Muñoz Marín, Fragmento del discurso pronunciado en día de la conmemoración del natalicio de su padre, Luis Muñoz Rivera, el 17 de julio de 1951, en Barranquitas

CANTOS DE LA HUMANIDAD
FORCEJEANDO

«ESCÚCHANOS»
(Fragmento)

Escúchanos,
Tú, el de los hombros fuertes
que sostienes el este y el oeste;
el de la faz honda, impenetrable
y los mil ojos certeros;
el de los pensamientos triviales que los
          [hombres llaman tormentas;
el de las ligeras iras que los hombres
          [llaman huracanes;
el de los árboles y los ríos y el aire y la
          [tierra caliente y olorosa;
escúchanos a nosotros
los que protestamos, los que cantamos,
los que perdonamos, los que olvidamos;
a nosotros que, como dedos rotos,
nos crispamos contra los vientos:
escúchanos, Universo;
escúchanos, Dios… una vez… tan sólo
                    [una vez…
¡Nosotros somos tu corazón!

Luis Muñoz Marín, *Revista Puerto Rico*,
1920

Muñoz Marín, primer gobernador de Puerto Rico elegido por voto popular, fue reelegido en tres ocasiones

Hubo veces que Puerto Rico aparecía ante mis ojos como una interminable vereda entre montes y vegas y caras adoloridas. La vereda fue mi casa y mi camino; y el dolor y el afecto humano mi compañía; y entre el dolor y el afecto, como una tenue semilla, la esperanza.

Luis Muñoz Marín

de julio de 1952, Muñoz Marín proclamó el Estado Libre Asociado de Puerto Rico e izó por primera vez oficialmente la bandera monoestrellada de Puerto Rico.

Muñoz fue reelegido por amplio margen en 1956. En 1960, sin embargo, se añadió un nuevo elemento a la política puertorriqueña. Los obispos católicos, objetando la posición del Partido Popular sobre el control de la natalidad y contra la enseñanza religiosa en las escuelas públicas, declararon en una carta pastoral que era un pecado votar a favor de Muñoz Marín. Muñoz, enfatizando que no hacía campaña en contra de la Iglesia sino en contra de las acciones de los obispos, resultó abrumadoramente reelegido con más del 58% de los votos. En 1964 Muñoz rehusó la renominación para gobernador y una asamblea en Mayagüez propuso a Roberto Sánchez Vilella, secretario de Estado, íntimo colaborador y hombre de la total confianza de Muñoz. Éste se postuló como candidato por acumulación al Senado y formó parte posteriormente de la Comisión Conjunta sobre el *status* de Puerto Rico.

La Comisión recomendó la celebración de un plebiscito para determinar la preferencia del electorado puertorriqueño sobre su futuro político. Muñoz asumió la defensa del Estado Libre Asociado y realizó una intensa campaña por toda la isla. El Estado Libre Asociado recibió el 60.4% de los votos emitidos en el plebiscito del 23 de julio de 1967.

Mientras tanto habían surgido discrepancias internas dentro del Partido Popular. El Gobernador Sánchez Vilella antagonizó a poderosos sectores del partido y Muñoz reasumió la dirección de la colectividad. Sánchez intentó obtener su renominación, y luego de perderla, aspiró a la gobernación nominado por otra colectividad, el Partido del Pueblo. Muñoz tomó las riendas del Partido Popular Democrático y dirigió la campaña de 1968. En esta ocasión, sin embargo, el partido perdió las elecciones reteniendo solamente el control del Senado, al que Muñoz fue elegido por acumulación. No asumió, sin embargo, un rol activo; luego de dos años renunció a su escaño y se fue a vivir a Europa a trabajar en sus Memorias. Regresó a Puerto Rico poco tiempo antes de las elecciones de 1972 y participó activamente en el final de la campaña electoral. El partido ganó las elecciones y Muñoz pasó a formar parte posteriormente de otro comité conjunto sobre el *status* que propuso modificaciones a las relaciones entre Puerto Rico y los Estados Unidos.

Fuera de esa participación, Muñoz prácticamente se retiró de la vida política pública. Luego que el Partido Popular perdiera las elecciones de 1976, Muñoz reinició sus apariciones públicas para hacer campaña en contra de la asimilación de Puerto Rico como estado de los Estados Unidos.

El 30 de abril de 1980 murió Luis Muñoz Marín. El duelo nacional en que se sumió el país no tiene precedentes en Puerto Rico y a él se unieron seguidores de todas las tendencias políticas. El cortejo fúnebre, de San Juan a Barranquitas, al que se unieron representantes de los partidos democráticos latinoamericanos, duró más de 12 horas. Un periódico resumió su deceso con las siguientes palabras: «Ha muerto el último de los próceres».

El éxito político de Muñoz ha opacado su importancia como poeta y escritor. Sus versos en español «Proletarios», «Panfletos», su traducción de «El hombre de la azada», entre otros, contienen una profunda protesta social tan característica de la literatura de su época. En inglés escribió tiernos versos de corte romántico.

Aunque como político práctico Muñoz cambió su énfasis y medios en ocasiones, existe una profunda consistencia en su obra. Su último mensaje como gobernador a la Legislatura lo resumió así al definir lo que llamó «El Propósito de Puerto Rico»: «Puerto Rico no sólo ha de tener hambre de consumo, sino también sed de justicia, arte, ciencia, comprensión, y buena convivencia moral y espiritual». Su obra en bienestar del desvalido recibió reconocimiento no sólo en Puerto Rico sino en otros países que le condecoraron con diversas órdenes como Panamá, Francia y Perú; grados honoríficos de universidades como Harvard, Brandeis, Middlebury y Rutgers, entre otras; y citaciones del «Freedom House», el Leonismo Internacional, la A.F.L.-C.I.O. y la Familia del Hombre. Al otorgarle la Medalla de la Libertad, la más alta condecoración civil de los Estados Unidos, el presidente John F. Kennedy resumió su vida así: «Poeta, político, servidor público, patriota. Ha conducido a su pueblo a nuevas cumbres de dignidad y propósito, y ha transformado una tierra azotada en una sociedad vital». (*Luis E. Agrait*).

▽ Muñoz Mendoza, Victoria

Política. Nació en San Juan en 1940. Conocida por el nombre familiar de «Melo» Muñoz, es hija del Gobernador Luis Muñoz Marín y de Inés María Mendoza. Cursó estudios de bachillerato en la UPR, Recinto de Río Piedras, y de maestría en el Centro Caribeño de Estudios Posgraduados de Puerto Rico. En 1964 fue elegida miembro por acumulación del Consejo Central del Partido Popular Democrático, fundado por su padre en 1938, y en 1965 figuró entre los jóvenes integrantes del «grupo de los veintidós», que pretendió renovar la política puertorriqueña haciendo innovaciones, lo cual desató una crisis política en el Partido. Después de residir varios años en el extranjero, en Estados Unidos, Grecia y Venezuela, Victoria Muñoz regresó a Puerto Rico. En 1984 fue candidata a alcaldesa de San Juan y en 1992 a gobernadora de Puerto Rico, por el PPD, del cual alcanzó la presidencia ese mismo año; no logró éxito en ambas ocasiones. En 1986 había obtenido un asiento en el Senado, en sustitución de Justo A. Méndez, y en 1988 fue reelegida por amplia mayoría a dicho cuerpo legislativo. En 1992 se retiró de las actividades políticas.

▽ Muñoz Rivera, barrio

Del municipio de Patillas (904 habitantes).

Victoria Muñoz Mendoza, candidata a la gobernación de la isla en 1992

LA DEMOCRACIA

Más allá del gobierno parlamentario o gobierno congresional, más allá de las decisiones públicas en las pequeñas repúblicas de Grecia, más allá de la técnica de separación de poderes, más allá del concepto de un gobierno del pueblo, por el pueblo y para el pueblo, la democracia, en un sentido más hondo, es una actitud hacia la vida, es una manera de vivir la vida. Es más que eso: es una manera de vivir la vida ante la realidad augusta y trágica de la muerte. Es una manera de vivir la vida para poder morir la muerte dignamente.

Luis Muñoz Marín en *Revista Ateneo Puertorriqueño*, 1940

El poeta y periodista José Muñoz Rivera

▼ Muñoz Rivera, José

Poeta, periodista, político. Nació en Barranquitas y falleció en Río Piedras (1868–1937). Después de cursar la enseñanza primaria continuó sus estudios bajo la tutela de su hermano mayor, Luis Muñoz Rivera. Desde muy joven comenzó a publicar sus versos en *El Palenque de la Juventud;* luego colaboró en otras publicaciones: *La Democracia, El Porvenir, Puerto Rico Ilustrado, El Imparcial, El Mundo.* En política siguió los pasos de su hermano Luis; fue secretario del Senado de Puerto Rico. Su obra poética, que en su juventud fue parnasiana, muestra en su edad madura la influencia innegable del modernismo. Entre sus versos más conocidos se cuentan «Madre tierra», «El vaso de la vida», «El canto de la esperanza» y «Perlas». Su creación poética ha quedado dispersa; sólo se recogió una pequeña parte en *Sol de gloria. A España,* publicada en San Juan en 1911.

PERLAS

Era el correr de aquella linfa suave,
serenidad, como el volar de un ave.
En ella se miraba
el sol desde sus cúpulas de oro
y el cielo contemplaba
de todas sus estrellas el tesoro.
Cuando en el musgo abría
a sus ansias de amor nuevos caminos,
la detuvo una roca negra y fría
deshaciéndola en polvos cristalinos,
y la linfa a la roca en su agonía
le dio un manto de aljófares divinos.

José Muñoz Rivera

EL VASO DE LA VIDA

Dios que es tan bueno
el vaso de la vida nos da lleno
de un néctar celestial, pero es el caso
que sedientos vivimos,
y que cuando morimos
está lleno de lágrimas el vaso.

José Muñoz Rivera

▼ Muñoz Rivera, Luis

Poeta, orador, periodista, político. Nació en Barranquitas el 17 de julio de 1859 y falleció en Río Piedras el 16 de noviembre de 1916. Fue padre de Luis Muñoz Marín. En Barranquitas realizó sus primeros estudios y trabajó desde muy joven como amanuense de la notaría de su padre; más tarde como comerciante. En la biblioteca paterna se familiarizó con las grandes obras literarias, y bajo la dirección de un emigrante corso, Don Jorge Colombani, estudió francés e historia. Comenzó a publicar sus primeros versos en la prensa de Ponce y San Juan cuando contaba 23 años; usó los seudónimos «Rigoló», «Incógnitus» y «Demócrito». Ganó prestigio como poeta cuando Don Manuel Fernández Juncos dio a conocer y elogió su obra en verso inspirada en la vida del descubridor del océano Pacífico, «Vasco Núñez de Balboa». Temprano en su vida una nota de amargura aparece en «Nulla est redemptio», en la que expresa:

> ¡No hay redención! La anemia nos devora,
> la inacción nos enerva y nos abate;
> la fiebre nuestros pómulos colora,
> y del derecho en el marcial combate
> la mente duda, el pulso no palpita,
> el labio calla, el corazón no late.

En un momento en que las ideas liberales o autonomistas eran consideradas subversivas, hizo sus primeras armas en política defendiendo principios avanzados. Fue elegido concejal en representación de Barranquitas por el Partido Liberal Reformista, y en el «año terrible» de 1887, participó como presidente de la delegación barranquiteña a la asamblea de fundación del Partido Autonomista en Ponce. En 1890 fundó en dicha ciudad el periódico *La Democracia,* desde cuyas páginas libraría una campaña en favor del autonomismo. Desde su columna «Retama», en versos mordaces y satíricos, criticó la conducta de los incondicionales que tanto daño hacían al país. En 1893 contrajo matrimonio con Doña Amalia Marín, y dos años después después radicó en Madrid, aunque no por ello se desvinculó de la labor periodística, pues siguió colaborando con artículos en el periódico *La Democracia.* A su regreso se vio envuelto en un incidente con el periodista español Vicente Balbás Capó, conocido esgrimista, con el cual se batió a espada a pesar de que ignoraba el uso del arma; en el duelo resultó herido antes de que el juez del duelo suspendiera el acto por su evidente indefensión. Dedicó todos sus esfuerzos a persuadir a sus correligionarios de la necesidad de formalizar un pacto con un partido político peninsular que les ayudara a alcanzar un gobierno autonómico. Cuando se adoptó el acuerdo de pactar con un partido monárquico presidido por Práxedes Mateo Sagasta, la facción dirigida por el Dr. José Celso Barbosa, que agrupaba a dirigentes tan destacados como Manuel Fernández Juncos, Veve Calzada y Luis Sánchez Morales, se separó del Partido Autonomista, que quedó dividido en dos: el Autonomista Puro u Ortodoxo, y el Liberal Fusionista. Gracias a la fusión, la Reina María Cristina aprobó el 25 de noviembre de 1897 la **Carta Autonómica** (ver) en virtud de la cual se estableció un gobierno autonómico para la isla. En este gobierno Don Luis ocupó el ministerio de Gracia, Justicia y Gobernación, cargo que desempeñaba cuando se produjo la ocupación de la isla por Norteamérica.

En 1898 fue designado secretario de despacho de Gracia, Justicia y Gobernación del gobierno militar. Con tal motivo, el periódico *El Liberal* de 11 de enero de 1898, se publicó una apología de Muñoz Rivera que era un resumen de su biografía. En parte decía: «La vida inmaculada de este patriota ilustre es de esas que son para un hombre título a perdurar en la memo-

El prócer Luis Muñoz Rivera, poeta, periodista y político, fue Comisionado Residente de Puerto Rico en Washington (1910–1916)

ria y en gratitud de un pueblo. Desde la juventud más temprana, Muñoz Rivera cultivó asiduamente su entendimiento. Y jamás ha dejado por un instante ese cultivo, al que debe la literatura patria gallardos frutos. Desde la más temprana juventud también, luchó con potentes energías y entusiasmo magnífico por el bien de su tierra. Y hele hoy, tras combate rudo de toda la vida, victorioso en la lucha.

«Formóse político de combate, y a la vez literato de primer orden y admirable

INFORME OFICIAL SOBRE EL ATAQUE A MUÑOZ RIVERA

... la más seria infracción del orden público ocurrió en la capital el día 14 de septiembre. El espíritu partidarista era tan activo y la mala sangre tan ardorosa que llegó al punto de herir. El leader del Partido Federal era también el editor de su órgano principal, llamado *El Diario*. El alcalde de la ciudad era entonces un republicano —Manuel Egozcue— y se le había hecho el blanco de muchas flechas que le dirigían editorialmente, lanzadas por un arco antagonista. Como los artículos en *El Diario* eran cada vez más vituperados, aumentaba la excitación, hasta que una turba penetró en la imprenta y oficina y le destruyó los tipos. El artículo cen-

surable fue reimpreso al día siguiente. Entonces una hoja suelta anónima fue repartida pidiendo venganza contra el editor, siempre que los insultos no terminaran. Esta hoja suelta declaraba que «Puerto Rico debía ser americano». Mas el vituperable artículo apareció de nuevo por tercera vez. Como a las siete de la noche, una turba de cerca de cien personas, fue a la redacción del periódico, destruyó los tipos, rompió los muebles, hizo pedazos las prensas y arrojó los fragmentos a la calle. Unas cuantas noches después se asaltó la casa del editor. Se oyó un disparo de pistola e inmediatamente hubo disparos en general en varias partes de la

ciudad. Se reunió una gran multitud y por unos momentos se cambiaron disparos, prevaleciendo la más grande excitación. Más de trescientos disparos fueron hechos. La policía municipal, desmoralizada, se unió a la lucha y disparaba hacia el aire como la mayor parte de los otros lo hacían. Una mujer fue accidentalmente herida de poca importancia. Sin ocurrir más heridos, el orden fue restaurado al fin, llevándose a cabo media docena de arrestos.

Informe oficial del Gobernador Charles Allen, en *Luchas emancipadoras*, de Santiago Iglesias Pantín, 1929.

poeta, únicamente por el esfuerzo propio. Extendía sus concepciones hasta el horizonte nacional del espíritu; elevaba su fantasía a la altura a que sólo llegan los iluminados por la llama del genio; perfeccionaba sus obras como sólo hacerlo pueden los elegidos del arte, y era campeón de la libertad de su tierra, combatiendo con ímpetu digno, de un patriota espartano. Todo ello, encerrado en su pueblo de la cordillera, en Barranquitas, dentro del horizonte de sus montañas. Porque Muñoz Rivera, que pasó allí toda la edad de la florida juventud, no tuvo otro campo de acción en que desenvolverse ni conocer pudo otro maestro que sus libros. Ningún maestro mejor para su inteligencia privilegiada. Años fueron aquellos en que, como prosista y como poeta, conquistó reputación merecida y envidiable, y en que, luchador político, extremó la propaganda liberal, en oposición valiente y con inquebrantable energía, en contra del partido que cercenaba libertades e imponía, dueño del gobierno, represiones despóticas al derecho popular.

«Para el defensor ardiente del pueblo, llegó la época de prueba del año 1887; y la actitud magnífica de Muñoz Rivera está viva aún en la memoria de los puertorriqueños, que no podrán olvidar nunca al patriota combatiente de aquel período terrible… En 1890, fundó *La Democracia*. Sus campañas en ella han conmovido innúmeras veces la Isla; han llevado el desconcierto y la perturbación a las altas esferas donde imperaba, omnipotente, el partido adversario; han resonado en el corazón de la Madre Patria; han desquiciado conciertos gubernamentales, suscritos por el mismo Ministro de Ultramar merced a la influencia falaz del partido dominante y monopolizador de incalificables privilegios en la colonia; hanle llevado a la prisión varias veces, en medio de verdaderas apoteosis en que tomaba parte la Isla entera, con mengua y corrimiento del adversario, y han sido siempre para él factores magníficos del triunfo.

«Hubo una época en que, defendiendo Muñoz Rivera la candidatura de su partido en elecciones para Diputados Provinciales, el partido adversario, para reducirle a la impotencia, le puso enfrente la candidatura de su padre, respetable político del campo adversario. Muñoz Rivera sostuvo la candidatura de su partido —la del Licenciado Rossy— y publicó una hoja suelta que terminaba con estas o parecidas palabras: «Mi padre, que es un hombre honrado, me mandará cumplir con mi deber». Y prosiguió en la lucha, mientras retiraba su candidatura el respetable anciano.

«Electo Diputado provincial hace algunos años, una falsedad electoral le arrebató su puesto suplantándolo por un adversario político. La Audiencia resolvió en favor suyo, demasiado tarde para que pudiera sentarse en los escaños de la Diputación; pero el autor de la falsedad pasó a cumplir condena. ¡Justicia tardía, reflejo del pasado régimen! En más reciente época, electo Diputado por segunda vez, un nuevo manejo electoral le arrebató igualmente su investidura.

«Hoy, el día de la justicia ha llegado para él. Y siempre la muestra de su generosidad, aun al reivindicar la justicia. Puede reclamar, con perfecto derecho, la presidencia del gobierno insular, y la sacrifica noblemente ante la ancianidad gloriosa… Todos saben sus viajes a Madrid, el concierto con el Partido Liberal de la Madre Patria, la reivindicación que obtiene para los hijos olvidados de la colonia mísera, su trabajo de propaganda y de or-

---

HONRA PÓSTUMA A MUÑOZ RIVERA

Luis Muñoz Rivera no es, como pudiera suponerse, el líder puertorriqueño de un pasado político que terminó hace veinte años, el día infausto de su muerte. Luis Muñoz Rivera es, desde el silencio augusto de su tumba en sus amadas montañas de Barranquitas, el líder de la hora actual y presente de nuestro pueblo. Y todo parece indicar que ha de seguir siéndolo por mucho tiempo.

¿Por qué esa formidable supervivencia del espíritu y de la mente de un hombre, cuya materia es tan sólo ya recuerdo y polvo, en el más cambiable y movedizo de todos los terrenos: el terreno de las luchas políticas de un país? La respuesta es fácil para los que tuvimos el privilegio de conocerle: vivió su época y se adelantó a su época.

Antonio R. Barceló en *Puerto Rico Ilustrado*, 17 de julio de 1937

MINHA TERRA

(Fragmento)

Borinquen tiene en su escudo
un peñasco entre dos mares
y un cordero solitario
con un pálido estandarte.
Símbolo fiel de su historia
que, a través de las edades,
no escribió jamás en rojas
tintas el nombre de un mártir.

Borinquen, la cenicienta,
no puede romper su cárcel,
porque faltan, vive Cristo,
mucho nervio en su carácter,
mucho plomo en sus colinas
y mucho acero en sus valles;
porque en sus campos no hay pueblo;
porque en sus venas no hay sangre!

Luis Muñoz Rivera

ganización política, sus excursiones triunfales por la Isla y su magna obra: el aniquilamiento del partido enemigo de nuestras libertades y barrera de obstáculo para la autonomía, amparado bajo su denominación de partido español incondicional.

En 1899, con otros autonomistas, fundó el Partido Federal Americano; poco después inició la publicación del *Diario de Puerto Rico,* desde el cual denunció los errores del gobierno, la Ley Foraker y los republicanos; esto motivó que la prensa y su domicilio fueran atacados por turbas supuestamente republicanas. En 1901, radicado en Nueva York, inició la publicación de un periódico bilingüe, *The Porto Rico Herald,* desde el cual siguió su lucha por obtener un cambio en el régimen de gobierno de la isla. En 1904, de regreso a San Juan, fundó con otros líderes autonomistas el Partido Unión de Puerto Rico, por el cual fue elegido delegado a la Cámara en 1906 y reelegido dos años después. En 1910 fue elegido comisionado residente en Washington, en cuyo cargo permanecería hasta 1916. Durante estos años dedicó sus energías a persuadir a las autoridades norteamericanas de la necesidad de sustituir la Ley Foraker, meta que no alcanzaría a ver: la Ley Jones fue aprobada después de su muerte. Regresó a la isla con la salud muy quebrantada Tras una breve estadía en Barranquitas, se trasladó a San Juan, donde falleció un 15 de noviembre. Fue Don Luis Muñoz Rivera un autodidacto que a través del estudio llegó a emplear la lengua con gran pureza, vigor y claridad. Su obra poética está marcada por las preocupaciones cívicas. No desdeñó la crítica hiriente que usó tantas veces en «Retamas», como cuando dice:

> *¿Español eres? Clérigo o soldado,*
> *ya tienes tu destino asegurado.*
> *¿Naciste en la colonia ? Muy bien hecho:*
> *serás el Jeremías del Derecho.*
> *¿Autonomista? ¡Cosa más sencilla!*
> *Candidato a la cárcel de la villa.*

Destacó como orador y dominó como ninguno de su generación la técnica del artículo político. Y siempre, en todos los géneros, se inspiró en el bienestar de su patria. Siempre pudo mirar a su pasado con la conciencia tranquila. En sus últimas horas bien debió recordar los versos que escribió:

> No caeré; mas si caigo, entre el estruendo rodaré bendiciendo la causa en que fundí mi vida entera; siempre vuelta la faz a mi pasado y, como buen soldado, envuelto en un jirón de mi bandera.

Las obras poéticas más conocidas de Muñoz Rivera son «Nulla est redemptio», «Paréntesis», «Sísifo», «Vox populi», y «Quia nominor Leo». Sus artículos periodísticos aparecieron principalmente en *La Democracia.* Ha publicado este autor el diálogo alegórico *Las dos musas* (1886), *Retamas* (1891), *La disolución* (1900), *Tropicales* (1902) y póstumamente se imprimieron sus *Obras completas* en varios volúmenes (1925, 1959, 1960, 1961, 1963, 1964).

▼ Muñoz Siaca, María Luisa

Pianista, educadora y ensayista nacida en Arecibo en 1905. Estudió con los maestros Julio de Arteaga y Elisa Tavárez y se graduó de maestra de Música en la Universidad de Columbia y de doctora en la Escuela Juilliard de Nueva York. Profesó en la Universidad y el Conservatorio de Música de Puerto Rico. Fue organizadora y supervisora del Programa de Educación Musical y directora del Programa de Bellas Artes del Departamento de Instrucción Pública; vicepresidenta del Consejo Interamericano de Música, con sede en Washington, D.C., y organizadora del Programa de Educación Musical para Maestros de Centroamérica, Nicaragua. Miembro de la Asociación Internacional de Educación Musical, publicó artículos y ensayos sobre música y otros temas relacionados con ésta, y es autora de *La música en Puerto Rico* (1966), premiada por el Instituto de Literatura Puertorriqueña, y de varias series de Canciones. En colaboración con el músico y compositor Francis Schwartz es autora de la obra de texto *El mundo de la música.*

▼ Murallas de San Juan
Ver **Arquitectura militar.**

▼ Murga Sanz, Vicente
Sacerdote, educador, historiador y paleógrafo español nacido en la provincia de Burgos y fallecido en Madrid (1903–1976). En la Universidad Pontificia de su provincia natal, Burgos, se licenció en Teología; se doctoró en Derecho Canónico en la Universidad Gregoriana de Roma y fue ordenado sacerdote en 1927. En 1932 arribó a Puerto

---

QUIENES DEFIENDEN SU DERECHO TRIUNFAN AL CABO

El trabajo es recio; la perseverancia debe ser firme; los que defienden su derecho con tenacidad triunfan al cabo. Vencimos con España, que era la mole de una tradición vetusta; ¿cómo no vencer con los Estados Unidos, que son el faro de una tradición radiante, de una tradición democrática? Llega la hora de las grandes luchas. No nos rinde la fatiga, no nos desalienta el valladar, no nos infunde miedo el sacrificio.

Luis Muñoz Rivera

Rico; aquí profesó en el Colegio Universitario del Sagrado Corazón, en la Universidad Católica de Ponce, de la cual fue fundador (1948) y rector (1948–53), y en la Universidad de Puerto Rico, en cuya biblioteca dirigió la Colección Puertorriqueña y se le comisionó para llevar a cabo investigaciones en los archivos españoles de Indias y otros. Fruto de esa labor es su *Historia documental de Puerto Rico*, que abarca el siglo XVI. La obra consta de tres volúmenes y varios tomos; se publicó entre 1956 y 1964. El volumen I lleva por subtítulo *El consejo o cabildo de la ciudad de San Juan de Puerto Rico*; el II, *El juicio de residencia, moderador democrático*; el III, *Cedulario puertorriqueño*. Otras de sus obras son *Juan Ponce de León: fundador y primer gobernador del pueblo puertorriqueño, descubridor de la Florida y de Bahamas* (1959) y *Puerto Rico en los manuscritos de Don Juan Bautista Muñoz* (1960). Monseñor Murga fue párroco en Luquillo, secretario del obispado de Ponce, pronotario apostólico y prelado de Su Santidad, y vicario general de la diócesis de Ponce. Fue miembro de la Academia Puertorriqueña de la Historia. En 1982 sus restos fueron traídos a Puerto Rico y sepultados en Ponce.

▼ Murillo, Antonio Esteban

Poeta, pintor, político. Nació en Sabana Grande y murió en Ponce (1864–1931), donde vivió casi toda su vida. Fue un autodidacto que llegó a tener un amplio conocimiento de la poesía modernista. Durante el «año terrible» de 1887, cuando contaba con 23 años, fue arrestado y acusado de separatista por el gobierno del General Palacio. Trabajó como miniaturista pintando relicarios y otras joyas. Publicó sus versos en *Puerto Rico Ilustrado, El Mundo, El Carnaval, El Día* y *El Águila*. Por largos años fue figura central de un cenáculo literario que reunía a los poetas y escritores ponceños. Publicó sólo un libro de versos: *Sonetinos, madrigales y sonetos* (1928). Fue miembro activo de los partidos Republicano y Nacionalista.

▼ Muro, quebrada

Afluente del río Yunes. Nace en el barrio Cialitos de Ciales, a unos 635 metros (2,083 pies) de altura sobre el nivel del mar. Es muy corta. Corre de este a oeste y se une al río Yunes al oeste del barrio donde nace.

▼ Museo Arqueológico de Santa Isabel
Ver **Instituciones culturales.**

▼ Música culta. La danza.

El desarrollo de la música culta en Puerto Rico puede dividirse en cuatro periodos principales, cuyos límites no siempre están claramente definidos. Comenzando desde el Descubrimiento, el primer Periodo, *Colonial*, se extiende hasta principios del siglo XIX. Es en este periodo donde cobran forma y se desarrollan las principales corrientes de la música popular y folklórica, derivadas de la tradición española y sus diversas regiones, influidas grandemente por la música religiosa y transformadas por el contacto con una débil tradición indígena (que sólo deja algunos instrumentos) y una fuerte inserción del África negra.

Por su lado la música culta se entronca casi exclusivamente en la Iglesia Católica, que fue en los primeros dos siglos de colonia la única fuente de cultivo y enseñanza de ese arte. Aun así y hasta las postrimerías del siglo XIX no existió una estricta separación entre músicos o música popular, religiosa y culta, dándose casos notables de artistas que practicaron todos estos géneros con maestría y fama. La profesión de compositor o maestro de música culta es un fenómeno del siglo XX.

El segundo Periodo, el *Romántico*, se comienza a definir alrededor del 1815, después de grandes inmigraciones de franceses refugiados de las guerras napoleónicas desde la Luisiana y las Antillas, y el arribo de gran número de familias acomodadas de Venezuela y otros países de América Latina, exiliadas por las guerras de Independencia. Estos grupos poblacionales transformaron el estilo de vida en el Presidio de San Juan y la vida plantacional, dándole más gracia y elegancia a una sociedad que hasta la fecha había sido mayormente castrense y agrícola.

Durante este Periodo romántico toma forma definitiva el baile conocido como *danza puertorriqueña* y se compone la mayoría de las obras para el teatro o el culto religioso en el país. Termina este periodo para los años del cambio de soberanía, cuando Puerto Rico se convierte en territorio de los Estados Unidos.

El *Periodo Modernista* incluye las últimas expresiones del romanticismo y coin-

MÚSICA, CANTO Y EMBRIAGUEZ DE LOS ABORÍGENES

Cualesquiera que fuese el suceso que sobrevenía de circunstancias alegres o melancólicas, se celebraba con el areito o baile a que acompañaba la música, canto y embriaguez: verdad es que el areito entre ellos no era precisamente diversión, era ocupación muy seria e importante; si se declaraba la guerra, el areito explicaba los sentimientos que los animaba a la venganza; si querían mitigar la cólera de su cemí, celebrar el nacimiento de algún hijo, llorar la muerte de algún cacique o amigo, hacían bailes propios de las circunstancias y sentimientos del objeto a que se dirigía… Los instrumentos músicos que usaban eran un tambor hecho del tronco de un árbol hueco, más o menos grande, al cual abrían un agujero por cada lado, y en el uno daban golpes, de que resultaba un sonido horrísono y harto desagradable. Solían acompañar a éste con la maraca y otros calabazos de los cuales usan aún hoy mismo en aquella Isla.

Los cantares eran graves y materiales. Por la mayor parte contenían sus historias, en que referían los sucesos más serios e importantes de su país; la serie y genealogía de sus caciques, la época de sus muertes, sus hazañas, las victorias adquiridas, los buenos o malos temporales: todo se refería y contenía en estos cánticos.

Fray Íñigo Abbad y Lasierra en Historia geográfica, civil y natural de la isla de San Juan Bautista de Puerto Rico.

---

cide en parte con el modernismo literario, y se inicia en la década de 1940. El Periodo *Nacionalista* último claramente definible, dura por casi dos décadas, desde los 50 hasta los 70, y se caracteriza por su intensidad creativa y su impacto en la definición de arte reconociblemente puertorriqueño. Desde 1970 hasta nuestros días el desarrollo de la música de Puerto Rico se caracteriza por una gran pluralidad de estilos y tendencias, y corresponde más o menos a lo que ocurre en Europa y el resto del mundo occidental.

● Periodo colonial (aproximadamente desde 1521 a 1815).

La música religiosa y ceremonial domina esta época. Fernando Callejo, en su libro *Música y músicos puertorriqueños* (1915), presenta una larga lista de chantres (maestros de coro) y sochantres de catedral que muestran una activa y vigorosa vida musical ante los altares y en los conventos. La música laica, aparte de su expresión popular, era parte de fiestas patronales o de celebraciones oficiales tales como cumpleaños reales, llegada de altos funcionarios y cambios de gobierno. Hasta la fecha, el primer relato que nos llega sobre el uso de música ceremonial es del 27 de septiembre de 1644 —una carta de Fray Damián López de Haro a Juan Díaz de la Calle—. La iglesia participaba en representaciones teatrales y bailes. Para 1770 fue necesario prohibir la participación de sacerdotes y frailes en dichas manifestaciones.

La Iglesia Católica poseía los instrumentos y los maestros de música. No todos eran religiosos: el pintor José Campeche, que era miembro de la Orden de Predicadores y tocaba órgano en las iglesias de Santo Domingo y San Francisco, era un excelente oboísta, reparaba órganos y daba clases de música a las monjas del convento de las Carmelitas. Fue Campeche quien introdujo la enseñanza del bajo figurado en los conventos. La obra de Campeche como maestro de música y reformador del canto sagrado, según el historiador Arturo Dávila, «tuvo un largo eco que no se extingue hasta mediados del siglo XIX». A mediados del siglo XVIII existían en San Juan instrumentos de teclado tales como los virginales o clavecines de origen español o francés. A fines de siglo se montaron tablados escénicos más o menos permanentes en los que se representaron tardíamente tonadillas originadas en España, o como en el caso de la Compañía Candamo, conteniendo ya aires y bailes de origen antillano (mayormente cubanos) que pueden haber sido las fuentes de las contradanzas que dominaron más tarde la sala de baile citadina. Entre 1791 y 1810 la tonadilla española se hace más rebuscada bajo la influencia de la ópera italiana: recurre a cavatinas, dúos y rondós en italiano y otras cosas más, que vendrán a playas puertorriqueñas algunos años más tarde y que afectarán notablemente el carácter de la creación culta. Este italianismo de las tonadillas es la raíz del italianismo romántico del siglo XIX, aparte de las importaciones religiosas ya italianizadas en España y que eran la dieta esencial del repertorio eclesiástico.

En Fernando Callejo Ferrer se dan cita dos grandes intereses musicales de gran significación para la evolución de la música puertorriqueña: el creador musical que siempre estuvo dispuesto a ejercer la misión docente y el investigador que por primera vez plasma académicamente la historia y los elementos que componen la música de Puerto Rico.

Amaury Veray Torregrosa, «Fernando Callejo», en el Prólogo *a Música y músicos* de Fernando Callejo

La planta orquestal de la tonadilla —violines, oboes y flautas, fagot, trompas y bajos de cuerda— se traslada más tarde al baile y se confunde con la «charanga» militar para darnos la orquesta característica de la danza puertorriqueña en el siglo XIX. En los teatros y tablados, debido a la falta de instrumentos de teclado, los bajos armónicos se ejecutaban por guitarristas hasta ya entrado el siglo XIX, cuando llegaron los primeros pianofortes al país.

● Periodo romántico (1815–1890).

España tuvo que reforzar su guarnición militar en Puerto Rico a causa de los levantamientos en las colonias americanas, conllevando ello que se enviaran al país diversas bandas militares. Ya para el 24 de julio de 1812, en ocasión de celebrarse la Constitución de Cádiz, existía en la plaza de San Juan una banda de música que se distinguió en dichas fiestas. Con estas bandas llegaron los *músicos mayores,* que además de dirigirlas, actuaban como maestros y cuyos servicios fueron inmediatamente contratados por la comunidad para la enseñanza organizada de instrumentación, armonía y otras disciplinas musicales. José Álvarez, músico mayor del Regimiento de Granada, fue el maestro del primer compositor de importancia (a su vez el más importante del siglo XIX), Felipe Gutiérrez Espinosa (1825–1899). Otros afectaron a su vez la vida de ciudades como Ponce y Caguas y dejaron descendencia musical y familiar en esas ciudades. Las bandas militares participaban también en representaciones y fiestas religiosas, y de ellas surgieron las *charangas,* pequeños conjuntos de metales y alientos que amenizaron los bailes oficiales y de los vecinos de la ciudad. Estos músicos mayores practicaban un arte italianizado, como hemos ya visto.

La aprobación de la Cédula de Gracias de 1815 abrió las puertas de la isla al exterior y la música de la ciudad murada adquiere un carácter más europeo. Aficionados y profesionales se dedican a la composición de obras ligeras y religiosas, y sobre todo, para amenizar las veladas privadas y públicas que surgían por todos lados. Ya en 1822 Evangelista Suazo, comerciante de San Juan, presenta una petición ante las autoridades para crear un teatro de comedias dotado de una orquesta completa, y en 1823 la Sociedad Filarmónica celebra una función en la que se ejecutó «una magnífica sinfonía a grande orquesta».

La ópera italiana dominó al siglo XIX como género particularmente favorito del público puertorriqueño. Ya en 1834 se había ofrecido un concierto operático en el Palacio de Santa Catalina, en el cual participó el mismísimo Gobernador Méndez Vigo como intérprete. Las visitas de compañías, como la de Cabrizas en 1835 y la de Busatti en 1842, crearon un furor extraordinario. Estas compañías permanecían en la isla por temporadas de varios meses y la presencia de músicos y cantantes era aprovechada por los aficionados y estudiantes locales para mejorar su dominio del arte. La primera temporada de Busatti afinca para siempre el amor del puertorriqueño por el género operático. Aun el «Himno de Puerto Rico» debe sus orígenes a la ópera: Félix Astol, compositor de *La borinqueña,* llegó a la isla con Stéfano Busatti durante su segunda visita en 1848. La compañía se disolvió en el país, Busatti radicó en San Juan y fundó una academia de música y canto. Busatti fue también el autor de la primera opereta escrita en la isla, *El Olimpo,* creada especialmente para la celebración de la llegada del Gobernador Juan de la Pezuela.

Paralelamente a la afición por la ópera y el teatro lírico, entre 1815 y 1850 surge un gusto por la música de concierto que permite ya la presentación de un pianista de renombre internacional, Eduardo Edelman, en el café-concierto Turull de San Juan. En 1832 se inauguró en San Juan el Teatro Municipal, construido gracias a la Sociedad Económica de Amigos del País. Las compañías de aficionados, las tertulias «líricas» y la actividad del Teatro Municipal producen además el cultivo entre aficionados a la composición con intenciones artísticas. Esta se expresó mayormente en «sinfonías sobre aires característicos», «ollas podridas» y *morceaux* de salón. *La Guirnalda Puertorriqueña* publicó una de las primeras obras musicales impresas de que hay noticias en el país, en 1856: una contradanza de Carlos Santaella, arreglada por el «joven compositor» Felipe Gutiérrez.

En 1845 Alejandro Tapia y Rivera se dedica a renovar la antigua Sociedad Filarmónica, en cuyos conciertos figuró prominentemente el compositor y director de orquesta José Antonio Gaudier. Esta sociedad estuvo activa por muchos años y entre otras cosas se le debe el estreno de la primera zarzuela española en Puerto Rico. *El dominó azul,* de Camprodón y Arrieta, y la primera ópera puertorriqueña, *Guarionex,* de Felipe Gutiérrez (1856). La Sociedad Conservadora, fundada por el Gobernador Pezuela, que reunió a los mejores músicos profesionales y aficionados del momento, arrendó el Teatro Municipal por un año para producción de obras líricas. Tuvo una gran importancia en la primera mitad del siglo XIX. En Ponce se organizó en 1845 una Sociedad Filarmónica con propósitos docentes, que montó obra lírico-teatral y mantuvo una orquesta que dirigió Henrique Hernández. En la segunda mitad del siglo XIX llega al apogeo romántico nuestra música. En ella aparecen las figuras más importantes del arte, se desarrollan las asociaciones musicales, las orquestas, y adviene el teatro lírico puertorriqueño. El gran desarrollo musical estaba impulsado por maestros tales como Ramón Sarriera, Juan Cabrizas o Genaro de Aranzamendi en San Juan; Antonio Egipciaco y Ernesto del Castillo en Ponce; Rosario Arutti y Heraclio Ramos en Arecibo; y Santiago Espada en San Germán. Fermín Toledo, graduado del Real Conservatorio de Madrid, es un factor vital en el desarrollo de la vida musical de la capital; crea academias, orquestas, y dirige conciertos y representaciones teatrales. La Sociedad Artística, creada por Felipe Gutiérrez y Sandalio Callejo en San Juan, para 1865 ofreció conciertos y veladas, enseñó cursos técnicos y mantuvo su propia orquesta, que también sirvió para funciones de ópera y zarzuela de las compañías extranjeras que visitaban la isla. La escuela de la Sociedad Artística fue taller de ensayo para nuevas obras, aunque éstas no se presentaran en público, y fue la antecesora de la actual Federación de Músicos. Mantuvo un plan de beneficencia para sus miembros e inició la tradición de celebrar el Día de Santa Cecilia en la isla.

En 1871 se crea la Academia de Música Municipal de San Juan por iniciativa de Gutiérrez Espinosa. Duró hasta 1874, cuando el municipio le suspendió los fondos. El regreso de París de Julio C. Arteaga y de Arístides Chavier, ambos maestros y compositores, para dedicarse a la ense-

Archivo de la Música. Archivo General de Puerto Rico.

Fragmento de la partitura de la danza «La Borinqueña» de Félix Astol, origen del himno de Puerto Rico

ñanza, estimuló la calidad e intensidad de la práctica interpretativa y la vida de conciertos en San Juan y Ponce. Hacia el último tercio del siglo XIX dichas ciudades contaban con sociedades de aficionados que montaban conciertos, zarzuelas y contrataban artistas profesionales para que les enseñaran o les sirvieran de modelo. El Círculo de Recreo Artístico es un excelente ejemplo de este tipo de asociación en San Juan. En 1879 se constituye en esta ciudad la Sociedad de Conciertos, dirigida por Fermín Toledo, y para 1897 Seguro Villalba crea otra. Ambas funcionaron por largo tiempo. Durante toda la segunda mitad del siglo XIX. comenta el historiador Emilio Pasarell, «los teatros de Puerto Rico casi no se cerraban», y el arte teatral era algo tan consubstancial con la vida cotidiana como lo es el deporte a fines del siglo XX. El espectáculo predominante en estos teatros era la zarzuela, género español que desde que llegó la primera compañía en 1857 se convirtió en el favorito de los puertorriqueños. Entre las temporadas históricas figuran las de Saturnino Blen en 1861, Valentín Garrido de 1883 a 1886, Palou en 1893 y en 1896, y la de Lloret y Bernard, que se lleva al puertorriqueño Juan Morel Campos como concertador en sus giras por América.

No tardaron los compositores puertorriqueños en producir obras con tónica y color local. Pese a que la mayoría de las compañías eran españolas y usaban repertorio español, durante sus largas visitas al país, para aumentar el monto de los abonos, se encomendaron obras a autores y compositores locales. En 1867 se estrenó en Mayagüez la zarzuela de Juan Campos con música de Fermín Toledo, *Quien bien quiere nunca olvida*. Aranzamendi, Morel Campos, Julián Andino, Braulio Dueño Colón y Hermógenes Álvarez, entre otros, crearon zarzuelas.

Entre los compositores más importantes del romanticismo se hallan:

Felipe Gutiérrez y Espinosa (1825–1899). Es éste el primer compositor profesional en nuestra historia y su vida, así como su música, es el producto de su entrenamiento en la banda militar y en la Iglesia. Su padre, español, fue músico de la Banda del Regimiento de Granada, y Felipe, después de estudiar con José Álvarez todos los instrumentos de tal tipo de conjunto, fue músico mayor del Regimiento Iberia cuando apenas tenía 20 años. En 1858 fue nombrado Maestro de Capilla de Catedral en San Juan, puesto que ocupó por 40 años. De esa experiencia surgen obras maestras de la música religiosa puertorriqueña como son las misas de la *Purificación, Corpus Christi,* la en *Do Mayor* y sus grandes *Magnificat* y *Miserere*. Además de producir un extenso catálogo de obras religiosas de toda clase, fue el primer compositor puertorriqueño de óperas. Escribió tres: *Guarionex,* sobre el libreto de Alejandro Tapia, que fue estrenada en 1856 en el Teatro Municipal de San Juan; *El bearnés,* en cuatro actos y con libreto de Antonio Biaggi, y *Macías,* en tres actos, sobre el drama de Larra, arreglado por Martín Travieso. Esta última ópera fue premiada en 1871 en la Feria Exposición y por ello se conservó un manuscrito completo en los Archivos del Palacio de Oriente en Madrid. Las otras dos óperas han desaparecido. Gutiérrez también escribió zarzuelas, fue el primer autor de sonatas, música de cámara y obras para orquestas y conjuntos orquestales. Con el cambio de soberanía Gutiérrez perdió su pensión y los pocos medios de sustento que tenía. Murió en la más extrema pobreza el 27 de noviembre de 1899.

Manuel Gregorio Tavárez (1843–1883). Nació en San Juan, hijo de padre francés y madre puertorriqueña. Estudió con José Cabrizas y Domingo Delgado, quien le enseñó armonía. Muy joven fue becado por el gobierno colonial para estudiar con Alphonse Laurent (piano) y con Daniel Auber (composición y armonía). Tuvo que regresar a Puerto Rico en 1859 a causa de una grave enfermedad, dio una serie de conciertos en la isla y finalmente se estableció en Ponce, donde fue maestro de, entre otros, Morel Campos, Gonzalo Núñez y Francisco Cortés. Su casa pronto se convirtió en un verdadero centro cultural desde donde la provinciana sociedad ponceña comenzó a adquirir gusto e inclinaciones francesas. Tavárez transformó la insulsa contradanza de la época en exquisitas danzas de alto valor pianístico y con un emocionado romanticismo templado por el gusto francés. Por ello se le llama el «padre de la danza puertorriqueña». El musicólogo Amaury Veray considera que Tavárez también vinculó en su música las modalidades criollas que hasta entonces estaban separadas de la tradición española dominante. Además de danzas como *Ondina* y *Margarita,* que le hicieron inmortal, escribió la gran marcha Redención que ganó medalla de oro en la Feria Exposición de Ponce en 1882, un año antes de su muerte en julio de 1883.

Juan Morel Campos (1857–1896). Nació en Ponce el 16 de mayo y murió

Fragmento de la partitura de la danza «Filigrana», del gran compositor puertorriqueño Manuel Gregorio Tavárez (1843–1883)

Archivo de la música. Archivo General de Puerto Rico

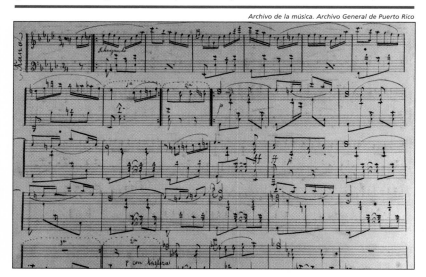

LA DANZA, SÍNTESIS DE TRES CULTURAS

El hombre blanco aporta los instrumentos de las bandas españolas, tales como el clarinete y el bombardino, y algún que otro instrumento de cuerda como la guitarra, el violín, el violonchelo y, finalmente, el contrabajo. El indio nos legó el güiro que por el año 1835 conquistó a las orquestas. Y después el humilde negro vino con su modesto timbalito, consistente en un parche de cuero de chivo estirado al borde de un cilindro de madera, cuyo diámetro fluctuaba de ocho a catorce pulgadas.

Augusto Rodríguez, *Apuntes para la historia de la danza puertorriqueña*

Adolfo Heraclio Ramos (1837–1891), Federico Ramos y Buensont (1857–1927) y Gonzalo Núñez (1850–1915). Estos tres compositores fueron grandes pianistas y reputados maestros.

Adolfo Heraclio Ramos escribió obras de gran dificultad técnica y cultivó mayormente las variaciones. Sus obras recibieron premios en 1854. Su más importante legado son unos *Aires del país* en donde somete temas folklóricos decimonónicos a complicadas variaciones.

Federico Ramos fue hermano y discípulo de Adolfo. Compuso muchas obras que recibieron buena acogida en el extranjero. Cultivó la canción de arte y compuso un *Cuarteto de cuerdas en sol mayor* (Opus 102). Se destacó como profesor de música en varios pueblos de la isla y finalmente se instaló en Ponce, donde produjo una pléyade de músicos.

El bayamonés Gonzalo Núñez es el primer pianista y compositor puertorriqueño que alcanzó fama internacional. Estudió en el Conservatorio de París donde en 1873 ganó el primer premio de piano. Residió en Londres, Barcelona y Nueva York, lugares donde disfrutó de gran fama como concertista. Escribió la primera sonata para piano puertorriqueña. Su actitud estética, nutrida en Francia, anuncia el modernismo y su obra es elegante, fraseada con soltura. Poetas modernistas como Rubén Darío y Amado Nervo dedicaron frases muy halagüeñas a este compositor puertorriqueño. Entre las obras de Núñez figuran trozos de salón como *Lorelei*, *Papillons* y *La gaviota*.

● La danza puertorriqueña.

A mediados del siglo XIX se cultivaba en Puerto Rico un género de contradanzas para bailar, que usaba métrica hispano-africana. En 1844 llega a Puerto Rico el Conde de Mirasol desde La Habana y trajo con él un nuevo baile, el «upa», con música de habanera cubana. Como hemos dicho en la sección sobre Tavárez, éste y sus contemporáneos modificaron y engrandecieron estas «habaneras» o «merengues», las llevaron al piano y a la pequeña orquesta y las transformaron formalmente hasta darle su forma definitiva A, B, A, con trío y una coda opcional. El perfeccionador de la forma fue Juan Morel Campos.

allí el 12 de mayo. Estudió con Tavárez armonía y composición, y de niño aprendió casi todos los instrumentos de la banda, llegando a ser un gran flautista. Más tarde ingresó como bombardino solista en la Banda del Batallón de Cazadores de Madrid, donde se perfeccionó bajo la tutela de don José Valero, de quien aprendió dirección de orquesta e instrumentación. Al cesar su contrato militar, Morel fundó su propia banda popular que en distintas etapas de su existencia fue siempre la más requerida de toda la región sur. Fue organista de catedral en Ponce y escribió gran cantidad de música religiosa. Tomó la habanera reformada por Tavárez y la convirtió en la forma decisiva de *melos* nacional puertorriqueño, la *danza*. Escribió más de 300 obras de ese género y en ellas preservó para siempre toda la rítmica popular puertorriqueña del siglo XIX. Hizo dos tipos de danzas: la de orquesta, para bailar con ritmo fijo y persistente, y otro para ser interpretada al piano como obra de salón, flexible y con muchos matices contrastantes. Entre sus danzas más populares se hallan *Laura y Georgina*, *Felices días*, *Vano empeño*, *Alma sublime*, *Sueño de amor* y *Tu imagen*. Sus dotes de compositor culto no fueron reconocidas hasta 1882 cuando obtuvo una medalla de oro por su obertura *La Lira*. Otras obras premiadas son la notable *Sinfonía Puerto Rico* (1893) y la gran marcha *Juegos florales* (1895).

LA DANZA SANJUANERA Y LA PONCEÑA

La danza «cubana», picaresca y ligera, servirá de base a la tradición sanjuanera, que pese a ello estará encajonada en un estilo más académico y formal. La danza más libre, más suelta, de Tavárez, será punto de partida para una escuela más estilizada que se despoja de todo trazo de la contradanza española y circula mayormente dentro del ámbito de la habanera. Esta será la danza ponceña.

Héctor Campos Parsi

Existieron dos «escuelas» de danzas: la sanjuanera y la ponceña. La danza del norte es más rítmica, más bailable, más sencilla y popular. Su más alto practicante fue Julián Andino (1845–1926) quien también escribió formas folklóricas —tales como el *Seis chorreao*— que fueron muy populares en los salones de la alta sociedad. Andino fue el centro de acción de un grupo al que pertenecieron Casimiro Duchesne (1852–1906), Genaro Aranzamendi (1831–1889) y los hermanos Ramos. El heredero de ese estilo fue Jesús Figueroa Iriarte (1878–1971), compositor, excelente arreglista y director de orquesta quien conservó esa tradición bien adentrado el siglo XX. En el sur, se creó alrededor de Morel Campos otra «escuela» que siguió la estilística, el tipo de orquestación y la estética de ese gran maestro. Algunos, como Domingo Cruz y Juan Ríos Ovalle (1863–1928), fueron miembros de la orquesta «La Lira» de Morel. Otros, como Jaime Pericás (1870–1939) estudiaron composición y orquestación con el propio Morel. Arturo Pasarell (1866–1936) fue un pianista y maestro de importancia, como lo había sido en la generación anterior su padre, Oriol. Fue violonchelista de la orquesta del Teatro La Perla en Ponce, donde dirigió frecuentemente Juan Morel Campos. Otros distinguidos compositores cuyo estilo y producción corren paralelos a los de

Archivo de la Música. Archivo General de Puerto Rico

El compositor ponceño Juan Morel Campos, en 1890, cuando tenía 33 años de edad

Morel son: Olimpo Otero (1845–1911), que fue también líder cívico y editor de música; Juan Peña Reyes (1879–1948), patriarca de una notable familia de músicos; Simón Madera (1872–1952), famoso por *Mis amores;* el prolífico Juan F. Acosta, compositor adjunteño de más de 300 danzas, y Ángel Mislán (1864–1911). Bien adentrado el siglo XX, continuaron la obra de Morel en

Fragmento de la partitura de la «Sinfonía Puerto Rico» (1893) de Juan Morel Campos, compositor de más de 300 danzas puertorriqueñas

Archivo de la Música. Archivo General de la Puerto Rico

los concursos del Círculo de Recreo de San Germán o del Instituto de Cultura Puertorriqueña compositores como Ramón Collado, Herminio Brau, Jesús María Escobar, Raúl Pomales, Francisco Caraballo y José A. Monrozeau, también famoso por sus valses. El más importante cultivador contemporáneo de la escuela de Morel es Rafael Duchesne (n. 1890), quien ganó numerosos premios en los más importantes concursos.

● Periodo modernista (1890–1950 aproximadamente).

El exotismo característico del modernismo literario se traduce musicalmente en visiones derivadas de la escuela wagneriana y posromántica en España e Italia y en un intuitivo regreso a lo telúrico. Lo puertorriqueño es tratado como algo exótico, tal como ocurre en la poesía, y se identifica la creación culta con las raíces incipientes del nacionalismo español. El cambio de soberanía trae como corolario la popularización de la enseñanza, que ahora es pública, el aumento de bandas escolares, grupos de bailes folklóricos, la implantación del *school music* y la apertura al compositor puertorriqueño del vasto escenario de los Estados Unidos de América. La creación de la Universidad de Puerto Rico (1903) y el Instituto Politécnico en San Germán, pondrán la música al alcance del maestro normal —de hecho es parte importante de su entrenamiento—. La responsabilidad gubernamental hacia la enseñanza y difusión de la música recibe nuevos impulsos.

Las inciertas circunstancias políticas del fin de siglo, el cambio de nacionalidad y la pérdida de los mercados cubano y dominicano afectaron, al principio en forma negativa, al teatro lírico (mayormente importado) y a las formas instrumentales. No obstante, como lo ha demostrado la Dra. Catherine Dower, el impacto del encuentro con la cultura norteamericana tuvo un efecto fertilizador en la educación, el desarrollo de conjuntos instrumentales y el interés por la composición. Los artistas puertorriqueños aumentaron sus iniciativas propias: en Ponce se fundó la Compañía Cómica Lírica por Arturo Pasarell (1903); Amalia Paoli, después de una breve carrera en Europa como cantante, crea su importante academia de canto; la gran pianista y maestra Elisa Tavárez, después de triunfar

en Nueva York, radica en Puerto Rico y enseña en Arecibo y Utuado, para desde 1916 montar su influyente academia de piano de la que surgieron importantes maestros y concertistas. En Ponce, fundada por Arístides Chavier, se crea en 1902 una Sociedad de Cuartetos y en 1909 debuta en San Juan un Octeto fundado por Manuel Tizol Marqués. En 1912, en San Juan, Luis R. Miranda funda el Club Armónico y en 1913 el mismo Tizol funda una orquesta sinfónica capaz de montar el repertorio clásico. En 1919 se funda el Cuarteto Ern, creación del violinista alemán radicado en Puerto Rico, Henri Ern, discípulo del gran Joachim, quien fue maestro del ilustre violinista puertorriqueño José Figueroa. Más tarde Ern se hizo cargo de la orquesta del Club Armónico. Se fue de Puerto Rico en 1919. El Ateneo Puertorriqueño inició conciertos y veladas musicales en 1919 y desde 1920 una larga serie de «Lunes Musicales». Arturo Pasarell fundó una orquesta sinfónica en Ponce en 1928. Esta funcionó regularmente hasta mediados de los años 30. En 1933 el maestro concertador Joaquín Burset creó la Asociación de Profesores de Música, primera orquesta que difundió conciertos por la radio. En San Juan, desde 1925 hasta 1935 y bajo directores como Manuel Tizol, Luis R. Miranda, Juan Mellado, Domingo Cruz y Augusto Rodríguez, existe un núcleo de músicos sinfónicos que se agrupan y reagrupan en diversas orquestas sinfónicas y filarmónicas.

Después de un periodo que el crítico Rafael Montañez calificó de «desolador» en la década del 40, se registra un periodo de inusitado dinamismo en la creación de instituciones musicales. En 1945 el ilustre legislador Ernesto Ramos Antonini comenzó a propulsar y hacer aprobar legislación conducente a una renovación de la enseñanza y difusión de la música en el país. En mayo de 1945 obtiene la aprobación de la ley que creó la estación de radio WIPR, originalmente adscrita a la Autoridad de Comunicaciones y más tarde al Departamento de Instrucción Pública. Para sus fines de programación se crearon tres orquestas: una sinfónica dirigida por Jesús Figueroa Iriarte, la de música ligera dirigida por el compositor Rafael Hernández y una de música popular dirigida por Rafael González Peña. Las tres orquestas suspendieron sus funciones en 1951 des-

LA MÚSICA
CULTA

Axel Santana

Cartel del Festival Casals de Puerto Rico, obra de Loren-
zo Homar

La Orquesta Sinfónica de Puerto Rico, cuyo primer concierto se llevó a cabo en 1958

Axel Santana

Axel Santana

La ópera «Salomé», de Richard Strauss, fue presentada en San Juan en 1995 por Teatro de la Ópera, compañía fundada por el tenor Antonio Barasorda

El cantante Pablo Elvira durante la presentación en San Juan de la ópera «Cavallería Rusticana» de Pietro Mascagni, en 1996

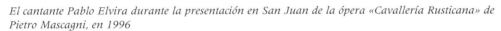

Axel Santana

pués del traspaso de la emisora al Departamento de Instrucción. En 1946, con el propósito de «ayudar a la elevación y ennoblecimiento de nuestra vida popular», Ramos logra hacer aprobar una ley creando las Escuelas Libres de Música en San Juan, Ponce y Mayagüez. También fueron trasladadas al Departamento de Instrucción en 1950. Hoy estas escuelas son intermedias o superiores; en ellas se ofrece enseñanza de cursos regulares académicos conjuntamente con cursos prácticos y teóricos de música. También en 1946 se creó la División de Educación de la Comunidad del Departamento de Instrucción Pública. Adscrito a ella estuvo un magnífico programa de cine educativo a cargo del músico Jack Delano, que aunque natural de Ucrania y educado en Estados Unidos, es considerado puertorriqueño por su dedicada labor cultural en el país. Las películas de esta división necesitaron partituras musicales de colorido puertorriqueño, siendo esto uno de los potentes caudales del movimiento nacionalista de composición musical.

Los principales compositores del modernismo son:

Braulio Dueño Colón (1854–1934). Compositor, director de orquesta, musicólogo, flautista y maestro, bayamonés, es el mejor ejemplo del músico culto de fines del siglo XIX. Al igual que Gutiérrez comienza su creación como romántico y hacia el fin de su vida experimenta con las nuevas tendencias modernistas: moverse más allá de los límites de la danza (experimenta con el ritmo y la armonía en obras como *La jíbara alegre*), ansia de renovación estética, refinamiento y claridad en la instrumentación (véase la *Sinfonía ecos de mi tierra*) y reemplaza el pintoresquismo estrecho por un criollismo de verdadera enjundia. Aun así hay siempre algo del exotismo romántico cuando introduce las escalas pentatónicas al poner en música la poesía de Palés Matos *Danza negra* en 1930, y el famoso «canto indio» de la mencionada *Sinfonía ecos de mi tierra*. Su primer triunfo fue *La amistad*, una obertura para orquesta premiada en el Ateneo Puertorriqueño en 1877. Desde ese año ganó consecutivamente todos los certámenes del Ateneo hasta que dejó de competir para formar parte de los jurados. Otras obras premiadas fueron: *Sinfonía dramática* (1887), *Ave María* para cuatro voces y orquesta (1882) y *Noche de otoño* (1887). La aportación más importante de Braulio Dueño a la música y la educación del país, es la serie de *Canciones escolares*

Fragmento de la partitura del aguinaldo «Los Reyes Magos». Arreglo de Braulio Dueño Colón

Archivo de Música . Archivo General de Puerto Rico

Robert Fried/DDB Stock Photo

La Orquesta Sinfónica de Puerto Rico, fundada por iniciativa del legislador Ernesto Ramos Antonini, ofreció su primer concierto en 1958 bajo la batuta del Maestro Pablo Casals

con letra de Manuel Fernández Juncos. Se publicaron primero dos grupos, premiados en Búfalo y Charleston (Estados Unidos) en 1901 y 1902. El tercero permanece aún inédito. Dueño, además de obras de su inspiración, utilizó melodías de Beethoven, Haydn, Carey, Chaikovsky y canciones del folklore europeo. En esta colección apareció por primera vez la inmortal *La tierruca*, canción de profunda repercusión afectiva entre los puertorriqueños.

José Ignacio Quintón (1881–1925). Este es el primer compositor que puede considerarse como completamente modernista. Su producción es mayormente experimental, aunque dejó un volumen grande de obras para piano con profundos rezagos románticos. Natural de Caguas, Quintón, quien fuera instruido por su padre, maestro de música, vivió casi toda su vida en Coamo, de donde apenas salió. Su educación se nutrió mayormente de publicaciones extranjeras: esto es demostrado por su conocimiento de las inquietudes poswagnerianas de la época. Sus mejores obras, *Una página de mi vida (Romanza sin palabras)* y las *Variaciones sobre un tema de Hummel* están aisladas estilísticamente una de otra, a pesar de que ambas comparten ricas armonías y plantea-

mientos pianísticos derivados de Fauré y otros compositores franceses del fin de siglo. Escribió un *Cuarteto de cuerdas en sol*, obra con la que tardíamente ha logrado reconocimiento internacional (para los años de 1950). Compuso una gran cantidad de música religiosa para la iglesia de Coamo. La más importante, el *Réquiem*, fue reorquestada por el compositor Amaury Veray, quien la considera obra maestra del catálogo quintoniano. La obra de Quintón, a pesar de los anacronismos estilísticos, es producto de una incontenible inspiración y un constante trabajar con la forma. Es uno de los genuinos renovadores de la danza puertorriqueña, como lo demuestran sus obras *Blanco y azul*, *La coquetona*, *Carlota* y *Tus ojos*, son danzas de armonías más cromáticas con partes muy contrastantes en ritmo y factura.

Arístides Chavier y Arévalo (1867–1942). Chavier encarna el espíritu pedagógico y promotor del modernismo: entusiasmo por la cultura y la enseñanza del arte, al punto de embarcarse en una fracasada misión de sustituir la danza (forma que consideraba disminuida y sensualista) por obras de mayor envergadura. Estudió en Nueva York con Gonzalo Núñez en 1884 y en 1886 pasó al Conservatorio de Música de París, donde estudió con eminentes maestros. De vuelta a la isla, radicó en Ponce, donde se involucró constantemente en polémicas críticas e hizo abundante periodismo. Conjuntamente con Julio C. de Arteaga, luchó contra el aficionismo musical, reclamando el más estricto sentido profesional, por levantar la creación musical más allá del servilismo al baile o la iglesia y fue gran cultivador de la música de cámara. Chavier fue un gran maestro de piano. Dejó 17 series de variaciones para piano, una *Obertura Puerto Rico* para gran orquesta (Opus 26) y un gran caudal de música de cámara, en el que están dos cuartetos para cuerdas, el *Trío en mi bemol* para violín, viola y chelo y un *Quinteto en do menor* para 2 violines, 2 violas y chelo. A pesar de sus ideas modernistas, la obra de Chavier es mayormente posclásica, y tiene como modelos a Beethoven y a Schubert y tiende al academicismo.

Julio Carlos de Arteaga (1864–1933). También fue discípulo de Gonzalo Núñez en Nueva York y en 1833 ingresó al Conservatorio de Música de París y estudió con César Franck y Jules Massenet. En 1906, después de años de enseñanza musical y promoción de eventos artísticos, fundó la *Revista de Música* en San Juan, en la que colabora con Dueño Colón, Callejo y otros eminentes articulistas de la época. La labor más importante de Arteaga fue como comentador y crítico de su tiempo. Influyó notablemente en la estética y la forma de conducirse de la clase musical puertorriqueña. Su música ha desaparecido casi por completo. Se tienen noticias de un *Cuarteto para cuerdas* y una marcha para gran orquesta, *Homenaje a Cristóbal Colón*.

José María Rodríguez Arresón (1870–1947). Natural de Añasco, pasó gran parte de su vida en la República Dominicana, donde desarrolló una gran labor cívica y educativa. Fundó en Puerto Plata la Academia de Música municipal y una Escuela Normal privada. Junto con Leopoldo Mañón fundó el Centro Musical de Puerto Plata. De regreso a Puerto Rico, en 1939 actuó como crítico musical del periódico *El Mundo*. Fue un compositor prolífico de obras corales y para banda. Las más importantes son el *Himno a Santa Cecilia, Himno a la Creación* y *el Himno a Eugenio María de Hostos*. También cultivó la danza, el teatro lírico y hermosas tandas de valses para el baile.

Francisco Cortés (1875–1950). Este es el último de los compositores encuadrados completamente en el modernismo. Natural de San Juan, estudió en Ponce con Oriol Pasarell, en el Conservatorio de Barcelona y en el de París, del cual se graduó en 1897. Se incorporó rápidamente a la vida musical de esa última ciudad. Después de escribir obras pequeñas para voz y piano, estrenó en el Teatro Trocadero su obra más famosa, *Nuit de Noel,* un mimodrama que protagonizó la gran vedette de la época, la Bella Otero. Fue nombrado oficial de la Academia de Francia y en 1900 dirigió los coros y la orquesta de la Exposición Universal de París. Regresó por un breve periodo a Puerto Rico y radicó finalmente en Nueva York, donde murió. La música de Cortés responde a la estética preciosista de la *bella época* francesa, refinada y decadente. No es profunda, pero denota un manejo absoluto del oficio.

Monserrate Ferrer Otero (1885–1966). Pese a los atavismos románticos que denotan sus orígenes composicionales, «Monsita» Ferrer es de entronque modernista en sus inquietudes, y su prolongada vida la lleva hasta los albores del nacionalismo, idea estética que abrazará antes de su muerte. Es la única mujer puertorriqueña que se ha dedicado totalmente a la composición musical. El musicólogo Amaury Veray considera que la creación de Monsita Ferrer es paralela a la de Quintón y que ambas son figuras de transición sujetas a las tensiones que produce en el ambiente cultural el cambio de nacionalidad en 1898. En 1914 gana su primer premio de composición en el concurso de la Sociedad de Escritores y Artistas de Ponce con un *Nocturno* muy arraigado en el pianismo romántico. Escribe copiosamente para el piano, obras religiosas y canciones. Póstumamente, su *Amanecer* con texto de Lloréns Torres, ha adquirido tal fama que ya bordea en los límites del folklore. De su obra modernista la más característica es *Nocturno en el trópico,* que según Veray la revela como «eterna contempladora de la naturaleza tierna de su país».

José Enrique Pedreira (1904–1959). Gran pianista, maestro y compositor, Pedreira es el puente de unión entre el modernismo y el movimiento nacionalista.

DUEÑO COLÓN Y QUINTÓN SE ALEJARON DE LA DANZA

Dueño y Quintón marcarán para siempre la música puertorriqueña. Crearán modelos. Las generaciones que les siguen se identificarán con ellos como compositores puertorriqueños, alejados de la rutina de la danza, escribiendo para un auditorio más educado y sensitivo. pero siempre dentro de la personalidad criolla.

Héctor Campos Parsi

HACIA NUESTRO FUTURO MUSICAL

El verdadero problema de nuestra música está en bajar al rico subsuelo de nuestra cuenca folklórica donde está coincidiendo hoy el tema del futuro: la reminiscencia del indio, el insuflo del español y el rebote del africano...

Tema futuro, para una futuridad puertorriqueña, sin olvidarnos qué hay detrás de nuestro blanco, idear una nueva psicología que empuja un ritmo africano que aúpa su bongó, una monorritmia india reminiscente, que no es el alalá del gallego, ni el flamenquismo del andaluz, ni mucho menos el «blue» del negro de Harlem. Acoplo de voces discordes y eufocordes, y ponernos ya en paz con nosotros mismos, que es el problema cardinal de nuestra futuridad. Hacia esto debe ir nuestra música, si aspira a ser lo que ha sido siempre, molde de un pueblo y cucurucho de un alma nacional.

Emilio S. Belaval, «El tema futuro de nuestra música», *Alma Latina*, 1940

Fundamentalmente romántico, comparte con el ruso Rachmaninoff ciertas nostalgias melódicas y un pianismo rico y denso. Pero desde muy temprano en su vida asume la posición exotista de los modernistas y busca su inspiración —como antesala al nacionalismo que habrá de adoptar tardíamente— en las obras de Albéniz, Falla y Granados, en una España idealizada. Estudió piano con Rosa Sicardó y en Nueva York con Sigismund Stojowski. En 1932 estableció una academia de piano de la cual surgieron muchos pianistas importantes de la generación de los 50. Sus composiciones ganaron premios importantes: la *Canción criolla*, el del Ateneo Puertorriqueño en 1934; la danza *Tus caricias*, en el Concurso de la Escuela Juilliard de Nueva York en 1946; el *Himno de la Universidad de Puerto Rico* en 1935 y el Premio Morel Campos, del Instituto de Cultura Puertorriqueña en 1957 por su danza *Siempre*. Sus obras más importantes son el *Concierto en Re menor para piano y orquesta* y el ballet *El jardín de piedra*.

Narciso Figueroa (n.1909). Estilísticamente Figueroa responde al posimpresionismo español, y de él arranca su visión de la danza, género que ha cultivado desde un punto de vista docto, divorciado de las implicaciones populares o de baile del género. Todas sus danzas son obras esencialmente pianísticas y revelan la completísima y audaz técnica del compositor, quien también goza de gran renombre como pianista. Ha ganado los más importantes concursos de danza de Puerto Rico varias veces. Estos incluyen los concursos del Ateneo, del Instituto de Cultura Puertorriqueña y del Círculo de Recreo de San Germán. Entre sus obras más conocidas están una *Suite de canciones infantiles* y las danzas *Trigueña*, *Eri* y *Perla del Sur*.

Augusto Rodríguez (1904–1993). Como Narciso Figueroa y José Enrique Pedreira, pertenece a una generación de transición, de ese momento en que el modernismo comienza a transformarse en el pujante movimiento nacionalista. Su labor como compositor, aunque importante, es muy reducida. Su mayor aportación se encuentra en los arreglos para coro mixto que hace de música puertorriqueña, todos preparados para el Coro de la Universidad de Puerto Rico, institución con la que habrá de cosechar grandes triunfos en giras por los Estados Unidos y América Latina. Sus obras más importantes son *Nevicata* y *Nana*, ambas canciones de arte, y una serie de pequeñas danzas que se caracterizan por armonías derivadas de la música popular norteamericana de los años 30.

● Periodo nacionalista (1950–1970 aproximadamente).

Es difícil datar con exactitud el nacimiento de este periodo. Muchos historiadores y críticos señalan su florecimiento con la aparición de la obra de Amaury Veray y Héctor Campos Parsi a mediados de los años 50, pero como todo en el arte, no es una irrupción instantánea lo que caracteriza el advenimiento de una idea estética. El modernismo musical consecuencia del modernismo literario ya había incubado obras (Braulio Dueño, Quintón, Pedreira, Ferrer) que bien podrían haber pertenecido a una visión nacionalista clara. Campos Parsi y Veray serán los que enfoquen y canalicen la expresión profundamente puertorriqueña en la música de arte, sin recurrir al cultivo de lo popular. Las figuras de estos dos compositores —que encarrilaron sus vidas el uno en el magisterio y el otro en el fomento de la cultura— responden a un momento de renacimiento histórico, que a su vez es la respuesta —algo demorada— de los creadores puertorriqueños a los intentos de despojo cultural de los gobiernos militares norteamericanos de principio de siglo. En 1950, a consecuencia de una nueva y vigorosa generación de artistas y profesores, todos entrenados en las grandes universidades del exterior, despierta en la vida cultural un sentimiento de identificación con lo puertorriqueño. En octubre de ese año se publica el *Manifiesto de Acción Musical,* firmado por artistas y aficionados en el Ateneo Puertorriqueño, en el cual se declara el propósito de «laborar en pro de una expresión genuinamente puertorriqueña». Por casi cinco años sacude al país, paralelamente a las luchas políticas, el gran debate entre nacionalismo y universalismo que se recrudece en 1955 con la ley que crea el Instituto de Cultura Puertorriqueña.

Al crear finalmente el Instituto en julio de ese año, la creatividad musical puertorriqueña recibió un impulso extraordinario con el desarrollo de un programa de grabaciones de discos, ediciones impresas, conciertos semanales, becas de estudios y festivales tales como las Jornadas Musicales de América y España, Semana de la Danza, Fiesta de la Música Puertorriqueña y la creación del entonces innovador programa de Centros Culturales por toda la isla.

En 1952 regresó para residir permanentemente en Puerto Rico el gran pianista de fama internacional Jesús María Sanromá, quien además de dar sus propios conciertos, se une a la Oficina de Asuntos Culturales de la Universidad (activa desde 1938 y dirigida entonces por José Gueits) para organizar festivales, conferencias y series monográficas, entre ellas, muchas de música puertorriqueña o por intérpretes del país. Durante estos primeros cinco años de la segunda mitad del siglo XX hay una renovación de interés en la participación en actividades internacionales, en y fuera de Puerto Rico, qué se corona por la apoteósica visita al país del gran chelista catalán Pablo Casals en 1956. En 1957 comienzan los internacionalmente renombrados festivales con el nombre de este gran artista. El mismo, por declaración expresa de su fundador, se dedicó a los más grandes músicos

Las Escuelas Libres de Música de San Juan, Ponce y Mayagüez fueron fundadas en 1946 con el fin de «ayudar a la elevación y ennoblecimiento de nuestra vida popular». En la foto, la Escuela de San Juan

Axel Santana

del mundo que interpretaban un repertorio determinado por el gusto del Maestro. Estas limitaciones de repertorio tuvieron resonancias negativas a lo largo de los años hasta que en 1976, como resultado de las gestiones de la Asociación de Compositores, se incorporaron a los programas obras de los compositores puertorriqueños Amaury Veray, Héctor Campos Parsi y Jack Delano. Al año siguiente se interpretaron obras de Rafael Aponte Ledée, Ernesto Cordero, Luis Manuel Álvarez y del norteamericano Francis Schwartz. Si el Festival Casals fue foco de distinción y discordia en el país, la obra de Don Pablo sirvió para completar la estructura institucional necesaria. Otra vez Ramos Antonini logró legislación para crear una Orquesta Sinfónica de Puerto Rico, la primera que se crea bajo el estado y con fondos propios, de la que fue director titular el propio Casals. Su primer concierto tuvo lugar en 1958. Desde entonces ha sido dirigida por el argentino Juan José Castro, el chileno Víctor Tevah, los norteamericanos Sidney Harth y John Barnett y otros.

Al fin de la década se creó, en 1960, el Conservatorio de Música de Puerto Rico (CMPR), con el propósito de nutrir la orquesta. Las tres instituciones fueron puestas bajo la Compañía de Fomento Industrial, asignación que también produjo enconadas luchas entre estudiantes, profesores y miembros de la Orquesta Sinfónica. Después de proyectos malogrados y controversiales que produjeron cismas en la clase musical, se ha normalizado la vida de estas instituciones cuando en 1980 se crea la Administración para el Fomento de las Artes y la Cultura (AFAC), que las acoge en una estructura tipo paraguas. Se crea una corporación autónoma para el Conservatorio de Música, otra para la Orquesta Sinfónica y una Corporación de Artes de la Representación a la que se le encarga la administración del Festival Casals. Esta nueva estructura ha permitido un mayor y más libre crecimiento de estas instituciones, cada una dotada de su propia junta de directores y con flexibilidad financiera. Al reorganizarse la Universidad de Puerto Rico, a la par con la creación de una nueva Facultad de Humanidades, surge un Departamento de Música que bajo la dirección sucesiva de Roger Martínez, Francis Schwartz y Donald Thompson, ha dotado

a la isla de un nuevo foco creativo del que ha surgido una nueva generación de compositores. Existe un pequeño laboratorio de música electrónica y se fomentan seminarios, festivales y otros actos, que colocan la Universidad a la vanguardia. Si el Conservatorio ha representado el lado conservador más europeo de nuestra cultura musical, la Universidad de Puerto Rico se inclina hacia la vanguardia de tipo estadounidense, poniendo sus miras estéticas hacia el norte. El cambio más notable que se opera en la vida musical del país es el resultado de la facilidad con que puede trasladarse el joven músico puertorriqueño hacia las instituciones educativas y mercados artísticos de los Estados Unidos. Hasta la pos-segunda guerra el foco de atracción había sido Europa. Desde los años 50, el artista puertorriqueño se traslada a educarse y a lograr carrera en los escenarios y escuelas de Nueva York, Indiana, Chicago, Michigan, etc. Esto tiene una particular influencia en la forma como se organiza la educación musical, ahora con miras en continuar en las escuelas norteamericanas. La aceptación por la Middle States College Association es casi esencial a la salud institucional de cualquier institución universitaria. Los patrones y gustos en música y baile (tanto popular como de arte) son establecidos en la metrópoli neoyorquina y de modo menor en las otras capitales americanas. Los pocos artistas que todavía viven o se educan en Europa pertenecen a una minoría algo relegada en la evaluación profesional de sus colegas.

Al escribirse este artículo, existen tres centros mayores de educación musical superior en la isla: el Conservatorio de Música de Puerto Rico, el Departamento de Música de la Universidad Interamericana de San Germán y el Departamento de Música de la Facultad de Humanidades de la Universidad de Puerto Rico en Río Piedras. De nivel secundario existen Escuelas Libres de Música (semi-académicas) en San Juan, Ponce, Mayagüez, Arecibo, Carolina y Caguas. Están administradas por el Departamento de Instrucción. En la zona metropolitana existen tres orquestas principales: la Sinfónica de Puerto Rico, dependencia de la AFAC; la Filarmónica Arturo Somohano, que dirige Gualberto Capdeville y es una fundación particular, y la Sinfónica Juvenil de la Capital, dependencia del municipio de San Juan, que dirige Randolfo Juarbe. En el Conservatorio de Música se ha organizado una pequeña pero excelente orquesta que dirige Roselín Pabón, director asociado de la Sinfónica de Puerto Rico, y hay otro conjunto que dirige Jaime Medina, en el Programa Infantil de Cuerdas del Conservatorio. El Quinteto Figueroa, proclamado Quinteto Oficial desde 1968 por el gobierno de Puerto Rico, va poco a poco renovándose con los más jóvenes miembros de la familia y está en proceso de readquirir la madurez que garantizó su anterior fama. En la actualidad existen dos agrupaciones de cámara de alto prestigio: el Grupo Tocata, fundado y dirigido por el violinista Henry Hutchinson, hijo, y la Agrupación de Música de Cámara Padre Antonio Soler, que fundó y dirige Ignacio Morales Nieva.

El movimiento coral ha recibido un gran empuje con la fundación de la Asociación Nacional de Coros que reúne en su seno a los principales directores de coros del país. Entre los coros más importantes están los del Conservatorio de Música de Puerto Rico, que fundó el yugoslavo Sergije Rainis y que dirige en la actualidad el Dr. Ángel Mattos, hijo; el Coro Nacional de Puerto Rico, un escogido entre los mejores coros particulares y públicos del país; la Coral Interdenominacional, que dirige el Reverendo Luis Olivieri, y los coros de las universidades de Puerto Rico y la Interamericana de San Germán.

Las bandas todavía son parte importante en la vida cultural de ciudades como Ponce, Humacao, Bayamón, Juana Díaz y San Juan. Encabezadas por la Banda de Puerto Rico, que dirige José L. Rodríguez, existen en la zona metropolitana las excelentes bandas de la Policía y de la Guardia Nacional.

El Departamento de Instrucción Pública mantiene un vigoroso programa de bandas escolares además de la Banda Copani (creada para una sensacional participación durante los Juegos Panamericanos de 1979) y el Ballet Isleño.

La ópera todavía es empresa de grupos particulares. Hasta la fecha conviven más o menos precariamente en San Juan: Taller de Ópera, fundado por María Esther Robles como parte del programa de canto del Conservatorio de Música; Ópera de San Juan (antes Ópera 68), la más antigua de las compañías actuales, creada por Camelia Ortiz del Rivero y que produce un par de óperas al año; Ópera de Puerto Rico, mayormente dedicada a la presentación de grandes luminarias internacionales, tales como Plácido Domingo, Joan Sutherland, Renata Scotto, *et al.*, que monta una o dos grandes producciones, además de conciertos, por año; Ópera de Cámara, creada por Luis Pereira con el propósito de presentar ópera en español con poco reparto y con capacidad para viajar (una especie de ópera transeúnte) cuyas miras son esencialmente educativas, y la ambiciosa compañía Teatro de la Ópera, fundada por el tenor Antonio Barasorda, que tiene en su haber exitosas producciones —*Un baile de máscaras* de Verdi y *El barbero de Sevilla* de Rossini— y que se propone montar una temporada de al menos tres óperas anuales con grandes repartos. La zarzuela, que hasta hace poco era cosa de aficionados, se mantiene en alto nivel con las excelentes y bien concurridas representaciones de la Fundación de Zarzuela y Opereta de Puerto Rico y la menor Pro-Arte Lírico de Puerto Rico. El género cuenta con más adeptos según pasa el tiempo. Fundado en 1932 por Elisa Tavárez, Pro Arte Musical de Puerto Rico pasó algunos años inactivo pero ha renacido en manos de grupos de personas hábiles en asuntos financieros y artísticos que han permitido aumentar notablemente su matrícula y mantener excelentes temporadas con grandes figuras internacionales.

San Juan presenta hoy un panorama musical sano y activo, mucho más profuso y de más alta calidad que el de cualquier otra ciudad de su tamaño en el continente americano. La creación del Centro de Bellas Artes, la reforma de la Sinfónica bajo la administración de la AFAC, la profesionalización del músico y las instituciones de enseñanza y la progresiva mejoría en las prácticas administrativas de aquellos quienes presentan espectáculos artísticos en el país, elevan el nivel musical de San Juan a uno que pocas ciudades superan.

Los compositores más importantes del periodo nacionalista son:

Amaury Veray (1922–1995). Natural de Yauco, educado en Boston, y luego en Italia, Veray cultiva un nacionalismo urbano apoyado en las tradiciones pueblerinas del sur de la isla, la danza y las

Jorge Santana

Presentación de un ballet en el Centro de Bellas Artes Luis A. Ferré de San Juan

prácticas románticas de sus predecesores Quintón y Tavárez. Sus obras más importantes son: el ballet *La encantada,* la versión orquestal del ballet *Cuando las mujeres, In Memoriam Gilberto Concepción de Gracia y De profundis.* Su obra es dramática y personal, y destila una gran angustia existencial basada en sus ideas independentistas. Ha sido un asiduo investigador, realizador de trabajos definitivos sobre Manuel G. Tavárez y Monsita Ferrer. Organizó el Archivo de Música del Instituto de Cultura Puertorriqueña y ha sido profesor y director del Departamento de Composición del Conservatorio de Puerto Rico por muchos años. Su obra más popular es el *Villancico yaucano,* que se canta frecuentemente en Navidad.

Héctor Campos Parsi (n.1922). El más prolífico de los compositores del siglo XX; se educó en Boston (al mismo tiempo que Veray, de quien era buen amigo), en Francia con Nadia Boulanger y luego en Estados Unidos con Aaron Copland. De regreso a Puerto Rico en 1953 ayudó a reformar el programa de estudios de las Escuelas Libres de Música. En 1956 ingresó al recién creado Instituto de Cultura Puertorriqueña, donde laboró hasta 1981, creando y poniendo en marcha el programa de Centros Culturales y organizando la Fiesta de la Música Puertorriqueña, las

Jornadas Musicales de América y España, la Semana de la Danza y el Festival Interamericano de las Artes (1966). Además de enseñar contrapunto y orquestación en el Conservatorio de Música de Puerto Rico en varias ocasiones, se ha distinguido como productor y animador de televisión por espacio de 25 años en los canales 2 (Telemundo) 11 (KVM) y mayormente en WIPR y WIPM, canales 6 y 3 del Pueblo de Puerto Rico. Fue crítico de música en varios periódicos y ha representado a Puerto Rico en importantes congresos y misiones culturales por todo el mundo. Fue Asesor Cultural de la Administración para el Fomento de las Artes y la Cultura y miembro de varios paneles en la Dotación Nacional de las Artes en Washington, D.C. Esta labor tan diversa y en campos tan diferentes ha influido grandemente en la creación del compositor, quien después de iniciar el movimiento nacionalista con Veray y Delano, tomó rumbo diferente hacia una composición de tipo más personal e internacional. Sus obras más conocidas son *Divertimento del sur* (1953), *Oda a Cabo Rojo* (1959) y *Petroglifos* (1966). Es autor de una *Historia de la música puertorriqueña.*

Jack Delano (n. 1914) es natural de Kiev, Ucrania. Llegó a Puerto Rico desde los Estados Unidos a realizar un proyecto de fotografía para el gobierno de dicho país. Se interesó en Puerto Rico y emigró con su esposa Irene para crear un taller de artes gráficas y dirigir la sección de cine de la División de Educación de la Comunidad del Departamento de Instrucción Pública. En esa agencia realizó una importante labor de promoción de la música de Puerto Rico, encargando partituras con temas nativos a compositores como Veray, Ramírez, Peña, Campos Parsi y otros más. Realizó varias partituras de películas, entre ellas, en 1956, *Desde las nubes,* considerada como la primera película de cine que usó medios de música electrónica. El estilo de Jack Delano no ha variado y se basa en un elegante neoclasicismo que explora y usa elementos populares y folklóricos puertorriqueños. Entre sus principales obras están los ballets (escritos para Ballets de San Juan) *El sabio doctor Mambrú, La bruja Loíza* y *Las brisas.* Su *Sonata para viola y piano* fue premiada en 1953 por WIPR-Radio. Tiene un *Concierto para trompeta y orquesta, Obertura para la Reina Tembandumba,* y *El llamado,* para orquesta de cuerdas, viola y trompa.

Luis Antonio Ramírez (n.1923) comienza el estudio de la composición muy tarde en su vida, bajo el cuidado de Alfredo Romero. Durante ese periodo produce obras de inclinación nacionalista. Después de estudiar en España con Cristóbal Halffter, regresa a Puerto Rico en 1961. Compone obras de orden nacionalista, como los *Nueve cantos antillanos* y la partitura de película «La buena herencia». A mediados de los 60 su estilo cambia, se hace más personal e internacional y se dedica casi totalmente a la composición orquestal. Ha producido un extenso catálogo para la orquesta en el que se distinguen obras como *Fragmentos, Aire y tierra* y *Figuraciones.* También ha escrito una serie de *Diez improvisaciones* para el piano. Su labor como profesor en el Conservatorio de Música de Puerto Rico ha sido muy distinguida.

En 1968 aparece el grupo Fluxus, creación de Rafael Aponte Ledée (1938) y Francis Schwartz (1940).

Aponte estudió en el Conservatorio de Madrid y luego en el Instituto Di Tella de Buenos Aires. Su reputación internacional se estableció con su *Elegía* para cuerdas e *Impulsos* para orquesta completa. Sus obras se han interpretado en importantes festivales en Washington, Madrid, Buenos Aires y Maracaibo. Enseña en el Conservatorio de Música y es el principal animador de la Bienal de Música del Siglo XX que se celebra en San Juan.

Schwartz, natural de Tejas, ha desarrollado su actividad principalmente en la Universidad de Puerto Rico y es un decidido apóstol del arte «polimedial», donde se funden todas las artes en una sola expresión. Experimenta continuamente y sus labores se han mostrado en París con gran interés público. En 1980 montó una macrodemostración en el recinto de Río Piedras de la Universidad de Puerto Rico con el nombre de *Cosmos.* Fue director de Actividades Culturales de la Universidad de Puerto Rico y actualmente dirige el Decanato de Humanidades de dicha Universidad.

El panorama de la música al comienzo de la década de los 80 es activo y variado y no difiere en tendencias ni proyecciones del panorama mundial. En él se hallan representadas todas las tendencias, aunque parece pronunciarse una inclinación a volver al nacionalismo de los 50, pero esta vez filtrado por las experiencias tímbricas y formales de las décadas que le precedieron .

Después de iniciarse en la escuela dodecafónica, Luis Manuel Álvarez (1939) ha trabajado con medios mixtos, no lejos de la estética polimedial de Schwartz o Aponte. Ha utilizado medios electrónicos en obras como *La creación* para orquesta y narrador. En su *Sueño de Collores* utiliza instrumentos típicos puertorriqueños. Su obra más interesante es una colección de *Alboradas,* pequeñas piezas exploratorias para piano o para guitarra. Álvarez tiene un doctorado en Etnomusicología de la Universidad de Indiana.

Ernesto Cordero (1946) es graduado del Real Conservatorio de Madrid y guitarrista virtuoso, discípulo de Sáinz de la Maza y Alirio Díaz. Casi toda su obra es para guitarra o guitarra y voz. Su íntimo conocimiento del instrumento y su estilo lírico personal le han logrado renombre internacional. Ha escrito un *Concierto para guitarra y orquesta.* Actualmente es profesor de guitarra y composición en la Universidad de Puerto Rico y uno de los productores del Festival Internacional de la Guitarra de Puerto Rico.

Carlos Cabrer (1950) se graduó de Maestro en Música en la Universidad de

Michigan y es instructor en la Universidad de Puerto Rico. Su producción, aunque limitada, le coloca a la vanguardia de su generación y ya su música se interpreta internacionalmente. Su obra más importante, *Cánticos para orquesta,* ha recibido el aplauso general de la crítica. Su producción más reciente es *La rota voz del agua,* un ciclo con voz.

Roberto Sierra (1953) fue discípulo de Luis Antonio Ramírez en el Conservatorio de Música de Puerto Rico, y estudió con Gijorgy Ligeti en Hamburgo (Alemania), después de haber realizado estudios en el Royal College of Music de Londres y en el Instituto de Sonología de Utrecht (Holanda). Fue el primer compositor puertorriqueño que recibió una comisión del Festival Casals. La obra *Polarizaciones* fue escrita en 1979 y estrenada en el Festival de 1981. Ha recibido varios premios académicos y profesionales en Inglaterra, Alemania y Suecia.

La carrera de José Daniel Martínez (1956) es paralela a la de Roberto Sierra. También fue discípulo de Ramírez, pero siguió estudios superiores en la Escuela Eastman de Música en Rochester, Nueva York. Ha escrito música de cámara y recibió un encargo de la Orquesta Sinfónica de Puerto Rico para la obra *Preámbulo,* con la cual se inauguró el Centro de Bellas Artes de San Juan, Puerto Rico, en abril de 1981. Ha enseñado en la República Dominicana y en la actualidad radica en Rochester.

William Ortiz Alvarado (1947) estudió con Héctor Campos Parsi y en los Estados Unidos con Burent Arel. Ha recibido premios importantes en Puerto Rico y el extranjero. Inició su composición con obras de carácter informal e improvisatorio. Su estilo es de gran vigor composicional, y ha mostrado interés en las raíces africanas o caribeñas de la música de Puerto Rico. Tiene un amplio catálogo de obras orquestales y de cámara, entre las que se distingue *Cantuta.*

Carlos Vázquez (1952) obtuvo su Maestría en composición en la Universidad de Pittsburgh. Desde 1972 sus obras se interpretan con frecuencia en América y Europa. Actualmente dirige el Laboratorio de Música Electrónica de la Universidad de Puerto Rico y es el secretario de coordinación de la Asociación Vocacional de Compositores.

Durante dos décadas ha estado activo en la vida musical de San Juan el director de orquesta y compositor de origen español Ignacio Morales Nieva. Formado en los Estados Unidos, Morales ha desarrollado una intensa actividad de investigación y rescate de la música barroca de la época colonial americana, labor que le llevó a fundar en 1974 la Agrupación de Música de Cámara Padre Antonio Soler, con la que se ha presentado en los más prestigiosos escenarios del país y participó en los conciertos con que se inauguró el Centro de Bellas Artes en 1981. Su música es de naturaleza ecléctica y recoge las principales inquietudes estilísticas del siglo XX, desde el dodecafonismo hasta un ligero acento español colorístico. Entre sus obras se destacan *la Sinfonía hebraica, Obertura para la dama duende* y *Obertura a la memoria de Alban Berg.*

Otros jóvenes compositores activos en el comienzo de la década de los 80 son Esther Alejandro (notable por su obra para niños), Víctor Meléndez (que escribe mayormente para el piano), Félix Febo, y los guitarristas Leonardo Egúrbida, Miguel Cubano y José Rodríguez Alvira.

La vida musical en Puerto Rico recibió un nuevo impulso con la creación de las corporaciones de la Administración para el Fomento de las Artes y la Cultura y sus festivales subsidiarios, aparte de que, como resultado de una nueva política gubernamental, el sector privado ha hecho contribuciones importantes y permanentes. Es una vida activa, múltiple y de alta calidad, a un nivel de excelencia internacional.

● Las décadas de los '80 a la del '90.

El Conservatorio de Música ha tenido una influencia definitiva en la floración del movimiento musical de la década de los '80 en adelante. En los 20 años de su crecimiento, su facultad (inicialmente compuesta sólo por músicos extranjeros) se vio sustituida gradualmente por profesores puertorriqueños, muchos de ellos egresados de la institución. Un avance importante fue la separación de los puestos de director de la Orquesta Sinfónica de Puerto Rico (OSPR) y de rector del Conservatorio. Al crearse la Corporación de las Artes Musicales (CAM), separando el Conservatorio de la antigua AFAC, se logró un grado de autonomía, que tuvo como consecuencia una mayor flexibilidad de currículo y determinaciones filosóficas que hasta ese momento eran establecidas por una Junta de Directores remota y muchas veces desconocedora de asuntos pedagógicos.

En julio de 1996, finalmente, el Conservatorio logró independizarse con su propio régimen presupuestario y pedagógico. Después de varios directores extranjeros, se nombraron músicos puertorriqueños, tales como el pianista Samuel Pérez, el compositor Roberto Sierra y, más recientemente, el compositor Raymond Torres-Santos.

El Conservatorio no sólo se ha convertido en el semillero esencial de la Orquesta Sinfónica, sino que ha logrado una cosecha de músicos populares, cantantes de ópera y artistas de las artes interpretativas. Esto se ha reflejado en una muy alta calidad de músicos que ha dado paso a una industria discográfica importante. Han proliferado estudios de grabación y espectáculos musicales de gran envergadura.

Conjuntamente con el desarrollo de salas de gran capacidad de público, tales como el Centro de Bellas Artes Luis A. Ferré, en Santurce y el Centro de Bellas Artes de Guaynabo, hay un crecimiento importante en espectáculos sinfónicos, teatro musical y conciertos de música popular.

● **Las orquestas sinfónicas.**

La OSPR está hoy en día constituida mayormente por músicos que generó el Conservatorio. Además de aumentar su nómina (alrededor de 100 músicos), la calidad de la misma ha permitido la representación de obras operáticas, tales como *Salomé* de Richard Strauss y *Turandot* de Puccini. También la OSPR ha funcionado como orquesta de grandes representaciones de ballet y ha servido a compañías de la importancia del Ballet Bolshoi.

Una rama de la OSPR complementada por otros músicos profesionales es la Orquesta San Juan «Pops» (SJP) que dirige el Maestro Roselín Pabón, que es a su vez director auxiliar de la OSPR. Como su nombre indica, la SJP tiene un repertorio mayormente de música ligera pero presenta obras de mayores dimensiones. Su temporada es irregular, pero nutrida.

El Conservatorio tiene su propia orquesta (OCM) compuesta por profesores de la institución y estudiantes avanzados. Esto permite que durante todo el año se celebren los llamados «Conciertos en Familia» en los que todos los domingos, a las 11:00 A.M., se presentan solistas profesionales y estudiantes avanzados, difundiéndose por la radio a todos los rincones del país. Estos conciertos celebrados en la Sala Sanromá son muy populares y cuentan con un gran público.

El Programa de Cuerdas tiene su propia orquesta y en el presente desarrolla una Banda de Metales y una pequeña orquesta de música popular. El rector Torres Santos es un reconocido arreglista y director de música popular, lo que ha dado mayor impulso allí a esta rama del arte.

Todavía subsiste la Orquesta Filarmónica Arturo Somohano.

Un desarrollo interesante, iniciado por la CAM, es la creación de conjuntos sinfónicos con niños de los residenciales públicos, que funcionan con relativo éxito. Aparte están los conjuntos orquestales de las Escuelas Libres de Música en Carolina, Caguas, Ponce, Bayamón, Mayagüez y otros municipios. Son naturalmente de carácter estudiantil, pero sirven de elemento difusor entre las poblaciones fuera del Área Metropolitana.

En Ponce el director norteamericano de coros James Rowie ha creado una pequeña orquesta que interpreta mayormente obras de Mozart y celebra un festival anual que se llama «Mayormente Mozart» y un concurso de piano que lleva el nombre de Luis A. Ferré.

La reapertura de teatros como el Yagüez, en Mayagüez y el Oliver en Arecibo ofrecen nuevas avenidas a orquestas y artistas puertorriqueños.

Alrededor de la Orquesta Sinfónica, se ha creado una Asociación de Amigos Pro-Orquesta Sinfónica (APOS). Esta Asociación se dedica a dar becas para perfeccionamiento de los miembros de la OSPR, fomenta actividades que atraigan público para los conciertos y celebra conferencias y charlas sobre el contenido de los mismos. Inicialmente dedicadas casi exclusivamente a la matrícula de APOS, las conferencias se han abierto al público y en ellas se presentan compositores, profesores y músicos como conferenciantes. Las mismas se ofrecen en el teatro René Marqués del Centro de Bellas Artes Luis A. Ferré.

Actividades particulares.

Pro-Arte Musical de Puerto Rico (PAMPR), al escribirse estas líneas, cumple 64 años de vida y ofrece un promedio de 10 conciertos anuales de música de cámara y algunos de conjuntos instrumentales del extranjero.

En los últimos años, la Union Church de San Juan ha fomentado conciertos orquestales y corales. En el mes de octubre celebra un Festival Anual de Otoño y mantiene una orquesta de cámara y su propia coral.

El movimiento coral.

Las últimas décadas del siglo XX han presenciado la creación de varios coros profesionales. De gran fama internacional es el Coro de Niños de San Juan (CNSJ), fundado y dirigido por Evy Lucio Córdova. El coro ha ofrecido conciertos en Asia, Europa y Sur América, todos con gran éxito. El CNSJ mantiene una escuela que equivale a un pequeño conservatorio particular. El grado de excelencia que requiere de sus alumnos ha hecho que goce de gran prestigio.

Otra agrupación de alta calidad profesional es La Coral Filarmónica de San Juan (CFSJ), que dirige Carmen Acevedo. Esta agrupación provee, junto al Coro del CMPR, el personal para la presentación de óperas y obras sinfónicas con la OSPR. La Camerata Coral y La Coral de la Union Church, nutren una serie regular de conciertos en el Área Metropolitana y ciudades importantes de la isla.

El volumen de crecimiento se manifiesta en la existencia de la Sociedad de Directores de Coros de Puerto Rico (SDCPR), creada por Luis Olivieri, Ángel Mattos y José Daniel Flores. La SDCPR celebra convenciones anuales, seminarios y talleres, fomentando la formación y mantenimiento de coros en toda la isla.

Crecimiento operático.

El movimiento operático ha cobrado gran impulso en estas décadas. Aunque desaparecida por muerte de su fundador, Luis Pereira, Ópera de Cámara produjo la ópera de Roberto Sierra, con libreto de Myrna Casas, *El mensajero de plata*. Continúan produciendo ópera extranjera las tres compañías anteriormente mencionadas, que presentan un promedio de diez a quince óperas anuales. Si a esto se añaden las representaciones de zarzuela, el movimiento lírico-teatral es saludable y abundante.

El interés por componer óperas ha aumentado entre los compositores puertorriqueños. Trascendiendo a los Estados Unidos se ha estrenado con gran éxito en Nueva York la ópera de William Ortiz Alvarado, *Rican*. La instrumentación de la orquesta es interesantemente contemporánea. Requiere una pequeña banda de *rock* e instrumentos caribeños. El estilo, ya anteriormente desarrollado por Ortiz, es una mezcla de *hip-hop* y de música de la calle de los barrios en la ciudad interior.

Desarrollo de la danza puertorriqueña.

Los programas del Instituto de Cultura Puertorriqueña (ICPR), el Círculo de Recreo de San Germán y el Club de Leones de Puerto Rico han mantenido la tradición del baile de la danza. Se celebran importantes concursos anuales en los que participa el grupo de compositores de este género, y la Sociedad de las Fiestas de la Calle San Sebastián, de San Juan, mantiene la tradición de su gran baile anual dedicado a la danza. Sin embargo, estilísticamente hablando, la danza se ha quedado anclada en las primeras décadas del siglo XIX. El modelo es Juan Morel Campos. Algunos compositores como Luciano Quiñones, Raúl Pomales y Guillermo Figueroa han ensayado algunas innovaciones armónicas, pero el efecto formal es el de la danza tradicional.

El gran innovador de la época contemporánea es el pianista Narciso Figueroa. Impulsado por su gran técnica pianística, Figueroa logra una danza de gran riqueza armónica, pianismo virtuoso y compleja figuración. Su danza *Un neorican en la Quinta Avenida* abre nuevos caminos estilísticos con ritmos variados e interesantes. Figueroa ha ganado consistentemente premios en los más importantes concursos de danza en el país.

Otros innovadores como Antonio Cabán Vale (El Topo) y Rafael Escudero, desarrollan canciones sobre los ritmos tradicionales de la danza. El resultado es una danza sin el paseo inicial y carente de coda. El mejor ejemplo de este modelo es la muy renombrada *Verde luz* de Cabán Vale, hoy en día, casi un segundo himno nacional puertorriqueño.

● La composición en las últimas décadas.

Como hemos apuntado anteriormente, el desarrollo de las clases de composición en el CMPR y la UPR, las comisiones de la OSPR y el Festival Casals, unido a la continua interpretación de obras puertorriqueñas en los conciertos del Conservatorio y la Universidad de Puerto Rico, han enriquecido el catálogo de los compositores de anteriores décadas y las nuevas figuras que aparecen en el campo.

En la UPR se han incorporado al departamento de música los compositores Ernesto Cordero, Luis Manuel Álvarez, Carlos Cabrer, Carlos Vázquez y Javier de la Torre. Este grupo mantiene una visión de vanguardia con la excepción de Cordero, quien permanece situado en el ambiente nacionalista. Vázquez se empina por la vertiente caribeñista, tendencia que parece tener mucha vigencia en la nueva generación.

El uso de instrumentos de percusión, ritmos y temas del Caribe se manifiestan en las obras de William Ortiz, José Rodríguez Alvira, Luis Enrique Juliá y Carlos Lazarte. Podemos incluir diversos estilos que usan derivativos de la *salsa, jazz, zouk, reggae, ska* y *merengue*. Este movimiento puede ser considerado como populista. Este populismo tiene como mejor exponente a un joven compositor, todavía en el Conservatorio, Nicky Aponte (1956), quien ha compuesto música de cámara, películas y teatro. Nicky Aponte y Carlos Lazarte componen música de anuncios comerciales para radio y televisión.

El continuo alimentar de la música comercial por compositores «clásicos» y la incursión de compositores esencialmente populares en la música de arte, es dinámica principal de la década de los noventa. Es una liberación de los géneros estrictos. El compositor actual no está restringido por dictados estilísticos de escuelas rígidas. Aunque de generaciones anteriores, Torres Santos y Campos Parsi crean una música ecléctica derivada de sus experiencias, búsquedas y asimilación personal.

Torres Santos se desempeña como excelente orquestador/arreglista y favorece la composición orquestal. Escribe obras basadas en la literatura puertorriqueña tales como *El país de cuatro pisos* de José Luis González y *La canción de las Antillas* de Luis Lloréns Torres. Sin embargo, sus obras más recientes como *Réquiem* tienden hacia el Posmodernismo influido mayormente por compositores europeos.

La carrera de Ignacio Morales Nieva se ha ampliado tanto en Puerto Rico como en España. En su ciudad natal se han estrenado varias de sus óperas y se le han otorgado altos honores, incluyendo el bautizar como Teatro Morales Nieva al Teatro Municipal de Valdepeñas (en Ciudad Real). Continúa sus actividades como director de la Agrupación Padre Antonio Soler, que ofrece Conciertos espirituales periódicos en la Iglesia Madre Cabrini. Despliega actualmente una fructífera actividad de profesor en el CMPR Rafael Aponte Ledeé, quien además, dirige una serie de música latinoamericana y puertorriqueña. Su estilo de escritura es prolijo y brillante. Su orientación estética es todavía atonal y se muestra refractario al populismo. Esto no significa que haya abandonado su interés en la música popular y sus intérpretes, manifestado en conciertos dedicados a figuras del género.

Héctor Campos Parsi escribe de forma personal con una firme base tonal, preferiblemente para la voz y la orquesta. Entre sus obras más importantes de este periodo se halla el ballet para orquesta completa *La Calinda* (1989) con libreto de Hiram Cintrón. Se usa en ella, además de la orquesta tradicional, una batería de percusión caribeña incluyendo la bomba puertorriqueña. *Sonetos sagrados* (1986) para soprano y quinteto de vientos, escrita para el Festival Interamericano de las Artes en el mismo año persigue esa vena. En 1992, como parte de la Celebración del Quinto Centenario del Descubrimiento de América, se le ordenó escribir la obra conmemorativa de esa efemérides por la CAM y el Senado de Puerto Rico. Esta fue *Imágenes del encuentro* para barítono y orquesta. En ese mismo año y basándose en el poemario *Nieblas y algas* de Matilde Albert escribió por comisión de la sociedad Música de Cámara de Nueva York *El libro de Matilde* que sigue el modelo de Brahms en los Liebeslieder para un cuarteto de voces solistas y piano.

Estas tres obras representan el punto máximo de una carrera de más de 50 años en la que el compositor evolucionó desde el nacionalismo y el neo-clasicismo hasta un lenguaje abierto, ecléctico e internacional.

Los compositores contemporáneos se desempeñan mayormente en instituciones de enseñanza. Además de los mencionados anteriormente, William Ortiz ostenta la cátedra de música en la UPR, recinto de Bayamón. En 1991 la Universidad del Turabo nombró a Morales Nieva «Artista en Residencia» y Campos Parsi es «Músico Residente» del Colegio Universitario de Cayey desde el 1992. También en el Recinto de Río Piedras de la UPR Francis Schwartz, a quien se le otorgara la Orden de Caballero de la Legión de Honor de Francia, es Decano de Humanidades. Alfonso Fuentes y José Rodríguez Alvira enseñan en el CMPR, donde Luis E. Juliá dirige el Departamento de Cuerdas.

La profesión de compositor puede decirse que está institucionalizada. La sociedad puertorriqueña reconoce la importante posición que tiene el compositor, asignándole tareas honoríficas en las instituciones gubernamentales. Un ejemplo es el nombramiento de Campos Parsi a la Comisión de Arte y Cultura en la Cámara de Representantes de Puerto Rico en el 1993.

Desde que el Festival Casals nombró como Director Artístico al compositor polaco Krzysztof Penderecki en 1990 se llegó a un acuerdo con la ANCO con el propósito de presentar o encargar, al menos dos obras sinfónicas y una de cámara a compositores residentes. El método de selección es muy singular: los compositores que reciben un encargo en una temporada, se constituyen en comité para seleccionar las obras de la próxima.

● La música electrónica.
Cónsono con el movimiento internacional hacia el ordenador la composición contemporánea en Puerto Rico usa aparatos electrónicos y sintetizadores. A principios de los años 70 Francis Schwartz introdujo el primer (aún primitivo) sintetizador que instaló en la UPR. Desde los primeros experimentos de Schwartz y Campos Parsi en música concreta y electrónica y la creación de un laboratorio de música electrónica en la UPR, una pléyade de jóvenes compositores ha llenado las necesidades de ambientar obras teatrales, espacios de exposición, películas de cine y anuncios de radio y televisión. Tanto Schwartz como Campos Parsi y Carlos Vázquez han seguido una producción electrónica paralela a la composición de música con instrumentos tradicionales. Entre otras,

Campos Parsi sintetizó partituras para obras teatrales como *Macbeth, Hamlet, Romeo y Julieta, El Sueño de una Noche de Verano* de Shakespeare y el documental *Los hechos desconocidos* de Emilio Rodríguez.

En este campo se destaca la obra de José Montalvo, quien se ha dedicado totalmente a la música sintetizada, después de haber compuesto para medios tradicionales. En la actualidad enseña en la Universidad de Stanford en California.

Carlos Lazarte está muy activo en la ambientación comercial.

El compositor dominico-puertorriqueño Alejandro José se ha dedicado a grabar música electrónica con el fin de producir experiencias de relajamiento profundo en una terapéutica para lograr armonía.

Carlos Vázquez se ha involucrado en proyectos caribeños e interamericanos de música electrónica. En este caso, al igual que en el de otros compositores universitarios, la música electrónica va pareada con composiciones en medios tradicionales.

● La música de cámara.
En las últimas décadas Puerto Rico ha expresado un aumento de actividad sin precedentes en países comparables al nuestro en población y recursos. Gracias a gobiernos preocupados y concientizados de la importancia del cultivo de la música como elemento de armonía social, contamos con instituciones de enseñanza e interpretación de la música que han acumulado un impresionante catálogo de logros.

Desde el principio del siglo XIX, con las obras del Maestro Felipe Gutiérrez Espinosa, la música de cámara ha ocupado un puesto de interés en nuestra sociedad culta. Algunas de nuestras estrellas internacionales de la música de cámara, tales como José y Narciso Figueroa, Jesús María Sanromá y Gonzalo Núñez, lograron posiciones distinguidas en las salas de concierto de Europa y América.

Desde 1932, cuando se funda Pro Arte Musical de Puerto Rico, los aficionados han disfrutado de una serie continua, aunque no poblada, de excelentes conciertos de música de cámara, en su mayoría por conjuntos extranjeros. Ya en los años 30, la familia Figueroa Sanabia celebró un festival de música de cámara con el patronato de la Universidad de Puerto Rico.

El Festival Casals, desde sus inicios, dedicó gran parte de su repertorio a obras del repertorio de cámara del barroco, clasicismo y los grandes románticos. En 1977, apoyado por el Municipio de San Juan, el Instituto de Cultura Puertorriqueña y la Universidad de Puerto Rico, junto a otras instituciones gubernamentales y educativas, se realizó el Primer Festival de Música de Cámara de San Juan, esta vez presentando conjuntos locales y extranjeros con gran éxito.

En 1994 el decanato de estudiantes de la UPR organizó otro *Festival de Música de Cámara de Puerto Rico* co-auspiciado por la CAM y el ICP. En la presentación del Festival, su director general, Ricardo Cobián, indica que él desea crear «un espacio permanente institucional de modo que proyectos culturales gocen de la protección institucional». Este festival se compuso exclusivamente de artistas puertorriqueños: El Cuarteto de Cuerdas Quintón, El Trío Matices (guitarra), El Conjunto de Marimbas y Percusión, El Dúo de Guitarras Scharron-Cubano, El Quinteto Aulos (de aliento), La Orquesta de Cámara Concierto, El Quinteto de Metales Gabrielli y el Dúo Vasallo-Alvarado. La creación de una Orquesta Sinfónica permanente bien subsidiada y del Conservatorio de Música, amén las escuelas libres de música, han fomentado la organización de conjuntos de cámara de alta personalidad y extenso repertorio, pero con pocas oportunidades de mostrar su capacidad artística ante los grandes públicos de un festival dedicado al sublime arte de música de cámara. En la actualidad estamos en posición de celebrar un festival cuyos participantes sean conjuntos residentes y operantes en Puerto Rico. A esto debemos añadirle la dimensión de una gran cantidad de música escrita para conjuntos pequeños por compositores puertorriqueños.

Tanto en lo pedagógico como en lo interpretativo, creativo y empresarial, la música puertorriqueña se ha incorporado vigorosamente a la música internacional. (*Héctor Campos Parsi*).

▼ Música, Escuelas Libres de
Ver **Música. Periodo nacionalista.**

▼ Música de cámara
Ver **Música. La música de cámara.**

▼ Música popular
Allá para el año 1949 ya en la ciudad de Nueva York estaba tomando impulso la formación de un tipo de música bailable antillana que resultaba ser una renovación en lo referente al ritmo percutivo y arreglos orquestales. Era más o menos una fusión de lo caribeño ya conocido con lo jazzístico norteamericano, motivada por la cercanía del llamado Barrio Latino con el de Harlem, habitado mayormente por ciudadanos de la raza negra, cuyo ambiente musical era el jazz y el blue, con sus variantes naturales. También contribuyó a la fusión la convivencia de boricuas y cubanos en el mencionado sector bilingüe, lo que facilitaba el acercamiento cultural de ambos, interracialmente ligados.

El importante saxofonista y arreglista cubano Mario Bauzá, quien ya había pertenecido a bandas jazzistas como las de Cab Calloway y Chick Webb, de la que fue director musical, vino a ser pionero de la gestión fusionadora que prácticamente cambió el curso de la música bailable latina en Nueva York. Al fundarse la Orquesta de su cuñado Machito Grillo y sus Afrocubans, Bauzá fue encargado de dirigir musicalmente dicha organización, y los años que estuvo ligado al jazz influyeron en su gusto musical y su visión comercial. Por lo tanto, hubo en la dotación de la orquesta músicos y arreglistas norteamericanos unidos a colegas cubanos y puertorriqueños. Así la banda tuvo aceptación, dejando de paso marca en las siguientes orquestas que tuvieron la misma influencia, al ser dirigidas por profesionales como Tito Puente, Tito Rodríguez, Noro Morales, Pupi Campos, Enrique Madriguera, Generoso Montesinos, Marcelino Guerra, líderes de bandas de música tropical unidos a la moda sonora llamada «el Estilo Nuevo».

Esa modalidad también identificaba al latino que se ligó al sonido adaptándolo como suyo, sumándole novedades en su modo de bailarlo a lo antillano con pasos del jazz prieto.

Toda vez que la industria discográfica ganaba más y más clientela, fue entonces más fácil propagar de emisora en emisora radial, de bar en bar y hogar en hogar el nuevo impacto de la música latina.

No se detuvo en los hispanoparlantes la movida. Directores de orquestas y músicos norteamericanos como Stan Kenton,

Dizzie Gillespie, Johny Richards, King Cole, Dexter Gordon, Cal Tjader, Sonny Chriss y muchos otros se fueron uniendo de una forma u otra al esquema latino, ganando con ello reconocimiento adicional al que ya ostentaban.

De ese modo para el arte musical antillano resultó un gran triunfo el alcanzar prestigio simultáneamente entre dos públicos un tanto disímiles en cuanto a enfoque y raíces musicales.

Los nombres se sucedían, entrando luego en la grey neoyorquina entes como Johnny Pacheco, Ray Barreto, Eddie Palmieri, Mongo Santamaría, Charlie Palmieri, Bobby Valentín, Willie Rosario, Joe Cuba y Cheo Feliciano, algunos de ellos auspiciados por la marca discográfica Alegre, comandada por el productor Al Santiago y luego por el productor Jerry Masucci

Era entonces la época fuerte del mambo y el cha cha chá, y dicha empresa discográfica dominaba el mercado mediante sus consecutivas ediciones novedosas que abarcaban desde el son hasta la pachanga, aunque luego sucumbió ante la competencia de nuevas compañías análogas, surgidas debido al prometedor negocio musical latino y su futuro internacional.

Mientras tanto en Puerto Rico, para casi la misma época también, el estilo musical iba cambiando. El bolero mantenía aún vigencia, así como sus intérpretes, pero en 1949, al integrarse la Orquesta de César Concepción, precedida por la de Armando Castro, se produjo un cambio grande, también de enfoque un tanto jazzístico, en los arreglos y el sonido virado hacia la onda Nueva York y su manera de proyectar el mambo. César Concepción y su Orquesta crearon «la plena orquestada», levantando la imagen de ese género musical y rítmico afroboricua, prácticamente archivado y rezagado por el pueblo. Fue un triunfo grande, apoteósico. El aporte de la orquesta de César Concepción se dejó sentir en otras bandas como las de Frank Madera, Miguelito Miranda, Panamericana, Siboney y dos o tres más de su tiempo.

Fue en el año 1954 que hizo su sensacional aparición en Puerto Rico la agrupación llamada Rafael Cortijo y su Combo, con Ismael Rivera como cantante, quien se ganó luego el apodo de Sonero Mayor, dados sus éxitos. El grupo ganó cartel y categoría presentando los ritmos de bomba y plena, pero sumándole el elemento «show», en espectáculos de teatros, clubes nocturnos, televisión y bailes públicos, marcando un nuevo ambiente para el músico puertorriqueño.

Surgió la llamada «época de los combos», ya que en Puerto Rico se formaron agrupaciones similares, mas ninguna como la de Rafael Cortijo y su Combo, con Ismael Rivera, quienes mediante la grabación debut «El bombón de Elena» se auparon hasta figurar en películas de largometraje y cumplir múltiples contratos en los Estados Unidos, la América del Sur, Central y otros países del Caribe.

Luego de palidecer un poco esta agrupación, de sus filas surgió otra análoga, El Gran Combo, la que dirigida por el pianista Rafael Ithier alcanzó fama mundial a lo largo de treinta años de vigencia en escenarios de cinco continentes y completando una gloriosa carrera discográfica con sus cantantes Andy Montañez, Pellín Rodríguez, Jerry Rivas, Charlie Aponte y Papo Rosario.

Debido a que en Puerto Rico los estipendios eran mayores vinieron a residir a la isla directores de grupos orquestales como Bobby Valentín, Willie Rosario, Richie Rey con Bobby Cruz, entre otros, que en Borinquen formaron agrupaciones para competir profesionalmente con los del patio: Tommy Olivencia, Sonora Ponceña, Apollo Sound, La Selecta, Zodiac, Borincuba, Mario y el Gran Combo. Mientras tanto en Nueva York surgían otros nombres: Willie Colón, Héctor Lavoe, Ismael Miranda, etc.

Toda esa música de fusión, cuya base era híbrida, también fue apodada «salsa», vocablo común como marca de fábrica comercial, para así poder venderla a nivel doméstico y en el resto del mundo, ya interesado en ese quehacer artístico caribeño «novayorquino».

La música llamada salsa en su proyección cundió por muchos países del continente europeo, siendo Puerto Rico y Nueva York los puntos de mayor empuje en lo referente a artistas y poderes empresariales. España, Suiza, Holanda, Francia, Inglaterra, Islas Canarias y finalmente Italia, entraron en la onda salsera, teniendo en sus emisoras espacios para la salsa, así como discotecas de baile y entrenamiento salsero en sus capitales y grandes ciudades.

LA MÚSICA
POPULAR

Carátula de un disco del famoso cantante puertorriqueño de música popular Tito Rodríguez

Archivo de la Música. Archivo General de Puerto Rico.

Archivo de la Música. Archivo Genera de Puerto Rico

Carátula de un disco del cantante y compositor mayagüezano Wilkins

Carátula de un disco de José Nogueras, intérprete destacado de la llamada Nueva Trova

Archivo de la Música. Archivo General de Puerto Rico.

Tite Curet Alonso

Tite Curet Alonso, autor del ensayo sobre Música popular

El apogeo de la música salsera trajo como consecuencia la formación de nuevas orquestas organizadas por constantes músicos destacados como Tony Vega, Gilberto Santa Rosa, Agustín Arce, Domingo Quiñones, Eddie Santiago, Tito Rojas, Jerry Rivera, mientras en Nueva York las de Willie Colón, Héctor Lavoe y Tito Puente mantenían jerarquía.

Al decir música popular puertorriqueña es necesario y mandatorio rendir la atención que merece a la proveniente de los pueblos y campos del interior del país llamada «de la montaña», «campesina» o «jíbara», ya que a los moradores de esas regiones se les llama así, denotando que no son de origen capitalino. Este tipo de músi-

ca jíbara se compone de líricas de tipo español, principalmente andaluzas, cuartetas, quintillas y décimas espinelas que siguen el modelo literario creado por el poeta costumbrista español Vicente Espinel, que aunque heredada también por toda la América hispanoparlante, es en Puerto Rico donde se han creado más formas de cantarlas. Unas sesenta más o menos. Se interpreta todo el año, mediante festivales típicos — en los cuales suelen competir la mar de improvisadores y trovadores—, trullas, y durante la Epifanía o conmemoración de la llegada a Belén de los Reyes Magos, fiesta ya tradicional en todo Puerto Rico.

Han sido nuestros más destacados intérpretes de la décima espinela Don Jesús Sánchez Erazo, «Chuíto el de Bayamón», Ramito Morales Ramos, Joaquín Mouliert, Chuíto el de Cayey, Luis Miranda, Marianito Cotto, Priscilla Flores «La Alondra», «La Calandria» Luz Celenia Tirado, Germán Rosario, Juanito Rivera, Andrés Jiménez y el prodigioso niño Luis Daniel Colón. La décima borincana cuenta también con destacados músicos acompañantes como los cuatristas Maso Rivera, Millito Cruz, Nieves Quintero, Edwin Colón Zayas, Pedro Guzmán, Yomo Toro y Prodigio Claudio, entre otros de similar calidad.

Actualmente la música campesina, cuyas constantes grabaciones y apariciones personales de sus intérpretes cuentan con un público vastísimo, también es uno de los renglones más disfrutados por las comunidades puertorriqueñas de los Estados Unidos, hasta donde suelen viajar contratados nuestros artistas de ese ramo y existen activos cantores típicos formados y desarrollados en aquel suelo.

COMPOSITORES PUERTORRIQUEÑOS DE MÚSICA POPULAR

De cartel internacional en el bolero:
Plácido Acevedo, Chago Alvarado, Tití Amadeo, Juan Ramón Balseiro, Puchi Balseiro, Roberto Cole, César Concepción, Edmundo Disdier, Pedro Flores, Chiquitín García, Rafael González Peña, Felipe R. Goyco, Tito Henríquez, Rafael Hernández, Benito de Jesús, Manuel Jiménez, Pepito Lacomba, Francisco López Vidal, Pepito Maduro, Miguel Maymón, Nelly Méndez, Sylvia Rexach, Johnny Rodríguez, Julito Rodríguez Reyes, Myrta Silva, Esteban Taronjí, Tutti Umpierre, Héctor Urdaneta, Perín Vázquez, Guillermo Venegas, Jaime Yamín.

Destacados en el género Nueva Trova:
Antonio Cabán Vale («El Topo»), Nano Cabrera, Alberto Carrión, Poldo Castro, Rafi Escudero, Roberto Figueroa, Alexis Morales Cales, José Nogueras.

Destacados en el género «Salsa»:
Jenaro «Henry» Álvarez, Titín Álvarez, Roberto Angleró, Henry Arana, César Concepción, Tite Curet Alonso, Pedro Flores, Chiquitín García, Gloria González, Felipe R. Goyco, Ismael Miranda, Johnny Ortiz, Mon Rivera, Myrta Silva, Harry Suárez, Perín Vázquez, Peter Velázquez.

Tite Curet

En Puerto Rico, con en el correr de los años, comenzó a desarrollarse un estilo llamado «Nueva Trova», mediante el cual la música campesina, con nuevas estructuras armónicas y más poesía en su contenido lírico, fue renovada un poco, aunque los cultores de la usanza anterior siempre han mantenido su posición invariable. La Nueva Trova trajo grupos como Haciendo Punto en otro Son, Jataca, Mapeyé, Cantares Boricuas, los de Nano Cabrera, Tony Croatto y otros que harían muy larga la relación, pero que se han desenvuelto con éxito, especialmente en las zonas urbanas.

● **El bolero en Puerto Rico.**

El bolero de Puerto Rico, firme en su compás natural de 2 x 4, siempre contó con un donaire propio en lo que a interpretación se refiere. En ese aspecto rompió las normas del bolero cubano y sus cantores, un tanto cuadrados (*standard*).

El bolero borinqueño era y es más flexible en su fase vocal. Cuestión de estilo. En la década del 30 ya compositores como Rafael Hernández, Pedro Flores y Tití Amadeo desde su punto de difusión, la ciudad de Nueva York, comenzaron a exponer discográficamente su cosecha de boleros mediante voces como las de Pedro Dávila («Davilita»); Rafael Rodríguez, Doroteo Santiago, Chovevo, Myrta Silva, Johnny López, Daniel Santos, Clarissa Perea, más tarde seguidos por Bobby Capó, Julita Ross y Polito Galíndez entre otros grandes intérpretes del bolero romántico. Era la época de los cuartetos, como Victoria, Marcano, Flores, Mayarí de Plácido Acevedo y otros grupos significativos.

En Puerto Rico, durante la segunda mitad de la mencionada década, surgieron cantantes de arraigo y talla como José Luis Moneró, Corozo y Pepito, Vicente Bonilla, Héctor Rivera, Ruth Fernández, Fatty

Carátula de un disco de Rafael Cortijo e Ismael Rivera (el Sonero Mayor), quienes estremecieron la música popular con la aparición de Rafael Cortijo y su Combo en 1954

Archivo de la Música. Archivo General de Puerto Rico.

Archivo de la Musica. Archivo General de Puerto Rico.

Carátula del exitoso disco «La última copa», del famoso cantante Felipe Rodríguez, conocido también como «La Voz»

Gómez, Armando Ríos Araújo, Vitín Garay y Víctor Luis Miranda, a quienes siguieron otros vocalistas de primer orden como Gilberto Monroig, Santitos Colón, Joe Valle, Vitín Avilés y Tito Rodríguez, precursores de voces como las de Tito Lara, Chucho Avellanet, Lucecita Benítez y Carmita Jiménez.

Para gloria de Puerto Rico y su historial dentro de la música de tríos hubo figuras famosas a nivel mundial: Hernando Avilés, Julito Rodríguez Reyes y Johnny Albino, quienes fueron primeras voces estelares del Trío Los Panchos en sus momentos de mayor impacto.

Las trilogías de mayor cartel fueron el Trío Vegabajeño, el Trío Los Condes, el Trío San Juan y el de Cheíto González. En el renglón de los cuartetos armónicos, como se dice al uso de melodías abiertas, tuvo Puerto Rico varios cuartetos de renombre en Los Hispanos, Los Universitarios, Los Cuatro Ases y Los Montemar, que le dieron a esta pequeña isla buena representación en el bolero armonizado.

Otra fase del bolero «a lo puertorriqueño» la constituyeron los llamados dúos líricos, con acompañamiento exclusivo de guitarras, cuyos mejores elementos han sido Isabelo y Leocadio, Quique y Tomás, Johnny y José Antonio, Irizarry de Córdoba y Rodríguez de Córdoba. La fase no ha cesado de cultivarse y continúan apareciendo más uniones vocales de esa clase.

Actualmente, además de otras ediciones que contienen música del ayer, como suele llamársele, se está produciendo y vendiendo la Serie Antológica, producción que autor por autor expone el historial de la música romántica a través de los años.

● La plena.

Otro aporte importantísimo en el desarrollo de la música popular puertorriqueña han sido la bomba y la plena, ritmos de origen africano evidenciado por su parte percutiva, pero que en su versificación tienen raíces españolas de señalada influencia coplera, o sea la cuarteta.

Rimada a veces, en ocasiones semi-rimada o en verso libre, aunque es en los dos primeros casos en que mayormente suelen ser presentada. En otras ocasiones sus letras, diseñadas para cantante y coro, se han presentado con estrofas de mayor cantidad de versos de sílabas pares.

Su cuadro rítmico onomatopéyicamente definido en el caso de la plena sonaría así: «Pum quim pum pum quim pum», mayormente producido por panderetas de diferentes tamaños, según sea el sonido grave o agudo que se pretende obtener con la batida hecha a mano. Los panderos se llaman base, llamador y requinto o repicador.

Es bueno señalar que como sonido rítmico forma parte de los géneros tropicalistas más conocidos y también de origen africano, como la conga cubana, la cumbia, el merengue, la murga, el baión, el samba, la batucada, el candombe, el vallenato, el guaguancó callejero, el son montuno, el calypso, el reggae y algunos estilos de marchas carnavalescas.

Pero la plena, por un oscurantismo público de promulgación desde la época en que Manuel Jiménez («Canario») la demostró discográficamente en los años 30, no volvió a la palestra ciudadana. Se tocaba y se cantaba, pero casi nunca en espectáculos grandes y muy poco en la escasa radio vigente, aunque el pueblo la conocía y la portaba archivada en su sentimiento boricua.

Para 1949 un trompetista, César Concepción, regresó desde Nueva York a Puerto Rico, donde organizó una orquesta de corte moderno —el mambo estaba en toda su popularidad— y dio a conocer su concepto de la plena estilizada en la que a base de tambor, piano, contrabajo y batería se podía captar el ritmo de la plena en sus grabaciones tituladas »A la plena», «Ponce», «Santurce», «¡Qué pollo!», «A los boricuas ausentes», «Salinas» y un sinfín de obras suyas y de otros autores ligados a su onda que nunca han sido olvidadas. Son obras inmortales.

Fue para 1954 que surgió en Puerto Rico la agrupación musical de la raza negra ya citada, llamada Rafael Cortijo y su Combo, en la que cantaba el estelar Ismael Rivera. Con su primera grabación, «El bombón de Elena», ganó la plena puertorriqueña nuevas alturas totales. El pueblo todo respondió como por arte de magia a lo auténtico de sus arreglos musicales, simples pero gustosos, puntualizados y acentuados hacia la rítmica y vocalización de la plena primaria. Su autor, Rafael Cepeda, ganó con ello nombre y fama.

Tanto el disco como la televisión engrandecieron la presencia del grupo hasta lograr respaldo en hoteles de lujo, donde figuró como elemento «show», al igual que en teatros y salas de baile de Puerto Rico y Nueva York, además de otras ciudades centro y sudamericanas y del Caribe.

Años más tarde un músico y cantante puertorriqueño radicado en Nueva York, llamado Mon Rivera, causó sensación al cantar y grabar plenas usando trombones como novedoso acompañamiento, exponiendo de paso el estilo de la plena mayagüezana, que por sus letras a veces muy largas requería otro estuche de presentación. Mon Rivera resultó también un éxito rotundo, con su nueva manera, puesto que la orquestación a base de trombones fue luego adoptada por la música salsera.

En el día de hoy la plena puertorriqueña se promulga en toda la Isla y puede decirse que se solicita como cualquier otro género triunfal, tanto que su presencia preside la época navideña, las tradicionales fiestas patronales de cada ciudad, festividades culturales folklóricas, y en épocas de elecciones políticas es alta la frecuencia con que se utiliza su pegajoso ritmo en la confección de cuñas promocionales debidas a candidaturas de bandos en competencia, afirmando así su valía.

● La bomba.
Se trata de uno de los géneros rítmicos y de canto afroboricua. Se le llama así debido a que a los tambores que le sirven de base rítmica, hechos de barriles vacíos con piel adherida sobre uno de sus extremos

---

LA PLENA ES PLENAMENTE BLANCA

La bomba bárbara —danza negra, baile de esclavos— dotó a su bisnieta la plena con lo mejor que ella tenía: vigor natural, efectos de percusión y ritmos. El ritmo es excelencia negra. De esa excelencia participa la plena con extraordinaria riqueza… Por todo lo demás, la plena es —plenamente— blanca.

Tomás Blanco, «Elogio de la plena»

(membráfonos), se les da el nombre de bomba, al igual que a los bailes ejecutados a su compás y a los cánticos.

Dentro del género hay algunas variantes como el sicá, leró, balancé, rulé, cocobalé, gracimá y paulé. Otros instrumentos que se usan en la bomba son las maracas, güiro y el cuá, que es el repicar de dos palos sobre el borde de uno de los tambores identificados como el llamador, burlador y subidor (repicador).

Las figuras más importantes en el desarrollo de la bomba puertorriqueña fueron Eustacio Flores, Castor Ayala, Rafael Cepeda, Bobó Flores, Marcial Reyes, Julio Colón, seguidos por la herencia fiel integrada por Rafael Cortijo, Ismael Rivera, El Gran Combo, La Familia Ayala y La Familia Cepeda. Y aunque no han logrado aún nombradía total mantienen vigencia bombística grupos como los de San Antón, Baramaya, Pleni-Bom, Colobó y Guateque, entre otros.

Fue y es en interpretación de todos ellos que la bomba boricua ha llegado a la discografía, la televisión, a todo Puerto Rico y a múltiples escenarios internacionales.

Los cánticos de bomba en todas sus variantes son muy similares a los de la plena en extensión, rima y semi-rima, y además en su contenido verbal suelen demostrar idénticas motivaciones sociales, políticas, raciales, deportivas, y en general todo el acontecer de la vida diaria. Y en su interpretación existe entre los tocadores, repicadores y bailadores, algo así como duelos donde se miden los recursos del pasista y el repicador. El bailador, con movimientos y gestos, le solicita al tocador la clase de repique que desea para exhibir sus mejores pasos de solista. «Tumbar» al repicador significa cansarlo, y viceversa si es el repicador quien cansa al bailador.

La bomba, tocada por grupos puertorriqueños como los Boricuas Ausentes, ya da trazas de no pasar más de moda en el público de bases caribeñas. Ya en ciudades como Nueva York, Chicago, Miami, Boston y Filadelfia hay grupos que ejecutan este tipo de música afroboricua.

● **El caso del merengue.**
Es bien cierto que el triunfo del merengue en escenarios musicales de Puerto Rico resultó indiscutible. Ganó su día en Corte. Este popular ritmo, que traído por los es-

clavos africanos fue adoptado y se reprodujo en diferentes países de América como Venezuela, Colombia, Puerto Rico, Brasil y Haití, donde se le llamaba *meringue* y se le dieron influencias que reformaron un tanto al merengue dominicano —culminador del género— haciéndolo un poco más comercial, zafándolo en cierta medida del tradicional ripiao, fórmula primaria que tendía a estancar su progreso, aunque poseía una rítmica de mucho colorido. El llamado pambiche comenzó a marcar su adelanto, ya que las otras rítmicas dominicanas como la mangulina y los palos no hallaron progreso comercial alguno.

En Puerto Rico el merengue era conocido y aceptado en la década del 50, y ganó popularidad el Conjunto Típico Cibaeño de Ángel Viloria y años más tarde el Combo Show de Johnny Ventura, además de «los alegres» Chapuseaux y Damirón, auspiciadores junto a la cantante panameña Sylvia De Grasse, de la formación del célebre Conjunto Quisqueya, nacido, pues, en Puerto Rico. Este grupo, con su dinámica simpática, triunfó rotundamente, siendo el abrepuertas para que viniesen grupos orquestales como los de Wilfrido Vargas y Los Hijos del Rey y subrayaran la alta posición merenguera en Puerto Rico.

Todo ello motivó la frecuente contratación de bandas merengueras como la de Jossie Esteban y muchas otras. Y cuando por proliferación competitiva de músicos quisqueyanos pareció palidecer el gran negocio, surgió el fenómeno de Juan Luis Guerra y su Grupo 440, que causó gran furor, aunque sólo por un par de años.

Ya en combinación o compañía de músicos dominicanos, o con puertorriqueños únicamente, se organizaron orquestas merengueras boricuas como Los Alegres del Merengue, Límite 21 y una veintena más. Actualmente algunas figuras puertorriqueñas se encuentran en el tope de popularidad, como Olga Tanón.

Así pues, si bien Puerto Rico sirvió de cuna grande al merengue interpretado por orquestas y grupos dominicanos, esa misma popularidad, advertida por los músicos puertorriqueños, hizo que los del patio, interesados en el gran negocio iniciado por la rítmica dominicana, siguieran sus pasos hasta colocarse a la par de ellos. *(Tite Curet).*

LAS CATEGORÍAS DE LO POPULAR

Para atrapar lo verdaderamente popular es necesario un gran conocimiento del pueblo y un fino instinto poético. Porque es mi parecer que en lo popular existen también categorías, que muy bien podrían sintetizarse de esta manera: lo popular que es impopular; lo popular que es popular; y lo culto que es popular. Dentro de cada una caben también otras gradaciones más finas y sutiles que habría que determinar.

Antonio S. Pedreira. citado por Marcelino J. Canino en *22 conferencias de literatura puertorriqueña*

Naboría, Naboria

Indigenismo que según nos informa Manuel Álvarez Nazario en *Arqueología lingüística* era el nombre dado a los «obreros y servidores que integraban la masa del pueblo en la organización comunal boriquense y granantillana». El término se aplicó a los criados, a los encomendados, y más adelante a los esclavos, incluso a los caribes barloventeños capturados y sometidos a esclavitud.

Nachos, caño Los

Afluente del río Grande de Manatí. Nace en el barrio Bajura Afuera del municipio de Manatí. Longitud aproximada: 5 kms. (3.2 millas); corre de sur a norte, y luego se desvía hacia el oeste.

Nagua

Falda corta de algodón u otro tejido usado por las amerindias después de contraer matrimonio; las solteras andaban desnudas «como las parió su madre», dice un cronista. Las esposas de los caciques y otros personajes importantes la usaban más larga. Aparentemente dio origen a la palabra enagua.

Naguabo, barrio y pueblo

Cabecera del municipio de este nombre (1,848 habitantes) que, junto a partes de los barrios Duque (802 habitantes), Maizales (23 habitantes) y Río (2,182 habitantes) integran la zona urbana del municipio de Naguabo.

Naguabo, municipio

Superficie
135 kms. cuadrados (52 millas cuadradas)

Población
22,620 habitantes (censo de 1990)

Habitantes por barrios	
Daguao	2,296
Duque	2,756
Húcares	1,435
Maizales	1,739
Mariana	1,647
Naguabo, pueblo	1,848
Peña Pobre	3,814
Río	2,776
Río Blanco	3,191
Santiago y Lima	1,118

Vista de la plaza pública de Naguabo y de la iglesia de Nuestra Señora del Rosario. Las fiestas patronales en honor a la Virgen se celebran alrededor del día 7 de octubre

Axel Santana

Situación

Ubicado en la llanura costanera del este, sobre el mar Caribe, limita por el norte con el municipio de Ceiba, por el este y el sudeste con el mar Caribe, por el sur con el municipio de Humacao, por el oeste con el de Las Piedras, y por el noroeste con el de Río Grande.

Breve reseña

El norte de este municipio se eleva notablemente en la sierra de Luquillo, donde se encuentran Pico del Este y Pico del Oeste, ambos de más de mil metros (3,300 pies) de altura sobre el nivel del mar. En el oeste el cerro La Mina alcanza casi la misma altitud. Hacia el levante el terreno desciende gradualmente hasta el

mar. El río Daguao desagua entre este municipio y el de Ceiba. Otros ríos son el Santiago, el Blanco, su afluente el Cubuy, y el Prieto. En la costa se encuentran el puerto y la playa de Naguabo, y la bahía y cayo de Algodones.

La economía original fue la de hato, es decir, la explotación extensiva del ganado vacuno y porcino. Las pieles y el ganado en pie con frecuencia se vendían clandestinamente al extranjero. La caña de azúcar se procesaba en trapiches y pequeños ingenios para producir melado, aguardiente y azúcar moscabado; a fines del siglo XIX los modestos ingenios fueron sustituidos por centrales. Actualmente se explota la ganadería, la avicultura, la pesca y algunas industrias ligeras.

Naguabo estaba poblado por numerosos taínos, que tal vez por estar en contacto con los caribes de las Antillas Menores, eran más aguerridos que los del resto de la isla. Uno de los caciques de esta región se mantuvo luchando contra los conquistadores por mucho tiempo. Su nombre, Daguao, se corrompió y transformó en Naguabo, dando así ori-

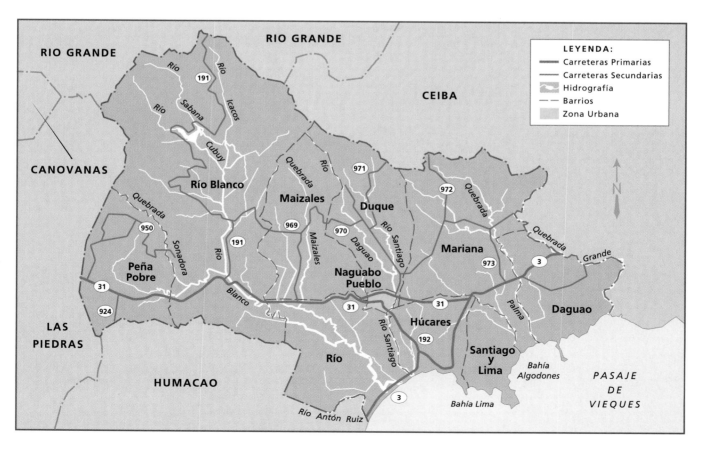

gen al patronímico del actual municipio. La región oriental de la isla durante casi todo el siglo XVI se encontró sujeta a frecuentes ataques de caribes y taínos, y hasta el siglo siguiente se mantuvo casi despoblada. En el siglo XVIII el cabildo de la capital concedió allí varios hatos, y pronto proliferaron interminables pleitos que dieron quehacer a jueces, abogados y tinterillos. Los nombres de aquellos hatos son hoy patronímicos de algunos de los barrios: Del Río, Peña Pobre, etcétera. En 1794 una aldea se fundó en lo que sería después llamado «el pueblo viejo», y la parroquia, colocada bajo la protección de San Juan Nepomuceno y Nuestra Señora del Rosario, fue creada el 9 de enero de 1798. El 15 de julio de 1821 la población se trasladó del «pueblo viejo» a terrenos donados por el vecino Cristóbal Ramírez situados en la ribera del río Santiago.

Las fiestas patronales en honor a Nuestra Señora del Rosario se celebran alrededor del día 7 de octubre. El 16 de julio se festeja a la Virgen del Carmen.

▼ Naiboa

Indigenismo. Nombre dado por los taínos al jugo venenoso de la yuca brava.

▼ Naje

Indigenismo. Nombre que daban los taínos al remo con que impulsaban sus canoas y piraguas. Gonzalo Fernández de Oviedo nos dice que los najes eran como palas largas, y las cabezas como la muleta de un cojo o tullido; que unas veces remaban de pie, otras sentados, y otras de rodillas.

▼ Nanoplancton

Ver **Ecología.**

▼ Naranjales, barrio

1. Del municipio de Las Marías (352 habitantes). 2. Del municipio de Mayagüez (1,039 habitantes).

▼ Naranjiteño

Gentilicio de los nacidos en el municipio de Naranjito.

▼ Naranjito, barrio

Del municipio de Hatillo (3,160 habitantes).

▼ Naranjito, barrio y pueblo

Cabecera del municipio de este nombre (1,437 habitantes) que, junto a partes de los barrios Achiote (824 habitantes) y Guadiana (107 habitantes), integran la zona urbana del municipio de Naranjito.

La playa y el paseo del Malecón del pintoresco pueblo de Naguabo

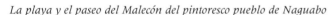

Axel Santana

▼ Naranjito, municipio

Superficie

72 kms cuadrados (28 millas cuadradas)

Población

27,914 habitantes (censo de 1990)

Habitantes por barrios

Achiote	4,005
Anones	3,974
Cedro Abajo	3,732
Cedro Arriba	2,987
Guadiana	4,103
Lomas	3,961

Naranjito, pueblo	1,437
Nuevo	3,715

Situación

Ubicado en el centro de la isla, limita por el norte con el municipio de Toa Alta, por el sur con los de Barranquitas y Comerío, por el este con el de Bayamón, y por el oeste con el de Corozal.

Breve reseña

Naranjito está localizado en la vertiente norte de la Cordillera Central, y por tanto, en él se encuentran alturas medias, como los cerros Avispa y Las Cruces. El río de la Plata le sirve de límite oriental con Bayamón, y tiene como afluentes a los ríos Cañas, Guadiana y varias quebradas. También drenan este municipio los ríos Mavilla y Grande de Manatí. En la cuenca del río de la Plata se forma el lago que lleva su nombre.

Este territorio fue explorado por los primeros colonizadores porque en sus ríos se encontró oro. Cuando se agotó el

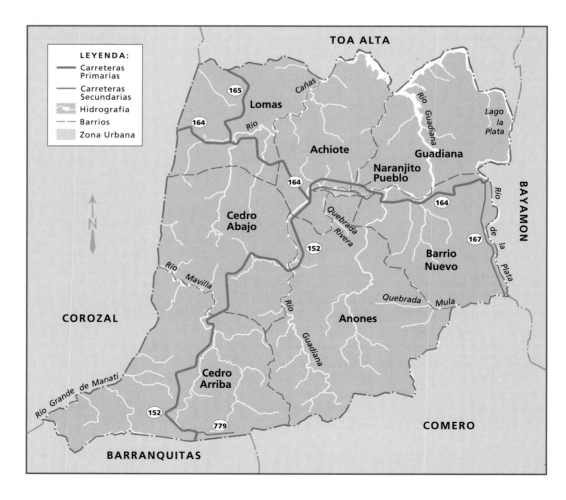

metal, la economía se basó en el cultivo del tabaco y los frutos menores; después llegaría el café. Funcionan allí actualmente algunas industrias ligeras. El cafeto, por su naturaleza, recibe mucho daño de los huracanes, por lo cual la riqueza de este partido con frecuencia ha sufrido graves pérdida.

Al parecer, el municipio debe su nombre a un pequeño árbol de naranjo que existía junto al camino y servía de orientación a los visitantes para encontrar una ermita erigida por los primeros pobladores. Los vecinos de algunos barrios de Toa Alta y Bayamón iniciaron gestiones para lograr autorización para fundar pueblo separado de Toa Alta, porque las crecientes de los ríos cercanos los dejaban frecuentemente incomunicados, a veces por varias semanas seguidas, sin poder asistir a misa. El 3 de diciembre de 1824 el Gobernador Miguel de la Torre aprobó la petición y creó el partido de Naranjito. El 23 de marzo siguiente se erigió la parroquia que quedó bajo la protección de San Miguel Arcángel. El vecino Braulio Morales fue nombrado capitán poblador, y Manuela Rivera aportó el terreno necesario para construir las obras municipales.

En 1902 la Ley para la Consolidación de Ciertos Términos Municipales suprimió el municipio de Naranjito y lo incorporó a Bayamón. Tres años después esta ley fue derogada y Naranjito fue una vez más creado como entidad separada.

Las fiestas patronales en honor a San Miguel Arcángel se celebran alrededor del 19 de septiembre. Otra celebración, el Festival de Arte y Cultura, tiene lugar en julio. Naranjito es sede de populares competencias de caballos de paso fino.

▼ Naranjito, quebrada
Afluente del río Turabo, tributario del Grande de Loíza. Nace al este del barrio Borinquen del municipio de Caguas; es corta y corre en dirección oeste.

▼ Naranjito, río
Afluente del río Limón, tributario del Grande de Arecibo. Nace en el barrio Mameyes Arriba del municipio de Jayuya, a unos 735 metros (2,411 pies) de altura sobre el nivel del mar. Longitud aproximada: 6.2 kms. (3.9 millas); generalmente fluye de sur a norte. Se une al río Limón entre el límite de los barrios Tetuán de Utuado y Mameyes Arriba de Jayuya.

Vista del pueblo de Naranjito, situado en la vertiente norte de la Cordillera Central

Axel Santana

Axel Santana

Puente sobre el río de la Plata, que sirve de límite entre Naranjito y Bayamón, por el este, y con Toa Baja, por el norte

▼ Naranjo, barrio

1. Del municipio de Aguada (3,087 habitantes). 2. Del municipio de Comerío (2,040 habitantes). 3. Del municipio de Fajardo (67 habitantes). 4. Del municipio de Moca (2,405 habitantes). 5. Del municipio de Yauco (682 habitantes).

▼ Naranjo, Francisco

Religioso de la Orden de Santo Domingo; fue elegido obispo de Puerto Rico en 1654, pero murió antes de arribar a la isla.

▼ Naranjo, quebrada

1. Afluente del río Arroyata, tributario del de la Plata. Nace al sudeste del barrio de su mismo nombre, municipio de Comerío, a una altura de 540 metros (1,771 pies) sobre el nivel del mar. Longitud aproximada: 3.5 kms. (2.2 millas); corre en dirección oeste. 2. Afluente del río Cuesta Arriba, que es, a su vez, tributario del de la Plata. Nace en el barrio Nuevo del municipio de Bayamón, a una altura de 230 metros (754 pies) sobre el nivel del mar. Longitud aproximada: 2 kms. (1.2 millas). Corre de sur a norte. 3. Afluente del río Grande de Loíza. Nace al este del barrio

Dos Bocas del municipio de Trujillo Alto; es corta y corre de este a oeste. 4. Tributaria del río Nueve Pasos. Nace al este del barrio Rosario Peñón, en el límite de éste con el de Rosario Alto, en el municipio de San Germán, a 320 metros (1,050 pies) de altura sobre el nivel del mar.

▼ Naranjo, río

Tributario del río Yauco. Nace al nordeste del barrio Rubias del municipio de Yauco, a una altura de 730 metros (2,394 pies) sobre el nivel del mar. Longitud aproximada: 7 kms. (4.3 millas); generalmente corre de norte a sur.

▼ Naranjo, China

(*Citrus sinensis,* familia Rutáceas) Árbol pequeño siempre verde, florido y con fruto, oriundo del sudeste de Asia, muy extendido, cultivado y naturalizado en los países de clima cálido en todo el mundo, conocido en Puerto Rico como china o china dulce. Alcanza entre 4 y 6 metros (12 y 20 pies) de altura; de tronco liso y ramoso, copa extendida, hojas alternas, ovaladas, duras y lustrosas; flores, que son los azahares, pequeñas, solitarias o en cimas, muy perfumadas, de color blanco; fruto o naranja en baya globosa de corteza rugosa, de color amarillo rojizo cuando maduro, como la pulpa, que es jugosa, dividida en gajos de sabor agridulce; contiene semillas de color blanco. Existen muchas variedades; una de las más famosas es la de Valencia. La madera es dura, fuerte y pesada, de color amarillo pálido; se usa mucho en ebanistería. Este árbol se cultiva por sus frutos, que al igual que las hojas, contienen un aceite esencial (nerolí); el fruto también contiene sales minerales y vitaminas, especialmente C; también se cultiva por las flores, de las cuales se extrae perfume y se prepara agua aromatizada; la cáscara del fruto sirve para preparar licores y productos farmacéuticos. Es planta melífera que también ha sido sembrada como ornamental y para sombra de cafetos.

▼ Naranjo, Naranjo agrio

(*Citrus aurantium*, familia Rutáceas) Variedad de naranjo, igual que éste es nativo del sudeste de Asia. Su fruto es agrio, amargo, de cáscara muy aromática. Se usa para hacer dulces o como condimento o aliño, a manera de vinagre. Sus flores y hojas, como las de la naranja dulce, contienen aceite esencial que se usa en farmacia.

▼ Nasa

Ver **Pesca comercial marina.**

▼ Natalidad

Ver los índices de natalidad en **Población** y sus tablas.

▼ Navarra, Gilda

Directora de teatro, actriz, bailarina, coreógrafa. Nació en San Juan en 1921. Sus verdaderos apellidos son García Daubón. Mientras estudiaba en la Universidad de Puerto Rico tomó clases de baile y coreografía, estudios estos últimos que continuó en la School of American Ballet de Nueva York (1944–46) y en España. Además, estudió pantomima en Nueva York,

La naranja, llamada comúnmente china, es una de las frutas que más alta demanda tienen en Puerto Rico

John Littlewood

Archivo General de UPR

La polifacética Gilda Navarra se ha destacado en el arte de la pantomima

▼ Navarro de Haydon, Rosa

Educadora, escritora. Oriunda del Estado de California (1905), a la edad de 14 años de edad se trasladó a Puerto Rico, en cuya universidad se graduó de bachiller en Artes y Educación (1926) y en Educación Comercial (1935), y de maestra en Artes en la Universidad de Columbia (1930), en la cual también realizó estudios posgraduados. Enseñó en la U.P.R. durante cuatro décadas (1926–66) y en 1973 se le nombró Profesora Eméritus. En colaboración con Pedro A. Cebollero escribió las obras de texto *Nuestro mundo tropical (1953), Tierra y cielo* (1955), *Aire y sol* (1956), *La ciencia es nuestra vida* (1957) y *La ciencia hoy y mañana* (1959). También es autora de *Cómo se formó Puerto Rico* (1968).

▼ Naveira Merly, Miriam

Abogada y funcionaria judicial nacida en San Juan. Se graduó de bachiller (1960), maestra (1969) y doctora en Leyes (1972) en las universidades de Puerto Rico, Columbia y Leiden de Holanda, respectivamente. Ocupó varios cargos en la judicatura puertorriqueña. Fue la primera puertorriqueña en ser nombrada procuradora general de Puerto Rico (1973) y juez del Tribunal Supremo de Puerto Rico (1985).

París, Boston y Houston. Ha sido fundadora del Ballet de San Juan (con su hermana Ana García, 1954), de la compañía teatral Producciones Cisne (con Josie Pérez y Myrna Casas, 1963) y del Taller de Histriones (1971), y ha trabajado como directora y coreógrafa de programas de televisión, de ballets y de obras de teatro.

▼ Navarro, barrio

Del municipio de Gurabo (3,153 habitantes según el censo de 1990).

▼ Navarro, Jaime

Ver **Deportes. Béisbol.**

▼ Navarro, José

Gobernador interino de Puerto Rico (1822), en sustitución de Gonzalo de Aróstegui. Fue el último mandatario en desempeñar la capitanía general y la gobernación; en adelante quedaron separadas las funciones civiles y militares. Le sucedió en el cargo Francisco González de Linares.

Miriam Naveira, la primera mujer que formara parte del Tribunal Supremo de Puerto Rico

▼ **Navia, Antonio**

Pintor nacido en Bayamón en 1945. Cursó estudios en la Escuela de Artes Plásticas del Instituto de Cultura Puertorriqueña, en la cual ganó un primer premio de pintura en 1969. Ha expuesto sus obras en Puerto Rico y España.

▼ **Nazario Cancel, José María**

Sacerdote y escritor nacido en Sabana Grande y fallecido en San Juan (1838–1919). Estudió en el Seminario de San Juan y en Salamanca, España. Fue párroco de Guayanilla, donde reunió una colección de piedras, según él anteriores al Descubrimiento; el origen de dichas piedras ha sido objeto de controversia. El Padre Nazario fue autor del libro *Guayanilla y la historia de Puerto Rico* (1893).

▼ **Nechodoma, Antonín**

Arquitecto que nació en Praga, Checoslovaquia, en 1877 y falleció en San Juan el 15 de abril de 1928. Estudió arquitectura en la universidad de su ciudad natal; se cree que hacia 1900 radicó en Chicago, ciudad que abandonó poco después para trasladarse a la Florida, donde fundó una firma de arquitectos, McClure, Holmes & Nechodoma. Luego de diseñar y restaurar importantes obras en Santo Domingo, República Dominicana (1910–13), se estableció en Puerto Rico, donde realizó numerosas obras, de las cuales pocas han sobrevivido, entre ellas la actual sinagoga de Santurce y los edificios de la Cámara de Comercio y el Banco de Nueva Escocia en el Viejo San Juan. Sobre este distinguido arquitecto ha dicho Osiris Delgado: «La transición hacia la arquitectura contemporánea de nuestra Ciudad se manifiesta principalmente a través de un discípulo de Louis Sullivan, de origen checoslovaco, Antolín Nechodoma..., quien desde el año de 1908 hasta su muerte diseña más de cien edificios para la comunidad puertorriqueña. Entre otros la notable casa Giorgetti (1925) hoy destruida, y las casas Korber y McCormick. Es arquitectura en la que se combinan felizmente las circunstancias ambientales, estética funcionalista y las posibilidades del concreto armado. Pero sobre todo, es admirable por una sencillez formal que se integra armónicamente a los panoramas sub-urbanos de la Ciudad Capital y responden fielmente a nuestra naturaleza». (En «Destellos históricos de la arquitectura en San Juan de Puerto Rico», *Revista del Instituto de Cultura Puertorriqueña*).

▼ **Negra, Negrita**

Ver **Chillo.**

▼ **Negra lora**

1. Ver **Escoba, Negra lora, Ratón, Tea cimarrona.** 2. Ver **Haya minga, Negra lora.**

▼ **Negrito, quebrada**

Afluente del río Blanco, uno de los tributarios del Grande de Añasco.

▼ **Negro, cueva**

Es húmeda, obscura y profunda, y está situada en el barrio Juncal del municipio de San Sebastián. Tiene acceso desde el kilómetro 33.7 de la Carretera 111.

▼ **Negro, El, cueva**

Situada en el barrio Duey de Yauco, se encuentra próxima a la cueva El Convento. Tiene acceso desde el kilómetro 8.7 de la Carretera 372, por una vereda que atraviesa el río Duey.

▼ **Negro, quebrada El**

Afluente de la quebrada La Balsa, a su vez afluente del río Grande de Añasco. Nace en el barrio Corcovada del municipio de Añasco; es corta y corre de oeste a este.

▼ **Negrón Benítez, Eduardo**

Miembro de los partidos Unión Republicana y Popular Democrático, fue delegado a la Asamblea Constituyente que redactó la Constitución del Estado Libre Asociado de Puerto Rico (1951).

▼ **Negrón de Hutchinson, Luz**

Pianista nacida en Utuado en 1920. Esposa del violinista Henry Hutchinson y madre del también violinista de fama Henry Hutchinson. Se graduó de bachiller en Ciencias en la Universidad de Puerto Rico (1943). Estudió música con Cecilia Muñoz (su madre), con Elisa Tavárez, Jesús María Sanromá y en el Conservatorio de Música de Puerto Rico, donde se graduó de bachiller (1963) y ha sido profesora. Ha actuado con la Orquesta Sinfónica de Puerto Rico en numerosos conciertos, y también con su hermana Cecilia.

▼ Negrón Flores, Ramón

Poeta, educador, periodista, escritor. Nació en Trujillo Bajo y falleció en San Juan (1867–1945). Sus poemas «Nuestro ideal» (1902), «Hacia la cumbre» (1907), «Para el mármol» (1909) y «Sinfonía primaveral» (1910), que fueron reunidos en el cuaderno *Siemprevivas* (1940), obtuvieron premios en diversos certámenes literarios en los años consignados. Negrón Flores, quien fue alcalde de Río Piedras, publicó una biografía del toalteño *José Pablo Morales* en 1938 y el libro de ensayos *De frente a la realidad*. Dirigió varias revistas y fue miembro de la Academia Puertorriqueña de la Historia.

▼ Negrón López, Luis A.

Abogado y político nacido y fallecido en Sabana Grande (1909–1991). Se graduó de abogado en la Universidad de Puerto Rico (1934). Luego de militar en el Partido Liberal fue miembro fundador del Partido Popular Democrático (1938), que lo eligió representante a la Cámara (1940) y senador sucesivamente de 1944 a 1964. Fue vicepresidente del Senado y delegado a la Convención Constituyente del Estado Libre Asociado de Puerto Rico (1951). Organizó los llamados «jíbaros de Negrón» y aspiró a la gobernación por el partido citado en 1968, mas fracasó debido a que muchos populares se mantuvieron a lado del entonces Gobernador Roberto Sánchez Vilella, quien se separó del Partido Popular y aspiró a la reelección por el Partido de Pueblo. Está división dio el triunfo a Luis A. Ferré, candidato del opositor Partido Nuevo Progresista.

▼ Negrón Muñoz, Ángela

Periodista, escritora nacida en Barranquitas y fallecida en Ponce (1892–1956), donde se inició en el periodismo bajo la dirección de su padre, el también periodista Quintín Negrón Sanjurjo. Publicó sus primeros artículos en *El Día*. Posteriormente colaboró en *La Democracia, El Mundo, Puerto Rico Ilustrado*, y fundó y dirigió la revista *Idearium*. En 1944 el Instituto de Literatura Puertorriqueña le otorgó un premio de periodismo, y en Francia se le concedió la medalla de Honor al Mérito por su lucha en favor de la niñez desamparada. Organizó las instituciones benéficas Sociedad Pro Defensa y Bienestar de la Niñez, El Pueblo del Niño, que presidió, y la Sociedad Femenina de Temperancia contra el alcoholismo. Autora de la colección de ensayos biográficos *Mujeres de Puerto Rico: desde el período de la colonización hasta el primer tercio del siglo XX* (1935).

Luis Negrón López, abogado y político, aspiró a la gobernación de la isla en 1968

La periodista Ángela Negrón Muñoz luchó en favor de los niños desamparados

Lab. Fotográfico UPR.

▼ Negrón Muñoz, Mercedes

Ver **Lair, Clara.**

▼ Negrón Sanjurjo, José

Poeta nacido en Barranquitas y fallecido en Ponce (1864–1927). Utilizó el seudónimo de «Heráclito», y publicó sus versos en *El Buscapié, El Palenque de la Juventud, La Democracia,* y en los cuadernos *Retamas* (1891), *Mensajeras* (1899), *Versos postales* (1903) y *Poesías* (1905), el primero de los citados en colaboración con Luis Muñoz Rivera.

▼ Negroni Mattei, Francisco

Poeta nacido y fallecido en Yauco (1896–1937). Publicó sus versos en *Puerto Rico Ilustrado, La Revista Blanca, Florete* y en varias antologías. Su compoblano Francisco Lluch Mora publicó un libro sobre su vida y obra, *La personalidad literaria de Francisco Negroni Mattei* (1964).

▼ Negros, barrio

Del municipio de Corozal (1,001 habitantes según el censo de 1990).

▼ Negros, río de los

Tributario del río Cibuco. Nace en la unión de dos quebradas en el barrio Palos Blancos, municipio de Corozal, a unos 427 metros (1,400 pies) de altura sobre el nivel del mar. Longitud aproximada: 7.4 kms. (4.6 millas). En la pesca que abunda en sus aguas destacan camarones y guábaras.

▼ Nemocá, Nemocá cimarrona, Nuez moscada cimarrona, Canelillo, Cabalonga cimarrona

(*Ocotea spathulata,* familia Lauráceas) Árbol siempre verde conocido sólo en Cuba y Puerto Rico, donde crece en las montañas más altas de la Sierra de Luquillo y de la Cordillera Central. Alcanza una altura de 14 metros (45 pies). Probablemente florece y fructifica todo el año. La madera es buena para hacer muebles, pero debido a que apenas quedan árboles del tamaño apropiado casi no se usa.

▼ Nemocá, Nuez moscada, Nuez moscada macho, Nuez moscada del país

(*Ocotea moschata,* familia Lauráceas) Árbol endémico de Puerto Rico, grande, siempre verde, aromático, que crece en los bosques del pie de las montañas. Alcanza una altura de 24 metros (80 pies). Es de copa extendida, raíces tabulares en la base del tronco; hojas coriáceas, lustrosas, lampiñas, más anchas hacia el ápice o elípticas, de punta roma o redondeada en el extremo superior y corta en la base, de borde liso, envés con venas prominentes; flores vellosas de pedúnculos cortos, de color amarillo, en panículas; fruto en baya, carnoso, grande, elíptico, al cual se le atribuyen propiedades medicinales, que contiene una semilla grande y tiene una cúpula de borde doble. Florece de marzo a noviembre; el fruto madura de diciembre a febrero y de junio a agosto. La madera es fina, dura y adquiere buen pulimento, y puede usarse en ebanistería.

▼ Nevárez, Dora

Abogada, profesora de Derecho en la Universidad Interamericana de Puerto Rico. Autora de *Sumario del Derecho procesal puertorriqueño* (1980), primera obra de texto sobre esta materia que se publica en Puerto Rico.

MI INVERNÁCULO

Yo sé que en torno a mí nieva y escarcha;
yo sé que el bóreas
ronco cuaja el cristal de hielo en mis
[alféizares;
desde estas salas oigo
la gota que a compás en mi techumbre
cayendo está con su caer monótono;
hay en la acera gélidos carámbanos;
hay frío, mucho frío, en el arroyo;
pero no llega acá: no lo consiente
esta fiebre, este foco
que se nutre de sangre de mis músculos,
que en mis venas agota el néctar rojo,
que atiranta mis nervios y que es árbitro
de mis sentidos todos.
No lo quiere esta llama que ilumina
el ara oculta en que por ti me inmolo;
no lo permitas tú, mi casta Venus,
¡mies que para mis campos ambiciono!
Tú de quien traigo a mi escondida cámara
ese calor de agosto
que por mi ser difunden
las verdes llamaradas de tus ojos.

José Negrón Sanjurjo

Neumann Gandía, Eduardo

Educador, periodista e historiador nacido en Ponce y fallecido en Cherburgo, Francia (1852–1913). Ejerció la docencia y trabajó en el Departamento de Sanidad. Como hombre de letras fundó en su ciudad natal la revista *El Diablillo Rojo* (19878) y fue colaborador de la *Revista Puertorriqueña.* Publicó artículos sobre astronomía y pedagogía y obras de carácter didáctico e histórico. Entre las últimas figuran *Gloriosa epopeya* (1897), que es un estudio histórico del ataque inglés a San Juan en 1797 y fue premiada por la Sociedad Económica de Amigos del País; y *Benefactores y hombres notables de Puerto Rico,* serie de biografías en dos volúmenes (1896, 1899). Otras de sus obras tratan sobre la fundación de Aguadilla, Coamo, Comerío, Juana Díaz y Ponce, y sobre sus *Impresiones de viaje por Norteamérica* que publicó en Nueva York (1910). Su contemporáneo Cayetano Coll y Toste, quien lo conoció, dijo de él: «Neumann era una voluntad firme, un carácter. La sangre sajona y la latina que corrían en sus venas templaba sus nervios para el combate de las inteligencias privilegiadas. Colaboraba en la prensa de San Juan y de Ponce con frecuencia y sus artículos eran sensacionales… Tuvo el culto religioso del trabajo hasta la última hora… Marchaba siempre de pie y de cara al cielo, y no podía presenciar una injusticia sin terciar en favor del débil o del caído».

Eduardo Neumann, descrito por Coll y Toste como «una voluntad firme, un carácter»

Nido de gongolén
Ver **Ecología.**

Nieves Negrón, Abraham
Miembro del Partido Popular Democrático y de la Asamblea Constituyente que redactó la Constitución del Estado Libre Asociado de Puerto Rico (1951).

Nigua
(*Sarcopsyla penetrans*) Insecto afaníptero propio del trópico americano que parasita a muchos animales, incluido el hombre. La hembra, una vez fecundada, penetra bajo la piel, especialmente bajo las uñas o en heridas pequeñas, y allí deposita sus huevos. Ocasiona intenso ardor, picazón y dolor, y provoca infecciones que pueden ser muy graves. Por siglos fue muy abundante en Puerto Rico. Es parecido a la pulga común, de la que se diferencia en que tiene blanca la parte superior del cuerpo y la boca armada de una trompa larga. Puede vivir a una altura de hasta 2,000 metros (más de 6,500 pies) de altura. Nigua es voz de origen taíno.

Nigua (Arroyo), río
Nace en el barrio Yaurel del municipio de Arroyo; luego de cruzar por dicho municipio desemboca en el mar Caribe. Longitud aproximada: 10 kms. (6.3 millas). Tiene de afluentes a las quebradas Jácana, Majagual y Palmarejo. La quebrada Jácana tiene como afluente a la quebrada Antigua, la cual, a su vez, tiene de afluente a la quebrada de los Cedros.

Nigua, río
Ver **Salinas, río.**

Ninfa
Ver **Ecología.**

▼ Nitaíno o nitayno

Indigenismo. Entre los taínos, un jefe o subcacique que tenía bajo su mando cierto número de indígenas. Se cree que algunos de ellos sirvieron como jefes de ciertas tribus, aunque bajo la jefatura de un cacique. Es posible que algunos de los que hoy se consideran caciques fueran sólo nitaínos. El Padre las Casas dice que significaba caballero o señor principal.

▼ Noísmo

Movimiento literario fundado en San Juan en 1925 por Vicente Géigel Polanco y Enrique Lervold, a quienes se unieron Vicente Palés Matos, Samuel R. Quiñones, Antonio J. Colorado y José Arnaldo Meyners. También colaboraron en él Juan Antonio Corretjer, Fernando Sierra Berdecía y Cesáreo Rosa-Nieves. El movimiento, conocido como «Grupo No» o «Los No», ya había desaparecido para 1929. Tanto el manifiesto como la mayor parte de los poemas de factura noísta se publicaron en el periódico *El Imparcial* en 1926.

▼ Nolla Ramírez de Arellano, Olga

Poeta, cuentista, novelista, educadora. Nació en Mayagüez en 1938. Obtuvo una maestría en Estudios Hispánicos en la Universidad de Puerto Rico, con una tesis de grado sobre la poesía del nicaragüense Ernesto Cardenal. Fundadora y colaboradora de la revista *Zona de Carga y Descarga,* durante varios años dirigió la revista *Cupey,* de la Universidad Metropolitana, donde profesa. Autora de los poemarios *De lo familiar* (1973), *El sombrero de plata* (1974), *El ojo de la tormenta* (1975) y *Clave de sol* (1977), que también contiene su cuento «La princesa y el juglar», *Dafne en el mes de marzo* (1989), *Dulce hombre prohibido* (1994), del volumen de cuentos *Porque nos queremos tanto* (1990) y de las novelas *La segunda hija* (1992) y *El castillo de la memoria* (1996). Hablando de esta última la autora cuenta a Mario Alegre Barrios, en el diario *El Nuevo Día* (16 de junio de 1996): «Al escribir *El castillo de la memoria* quise recuperar literariamente todo un proceso histórico de Puerto Rico… A mí me hacía falta leer algo así, y como no existía, decidí escribirlo. Es un intento por mitificar mi país, mitificar mi espacio. Siento que el mito es muy importante porque le da una dimensión distinta a la vida.

El ser humano no puede existir sin él. Hace como diez años que quería escribirla y hacerlo me tomó alrededor de tres…».

▼ Nonoplancton

Ver **Ecología.**

▼ Norberto, caño

Ver **Loíza, río Grande de**

▼ Noriega, quebrada

Tributaria del río Grande de Añasco. Nace en el barrio Anones del municipio de Las Marías; corre de sudeste a noroeste.

▼ Noriega Carreras, Carlos

Ver **Carreras, Carlos N.**

▼ Norzagaray y Escudero, Fernando de

Gobernador de Puerto Rico de 1852 a 1855. De origen vasco, y muerto su padre cuando él era un infante, ingresó a la carrera militar a los 8 años de edad como cadete. Combatió en importantes acciones, llegó a alcanzar el grado de coronel y fue ministro interino de la Guerra bajo la Reina María Cristina. Involucrado en el pronunciamiento contra Espartero, fue arrestado, destituido de su cargo, condenado a seis años de prisión y desterrado a Manila, Filipinas, a cumplir su condena (1841). Allí se unió al General Oráa para sofocar un levantamiento (1843) y al siguiente año fue amnistiado y regresó a Madrid; se le ascendió a mariscal de campo y después se le nombró capitán general de Aragón y luego de Andalucía. En 1852 fue designado gobernador de Puerto Rico. Durante su mandato se inició la construcción de la Carretera Central, que uniría a San Juan y Ponce, comenzó el funcionamiento de un servicio de lanchas entre San Juan y Cataño, se celebró la primera Feria de San Juan, se fundó el Jardín Botánico de San Juan y se inauguró el Museo Militar. Sobre este gobernador nos dice Sotero Figueroa en su *Ensayo biográfico de los que más han contribuido al progreso de Puerto Rico:* «Don Fernando de Norzagaray, carácter recto que hizo todo el bien que pudo a esa Provincia [Puerto Rico], que dio impulso a las obras de carreteras… crea en 1854 la Escuela de Comercio, Agricultura y Náutica, a fin de utilizar los conocimientos de los señores

Axel Santana

Fernando de Norzagaray y Escudero

Castro y Acosta, quienes con la muerte del Colegio Central se quedaron —al llegar de sus estudios con títulos honrosísimos— sin ocupación fructuosa y adecuada a sus antecedentes». A Norzagaray le sucedió en la gobernación el Teniente General Andrés García Camba.

▼ Novillo, cerro
Se eleva a 938 metros (3,079 pies) de altura sobre el nivel del mar, situado en el barrio Tanamá del municipio de Adjuntas. Tiene acceso desde la Carretera Estatal número 526, y se localiza en el cuadrángulo 8,166 del Mapa Topográfico de Puerto Rico.

▼ Novillo, quebrada
1. Afluente del río Guilarte. Nace al sudoeste del barrio Tanamá, municipio de Adjuntas, a una altura de 740 metros (2,427 pies) sobre el nivel del mar; es corta y corre de norte a sur. 2. Tributaria del río Matrullas. Nace en el límite entre los barrios Toro Negro y Damián Abajo del municipio de Orocovis, a una altura de 490 metros (1,607 pies) sobre el nivel del mar; es corta y corre de este a oeste.

▼ Novoa y Moscoso, José de
Gobernador de Puerto Rico de 1656 a 1661. Oriundo de Madrid, a los 28 años de edad fue nombrado capitán de infantería (1935). Participó en las campañas de Alemania, Flandes e Italia y fue destacado a América, a Brasil, donde luchó contra los holandeses en Bahía. De vuelta en España combatió en Portugal y fue ascendido a maestre de campo. Durante su mandato en Puerto Rico fue objeto de una investigación de la Audiencia de Santo Domingo, por lo que fue destituido y juzgado; se le sentenció a pagar una multa y a no desempeñar cargos públicos por dos años. Le sucedió en el cargo Juan Pérez de Guzmán.

▼ Nueva Trova
Ver **Música popular.**

▼ Nueve Pasos, río
Afluente del río Duey, tributario del Guanajibo. Nace en el barrio Rosario Alto del municipio de San Germán, a una altura de entre 400 y 600 metros (1,312 y 1,968 pies) sobre el nivel del mar; corre de norte a sur y tiene como afluente a la quebrada Naranjo.

▼ Nuevo, barrio
1. Del municipio de Bayamón (2,715 habitantes). 2. Del municipio de Naranjito (3,715 habitantes).

▼ Nuevo, río
Tributario del río de la Plata. Nace al sudeste del barrio Maguayo del municipio de Dorado; corre en dirección norte.

▼ Nuevo Trato
Ver **Historia.** *La gran depresión.*

▼ Nuez moscada
1. Ver **Nemocá, Nuez moscada, Nuez moscada macho, Nuez moscada del país.** 2. Ver **Nemocá, Nemocá cimarrona, Nuez moscada cimarrona, Canelillo, Cabalonga cimarrona.**

▼ Nuñez, cueva
Situada en el barrio Rocha de Moca, tiene acceso desde el kilómetro 9.2 de la Carretera 112.

▼ Núñez, Edwin
Físico y meteorólogo nacido en San Juan en 1947. Se graduó de bachiller en Física

(1968) y de maestro en Física del Estado Sólido (1971) en la Universidad de Puerto Rico, y de doctor en Ciencias Atmosféricas en la Universidad del Estado de Colorado (1980). Su tesis doctoral versó sobre una nueva teoría sobre la intensificación de los huracanes y tormentas tropicales y obtuvo el premio Max Eaton de la Sociedad Americana de Meteorología. Enseñó en la Universidad de Puerto Rico, en la que dirigió el Programa de Mantenimiento Ambiental, y fue consultor de la Oficina de Energía de Puerto Rico. En 1983 fue elegido presidente de la Asociación de Maestros de Ciencias de Puerto Rico y recibió una beca de la National Aeronautics and Space Administration (NASA) para hacer investigaciones, empleando datos de satélites, en el Goddard Space Flight Center. Núñez, quien cuando esto se escribe reside y labora en Estados Unidos, ha publicado artículos en diversas revistas, y ha realizado investigaciones sobre la electricidad en la atmósfera, la contaminación atmosférica, la estructura e intensificación de tormentas tropicales y la energía eólica.

▼ Núñez, Gonzalo

Pianista y compositor nacido en Bayamón y fallecido en Nueva York (1850–1915). Estudió con José Cabrizas y Manuel Gregorio Tavárez, y en el Conservatorio de París, Francia (1868–75). Regresó a Puerto Rico por un breve tiempo y luego radicó en Nueva York y se dedicó a dar clases de piano. En 1893 comenzó una gira artística que incluyó a Puerto Rico (Arecibo, Mayagüez, Ponce, San Juan), y que continuó por Centro y Sudamérica, La Habana, París y Barcelona. Escribió numerosas composiciones para el piano, obras para orquesta como la «Gran marcha triunfal», dedicada al presidente mexicano Porfirio Díaz, y un Cuarteto de cuerdas.

▼ Núñez, Guillermo

Escultor nacido en Utuado en 1927. Trabaja con diversos materiales: barro, cemento, metal, piedra, plástico. Premio en el Festival de Navidad del Ateneo Puertorriqueño (1971) por su escultura «Madre e hijo».

▼ Núñez Meléndez, Esteban

Farmacéutico, escritor y educador nacido en Cidra (1909–1991). Se graduó de ba-

Axel Santana

El escultor utuadeño Guillermo Núñez

EL LORELEI DE GONZALO NÚÑEZ

Su leyenda «Lorelei» es un bello poema sinfónico que bastaría por si solo para formar la reputación de un autor. En él se sienten las ondas del poético Rhin, se percibe el canto de la blonda hada al destrenzar su cabello con su peine de oro... El primer tiempo es de una placidez encantadora, el rumor de las ondas que se suceden en una no interrumpida marea de las corrientes. Ritmos apacibles, modulaciones, todo fluye, geórgico, pastoral, repitiéndose siempre el mismo motivo hasta el final en una combinación de dobles corcheas sin interrupciones, que simbolizan perfectamente la marcha de las ondas...

Trina Padilla de Sanz

chiller (1933) y de maestro (1941) en Farmacia en las universidades de Puerto Rico y de la Florida, Gainesville, respectivamente; en esta última también se doctoró (1953). Profesó en la Universidad de Puerto Rico, dirigió la *Revista Farmacéutica de Puerto Rico* y presidió el Colegio de Farmacéuticos de Puerto Rico. Autor de los libros *Cultivo de las plantas medicinales de Puerto Rico* (1945) y *Plantas medicinales de Puerto Rico* (1965).

▼ Oatilibí

(Bodianus ruber) Pez marino de mediano a pequeño tamaño, de color rojo, que presenta puntos azules en la cabeza y otras partes del cuerpo. Voz de origen caribe.

▼ Obispo, quebrada

1. Afluente del río Cuyón, tributario del Coamo. Nace al oeste del barrio Pasto, municipio de Aibonito, a una altura de 620 metros (2,034 pies) sobre el nivel del mar; corre de norte a sur. 2. Tributaria del río Humacao. Nace al norte del barrio Mabú del municipio de Humacao. Su curso es breve y sigue la dirección de norte a sur.

▼ Obscura, cueva

1. Situada en el barrio Sumidero del municipio de Aguas Buenas, en terrenos de una finca privada. Es húmeda y obscura. Tiene acceso desde la Carretera Estatal 173, kilómetro 7.8, por un camino pavimentado que parte hacia el este. 2. Se encuentra en el barrio Santa Rosa del municipio Utuado, y tiene acceso desde el kilómetro 4.5 de la Carretera 489, a través de un camino municipal pavimentado que parte hacia el sudoeste. 3. Otra del mismo nombre, de grandes dimensiones y obscura, ubica en el barrio Ángeles del municipio de Utuado, tiene acceso desde el kilómetro 19.4 de la Carretera 129. 4. Otra del mismo nombre se encuentra en el barrio Abra Honda del municipio de Camuy, y tiene acceso desde el kilómetro 7.7 de la Carretera 486 a través del camino Péndula. Es seca, amplia y obscura. 5. Otra de igual nombre se encuentra en el barrio Hato Viejo de Arecibo, y tiene acceso desde la Carretera 626, kilómetro 1.5 por un camino que parte hacia el sur. Su entrada se encuentra en un sumidero.

▼ Observatorio de Arecibo

Es el observatorio astronómico mayor del mundo. Está situado en el barrio Esperanza del municipio de Arecibo, a 10 kms. al sur de la ciudad de Arecibo. Fue construido allí porque la topografía de este lugar forma una concavidad casi perfecta. Su reflector consiste en 38,778 paneles de aluminio y está suspendido mediante cables. La plataforma triangular es de 625 toneladas de peso. Puede detectar emisiones de objetos situados a una distancia de quince mil millones de años luz; su radar alcanza hasta la órbita de Saturno. Se utiliza para llevar a cabo investigaciones de aeronomía en la ionosfera y la atmósfera lejana. Es administrado por la Universidad de Cornell y funciona con fondos federales de la Fundación Nacional de Ciencias. Científicos de todas partes del mundo lo utilizan en sus estudios.

O'DALY DEFIENDE LA CONSTITUCIÓN DE 1812

Valientes soldados y milicianos, la Constitución es mi ídolo. En su defensa perecería mil veces, si mil vidas tuviera.

Vosotros sabéis como yo, que en algunos puntos de la Península, la ignorancia, el fanatismo y la barbarie han declarado la guerra a la justicia, a la filosofía y a la razón. Nuestros compañeros de armas combaten a esos monstruos con tanto heroísmo como buen éxito. No es pues, ni aún preconcebible que los intentos del vil egoísmo y las bajas arterías de los satélites de la tiranía prevalezcan contra los esfuerzos del patriotismo y las virtudes de los defensores de la Libertad, pero si los malvados lograsen otra vez alucinar a los incautos instrumentos de sus pérfidas miras para provocar de nuevo el enojo de los verdaderos españoles que sólo aman el imperio de la ley y detestan el de la arbitrariedad, vivid seguros que la espada que desenvainé en la isla [de las Cabezas de San Juan] para proclamar y sostener la Libertad, será la primera que sirva de guía a los nuestros para castigar la osadía de los perjuros. Así os lo promete vuestro general y compañero de armas.

Madrid, 22 de septiembre de 1822.
Demetrio O'Daly

Tomado del *Boletín histórico de Puerto Rico* de Cayetano Coll y Toste

▼ Ocasio, Osvaldo
Ver **Deportes. Boxeo.**

▼ Ochart, Luz Ivonne
Poeta nacida en 1949. Ha publicado versos en varias publicaciones periódicas y antologías y en los poemarios *Rantamplán* (1975), primer premio de poesía (Ateneo Puertorriqueño, 1974) y *Este es nuestro paraíso* (1981), entre otros.

▼ Ochavón
Término aplicado al descendiente de cuarterón y blanca, o de cuarterona y blanco.

▼ Ocho Puertas, cueva
Situada en el barrio Río Lajas de Toa Alta, es amplia, húmeda y clara. De su interior fluye un manantial. Tiene acceso desde el kilómetro 1.2 de la Carretera 823, atravesando una finca privada.

▼ Ochoa de Castro, Sancho
Gobernador de Puerto Rico de 1602 a 1608. Antes de arribar a la isla había servido en la Armada Real. Prestó atención a la realización de varias obras públicas. Le sucedió en la gobernación Gabriel de Rojas Páramo.

▼ O'Daly, Tomás,
Ver **Arquitectura militar.**

▼ O'Daly de la Puente, Demetrio
Militar nacido y fallecido en San Juan (1780–1837), descendiente de irlandeses. O'Daly fue enviado por su padre —coronel de ingenieros destacado en San Juan— a España a cursar la carrera militar. Ya con el grado de sargento se batió en la guerra de Independencia contra los franceses en el Puente de Matamulas, y con el regreso del absolutismo al trono español, conspiró contra ese régimen político; el 1 de enero de 1820 apoyó al General Rafael del Riego en el levantamiento contra Fernando VII en las Cabezas de San Juan; con la vuelta al poder del gobierno constitucional, fue ascendido a mariscal de campo. En Puerto Rico fue elegido miembro de honor de la Sociedad Económica de Amigos del País y diputado a Cortes, en las que, en 1822, votó por la incapacitación del Rey, posición sostenida por Riego, quien a consecuencia de esto murió en la horca. O'Daly salvó la vida fugándose al extranjero. Viajó a Francia, Inglaterra y América; radicó en la isla de Saint Thomas y ejerció la docencia. En 1834 regresó a Puerto Rico, donde moriría tres años después.

▼ Oeste, Pico del
Ver **Pico del Oeste.**

▼ Oficina de Administración de Tribunales
Ver **Gobierno. El Tribunal General de Justicia.**

▼ Oficina de Inspector de Cooperativas
Ver **Gobierno. Departamentos, agencias e instrumentalidades.** Departamento de Desarrollo Económico y Comercio.

▼ Oficina de Servicios con Antelación al Juicio
Ver **Gobierno. Departamentos, agencias e instrumentalidades.** Departamento de Corrección y Rehabilitación.

▼ Oficina del Comisionado de Instituciones Financieras
Ver **Gobierno. Departamentos, agencias e instrumentalidades.** Departamento de Hacienda.

▼ Oficina del Comisionado de Seguros
Ver **Gobierno. Departamentos, agencias e instrumentalidades.** Departamento de Hacienda.

▼ Oficina del Gobernador
Ver **Gobierno. Departamentos, agencias e instrumentalidades.**

▼ Oficina de Exención Contributiva
Ver **Gobierno. Departamentos, agencias e instrumentalidades.** Departamento de Estado.

▼ Oficina para el Mejoramiento de las Escuelas Públicas
Ver **Gobierno. Departamentos, agencias e instrumentalidades.** Departamento de Educación.

▼ Oficina para los Asuntos de la Vejez

Ver **Gobierno. Departamentos, agencias e instrumentalidades.** Comisión de Derechos Ciudadanos.

▼ Oidores

Ver **Audiencias de Indias.**

▼ O'Kelly, Joseph J.

Arquitecto nacido en Nueva York (1890–1970). Estudió en la Universidad de Columbia y en el Instituto Trexel de Filadelfia. Alrededor de 1922 radicó en Puerto Rico, a cuyo gobierno sirvió durante más de una década. Según su propio testimonio realizó o trabajó en varios cientos de obras en la isla, entre ellas el Capitolio, la Universidad, la Escuela de Medicina Tropical, el monumento a la Victoria y la iglesia del Sagrado Corazón en Santurce. Fue miembro fundador del Instituto de Arquitectos de Puerto Rico.

▼ Olivar, quebrada

Tributaria del río Limaní. Nace al oeste del barrio Guilarte, municipio de Adjuntas, a unos 700 metros (2,296 pies) de altura sobre el nivel del mar; es corta y corre de sur a norte.

▼ Oliver, José R.

Pintor nacido en Arecibo y fallecido en San Juan (1901–1979). Radicó en Barcelona, España, de 1911 a 1936. Graduado de doctor en Química. En la capital catalana realizó estudios de pintura en la Escuela de Artes y Oficios. Entre sus profesores figuraron Mestres, Parera, Galofré, Vázquez y Alarma. En 1928 expuso sus obras en las Galerías Layetanas. En Madrid y París, donde también residió y estudió,

José R. Oliver, pintor arecibeño que destacó como muralista y paisajista

trabajó la escultura y el esmalte y realizó exposiciones. En 1936, debido al estallido de la Guerra Civil española, regresó a Arecibo y estableció una escuela de pintura. Exhibió sus obras en Estados Unidos y México. En San Juan destacó como muralista y paisajista; se inspiró en temas puertorriqueños. Entre sus murales más conocidos figura el realizado en mosaico, ubicado en la rotonda del Capitolio de Puerto Rico, basado en la conquista y colonización española de la isla. Profesó en la Universidad de Puerto Rico y fue el primer director de la Escuela de Artes Plásticas del Instituto de Cultura Puertorriqueña (1959–75). Dicho instituto y el Ateneo Puertorriqueño le otorgaron varios premios y distinciones.

EL REALISMO LITERARIO DE OLIVER FRAU

La obra cimera de Antonio Oliver Frau es su cuentística regional, casi toda ubicada en la zona del café de Puerto Rico. Estas narraciones están dispersas en los periódicos y revistas del país, parte de la cual se recoge en su único libro de este género, *Cuentos y leyendas del cafetal* (Yauco, Puerto Rico, 1938, 307 págs.). Constituyen estas composiciones de tierra adentro una especie de crónica movida y rica de color y galanura, en estilo de poéticos acercamientos a veces, y de un verismo fotográfico otras. Son relatos que participan en su conjunto de un caliente realismo literario de nuestras costumbres, nuestro paisaje y paisanaje, y del vuelo imaginativo de las creencias y fantasías de la vida cotidiana del isleño: regocijos, penas, amores, dentro de un estoicismo de quietud agreste.

Cesáreo Rosa-Nieves en *Plumas estelares en las letras de Puerto Rico*

▼ Oliver, Reinaldo
Ver **Deportes. Atletismo.**

▼ Oliver Frau, Antonio
Poeta y cuentista nacido en Lares y fallecido en Ponce (1902–1945). Se graduó de abogado en la Universidad de Puerto Rico (1926). Colaboró con poesías y trabajos en prosa en *Puerto Rico Ilustrado, El Mundo, El Imparcial* e *Índice*. Publicó una única obra, en 1926, *Cuentos y leyendas del cafetal.*

▼ Olivieri, Ulises
Poeta y escritor nacido en la segunda mitad del siglo XIX en Yauco y fallecido en Ponce alrededor de 1940. Publicó *Cantos populares de Puerto Rico* (1882) y el cuaderno de versos *Palpitaciones líricas* (1935).

▼ Olivo
Ver **Setí.**

▼ Olivo, José A.
Pintor nacido en San Juan en 1935. Estudió en Nueva York, en el Instituto Pratt y en la Escuela de Artes Visuales. Ha expuesto sus obras en Puerto Rico y Estados Unidos. En 1970 obtuvo el segundo premio de pintura en el Festival de Navidad del Ateneo Puertorriqueño.

▼ Oller Cestero, Francisco
Nació en San Juan el 17 de junio de 1833 y falleció en la misma ciudad el 17 de mayo de 1917. Recibió las primeras clases de pintura en San Juan del maestro Juan Cletos Noa. A los dieciocho años de edad inició estudios en la Academia de Bellas Artes de San Fernando de Madrid, España. En 1853 regresó a San Juan, y un año después participó en la primera Feria Exposición, y en la del siguiente año; en ambas ganó medallas de plata. En 1858 se trasladó a Francia, donde asistió a la Academia de Bellas Artes de París, al taller de Thomas Couture y a la Academie Suisse. Por este tiempo conoció a los grandes pintores Camile Pissarro, antillano como él, y a Paul Cézanne, francés; asistió a otros talleres, entre ellos el de Gustave Courbet y sus obras fueron admitidas al Salón de París en 1865, cuando regresó a Puerto Rico. Dos años después montó una exposición de sus obras; en 1868 contrajo matrimonio con Isabel Tinajero y fundó una escuela de dibujo y pintura

Museo Universidad de Puerto Rico

Francisco Oller, Autorretrato en rojo, *óleo sobre tabla. Colección Museo de la UPR*

«gratis y libre para todo el que quiera concurrir». En 1873 representó a Puerto Rico en la Exposición Universal de Viena. Entre 1874 y 1878 permaneció en París; de esta época es su famosa pintura «El estudiante», que se exhibe desde 1951 en el Museo del Louvre, la cual fue traída a Puerto Rico durante dos meses en 1964 por gestiones del Instituto de Cultura Puertorriqueña, y nuevamente en 1983. De 1878 a 1884 radicó en Madrid; montó allí su taller, realizó importantes exposiciones y el Rey le otorgó la Cruz de Carlos III. De nuevo en Puerto Rico (1884), estableció una escuela en el Ateneo Puertorriqueño que funcionó hasta 1894. Cerrada ésta, se dedicó a pintar su obra más conocida en la isla, «El velorio», que exhibió en La Habana y París en 1895. Al siguiente año regresó a Puerto Rico. Hacia 1903 era profesor de la Escuela Normal, cargo del que fue separado dos años después. Desde entonces hasta su muerte sufrió estrecheces económicas e incomprensiones por parte de las autoridades norteamericanas, que lo decepcionaron y fueron minando su quebrantada salud.

Al cumplirse los 150 años de su nacimiento, el 17 de junio de 1983, el Museo de Arte de Ponce inauguró una exposición titulada «Francisco Oller, un realista del impresionismo», en la cual se expusieron

72 obras del Maestro, entre ellas dos del Museo del Louvre. La Dirección tuvo como meta trasladar la exposición al Museo del Barrio de Nueva York, al de la Organización de Estados Americanos en Washington, al de Bellas Artes de Springfield, Massachusetts, y al de la Universidad de Puerto Rico en Río Piedras, sucesivamente. Esta ha sido la exposición más amplia de la obra de Oller. En 1982 el Museo de la Universidad de Puerto Rico adquirió su obra «La basílica de Lourdes vista desde el río Gave». Muchos de sus retratos forman parte de la colección del Ateneo Puertorriqueño. Otras de sus obras más famosas son «Galatea», «Tinieblas», «Un boca abajo», «La negra mendiga», «Un café y media tostada», «El maestro Rafael» y «Autorretrato». Para tener un juicio sobre su obra ver **Pintura.**

▼ Oller Cestero, Isabel

Soprano nacida y fallecida en San Juan (1873–1914); hermana del gran pintor Francisco Oller. Estudió con el famoso músico y compositor Felipe Gutiérrez Espinosa. En 1852 cantó junto a la conocida soprano Adelina Patti, a la que volvió a acompañar en 1856 durante los conciertos que ésta ofreció en la isla. Isabel Oller es, pues, cronológicamente, una de las primeras cantantes de Puerto Rico.

▼ Oller Ferrer, Francisco

Médico catalán que arribó a Puerto Rico a principios del siglo XIX, abuelo del gran pintor puertorriqueño Francisco Oller Cestero. Fue cirujano mayor del Real Hospital Militar de San Juan, y a fines de 1803 introdujo a Puerto Rico, desde Santo Tomás, la vacuna antivariólica. Este hecho provocó un incidente que ha pasado a la historia insular y ha sido mal interpretado. Ocurre que en 1803 el Rey Carlos IV había organizado una expedición que tendría por propósito llevar la vacuna a sus posesiones americanas. En esta época estaban de moda las «expediciones científicas». El régimen de Despotismo Ilustrado, en una operación más diplomática que científica, confió la vacunación a una gran expedición dirigida por el prestigioso científico Francisco Javier de Balmis. Se trataba de demostrar la preocupación de Su Alteza por la salud de sus súbditos, y la importancia de las ciencias para el progreso de la humanidad. Digamos de pasada que la expe-

dición tuvo gran éxito político y científico en el resto del Imperio español, donde el nombre de Balmis todavía es reverenciado; pero cuando éste encontró que en San Juan ya conocían la vacuna, comprendió que todo el andamiaje tan cuidadosamente preparado había sido arruinado, y reaccionó en forma apasionada e irracional. El historiador Salvador Brau, en *La colonización de Puerto Rico*, nos narra los hechos: «El 9 de febrero de 1804 daba fondo en la bahía de Puerto Rico la corbeta de guerra María Pita, conductora de la expedición, siendo cortésmente recibido el Comisario Regio por un ayudante del Brigadier Don Ramón de Castro… Pero es el caso que, desconocidas por el General Castro las intenciones del gobierno de la metrópoli en punto a vacuna, extendida la viruela por todo el país, y oyendo alabar en los papeles públicos el famoso fluido, traído ya de Inglaterra a la vecina isla danesa de Saint Thomas, desde el año anterior habíase dado a practicar diligencias para obtenerlo, como lo obtuvo, en cristales y en los brazos de una negrita de dos años, que conducida fue de la isla extranjera, con los cuidados imprescindibles, comisionándose al Doctor Don Francisco Oller, cirujano del Hospital Militar, y al Doctor Don Tomás Prieto, cirujano consultor del ejército, para propagarlo.

«De este hecho, que se adelantaba a las disposiciones regias, dio cuenta el Gobernador a España el 21 de diciembre de 1803, y tal interés desplegaron los profesores, especialmente Oller en su cometido, que en veintitrés días fueron vacunadas 1,557 personas, siendo las primeras en inocularse el virus para dar el ejemplo un hijo de Oller, Don Juan Alejo de Arizmendi, nombrado obispo y que estaba aún pendiente de consagración, y las dos hijas del General Castro.

«Toda la cortesía desplegada por el Gobernador y el Ayuntamiento para obsequiar a Balmis no bastó a destruir el enojo producídole al saber que el incomparable beneficio de la preciosa vacuna que enviaba a sus amados vasallos de América el inmortal Calos IV, había sido ya importado de Saint Thomas, sin bombo ni platillo, por el Capitán General, y que las enseñanzas que pensaba transmitir, en conferencias públicas, sobre una materia que él sólo se juzgaba conocedor, resultaban ya sabidas en Puerto Rico.

«Irritado por el contratiempo, y porque la entereza de Castro no se prestó a
fomentar el engreimiento y la soberbia en
que rebosaban sus escritos, declaró Balmis
que las vacunaciones hechas por el Doctor
Oller eran todas falsas, y que "las manos
de éste las más torpes que podían haber
elegido para el caso."

«Oller presentó incontinente a su hijo
vacunado por él, para que lo revacunase
el fachendoso director; el obispo pidió
también revacunación, y ni en uno ni en
otro prosperó la linfa cultivada en la corbeta expedicionaria… Corrido entonces
Balmis determinó abandonar Puerto Rico
sin dar las conferencias públicas ofrecidas
ni aceptar la invitación para trasladarse a
Fajardo y Yabucoa, donde continuaban las
viruelas que él con su método había ofrecido extirpar inmediatamente.»

▼ Olmo, Nicasio
Ver **Deportes. Atletismo.**

▼ Ombudsman
Ver **Procurador del Ciudadano, Oficina del.**

▼ Omega
Seudónimo que usó el novelista y poeta
Manuel Zeno.

▼ O'Neill, Ana María
Educadora y escritora nacida en Aguadilla
y fallecida en San Juan (1894–1982). Se
graduó de maestra normalista (1915) y de
bachiller en Educación (1924) en la Universidad de Puerto Rico, y de maestra en
Sicología Educativa en la Universidad de
Columbia (1927). Además, tomó cursos
de cooperativismo y realizó estudios doctorales en las universidades de Arizona y
de Columbia. Fue maestra de la Escuela
Superior Central de Santurce (1918–29) e
ingresó en la Universidad de Puerto Rico
en 1928, de la cual se jubiló como Profesora Eméritus (1961); allí fue conferenciante, catedrática, fundadora y directora
del Departamento de Español y Ética Comercial y conferenciante del Instituto de
Cooperativismo (1961–63). Realizó numerosos viajes de estudios por América y
Europa y representó a Puerto Rico en congresos y conferencias internacionales. En
1966 la Unión de Mujeres Americanas, capítulo de Puerto Rico, la eligió Mujer del

La educadora Ana María O'Neill enseñó en la
UPR por más de tres décadas

Año. Colaboró en las principales publicaciones periódicas puertorriqueñas y en
otras de Costa Rica, España y Estados Unidos. Autora de los siguientes ensayos u
obras de texto: *El anuncio científico, La psicología de la correspondencia comercial, Ética
para la era atómica, Cuerpo y alma del cooperativismo, Un diagnóstico del sistema educativo*
y *Psicología de la comunicación.* En 1933, en
colaboración con Alfredo Muñiz, adaptó al
español los signos del sistema taquigráfico
Gregg, labor que publicó en *Exposición de la
taquigrafía Gregg.*

▼ O'Neill, Luis
Poeta nacido en Aguadilla (1893–1981).
Estudió en la Universidad de Puerto Rico
y en el Instituto Pratt de Nueva York.
Propulsó la creación de la Asociación Bi-
bliotecaria de Puerto Rico y dirigió la Biblioteca Carnegie (1919–54). Colaboró
en varias publicaciones y en 1955 publicó el cuaderno de versos *Arca de recuerdos.* Entre sus poemas destaca el titulado
«A un árbol», premiado por el Ateneo
Puertorriqueño (1913).

▼ O'Neill, Marimáter
Pintora. Nació en San Juan en 1960. Obtuvo un bachillerato en Artes en The Co-

Colección Periódico El Mundo, Sistema de Biblioteca UPR.

Marimáter O'Neill, miembro destacado del grupo de Mujeres Artistas de Puerto Rico

Lab. Fotográfico. UPR.

Federico de Onís ayudó a fundar el Departamento de Estudios Hispánicos de la UPR

oper Unión School of Arts and Science de Nueva York (1984). Profesa en la Escuela de Artes Plásticas de Puerto Rico. Artista premiada en la III Bienal Internacional de Pintura de Cuenca, Ecuador, su obra ha sido expuesta en su país, en Estados Unidos, Ecuador, Francia y España (Pabellón de Puerto Rico en Sevilla, 1992), y en forma permanente en el Museo de Arte Contemporáneo de Puerto Rico y en la colección de Arte Puertorriqueño de la Compañía de Turismo. Fue seleccionada por el Museo de Arte de Milwaukee para integrar la exposición Latin American Women Artists 1915–1995, que recorrió varios de los más importantes museos de Estados Unidos y que presenta obras de 33 pintoras americanas, entre ellas Frida Kahlo y Remedios Varo; además su pintura «Paisaje en fuego, Núm 2» fue elegida para ilustrar la invitación y el cartel de dicha exposición. En 1996 O'Neill expuso siete de sus obras en el Museo de Arte de Ponce, en la muestra titulada «M–7–96». Además de pintora, trabaja como diseñadora y ha incursionado en el cine por medio del cortometraje. Ha presidido el grupo de Mujeres Artistas de Puerto Rico.

▼ Onís, Federico de

Famoso educador y crítico literario español nacido en Salamanca y fallecido en San Juan de Puerto Rico (1885–1966). Estudió y profesó en la universidad de su ciudad natal. En 1916 radicó en Estados Unidos, donde dirigió el Departamento de Estudios Hispánicos de la Universidad de Columbia, Nueva York, hasta 1954. Ofreció cursos de Literatura española en la Universidad de Puerto Rico, cuyo Departamento de Estudios Hispánicos contribuyó a fundar. De sus obras citamos, *Antología de la poesía española e hispanoamericana* y *España en América.*

▼ Operación Manos a la Obra

Ver **Historia.** *El Partido Popular Democrático.*

▼ Oportunidad Económica, Oficina de

Creada por la Ley número 115 del 21 de junio de 1968, toma parte junto a otras agencias del gobierno en los esfuerzos para solucionar los problemas que más afectan a personas en desventaja socioeconómica, aumentando la participación del

El poeta y escritor Carlos Orama Padilla fue premiado por el Instituto de Literatura Puertorriqueña

sector privado en las actividades de adiestramiento y empleo, capacitación de recursos humanos desempleados y colocación de los participantes.

▼ Orama Padilla, Carlos

Poeta y escritor nacido en Jayuya y fallecido en Bayamón (1905–1982). Fue Administrador de Correros de Bayamón. Colaboró en varias publicaciones de Puerto Rico (*Alma Latina, El Día, El Imparcial, Prensa, Todo Bayamón*) y el extranjero. Premio de Periodismo del Instituto de Literatura Puertorriqueña por el artículo periodístico «Itinerario de Lola Rodríguez de Tió» (1943). Autor de *Virgilio Dávila, su vida y su obra* (1945), de una biografía de Esteban Tarrats Acha titulada *Los que no regresaron* (1946), del libro de décimas espinelas dedicadas a Santiago R. Palmer *La ruta del sembrador* (1955), del cuaderno de versos *Surcos y estrellas* (1959) y de *Postal de tierra adentro* (estampas, 1963).

▼ O'Reilly, Alejandro de

Militar, hacendista y funcionario público que nació en Dublín, Irlanda, en 1725 y falleció en Bonete, España, en 1794; fue conde de O'Reilly, Vizconde de Cabán y Caballero de la Orden de Alcántara. Prestó servicios militares a Francia y a España. En 1762 fue enviado a Cuba como mariscal de campo para reorganizar el gobierno después de la toma de La Habana por los ingleses. Tres años después llegó a San Juan para estudiar la situación general de la colonia y las fuerzas militares. Como resultado de tal estudio elevó al Rey Carlos III la conocida «Memoria sobre la isla de Puerto Rico», obra fundamental para interpretar la sociedad puertorriqueña del siglo XVIII. No se limita en ella el mariscal a exponer con buen juicio y penetración la situación de las defensas y de la economía, sino sugiere medidas estratégicas, políticas y hacendísticas de gran visión y alcance. Como otros autores de su época a partir de Montesquieu, atribuye al clima y a las facilidades que éste ofrece al hombre para satisfacer sus necesidades básicas el atraso y la pobreza. Hace atinadas observaciones sobre la economía, las finanzas, la composición social, las costumbres, el carácter, el estado de la enseñanza y otros temas muy alejados de lo puramente militar, que deben ser examinadas con atención, y fustiga el contrabando, que denuncia como muy extendido. Después, en 1769, regresó a América al frente de una expedición para someter a los rebeldes de Nueva Orleáns; posteriormente, encabezando un ataque contra Orán, sufrió tal derrota que fue acusado de incapacidad, negligencia y temeridad. En sus

LAS REFORMAS DEL MARISCAL O'REILLY

Las tres piedras angulares de las reformas fueron: canalización del comercio hacia la legalidad; aumento de la producción que debía lograrse por medio de la ayuda oficial y propiciando una inmigración selectiva, y fortalecimiento de las defensas. El objetivo: que Puerto Rico dejara de ser un débito para convertirse en un haber dentro de la economía imperial.

Luis M. Díaz Soler en *Puerto Rico: desde sus orígenes hasta el cese de la dominación española.*

últimos años fue gobernador de Andalucía; cuando viajaba hacia Barcelona para tomar el mando de Cataluña falleció.

La «Memoria» es un documento único que permite al lector formar juicio sobre la vida en la isla hacia 1765. Ofrecemos al lector un fragmento de la misma:

«El origen y principal causa del poquísimo adelantamiento que ha tenido la isla de Puerto Rico, es por no haberse hasta ahora formado un Reglamento político conducente a ello: haberse poblado con algunos soldados sobradamente acostumbrados a las armas para reducirse al trabajo del campo: agregáronse a éstos un número de polizones, grumetes y marineros que desertaban de cada embarcación que allí tocaba: esta gente por sí muy desidiosa, y sin sujeción alguna por parte del Gobierno, se extendió por aquellos campos y bosques, en que fabricaron unas malísimas chozas: con cuatro plátanos que sembraban, las frutas que hallaban silvestres, y las vacas de que abundaron muy luego los montes, tenían leche, verduras, frutas y alguna carne; con esto vivían y aún viven. Estos hombres inaplicados y perezosos, sin herramientas, inteligencia de la agricultura, ni quien les ayudase a desmontar los bosques. ¿Qué podrían adelantar? Aumentó la desidia lo suave del temperamento que no exigía resguardo en el vestir, contentáronse con una camisa de listado ordinario, y unos calzones largos, y como todos vivían de este modo, no hubo motivo de emulación entre ellos; concurrió también a su daño la fertilidad de la tierra y abundancia de frutas silvestres. Con cinco días de trabajo, tiene una familia plátanos para todo el año. Con éstos, la leche de las vacas, algún casabe, boniatos y frutas silvestres, están contentísimos. Para camas usan de unas hamacas que hacen con la corteza de un árbol que llaman majagua. Para proveerse del poco vestuario que necesitan, truecan con los extranjeros vacas, palo de mora, caballos, mulas, café, tabaco o alguna otra cosa, cuyo cultivo les cuesta poco trabajo. En el día han adelantado alguna cosilla más, con lo que les estimula la saca que hacen los extranjeros de sus frutos y la emulación en que los van poniendo con los listados, bretañas, pañuelos, olanes, sombreros y otros varios géneros que introducen, de modo que este trato ilícito que en las demás partes de América es tan perjudicial a los intereses del Rey y del comercio de España, ha sido aquí útil. A él debe el Rey el aumento de frutos que hay en la isla, y los vasallos, aunque muy pobres y desidiosos, están más dedicados al trabajo de lo que estarían y es muy fácil al Rey el cortar el comercio ilícito de esta isla siempre que lo quiera; a lo que contribuirá infinito el repartimiento hecho de la milicia y sus oficiales veteranos que ocupan toda la costa en forma de cordón: debo decir al mismo tiempo que los habitantes son muy amantes del Rey, y de una natural inocencia y verdad que no he visto ni he oído haber en otra parte de América».

▼ Oreja

Puertorriqueñismo: confidencia, especialmente referente a carreras de caballos.

▼ Orfebrería

Apenas se establece el primer poblado hispánico en la isla de San Juan —Puerto Rico— es cuando ya hacen su aparición los maestros plateros. Traía consigo la necesidad del oficio uno de los primeros motivos de las conquistas en Indias: la búsqueda de metales preciosos. Era necesario que alguien ensayara la ley de los hallazgos. A esta necesidad, una vez sujetos los naturales, seguían otras dos: la de responder a la demanda de objetos suntuarios de oro, plata y piedras procedente por entonces tanto de los varones como de las mujeres y la de alhajar los templos con vasos sagrados que preceptivamente habían de ser obra de materia preciosa, y otros muebles litúrgicos y prendas de carácter decorativo para las imágenes.

La primera plata labrada que se trajo para la catedral primitiva de Caparra fundióse en su mayor parte en el incendio del templo de madera ocurrido en 1513 por obra de las flechas incendiarias de los indios. Eran encargos hechos a plateros sevillanos, influenciados aún por los modelos mudéjares bajomedievales y traídos en cumplimiento de los compromisos del Patronato Regio recién estrenado. Gran parte de las alhajas que se acumularon en las iglesias de Puerto Rico desde aquellas fechas hasta 1898 tienen esa procedencia.

En el curso de los años que van de 1508 a 1534, tiempo de esperanza en la

Museo de la UPR

Hermosas piezas exhibidas en 1977 durante la exposición «Cuatro siglos de Orfebrería en Puerto Rico», en el Museo de la Universidad de Puerto Rico, cuyo catálogo fue preparado por el Dr. Arturo Dávila

posibilidad de consolidar una economía minera, logró tal auge el oficio que los plateros de ambos cabildos, el de la Ciudad de Puerto Rico y el de la Villa de San Germán, acuden al César Carlos pidiendo la derogación de la pena de muerte para el que labrase plata en Indias, junto con otros gremios del Mundo Nuevo. A lo que respondió la emperatriz en 1529 otorgando lo pedido, seguramente ante la gran realidad del oro y la plata de México, pues aún faltaban cuatro años cabales para el reparto del Tesoro de Atahuallpa y su impacto en el Viejo Mundo.

A partir de 1534, a pesar del desvenamiento de las minas de oro —las arenas auríferas explotadas de continuo desde los primeros años de la Conquista— la voluntad de arraigo de los vecinos se opuso al desamparo de la tierra, como ocurrirá no muchos años después con la Nueva Cádiz, capital de las perlas de Cubagua. Y aun cuando se contrajeron las ambiciones a la realidad de una economía agraria y ganadera, no por eso murió el oficio de platero. Desde aquellas fechas se impone una realidad: el campesino de Puerto Rico, que en su traje diario hasta el siglo XIX se le describe descalzo de pie y pierna, del siglo XVI al XVIII se convierte en los días de fiesta en un verdadero retablo de luces: aros de oro en la oreja, costosas botonaduras de oro, plata o pedrería, bocados de plata para su caballo y estribos del mismo metal. De los adornos femeninos: ajorcas, brazaletes, pendientes, collares, usados indistintamente hasta entrado el siglo XVIII por mujeres y varones, más los rascamoños, relicarios, manillas, joyeles y cadenillas de todo tipo, reservados a las mujeres, sólo nos han llegado escasos ejemplares tomados de piezas similares que se encargaban para adornar las imágenes de culto. Baste esta enumeración para dar a entender que desde el siglo XVI existió una orfebrería profana paralela a la de carácter sagrado de que hablamos a renglón seguido.

La orfebrería sacra y religiosa es la que ofrece el mayor contingente de piezas y la documentación más abundante para juzgar de la extensión e importancia del oficio de platero desde los comienzos de la vida histórica de Puerto Rico. Pasado el primer tercio del siglo XVI, la época de la gestión directa de la Corona en la obligación, derivada del Real Patronato, de alhajar los primeros templos de las Antillas y derogada desde 1529 la terrible sanción para el que osara labrar metales preciosos en India, el tesoro de la Catedral de Puerto Rico crece con piezas de factura sevillana, de artífices locales o por obra de encargos hechos a la vecina ciudad de Santo Domingo. Sin embargo, salvo un pie mixtilíneo, adornado con decoración de grutesco y el recurso morisco de arquillos conopiales en el diseño de la planta, coronado hoy por una cruz de plata calada que no le pertenece, el crucifijo de la misma y una naveta que vio Angulo Iñíguez en 1946 —hoy desaparecida—, no quedan otros trabajos de orfebrería de los primeros años de vida hispánica. El pie o base indicado guarda una fuerte semejanza con el de un cáliz de la parroquia de San Miguel en Morón de la Frontera, fechado hacia 1500 en el catálogo de la Exposición de Orfebrería sevillana (siglos XIV al XVII) del año 1973. El pie conservado en Puerto Rico puede que perteneciese a uno de los seis cálices que por junio de 1510 envió Fernando V a las islas, ordenando de paso que «los navíos que vayan a la Española podrán hacer escala en San Juan y proveerla antes…». Obras todas al parecer del taller de los Oñate, vinculan los orígenes de la platería puertorriqueña no solamente a la Baja Andalucía, sino también a la corte del malogrado príncipe Don Juan en Almazán, a la que perteneció en calidad de platero un artífice de esa interesante familia.

El vacío que señalamos en la platería de la Catedral Metropolitana de San Juan, que comprende unos ochenta años —1520–1600—, se debe sin duda al saqueo de la ciudad por los ingleses al mando del Duque de Cumberland en 1598, y la profanación consiguiente de los templos tal como la narra el jerónimo Fray Diego de Ocaña en su *Relación del socorro de Puerto Rico* por marzo del año siguiente, 1599. Salvo una que otra pieza menor como la descrita, será preciso comenzar con el siglo XVII un segundo proceso de acumulación de vasos sagrados y objetos de culto de oro y plata, importados u obra de talleres locales. La documentación dispersa del Cabildo y otros testimonios indirectos en probanzas, censos y fondos notariales demuestran la presencia ininterrumpida de los plateros en la ciudad durante el siglo XVI.

La pieza por excelencia de fines de ese siglo o de comienzos del XVII parece

obra importada con ocasión del expolio indicado. Su procedencia: Sevilla o la Nueva España, es todavía incierta. Se trata de una custodia procesional de plata turriforme para el *Corpus Dommi*, encargo probable de la Cofradía del Sacramento de la Catedral, entre cuyas pertenencias se numera todavía en el siglo XIX. De planta circular, tiene tres cuerpos adornados sobriamente con seis columnas pareadas con capiteles toscanos y el tercio inferior decorado. En el primer cuerpo, el cordero sedente con su veleta —símbolo del Bautista— identifica la pieza como encargo para la Iglesia Mayor de Puerto Rico. Sobre el segundo cuerpo se fija un ástil manierista con esmaltes negros en el que se asienta un sol de picos y rayos con lúnula y cabezas de serafines de oro. Remata la cúpula gallonada del último cuerpo un pelícano con sus polluelos, tema eucarístico que se repetirá en Puerto Rico con constancia notoria hasta principios del siglo XIX. Tintinábulos o campanillas de plata en cada cuerpo añadían una encantadora musicalidad a los desfiles procesionales. La custodia ostenta dentro de un cartucho la marca COTO. El pie seisavado sobre el que se asienta es obra del platero criollo Manuel Múxica, con obrador en San Juan a fines del siglo XVIII; lleva su marca: MX, y la fecha: 1796.

La toma, saqueo e incendio de la ciudad por los holandeses en 1625, permitió por un margen de 24 horas el rápido ocultamiento de cuanto fuese transportable al Castillo del Morro, que resistió invicto el asedio. Entre la plata que llevaron los sitiadores en el navío Reina Esther se mencionan sólo fragmentos sin importancia. Murada la ciudad en todo su circuito el año de 1638, sus maestros plateros trabajaron ininterrumpidamente HA la progresiva disminución de las platerías en el primer tercio de este siglo. El cliente invariable y principal fue, por supuesto, la Iglesia. El Obispo Don Bernardo de Balbuena (1623–1627) en carta al Rey manifestaba la viva devoción de estos isleños, dispuestos a alhajar sus templos con esplendidez y a gastar en solemnidades sin tasa.

Aparte el acento barroco del siglo, las piezas de orfebrería que de aquel tiempo quedan en la Catedral, el Convento de San José del Carmen y las parroquias, demuestran no sólo pericia sino una rigurosa preceptiva según las normas del Concilio de Trento para los objetos del culto eucarístico, a cuyo género pertenece casi todo lo conservado. Merece especial mención la custodia de sol del Convento del Carmen calzado, excelente pieza de orfebrería de transición, obra probable de los años centrales del siglo XVII. El resto: navetas en forma de pequeñas balandras, resplandores de imágenes marianas y de los santos, portapaces que repiten modelos de retablos de época, relicarios de diversas formas, ostiarios, cálices, copones y píxides o portaviáticos, parecen repetir incluso en el corazón del siglo XVIII las formas del XVII como reflejo de unas normas consagradas por la costumbre.

De todo el siglo, hay dos piezas singulares que abren y cierran el desfile de los estilos: el atril votivo que en 1637 ofreciera el Gobernador Don Íñigo de la Mota Sarmiento junto con otro desaparecido al Señor San Juan Bautista por el feliz suceso de armas del desalojo de la isla de Santa Cruz, precioso trabajo de factura local, del más severo estilo escurialense, con columnillas toscanas y pináculos apiramidados coronados por perillas o bolas, y la preciosa Jarra Rivafrecha, de fuerte carácter barroco, con un grifón por bocal y profusa decoración foliada y floral, obsequio del canónigo Don Juan de Rivafrecha (muerto hacia 1732), Esta última pieza, sin marcas de platero ni de ciudad, es obra probable de un taller local y sirve de espléndido testigo de lo que debieron ser las vajillas y la utilería doméstica de tipo suntuario en las casas de los pocos pero opulentos personajes que detentaban las escasas venas del comercio o los ingresos en especie del país: oficiales reales, tenderos y eclesiásticos, particularmente los que, como el canónigo Rivafrecha, percibían jugosas rentas de más de un oficio o beneficio.

El siglo XVIII es, al parecer, el siglo por excelencia de los plateros y de la platería puertorriqueña. En la villa de San Germán no faltaron, pero en número menor que en San Juan y debió depender a ratos la misma villa de los orfebres de Santo Domingo, con la que le unen por entonces tan estrechos lazos de comercio e intereses. El Santuario de Hormigueros, en razón de los exvotos, debió proporcionar trabajo continuo ya sea a los plateros de San Germán ya a alguno establecido en el corto poblado que lo rodeaba.

El afán ordenancista y regulador de los Borbones, determina que a mediados del siglo se agremien los oficios al menos en la ciudad de Puerto Rico. Sólo que aún no se han descubierto las ordenanzas que bajo Carlos III (1759–1788) se mandaron hacer. Sin embargo, las menciones de plateros se suceden anualmente con el oficio de fiel contraste de la ciudad que sucesivamente desempeñan en la segunda mitad del siglo Bernardo Ravelo Manuel Múxica y Pedro Elías. El oficio, que cuenta con muchos más maestros y aprendices, cría fortunas regulares y por practicarlo los mulatos y pardos libres es una de las vías de promoción del mestizo en la sociedad dieciochesca de castas y durante parte del siglo XIX.

Entre los años finales del XVIII y el primer tercio del siguiente, destacará en la ciudad con encargos para la isla Pedro Elías, que llega a reunir una regular fortuna y a quien se deben los equipos de objetos litúrgicos para el culto eucarístico que se mandan a hacer para las parroquias, entre ellas algunas de nueva fundación, como Patillas. En sus piezas identificadas se advierte ya el paso hacia la sencillez del neoclásico.

Aún cuando su conjunto parece producirse en el último tercio del siglo XVIII, tiene fama en todo el XIX por la abundancia de alhajas la iglesia de Toa Baja, que conserva todavía a pesar de despojos sucesivos un frontal de plata rococó con sus gradillas y manifestador y otras alhajas entre las que se cuenta una custodia de sol encargada a Madrid con punzones, marca de platero —Samaniego— y de ciudad y fecha: 1802. Todo ello parece obra del celo del párroco de esos años, Don Carlos Ruiz Colorado, natural de Puerto Rico y ponderado ya en 1772 por Fray Íñigo Abbad y Lasierra por el mismo título.

Pasadas las fechas del 1833 y desarticuladas las antiguas agremiaciones y ordenanzas del antiguo régimen por el carácter gradual con que introduce la economía del liberalismo la libre competencia, no por eso muere el oficio, antes al contrario, entre ese año y las fechas de la Gloriosa —1868–1874—, crece el número de talleres y se difunde por toda la isla junto con la aparición de un tipo de platero inmigrante: el napolitano, que comparte también el oficio de hojalatero y se traslada de pueblo en pueblo ofreciendo su oficio. Entre ellos, el de más personalidad es Vincenzo Furiati, que realiza importantes encargos para la Catedral, el Santuario de Hormigueros y particulares, y se cuenta entre los introductores de uno de los más poderosos rivales del oficio: la galvanoplastia, que industrializa y abarata la platería.

En las celebradas exposiciones provinciales iniciadas a mediados del siglo aparecen siempre ingeniosos trabajos de platería, distinguiéndose ya con personalidad propia el núcleo de Ponce en la década de los ochenta. Mayagüez, cuyo crecimiento urbano a costa de San Germán, internado en su sierra, es tan notable, tiene también sus plateros aún no suficientemente estudiados.

No menos importante que la producción de los talleres de San Juan, es la importación de platería barcelonesa. Parece iniciarse tardíamente en el siglo XVIII y adquiere carácter de tráfico frecuente entre 1830 y los años ochenta. El valor de las piezas catalanas: ánforas de óleo sacramental para la Catedral, candelabros, cálices para la misma Catedral, las parroquias y el Convento de las Carmelitas, etc., procede de su carácter modélico. Los plateros locales copian sus modelos, como ocurre con el precioso juego, a escala menor, de ánforas de óleos de la Vicaría de San Germán, que intenta imitar las fórmulas de compromiso entre neoclasicismo y neogótico del juego correspondiente de la Catedral de Puerto Rico.

Hay un amplio capítulo: el de los exvotos o «milagros» donde la fantasía popular y las más variadas formas han producido una verdadera modalidad de gran carácter. El matiz contractual de la piedad bajomedieval hispánica que pasa con la Conquista a las Antillas, ha dejado en Puerto Rico esta encantadora artesanía de la que vivieron tantos plateros de ruralía o de Ponce, Mayagüez y San Germán, por la inmediatez del Santuario de Hormigueros. Ha realizado un precioso trabajo de divulgación sobre este importante asunto de platería puertorriqueña Teodoro Vidal Santoni. En la Capilla del Santo Cristo de la Salud en San Juan, así como en Hormigueros, se reúnen las más variadas y originales formas que ha conocido este arte menudo.

Los cambios socioeconómicos que trajo consigo la Guerra Hispanoamericana determinaron la progresiva extinción del oficio, aunque es preciso reconocer que el oro y la plata industriales del siglo XIX, las piezas producto de la galvanoplastia, el plaqué, el similor, se vendieron desde su salida al mercado a precios que eliminaban la competencia artesanal. Todavía en 1900, el informe Karroll da una estadística apreciable de maestros plateros entre la Puntilla y Puerta de Tierra en San Juan, con numerosos aprendices. Hoy todavía se hacen trabajos delicados en este oficio, uno de los más antiguos del país, que se resiste a morir. (*Arturo Dávila*).

Bibliografía:
- Diego Angulo Iñíguez, *El Gótico y el Renacimiento en las Antillas. Arquitectura. Escultura. Pintura. Azulejos. Orfebrería.* Publicaciones de la Escuela de Estudios Hispanoamericanos de Sevilla, Sevilla, 1947.
- Arturo Dávila Rodríguez, *Cuatro siglos de orfebrería en Puerto Rico. Catálogo.* Museo de la Universidad de Puerto Rico. Marzo-Abril de 1977.
- Teodoro Vidal Santoni, *Los milagros en metal y en cera de Puerto Rico.* Fotografía por Pablo Delano. Ediciones Alba, San Juan de Puerto Rico, 1974.

▼ Oriente, barrio
Urbano del municipio de San Juan (37,621 habitantes)

▼ Orocoveño
Gentilicio de los nacidos en el municipio de Orocovis.

▼ Oro, quebrada del
Nace en el barrio Miradero del municipio de Mayagüez. Longitud aproximada: 5 kms. (3 millas).

▼ Orocovis, barrio
Rural del municipio de este nombre (3,284 habitantes).

▼ Orocovis, barrio y pueblo
Cabecera del municipio de este nombre (959 habitantes) que, junto a parte del barrio también llamado Orocovis (73 habitantes), forma la zona urbana de dicho municipio.

▼ Orocovis, municipio

Superficie

165 kms. cuadrados (64 millas cuadradas)

Población

21,158 habitantes (censo de 1990)

Habitantes por barrios

Ala de la Piedra	449
Barros	1,753
Bauta Abajo	1,522
Bauta Arriba	725
Bermejales	646
Botijas	3,168
Cacaos	793
Collores	91
Damián Abajo	613
Damián Arriba	780
Gato	1,746
Mata de Cañas	516
Orocovis	3,284
Orocovis, pueblo	959
Pellejas	692
Sabana	775
Saltos	2,646

Situación

Se encuentra en el centro de la isla, sobre la sierra de Cayey. Limita por el norte con los municipios de Morovis y Corozal, por el sur con los de Villalba y Coamo, por el este con los de Corozal y Barranquitas, y por el oeste con el de Ciales.

Breve reseña

La Cordillera Central recorre el sur de Orocovis. A esto se debe que allí encontremos alturas considerables. En el barrio Bauta Abajo se elevan los cerros Mogote y Doña Juana, ambos de casi igual altitud, de más de mil metros (3,300 pies). Otros cerros son El Bolo, La Francia, Toíta, Malo

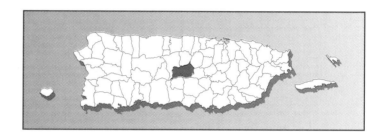

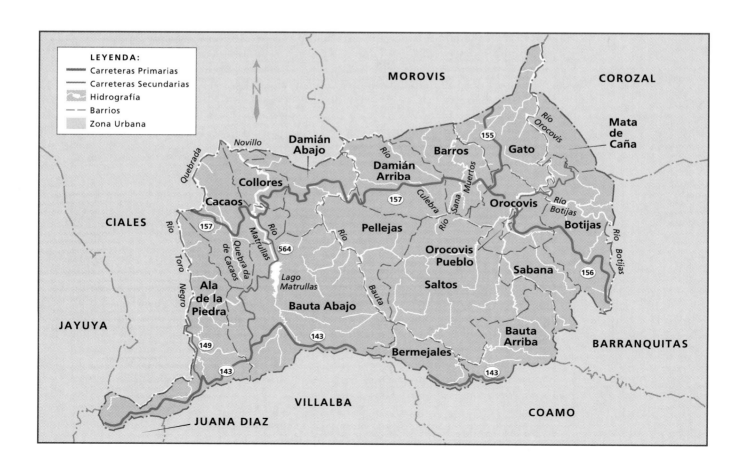

Axel Santana

Orocovis no nació como partido con ese nombre, sino con el de Barros, aldea que fue destruida por un incendio en 1875. En la foto, la plaza pública de Orocovis, nombre que le fue dado oficialmente al municipio en 1928

y Pío, todos de más de 900 metros (2,950 pies). Lo riegan los ríos Toro Negro, con sus afluentes Matrullas y Bauta, Sana Muertos y Orocovis. El embalse El Guineo se forma en el cauce del Toro Negro; en el Matrullas encontramos el embalse de su nombre. Parte del Bosque de Toro Negro se encuentra en este municipio.

Desde que se introdujo el cultivo del café en las tierras altas de Puerto Rico, la economía orocoveña se ha fundado en este grano. El tabaco y la ganadería lechera le siguen; después, la artesanía, la confección de ropa y otras industrias.

Orocovis no entró en la historia con ese nombre, pues por mucho tiempo se llamó Barros. En 1825, vecinos de dos barrios colindantes, Barros de Morovis y Orocovis de Barranquitas, nombraron a Juan de Rivera Santiago su representante para que gestionara autorización del gobernador, el General Miguel de la Torre, para separarse de sus respectivos municipios y constituirse en partido separado. El General accedió, y el día 10 de noviembre siguiente se fundó el nuevo pueblo con el nombre de Barros. En 1838 se concluyó la erección de la iglesia y se creó la parroquia

de San Juan Bautista de Barros. Después de bendecido el templo se celebró la primera misa el 29 de octubre del citado año. La aldea original desapareció, pues el 15 de junio de 1875 un incendio destruyó la iglesia, la Casa del Rey, la carnicería y casi todas las viviendas; de éstas sólo trece quedaron en pie. A petición de los vecinos, el 23 de abril de 1928 la Legislatura de Puerto Rico aprobó la Resolución Conjunta No. 32, que sustituyó el nombre de Barros por el de Orocovis. Este Orocovis fue un cacique poco conocido que no participó en el alzamiento taíno de 1511. De él se sabe que fue encomendado a Juan Ponce de León y después al Licenciado Sancho Velásquez. Su nombre era generalmente escrito Orocobix.

Las fiestas patronales se celebran en el mes de junio en honor a San Juan Bautista. Los Reyes Magos dan motivo para que se produzca un interesante Encuentro de Santeros. En mayo se celebra el Festival del Camarón y en julio el de la Juventud

▼ Orocovis, río

Tributario del río Grande de Manatí. Nace en la unión de dos quebradas en el barrio

Sabana del municipio de Orocovis, a unos 835 metros (2,740 pies) de altura sobre el nivel del mar. Tiene como afluentes, entre otros, al río **Botijas** (ver) y a las quebradas Los Saltos, El Gato y Grande. En él hay abundantes chopas y lobinas.

▼ Orsini Luiggi, Sadí

Poeta y escritor nacido en Utuado en 1938. Estudió en la Universidad Interamericana (San Germán). Ha colaborado en diversas publicaciones periódicas y ejercido la docencia. Autor de los poemarios *Lamento negro. Dios-hombre, hombre-miedo* y *El renacido;* de las novelas *Los integrados, El encubierto,* y del volumen de cuentos *Cantos al cemí.*

▼ Orsini Martínez, Mario

Miembro del Partido Socialista y delegado a la Asamblea Constituyente que redactó la Constitución del Estado Libre Asociado de Puerto Rico (1951).

▼ Ortega, cueva La

Situada en el barrio Santa Rosa de Utuado, tiene acceso desde el kilómetro 9.7 de la Carretera 111, por un camino municipal pavimentado, hacia el norte, hasta el final, y luego a través de senderos. Es húmeda, obscura y amplia.

▼ Ortega Díez, Ricardo de

Último gobernador español de la isla. Gobernó interinamente a Puerto Rico en tres ocasiones, todas durante el año 1898. Su primer sucesor fue Andrés González Muñoz, quien murió el mismo día que tomó posesión y Ortega ocupó de nuevo el cargo; poco después le sucedió el General Manuel Macías Casado. De nuevo gobernador, le entregó el mando a las tropas norteamericanas el 18 de octubre de 1898 y el día 23, junto a las fuerzas españolas que permanecían en la isla, partió para España. Le sucedió en el cargo el Comandante General John R. Brooke, primer gobernador norteamericano de Puerto Rico.

▼ Ortegón

(*Coccoloba swartzii,* familia Poligonáceas) Árbol siempre verde que alcanza hasta 12 o 15 metros (40 o 50 pies) de altura, de copa estrecha o redondeada, hojas alternas, con la punta roma o redondeada en el extremo superior y redondeada o levemente acorazonada en la base, de borde liso; numerosas flores solitarias, de color verdoso, femeninas y masculinas (en árboles distintos), en espigas de eje grueso y erecto; fruto seco, ligeramente carnoso, de color verde oscuro a negro, con una semilla lustrosa de color castaño obscuro. Florece y fructifica de junio a octubre. La madera es pesada; en Puerto Rico se usa para postes. Este árbol crece tanto en los bosques del pie de las montañas como en las cumbres de las montañas más altas o en elevaciones bajas húmedas. La especie *Coccoloba borinquensis,* nativa sólo de las montañas de Puerto Rico, tiene las hojas y el eje floral más gruesos.

▼ Ortiz, barrio

Del municipio de Toa Alta (15,760 habitantes según el censo de 1990).

▼ Ortiz, Carlos

Boxeador. Nació en Ponce en 1936. Se inició en el boxeo profesional a los 19 años de edad, en Nueva York. En 1959 conquistó su primer campeonato mundial en la categoría *junio welter;* en 1962 se coronó campeón del peso ligero; defendió este último título exitosamente en varias ocasiones; lo perdió en 1965 frente a Ismael Laguna, mas ese mismo año lo recuperó. En 1968 volvió a perderlo frente a Teo Cruz y se retiró del boxeo hasta 1972, cuando combatió con Ken Buchannan y salió derrotado. A lo largo de su carrera boxística ganó 61 peleas y perdió 7. Ver **Deportes. Boxeo.**

▼ Ortiz, Carlos

Pintor conocido como Carlos Sueños. Nació en San Juan en 1952. Estudió en la Universidad de Puerto Rico. Ha expuesto sus obras en museos y galerías de Puerto Rico, y ha ganado varios premios.

▼ Ortiz, Domingo

Educador y escritor nacido en Las Marías en 1913. Estudió en las universidades de Puerto Rico, Interamericana y Rutgers, Estados Unidos. Profesó en la primera de las citadas universidades. Autor de *Cantos y cuentos* (Poesía y prosa, 1963), de una biografía de José Pablo Morales, *José Pablo, el precursor* (1963) y del guión de la cinta cinematográfica *Modesta* que obtuvo un León de Plata en el Festival de Cine de Venecia (1956). Ver **Cine.**

▼ Ortiz, José Antonio

Educador, político, periodista. Nació en Humacao en 1915. Estudió Humanidades en la Universidad de Puerto Rico y cursó estudios doctorales en Administración en la Universidad de Minnesota. Fue consultor de la Administración de Fomento Económico y fundador y presidente de la Asociación de Periodistas Universitarios. Colaboró extensamente en la prensa escrita (*El Imparcial, El Mundo, La Correspondencia de Puerto Rico, La Torre, Alma Latina, Puerto Rico Ilustrado* y *El Nuevo Día*) y en la hablada, en radio y televisión. Además, ha sido músico y actor de teatro. Cultivó la crítica literaria en la serie de ensayos reunidos en *La conciencia frente al espejo* (1960). Como político ha militado en las filas del nacionalismo y fue miembro fundador del Partido Independentista Puertorriqueño, por el cual aspiró a comisionado residente en Washington (1964) y a alcalde de la ciudad de San Juan (1968). En 1970 renunció al cargo de secretario general de dicho partido político.

▼ Ortiz, quebrada

Tributaria del río de la Plata. Nace en la unión de varias quebradas en el barrio de su mismo nombre, municipio de Toa Alta; es corta y corre en dirección sur.

▼ Ortiz Alvarado, William

Compositor y músico puertorriqueño nacido en 1947. Ver **Música. Periodo nacionalista.**

▼ Ortiz Dávila, Pedro («Davilita»)

Más conocido como «Davilita», este cantante y compositor puertorriqueño nació en Bayamón y falleció en Cataño (1913–1986). Fue primera voz del Sexteto Flores, fundado por Pedro Flores en Nueva York en 1927, y miembro del Cuarteto Victoria, fundado en esa misma ciudad por Rafael Hernández en la década del treinta, fecha para la cual comenzó a grabar discos; también cantó a dúo con Felipe Rodríguez. Entre sus composiciones, *Aguinaldo de la Virgen, El bambú, Los tres patriotas, Sueño patriótico.*

▼ Ortiz del Rivero, Ramón

Más conocido como «Diplo». Actor, comediante y compositor, nació en Naguabo en 1909 y falleció en San Juan en 1956. Estudió en la escuela parroquial de la catedral y la secundaria en la Escuela Superior Central de Puerta de Tierra, y comenzó estudios de Leyes en Canadá, los que abandonó para dedicarse al béisbol. Cuando regresó a Puerto Rico fue miembro del equipo de San Juan y rechazó una oferta, debido a la oposición paterna, del equipo de Grandes Ligas Los Gigantes. Para 1933 trabajaba como profesor de educación física en la Escuela Superior de Cayey, pueblo en el que debutó como actor en «El proceso de Armando Líos», juguete cómico escrito por José Luis Torregrosa. En otra pieza del mismo autor, «Chico Mambí», caracterizó a un negrito sirviente de una casa rica. Poco después ideó pintarse de negro para sus actuaciones y creó la «Farándula Bohemia», con la que recorrió gran parte de la isla. Posteriormente, a través de la radio, alcanzó fama con los programas «Los Embajadores del Buen Humor» y «La Tremenda Corte». Por este tiempo ya había adoptado el nombre artístico de «Diplo» , en honor a un popular guitarrista, Diplomacia, que conoció en su infancia en la Barandilla del Viejo San Juan. Animado por el éxito obtenido decidió escribir sus propios libretos para los programas radiales «La Vida en Broma» y el famoso «El Tremendo Hotel». Con el arribo de la televisión a Puerto Rico su fama aumentó con programas como «Taberna India» y «Farándula Corona». Para el teatro escribió «A mí me matan pero yo gozo», «Ese niño es mío», «Yo soy un infeliz», y adaptó «El tremendo hotel». Participó en varias películas, entre ellas «Los peloteros» y «La gallega en La Habana», y varias composiciones musicales; entre las más conocidas se cuentan «Por qué será», «Olé Don Pepito» y «Donde quiera que tú vayas». Ver **Cine.**

▼ Ortiz Ortiz, Benjamín

Abogado y político nacido en Maunabo y fallecido en San Juan (1908–1976). Se graduó de abogado en la Universidad de Harvard (1934). Profesó en la Universidad de Puerto Rico y fue juez del Tribunal Supremo de Puerto Rico, miembro fundador del Partido Popular Democrático y representante a la Cámara (1945–52 y 1961–68). Fue delegado al Primer Congreso Pro Independencia (1943) y a la Convención Constituyente del Estado Libre Asociado de Puerto Rico (1951).

Cruz Ortiz Stella, abogado, político, poeta

▼ Ortiz Stella, Cruz

Poeta, abogado, político y funcionario público nacido en Maunabo y fallecido en San Juan (1899–1969). Se graduó de abogado en la Universidad de Puerto Rico (1922). Desde muy joven se dedicó a la composición poética, que desemboca en la publicación de las siguientes obras: *Los otros se vislumbran* (1918), *La caravana oscura* (1921), *Misa de alba* (1960), *Epigramas sobre el plebiscito* (1962), *Elegía* (1963), dedicada a la memoria de Ernesto Ramos Antonini, y *Bromas en verso* (1964). Fue juez municipal de Humacao, representante a la Cámara (1940–44) y senador (1944–69) por el Partido Popular Democrático, del cual fue miembro fundador. Asistió como delegado a la Convención Constituyente del Estado Libre Asociado de Puerto Rico (1951).

▼ Osuna Rodríguez, Juan José

Educador y escritor nacido en Caguas y fallecido en San Juan (1884–1950). Se graduó de maestro normalista en Bloomsburg, Pensilvania (1906), de seminarista en el Seminario Teológico de Princeton (1915), de maestro en Artes en la Univer-sidad de Columbia (1920) y de doctor en Filosofía y Letras (1923). Profesó en la Universidad de Puerto Rico, de cuyo Colegio de Educación fue Decano Eméritus. Publicó el libro *A History of Education of Puerto Rico* (1923), que trata la educación pública y privada en la isla. En su honor, el edificio de la Escuela de Pedagogía de la UPR, Recinto de Río Piedras, fue bautizado con su nombre.

▼ Otero, Olimpo

(1845–1911). Compositor, editor de música y líder cívico puertorriqueño. Editó y difundió la música de compositores puertorriqueños, entre ellos Manuel Gregorio Tavárez y Juan Morel Campos. Compuso varias danzas líricas, pocas de las cuales han llegado hasta nuestros días, entre ellas «La cuñadita».

▼ Otero Hernández, Ana

Pianista nacida en Humacao y fallecida en San Juan (1861–1905). Estudió en el Conservatorio de París, Francia, país donde alcanzó éxito como concertista. Antes había triunfado en Barcelona, ciudad en la que tocó para el gran compositor Isaac Albéniz. Después de una gira por Centro y Sudamérica y Nueva York regresó a Puerto Rico y estableció una academia de música en San Juan en la que se formaron varias generaciones de músicos.

▼ Otuao

Territorio gobernado por el cacique taíno Guarionex (actual Utuado).

▼ Ovando y Mejía, Francisco de

Gobernador de Puerto Rico de 1575 a 1579. Enfermo de tisis, marchó a La Española en busca de salud y cuando regresaba a Puerto Rico fue capturado por corsarios franceses y retenido como rehén hasta que Juan Troche y Ponce de León, a quien había dejado como sustituto, pagara en ciertas condiciones el rescate pedido. Ponce no aceptó y Ovando murió en 1579 en manos de sus secuestradores. Interinamente le sustituyó el citado Ponce de León, y en propiedad Juan de Céspedes.

▼ Ovejas, barrio

Del municipio de Añasco (1,250 habitantes según el censo de 1990).

▼ Pabón, Milton

Nació en Lajas en 1926. Se graduó de bachiller en Artes en la Universidad de Puerto Rico, de maestro en Ciencias Sociales y de doctor en Ciencias Políticas en la Universidad de Chicago. Ha ejercido la docencia y dirigido el Departamento de Ciencias Políticas en su Alma Máter. Asesoró a la Comisión de Derechos Civiles de Puerto Rico (1958–60) y ha pertenecido a la dirigencia del Partido Independentista Puertorriqueño. Ha publicado *Los derechos y partidos políticos en la sociedad puertorriqueña* y *La cultura política puertorriqueña* (1972).

▼ Pacheco Padró, Antonio

Periodista, escritor y político nacido en Ciales y fallecido en San Juan (1913–1982). Defendió el ideal de la independencia en *El Imparcial* y *La Democracia*. Fue redactor del semanario *Florete* (1930–33). Trabó amistad con el periodista cubano Sergio Carbó, a quien acompañó a Cuba en 1933. En La Habana actuó como secretario general del Partido Nacional Revolucionario, que combatió la dictadura del general Gerardo Machado y Morales. De Cuba se trasladó a México (1934) y de allí a Nueva York, donde fue miembro fundador del Partido Revolucionario Puertorriqueño y de la Unión Popular Puertorriqueña (1936). Al siguiente año se embarcó para España, en cuya Guerra Civil combatió como voluntario en el frente republicano, primero con la Brigada Internacional y luego con el Ejército republicano; en éste fue ayudante del General Valentín González, comisario político de la Segunda Compañía del Quinto Batallón, y colaborador de la publicación *Al Ataque*. En *Vengo del Jarama (Glorias y horrores de la guerra* (1942) narró esta experiencia de su vida. En 1938 regresó a la isla y se dedicó al periodismo y la política. Sus colaboraciones para *El Mundo* le valieron un premio de Periodismo del Instituto de Literatura Puertorriqueña (1948), que en 1954 le otorgó igual distinción por su labor de editorialista en *El Imparcial*. Fue

delegado y secretario general del Primer Congreso Pro-Independencia (1943) y miembro fundador del Partido Popular Democrático, que lo eligió representante a la Cámara (1944). Se separó de ese partido en 1948 y cuatro años después presidía el Partido del Pueblo. Escribió los ensayos *El crimen yanqui en Puerto Rico* (1934), *Isaac González Martínez, su vida y su obra* (1954) y el de largo título *Puerto Rico, nación y estado. Los elementos históricos, políticos, jurídicos, económicos, sociales, morales y espirituales en el advenimiento estatal de la nacionalidad puertorriqueña* (1955). Fue miembro de la Academia Puertorriqueña de la Lengua desde su fundación (1955).

▼ Padial y Vizcarrondo, Félix

Periodista, dirigente liberal. Nació y falleció en San Juan (1838–1880). Sotero Figueroa, en *Ensayo biográfico de los que más han contribuido al progreso de Puerto Rico*, nos ofrece una biografía de Félix Padial de sumo interés porque rinde homenaje a esta olvidada figura del liberalismo, y al mismo tiempo describe la situación política de la isla en la penúltima década del siglo XIX. A continuación ofrecemos un fragmento de dicha biografía:

«Después de la enseñanza primaria que recibió en una de las mejores escuelas de la Capital, continuó educándose por el sistema práctico y espontáneo, el cual, según Herbert Spencer, es el más eficaz y fructuoso. Sus aficiones literarias y su amor al suelo natal le llevaron al periodismo, significándose tan pronto como las auras vivificadoras de la libertad, que impulsara hacia esta Isla la revolución de Septiembre, empezaron a orear la frente de los portorriqueños. Se puede decir que en *El Progreso*, órgano autorizado del Partido Liberal Reformista, y del cual fue director, hizo sus primeras armas como escritor. En aquel período de lucha enardecida recibió el bautismo de fuego, sin que se le viera retroceder un solo paso, antes bien excitando a los débiles, y dando pruebas de civismo colocado en la vanguardia.

«En este período de batallar sin tregua, en que era preciso la predicación continua, la enseñanza sin interrupción, el trabajo insistente, pues había que educar al pueblo y echar las bases del edificio político, Padial se adiestró para las lides futuras y no escatimó sus servicios ni sus luces, ya como vocal del Comité Central de 1873, ya como uno de los 15 delegados escogidos para redactar la Constitución orgánica de 9 de agosto del referido año, que rigió provisional, y no definitivamente, porque no pudo reunirse en Junta Magna el Partido Liberal Reformista, a causa de haber ocurrido, en febrero del año siguiente, el golpe de Estado que trajo la restauración y dispersó las huestes liberales en esta Isla.

«Padial, con este aciago acontecimiento, que desató la reacción con todos sus furores, volvió a la vida privada; pero ni hizo abjuraciones vergonzosas, de esas que son tan frecuentes en los días del terror, ni se ocultó temeroso esquivando los vejámenes que pudiera sufrir. Algún tiempo después, si no garantizado el derecho, calmada la persecución, fundó *La Voz del País,* a la que no le dio matiz político alguno porque el Partido Liberal Reformista continuaba sumido en el sopor de la impotencia, y el desaliento acogería indiferente sus manifestaciones viriles. No alcanzó, pues, estabilidad el citado periódico, a pesar de las diligencias que empleara Padial para sostenerlo, y *surgió El Agente de Negocios,* en el que muy en breve encarnaría nuestro malogrado amigo los ideales reformistas, infundiéndole su energía y haciendo que tendiera a agrupar en un solo haz las dispersas falanges liberales.

El Agente no lo fundó Padial, como muchos creen y así lo han aseverado: lo estableció Don Leoncio Goenaga, como una hoja de anuncios e intereses materiales, dando así vida a la Agencia de Negocios que tenía establecida en la calle de San Justo. Le ayudó mucho en esta empresa —reconozcámoslo, pues es de justicia— el laborioso e inteligente tipógrafo Don Lucas Benítez Mojica, que entonces tenía a su cargo la Imprenta que perteneció a los señores Rodríguez y Real, que adquirió la señora Capetillo, y que, por último pasó, junto con el periódico, a ser de la propiedad de Padial.

Éste dio nueva marcha a la publicación: la hizo política; agrupó en torno suyo a los más reputados escritores —que ésta era una de las mejores cualidades que como organizador tenía nuestro biografiado— le dio la redacción principal al inolvidable periodista Don José Pablo Morales, y logró consolidarla en la opinión pública, alcanzando como triste recompensa en esta labor patriótica, el principio de la mortal dolencia que lo llevó a la tumba. Muchas y muy ruidosas campañas libró *El Agente* con el Partido reaccionario, ganando en prestigio y consideración entre sus amigos los liberales; pero ninguna despertó tanto interés, a pesar de los contrarios resultados que diera, como la de la Conciliación en 1879, entre liberales y conservadores.

«Digamos algo de este acto, ya que no sólo tratamos de rendir culto a los que más han batallado por nuestro progreso, sino de acopiar apuntes para la Historia provincial. Dicho esto, preguntemos: la Conciliación, ¿fue provocada por los hombres del Partido Reformista, por más que el Director de *El Agente* la sostuviera, y otros prestigiosos liberales la autorizaran? No, respondemos. La Conciliación fue hija de las circunstancias. Y si nos fijamos en que el Gobernador General que entonces gobernaba la Isla (Don Segundo de la Portilla) procuraba reconciliar a los dos partidos que aquí luchaban por el triunfo de sus doctrinas; si nos fijamos en que no inútilmente pasa el tiempo, y que los conservadores, reflexionando cuerdamente, llegaron a comprender las ventajas de las reformas económicas y administrativas que formaban parte del credo reformista; si nos fijamos en que la guerra de Cuba tocaba a su terminación, gracias a las acertadas disposiciones del héroe de Sagunto; si nos fijamos en que *El Agente,* tal vez obedeciendo a la ciega credulidad que siempre ha presidido todos los actos de su partido, hizo declaraciones en favor de una transacción honrosa, y los órganos adversarios acogieron con entusiasmo la idea, diremos no que la Conciliación fue hija de las circunstancias, sino una necesidad de los tiempos, por más que un secreto impulso obligaba a muchos liberales a rechazarla, recordando la fábula de Fedro, titulada *El lobo y el cordero.*

La Conciliación se propuso, por parte de los prohombres del Partido Reformista, con una honradez digna de mejor resultado; pero no se llevó a cabo en la forma que se concibió y planificó por su iniciador Padial; no se consultó la voluntad de los pueblos de la Isla; no se pusieron de acuerdo todos los hombres que marchaban al frente de las agrupaciones liberales, para siquiera nombrar Delegados especiales que intervinieran en tan grave asunto. Así que desde los primeros pasos quebróse la frágil cadena por varios de sus eslabones, ocasionando no pocos disgustos, controversias y desazones en ánimos cuyas pasiones políticas estaban adormecidas.

«Sin embargo, las huestes liberales, aunque se decía que no estaban disciplinadas, dieron pruebas de subordinación decidiéndose a acatar lo pactado por el Comité de Conciliación en todo aquello en que compromisos anteriores no se lo vedasen, y en las elecciones de Ayuntamientos populares no fueron ellas en verdad las primeras que rompieron el convenio estipulado, introduciendo con esto la predisposición, que era el principio del desconcierto.

«Llegaron las elecciones para Diputados provinciales, y a pesar de que el Comité de Conciliación decía a los electores de toda la Isla que era preciso "escoger una Diputación provincial que supiera inspirarse en el criterio de la Conciliación al dirigir en la parte que le incumbía la Administración interior del país; una Diputación compuesta indistintamente de hombres de probidad, de ilustración y de arraigo de ambas procedencias"; a pesar de que los reformistas en algunos pueblos anularon compromisos anteriores por ser fieles a lo ordenado por el Comité de Conciliación, como sucedió en el pueblo de Juana Díaz con la candidatura del mismo Félix Padial, el mal ejemplo estaba dado, y varios distritos sacaron triunfantes, no los candidatos propuestos, sino los que ellos en virtud de su libre voluntad habían proclamado.

«Las elecciones de Diputados a Cortes verificadas en la Isla el mes de abril de 1879, dieron en tierra definitivamente con la Conciliación, comenzada con tan poco prestigio y proseguida tan a disgusto de la mayoría de los electores pactantes. Proclamados de común acuerdo los señores que debían llevar la representación de los Distritos de esta Provincia en las Cortes de la Nación, se aproximaban los días de elecciones, y los reformistas ven con sorpresa que enfrente de cada candidato de ideas un tanto afines con las de su partido, se proponía otra candidatura conservadora. Esto dio lugar a que en varios Distritos

los escasos liberales que seguían con fe la bandera de la Conciliación, viesen claro en el asunto, y a su vez también adoptaran y votaran candidaturas reformistas, mientras que la mayor parte de sus correligionarios se mantenía en un culpable retraimiento, dando con esto lugar a que triunfaran, en todos los Colegios que quisieron, los nombres de los señores que tuvieron a bien votar los adversarios conservadores. De todo esto vino a resultar que la Conciliación, que debía aunar voluntades, robustecer las fuerzas electorales y propender a la unión y la concordia entre todos los habitantes de este país, vino a ahondar la división y el desaliento que existían de antiguo, y a introducir la discordia donde, sin necesidad de Conciliación, estaban unidos liberales y conservadores, como sucedía en esta ciudad de Ponce, en la que hay que reconocer que los conservadores siempre han sido más cuerdos y transigentes.

«Con tales precedentes, no era dudoso profetizar el fin que alcanzarían las elecciones para Diputados a Cortes. Exceptuando los Distritos de Quebradillas y Guayama, que tuvieron la condescendencia de dejar a los liberales, los conservadores, en todos los demás alcanzaron triunfo espléndido. Poco después de estas elecciones, desengañados los distinguidos reformistas que representaban al Partido Liberal, daban por rota la Conciliación…

«Así concluyó la obra laboriosa de la Conciliación, que Félix Padial iniciara guiado de los mejores propósitos. Pero si no obtuvo los resultados satisfactorios que en bien del país eran de esperarse, a haber reinado un recto espíritu de concordia, logró que los liberales sacudieran la pereza que los anulaba, y ya desde entonces se notó mayor movimiento en la vida pública. A acentuar este movimiento tendió Padial publicando *El Agente* diario, en vez de las tres ediciones que daba por semana; pero en esta ruda empresa se exacerbaron sus padecimientos, y tuvo que abandonar el puesto a su hermano Don Antonio, para trasladarse a respirar el aire puro del campo y buscar en el reposo y la tranquilidad la salud perdida. Todo fue en vano: la mortal dolencia se agravó, y el 15 de mayo de 1880 rindió su último aliento en los brazos de su cariñosa esposa y de sus idolatrados hijos».

▼ Padial y Vizcarrondo, Luis

Nació en San Juan en 1832 y falleció en Madrid, España, en 1879. Sobre esta distinguida figura del procerato puertorriqueño Sotero Figueroa escribió una inspirada y apasionada biografía que ofrecemos al lector:

«Portorriqueño distinguido, corazón magnánimo, su nombre no puede evocarse sin que los labios dejen de balbucir una frase de gratitud. Fue uno de los más fervorosos sostenedores de las ideas democráticas; luchó como bueno sin que lo rindiera la fatiga o lo postrara el desaliento, y sufrió persecuciones repetidas por hacer suya la causa de los oprimidos, él, que descendiendo de noble alcurnia, infatuado o soberbio, pudo oír con indiferencia crujir el látigo sobre las espaldas del abyecto esclavo, y marchar a la conquista del vellocino de oro por el camino fácil de las genuflexiones a los poderes absolutos. Después de haber tenido una vida tan accidentada, en la que no tuvo un solo momento de reposo, al dar su adiós postrero a esta tierra de sus amores, allá en el corazón de la metrópoli, como los antiguos gladiadores romanos no saludó, despechado o cobarde, al César que lo vejaba, sino a la augusta, a la santa libertad que dignifica al hombre, suprimiendo todas las castas que han creado lamentables imposiciones. ¡Noble y hermoso carácter, que supo sacrificarse en pro de la idea reparadora que sustentaba, sin ceder un sólo ápice ni entrar en vergonzosas transacciones!

«Don Luis Padial nació en la Capital de esta Isla el año de 1832. Su padre, que llevaba el mismo nombre que ese su hijo primogénito, fue oficial de la Guardia de Corps y descendía de la noble casa de los Marqueses de Viso Alegre, en Granada. Su madre lo fue la señora Doña Margarita Vizcarrondo y Ortiz de Zárate, hija del Coronel de Artillería Don Andrés Vizcarrondo y Andino, y nieta por su madre del de igual clase en el arma de caballería Don Lorenzo Ortiz de Zárate. Esta ascendencia que hace resaltar Acosta para probar que el muerto ilustre de que nos ocupamos no sólo "recibió desde la cuna el amor a la profesión de las armas y las tradiciones más escrupulosas del honor, sino otras propias de los que, como Padial, nacían en la América española de familias nobles, que habían ejercido siempre una legítima influencia en su país natal, debida a grandes servicios prestados a la patria, especialmente en rechazar las invasiones de las potencias extranjeras, entonces celosas de la grandeza de España"; esta ascendencia, repetimos, nos da la clave de la índole batalladora y entusiasta del celoso Diputado por Puerto Rico en las Cortes de 1869.

«No bien desarrolladas sus facultades intelectuales al calor de la instrucción primaria, que sus padres cuidaron de proporcionársela tan cumplida como podía alcanzarse en esta Isla allá en el segundo tercio del presente siglo [XVIII], marchó a la Península a recibir la correspondiente educación para seguir la carrera de las armas, hacia la que se sentía arrastrado por esa irresistible ley de herencia a que obedecemos fatalmente sin darnos cuenta de ello.

«Allí, en aquel hervidero de pasiones y de encontrados ideales políticos, relacionado con distinguidos peninsulares que empezaban a significarse en los partidos avanzados, Padial tuvo lúcida visión del porvenir, formó juicio exacto de los hombres y de las cosas, comprendiendo que el imperio del mundo ha de ser de las modernas ideas, que no pueden ver con buenos ojos los gobernantes encariñados con el tradicionalismo despótico, y a la par que se hizo militar pundonoroso, pensando en su suelo natal, que no tenía una voz amiga que se levantara en su defensa en las Cámaras nacionales, pues desde 1837 se habían cerrado las puertas del Congreso a los Diputados por esta Isla, se declaró partidario de las reformas para Ultramar.

«Terminada su carrera regresó a esta Isla, en cuyo ejército sirvió algunos años, hasta que en 1863 pasó a hacer la campaña de Santo Domingo con la efectividad de Teniente y grado de Capitán. Como todos los portorriqueños que sin alardes extemporáneos saben dejar bien puesto el honor de la patria cuando lo demandan las circunstancias, supo batirse denodadamente hasta recibir una grave herida en la pierna derecha, cerca del talón, en uno de los encuentros más sangrientos y reñidos de aquella lucha mortal; en el ataque y asalto de las trincheras de Puerto Plata, en cuya acción probaron los dos ejércitos beligerantes, que corría por sus venas la sangre ardiente como lava de los bravos e indomables españoles que jamás soportaron pacientemente el yugo extranjero.

Archivo General de Puerto Rico

Luis Padial y Vizcarrondo

Este desgraciado accidente fue causa de que Padial regresase a la Capital de esta Isla, al seno de su familia, en busca de su completa y rápida curación. Pero llegó en uno de esos períodos de suspicaz reacción en que las pasiones se exaltan, la reflexión se olvida y el rigorismo lleva inquietudes y lágrimas al hogar. El *bú* del separatismo se impuso al Capitán General que entonces ordenaba y mandaba en la Isla, y como siempre que se ha tratado en ella de dar un paso en la senda de la libertad, se soñaron maquinaciones contra la integridad de la patria, y esto dio lugar a que se extremaran las medidas de fuerza y llovieran las persecuciones sobre los pacientes hijos de esta Isla. La lista de sospechosos, esa vejación inquisitorial de la que no pueden defenderse los acusados porque viven ignorantes de las bochornosas tachas que se les hacen, cobró colosales proporciones, dando por resultado que fueran reducidos a prisión varios prominentes portorriqueños, y otros deportados por juzgárseles sospechosos o enemigos encubiertos de la nacionalidad. No pudo sustraerse Padial a las sospechas, que era demasiado conocido su abolengo liberal para que no fuera objeto de recelos, y aunque confió en su inocencia y en la probidad de sus actos, como militar pundonoroso que era, y no quiso pedir el pase para la Península, esto no lo libró del furor reaccionario, y en diciembre de 1864 fue deportado para la Península, bajo partida de registro, en el vapor Pájaro del Océano. Es decir que el que, joven y animoso, supo batirse en Santo Domingo por sostener la integridad de la patria, hasta humedecer con su sangre el campo de batalla, no bien llega a Puerto Rico a curarse de su herida, se mete a conspirador para segregar de la metrópoli esta pequeña porción del territorio patrio.

«¿Qué lógica es esa que hace confundir en esta Isla a los amigos de las reformas liberales, de esas reformas que han de estrechar más y más los lazos que unen la colonia a la metrópoli, con los enemigos de la unidad nacional, que aspiran a una independencia raquítica e insostenible, y que por tanto es una idea que no logrará abrirse paso entre estos naturales?

«Con razón dice el discreto Acosta al reseñar este episodio: "Se separó al Capitán Padial, que acababa de sellar con su sangre derramada en los campos de América, su fidelidad nunca desmentida a la patria de sus mayores y a sus juramentos de soldado, del pacífico y leal Puerto Rico, donde sus hijos más distinguidos sólo han buscado, por los caminos de la legalidad y con ánimo firme y sereno y entre la espesa sombra de sospechas, de acusaciones y calumnias gratuitas, la reivindicación de sus antiguos derechos de españoles; se separó, repetimos, al Capitán Padial de Puerto Rico, modelo de sensatez y lealtad, para lanzarlo, joven y ardoroso como era, a la arena candente de la Madre Patria, en que todos los partidos, sin excepción alguna, abandonan los anchos senderos de la legalidad para lanzarse en los oscuros y tenebrosos de las conspiraciones, que tantas y tantas lágrimas han costado a las familias españolas".

«Y así fue en efecto: Padial, llevado de su ardiente amor por la causa redentora del esclavo, así como por las reformas descentralizadoras para Puerto Rico, no negó su concurso a los movimientos liberales, y se le vio tomar parte activa en los sucesos de Ávila ocurridos en 1866, en los que la suerte le fue contraria y tuvo que emigrar a Portugal, regresando poco después, en 1867, para significarse en los de Cataluña, que le hicieron salir precipitadamente para París, en cuya capital, y en la Exposición Universal que entonces se celebraba, empleó los ocios del emigrado en estudiar los grandes adelantos que se habían hecho en el arte de la guerra, perfeccionándose las armas y artefactos de todas clases.

«Triunfante la revolución de Septiembre de 1868, que derrocó el antiguo orden de cosas, volvió Padial a Madrid encontrando entonces algún reposo a su agitada vida, y recompensa a su tenaz y expuesta labor por sacar triunfante los principios de justicia y libertad. Nombrado Diputado por esta Isla en las elecciones de 1869, con los señores Licdo. Don Juan A. Hernández Arvizu y Don José M.P. de Escoriaza, que componían la minoría liberal reformista, se sentó al lado de los partidarios de las soluciones descentralizadoras para Ultramar, en los escaños de la izquierda radical. Desde entonces no perdonó ocasión ni momento para abogar, inspirado y febril, por el siempre diferido pleito ultramarino. No era orador, y sin embargo supo hacer defensas calurosas y elocuentes que llevaron la convicción al ánimo y despertaron generosos sentimientos; no era estadista, y logró probar que con el régimen centralizador y suspicaz por que se regían las colonias iban al desbarajuste económico y a la desmoralización administrativa; no era político de penetración y de grandes alcances, y con un sentido admirable se adelantó a los políticos más sagaces, y fue uno de los primeros, si no el primero, en pedir en aquellas brillantes Cortes la autonomía administrativa y política para las Antillas españolas. Su vehemente cariño al suelo que lo viera nacer lo suplía todo, y era imposible resistirlo: ¡con tal vehemencia y sinceridad hablaba!

«El presentó una famosa interpelación el 13 de noviembre de 1869, tratando la cuestión colonial bajo sus fases más salientes; él abogó calurosamente por la Ley de abolición gradual para Cuba y Puerto Rico de 23 de junio de 1870; él fue el primero en suscribir, más tarde, la primera enmienda pidiendo al Congreso la abolición inmediata de la esclavitud en esta Isla…

«He aquí cómo se expresaba un reputado diario de la Corte a raíz del triste acontecimiento de la muerte de Padial: "Figuró en las filas de la izquierda radical, distinguiéndose como uno de los más ardientes e infatigables propagadores de la emancipación de los esclavos y de las reformas políticas de Ultramar, en cuya gloriosa pero dificilísima empresa (todavía no bien conocida ni estimada en España) cosechó todo género de sinsabores, enemistades, persecuciones y quebrantos. Sus únicos defectos en aquella ruda cuanto inolvidable campaña, eran su espíritu generoso, el amor vehementísimo, excepcional, idolátrico que sentía por su pobre y olvidada tierra, la impaciencia con que veía pasar las horas y los días sin que luciese la aurora de la libertad para las Antillas. Padial no era un hombre político en el riguroso sentido de la frase: carecía de preparación jurídica; faltábale calma; desconocía el accidentado terreno de la vida parlamentaria, y, en fin, no era dueño de una palabra espontánea, fácil, simpática, persuasiva. Pero su corazón lo suplía todo. ¡Qué agitación la suya! ¡ Con qué ardor perseguía a todos los hombres eminentes de los partidos liberales para recabar de ellos un enérgico apoyo en obsequio de su primera pasión, de la idea capital de su vida: la redención de Puerto Rico! Muchas veces hizo escuchar a las Cortes su conmovida voz, defendiendo las libertades ultramarinas; y si la memoria no nos falta en este momento, parécenos que su firma es la primera de la primera proposición presentada en el Congreso español en pro de la abolición inmediata de la esclavitud. ¡Honor insigne que eternamente debe recordar su atribulada familia!

"Y no se crea que Padial renunció a la carrera de las armas por entrar en la candente arena de la política; no. Ya Brigadier, la guerra carlista le hizo volar a los campos vascos, respondiendo así a los impetuosos arranques de su ánimo y a las órdenes del Gobierno. En esa campaña supo portarse como bueno y como bravo, sin esquivar el peligro ni huir el cuerpo a las balas enemigas, alcanzando, como en Santo Domingo y en prueba de su arrojo, una grave herida que lo puso fuera de combate. El Gobierno de la República tenía resuelto ascenderlo a Mariscal de Campo; pero el golpe de Estado del 3 de enero, año 1874, que trajo la restauración borbónica, vino a echar por tierra el pensamiento, obligando a los republicanos consecuentes y honrados a emprender el camino de la expatriación. Padial fue uno de ellos, y se dirigió a Suiza, donde para hacer menos amargo su ostracismo comenzó a publicar una serie de artículos bajo el tema *La justicia militar,* que fueron muy leídos y favorablemente comentados por ilustrados oficiales de nuestro Ejército".

«Regresó del destierro en los primeros días del año de 1879, ya atenaceado por la enfermedad que debía conducirlo a la tumba, y poco después recibió la orden del Ministro de la Guerra para trasladarse a Canarias. Pero los amigos de Padial intervinieron eficazmente, y el General Martínez Campos estaba dispuesto a revocar esa orden, cuando ocurrió, en marzo del referido año, la dolorosa pérdida del esforzado sostenedor de nuestras libertades.

«Para él se han abierto las puertas de la posteridad, y la Historia, recta e imparcial, le hará en todo tiempo justicia. Como Víctor Hugo, en determinada solemnidad fúnebre, bien podemos exclamar: ¡Lloremos al muerto, pero saludemos al inmortal!».

▼ Padilla, barrio

Del municipio de Corozal (3,235 habitantes según el censo de 1990).

▼ Padilla, Francisco de

Sacerdote mercedario natural de Lima, Perú; fue obispo de Puerto Rico de 1684 a 1695; reformó el culto y prohibió los bailes que se efectuaban en la catedral.

▼ Padilla, José Gualberto

Nació en San Juan el 12 de julio de 1829 y falleció en Vega Baja en 1896, conocido por el seudónimo de «El Caribe». Comenzó sus estudios de Medicina en la Universidad de Santiago de Compostela y los concluyó en la de Barcelona; en la primera ciudad citada se inició en el periodismo; allí fundó y dirigió la revista *La Esperanza*. En 1857 regresó a Puerto Rico y practicó su profesión en Arecibo y Vega Baja, al mismo tiempo que publicaba versos en la prensa de la época, en *El Duende, El Almanaque de las Damas* y *El Palenque de la Juventud*. De ideas liberales, se escudó en los seudónimos de «Trabuco» y «El Caribe» para hacer duras críticas en verso al régimen colonial, lo que se utilizó como pretexto para encarcelarlo

El poeta vegabajeño José Gualberto Padilla, más conocido por el seudónimo de «El Caribe»

Trina Padilla de Sanz, conocida como «La Hija del Caribe»

cuando tuvo lugar el Grito de Lares, en 1868. En 1880 su poema satírico «Contra el periodismo personal» fue premiado por el periódico *El Buscapié*. Entre sus poemas más conocidos figuran «El maestro Rafael», «A mi perseguidor el otro Caribe», «Zapatero a tus zapatos» y un «Canto a Puerto Rico» que dejó inconcluso. De las obras que publicó en vida la que más fama le dio fue «Para un Palacio, un Caribe» (1874), polémica en verso en que contesta al poeta español Manuel del Palacio las ofensas que éste lanzara contra Puerto Rico desde las páginas de una publicación madrileña. Otras obras de Padilla son el poema «Zoopoligrafía» (1855), que publicó en Barcelona; la oda «A la muerte de Alejandro Tapia y Rivera» (1883), las poesías «En la muerte de Corchado», «¡Hasta mañana!» (1885), «A mi lira. Adiós» (1885) y «Ad alta. Por nuestros muertos» (1886). Póstumamente Trina Padilla de Sanz, «La Hija del Caribe», reunió sus versos en los cuadernos *En el combate* (1912) y *Rosas de pasión* (también de 1912),y el Ateneo Puertorriqueño, en el número 13 de sus Cuadernos de Poesía, publicó una «Antología de José Gualberto Padilla» (1961).

▼ Padilla, quebrada

Nace al sudoeste del barrio Quebradillas del municipio de Barranquitas; es corta y corre en dirección sur. Es afluente del río Barranquitas, tributario del Usabón.

▼ Padilla de Sanz, Trinidad

Nació en Vega Baja en 1864 y falleció en Arecibo el 26 de abril de l957. Era hija de José Gualberto Padilla, «El Caribe», razón por la cual fue conocida como «La Hija del Caribe». Se destacó como pianista, poeta y escritora. Estudió música en el Liceo Ruiz Arnau de Arecibo y en el Conservatorio de Madrid, España. Fue profesora de piano, y en las décadas de los años 20 y 30 participó en la fundación del conservatorio de música de Puerto Rico. Como literata fue autodidacta. Escribió poesía, cuentos y ensayos, y escribió artículos de temas diversos en publicaciones locales y en otras de Argentina, Cuba y Estados Unidos. Las primeras obras que publicó recogieron la producción poética de su padre, *Rosas de pasión* y *En el combate*, ambas de 1912. De su inspiración son *Rebeldía* (un cuento y poesías, 1918), y los poemarios

ABANDONO

(Fragmento)

¿Y el verde limonero de mi huerta
con sus brotes nupciales florecidos?
¿Y aquellos pajaritos con sus nidos
que dejaron mi casa fría, desierta?

Mi corazón a adivinar no acierta
dónde fueron los pájaros perdidos,
¡cómo lloran mis ojos abatidos
al mirar la ventana sola, abierta!

Así volaron ilusiones mías
como el alado grupo vocinglero
llevándose mis puras alegrías...

¡Vuelve, enjambre de amor, que yo te
[espero,
vuelve a poblar mi alero de armonías,
y tú, viste de flor, mi limonero!

Trinidad Padilla de Sanz

El distinguido educador y ensayista José Padín Rodríguez, comisionado de Instrucción Pública

De mi collar (1926) y *Cálices abiertos* (1943). Entre sus poemas figuran «Las estaciones», «Por siempre», «En el baño» y «Claro de luna de Beethoven». Fue fundadora y primera mujer miembro de la Academia Antillana de la Lengua. En 1946 el Instituto de Literatura Puertorriqueña le otorgó un premio de periodismo.

▼ Padilla Ramírez, Hernán

Médico y político nacido en Cabo Rojo en 1938. Se graduó de bachiller en Ciencias en la Universidad de Puerto Rico y de doctor en Medicina en la Universidad de Maryland (1963). Fue miembro fundador del Partido Nuevo Progresista, que lo eligió representante a la Cámara en 1968 y 1972, y alcalde de la ciudad de San Juan de 1977 a 1985. Fue miembro de la Liga Nacional de Ciudades y embajador alterno de los Estados Unidos en la Organización de las Naciones Unidas (1982). En 1984 se separó del Partido Nuevo Progresista, fundó el Partido de Renovación Puertorriqueña y aspiró a la gobernación, mas fracasó frente al candidato del Partido Popular Democrático, Rafael Hernández Colón, quien resultó elegido a ese cargo. Posteriormente el Dr. Padilla radicó en Estados Unidos donde reinició el ejercicio de su profesión.

▼ Padín Rodríguez, José

Nació en San Juan en 1886 y falleció en la misma ciudad en 1963. Se graduó de bachiller en Ciencias (1907) y de maestro en Artes (1908) en el Colegio Haverford de Pennsylvania. Fue maestro de inglés, superintendente general de escuelas (1913–16), subcomisionado de Instrucción Pública (1916–17), comisionado de Instrucción Pública (1930–36), y miembro del Consejo Superior de Enseñanza de Puerto Rico. Publicó numerosos ensayos de crítica literaria y sobre temas educativos y políticos; los más conocidos son «¿Hacia dónde vamos?», «La americanización de Puerto Rico» y «La ciudadanía americana». Fue autor de los libros *Personas sobre cosas* (1951) en que reunió artículos, conferencias, ensayos y discursos, y *Estampas puertorriqueñas,* colección de narraciones costumbristas, en español e inglés, publicada póstumamente, en 1967. El Colegio Haverford le otorgó un doctorado *Honoris Causa* en Leyes (1931). También le confirieron doctorados honoríficos la Universidad de Puerto Rico (en Letras, 1933) y el Colegio Dartmouth de Nueva Hampshire (en Pedagogía, 1934).

METAS POLÍTICAS DEL PARTIDO SOCIALISTA DE PAGÁN

Empeñados primordialmente en las luchas obreras y económicas que son las que han de edificar la base del bienestar de las masas de nuestro pueblo como de todos los pueblos, el Partido Socialista siempre ha visto en la bandera americana la suprema garantía para la libertad ciudadana y la democracia en este país, y en esto, sépanlo o recuérdenlo siempre todos los que militan en nuestra colectividad, el Partido Socialista nunca ha variado su orientación y su norma política.

Bolívar Pagán

▼ Padre Rufo
Ver **Fernández Carballido, Rufo Manuel.**

▼ Padres de agrego
Denominación aplicada a los propietarios de haciendas cafetaleras, para diferenciarlos de los **agregados** (ver).

▼ Padró, Humberto
Periodista, cuentista y poeta nacido en Ciales y fallecido en San Juan (1906–1958). Estudió en la Universidad de Puerto Rico. Fue colaborador de *Alma Latina, Diario de Puerto Rico, El Día, El Imparcial, El Mundo, Florete, Gráfico de Puerto Rico, Índice* y *Puerto Rico Ilustrado.* Sus cuentos fueron publicados en *Diez cuentos* (1929) y *El antifaz y los demás cuentos* (1960), y sus poemas en *Los cármenes de oro malva* (1947).

▼ Padrón Rivera, Lino
Líder obrero, político (¿1892?–1957?). Unas fuentes dicen que nació en Fajardo en 1892 y falleció en Vega Baja en 1957; otras, que nació en Guayanilla en 1897 y falleció en 1960. Desde muy joven destacó como sindicalista y participó en huelgas y otras actividades relacionadas con el movimiento obrero. Perteneció a la Federación Libre de Trabajadores y fue miembro fundador del Partido Obrero Socialista (1912), que lo eligió representante a la Cámara en 1932 y 1936 y senador por acumulación este último año; presidió esa entidad política en 1950. En 1943 integró una comisión que solicitó al Gobierno de Estados Unidos reconociera el derecho de los puertorriqueños a elegir su *status* político. Ese mismo año se le nombró vicepresidente de su partido y presidente en 1951. Fue delegado a la Asamblea Constituyente del Estado Libre Asociado de Puerto Rico (1951).

▼ Padrote
En Puerto Rico y otros países de América, macho destinado en el ganado para la procreación. Aceptado por la Academia.

▼ Pagán, Juan Bautista
Nació en Aguadilla en 1907 y falleció en San Juan en 1964. Fue colaborador de numerosas publicaciones (*El Imparcial, El Mundo, La Correspondencia de Puerto Rico, Diario de Nueva York, La Prensa de Nueva York,* entre ellas) y editor de las publicaciones *Álbum Literario Puertorriqueño y Artes y Letras.* Reunió sus versos en los cuadernos *A la sombra del amor* (1936), *Tres poemas a García Lorca* (1936) y *Habla poética* (1962), y escribió los libros de ensayos *La democracia y el futuro* (1943) y *Dionisios* (1957), y cinco dramas breves aparecidos en *Teatro* (1957).

▼ Pagán Ferrer, Gloria María
Ver **Palma, Marigloria**

▼ Pagán Lucca, Bolívar
Nació en Guayanilla el 16 de mayo de 1897 y falleció en San Juan en 1961. Se graduó de abogado en la Universidad de Puerto Rico (1921) y fue juez municipal de Fajardo y administrador del gobierno de la ciudad de San Juan; después se dedicó al ejercicio de su profesión, a la política y a las letras. Fue miembro de la Junta Insular de Elecciones y de la Comisión de Servicio Público; senador por el Partido Socialista en tres ocasiones: 1933, 1944 y 1948; vicepresidente del Senado y comisionado residente en Washington (1939–

Bolívar Pagán, abogado y político y destacado escritor

EN AQUELLA ÉPOCA SE TRASTOCABAN LOS NOMBRES

De paso sea dicho, el Partido Federal Americano, según sus doctrinas posteriores, se debió más propiamente llamar Partido Republicano Puertorriqueño porque quiso la república para Puerto Rico; y el Partido Republicano Puertorriqueño, según también sus doctrinas, se debió más propiamente llamar Partido Federal Americano porque quiso que Puerto Rico fuera parte de América en la Federación. En aquella época se confundían y trastocaban los nombres, y vivió el país días sin rumbo cierto y sin horizonte claro, o ambos partidos y todos sus líderes tuvieron el instinto, consciente o inconsciente, por conveniencia electoral o por patriotismo, y vieron bien claro que el destino futuro de Puerto Rico estaba, por la verdadera libertad y felicidad de nuestro pueblo, necesariamente vinculado a los Estados Unidos.

Bolívar Pagán, *Ideales en marcha*, 1939

LOS CIMIENTOS DE LA FEDERACIÓN AMERICANA DEL TRABAJO

Aquel tabaquero genial y visionario, inmortal líder y conductor de muchedumbres, que se llamó Samuel Gompers, extranjero que inmigró a los Estados Unidos, trabajaba solitario desde un cuartucho de Nueva York, sufriendo estrecheces y privaciones personales, desde allí lanzando al voleo la redentora semilla en infinidad de cartas y circulares por toda la nación, pronunciando discursos en asambleas y en mítines, despertando en los trabajadores americanos el espíritu de organización y de lucha, y señalando el horizonte de sus justas aspiraciones de clase productora, edificando los cimientos de la poderosa Federación Americana del Trabajo.

Bolívar Pagán, *Ideales en marcha*, 1939

45). Militó en las filas del Partido Socialista, del cual fue presidente; disuelto éste (1939), ejerció profunda influencia en el Partido Estadista. Como legislador, fue autor o promotor de varias leyes de reforma política y social.

Se inició en el periodismo cuando era estudiante de escuela secundaria en Ponce. Allí fue redactor de *El Día* y director de las revistas *La Idea* y *Aurora*. En San Juan colaboró en varias revistas, entre ellas *El Carnaval* y *Puerto Rico Ilustrado,* y fundó en 1924, junto a Palés Matos, José de Diego Padró y otros, el mensuario literario *Los Seis.* Además de numerosos artículos periodísticos, escribió los ensayos *La personalidad de Barbosa* (1941), *El apostolado de Iglesias* (1942), *Antonio R. Barceló. Símbolo de una época* (1958) y una *Historia de los partidos políticos puertorriqueños. 1898–1956* (1959), en dos volúmenes, que es la obra que más fama le dio.

Después de su muerte se publicó su obra *Procerato puertorriqueño del siglo XIX* (1961). Fue fundador y presidente del Instituto de Literatura Puertorriqueña, miembro del Ateneo Puertorriqueño y de la Sociedad Puertorriqueña de la Historia. Además fue miembro de las siguientes instituciones de los Estados Unidos: Academia de Ciencias Políticas de Nueva York, Academia de Ciencias Políticas y Sociales de Filadelfia y Sociedad Histórica Americana.

▼ Pajaritos, quebrada

Nace en el barrio Llanos Tuna del municipio de Cabo Rojo y desemboca en el Puerto Real de Cabo Rojo. Longitud aproximada: 4.8 kms. (3 millas).

▼ Pájaro bobo mayor, Guagaica

(*Saurothera vieilloti*) Ave de unos 40 centímetros (16 pulgadas) de largo, cuyo extenso rabo representa poco más de la mitad de su extensión; de color achocolatado a gris en su parte superior, de pecho blanco, vientre rojizo y rabo negro con anchas barras blancas. Anida en Puerto Rico y otras Antillas. Habita los bosques sombreados. Su canto característico se escucha a intervalos regulares; es muy mansa, y permite la proximidad del hombre. Otras aves de esta misma familia Cucúlidas son el pájaro bobo menor (*Coccyzus minor nesiotes*), el pájaro bobo pechiblanco (*Coccyzus americanus americanus*) y el pájaro bobo de pico negro (*Coccyzus erythropthalmus*). Son muy semejantes al descrito, aunque de menor tamaño. Ver **Ecología.**

▼ Pájaro carpintero
Ver **Ecología.**

▼ Pájaros, barrio
Urbano del municipio de Bayamón (34,168 habitantes).

▼ Pajita, cueva
Situada en el barrio Callejones del municipio de Lares, tiene fácil acceso desde la Carretera 454, kilómetro 2.2. Es amplia y húmeda, y el propietario del terreno la ha utilizado comercialmente para operar en ella un restaurante y una pista de baile.

▼ Pajuil
Ver **Cajuil, Marañón, Pajuil**

▼ Palacio González, Romualdo
Militar (1827–1908). General español que se distinguió en la Península por sus ideas liberales y figuró destacadamente en las guerras libradas en España durante el reinado de Isabel II. Combatió en Marruecos y contra los insurgentes carlistas. Alcanzó la dirección de la Guardia Civil y el grado de mariscal. Como capitán general de Puerto Rico destacó por su apoyo a los incondicionales y por la más feroz dictadura. Hizo famosos los «compontes» durante el llamado «año terrible» de 1887, y persiguió todo lo que había defendido en su patria. Gobernó once meses, que han pasado a la historia como los más negros de la isla. Fue sustituido interinamente por el General Juan Contreras.

Con el propósito de acreditar a qué grado llegó el clima de demencia y persecución desatada por el General Palacio, a pesar de su extensión, reproducimos a continuación una proclama dictada por él, y publicada en la *Gaceta Oficial:*

«Gobierno General de la Isla de Puerto Rico. —Con fecha 30 del mes próximo pasado me dirige el Teniente Coronel 1er. Jefe de la Comandancia de la Guardia civil la Comunicación que sigue: "Guardia Civil: —1er. Jefe. Comandancia de Puerto Rico. —Excelentísimo señor. —El Capitán del 2.° Escuadrón de esta Comandancia en escrito fecha 27 del actual mes me dice lo siguiente: —Según confidencias reservadas que venía recibiendo de toda clase de delitos y atentados cometidos y proyectados en demarcación de este Escua-

drón, coincidiendo las últimas recibidas con un telegrama de S.E. en el que ordenaba la salida de fuerza montada a la persecución y captura de una cuadrilla de hombres armados aparecida en el barrio de Capitanejo en la misma tarde del 19; emprendí la marcha con toda la fuerza disponible para dar una batida en el barrio de Capitanejo y de Bucaná, Valle, Azú, Sabaneta, Sabana Llana; Amuelas, Río Cañas Arriba, Río Cañas Abajo, Tijeras, y la 4a. demarcación y Juana Díaz, dejando al Teniente Don Guillermo Castaño, que no pudo montar por hallarse enfermo de una afección catarral, encargado del despacho del Escuadrón con los desmontados y algunos caballos enfermos, pues el resto de la fuerza disponible se hallaba de servicio en Juana Díaz. —Una vez en la hacienda Fortuna de esta jurisdicción dispuse un descanso para reponer el ganado fatigado por los malos caminos y esperar así la noche, como más conveniente para mi plan ideado, dedicándome en el entre tanto a adquirir informes de entero crédito, que me dieron por resultado el averiguar la existencia en la 4a. Tierra de los vecinos sospechosos por sus pésimos antecedentes Cristino Aponte y Cleto Mangual a cuya captura procedí inmediatamente y en persona, no sin grandes esfuerzos, acompañado del Sargento 2.° José Escudero Rey y dos guardias, regresando con ellos a las once de la noche a la hacienda Fortuna, debiendo significar a V.S. que tanto estas detenciones como las demás verificadas en esta operación de tan provechoso resultado, han sido verificadas sin salirse para nada del Reglamento y acompañados de los respectivos Comisarios de barrios. —Incomunicados desde luego e interrogados por separado, pudo conseguirse varias contradicciones del Cleto Mangual, quien concluyó por denunciar la existencia de una vasta asociación secreta denominada 'Los secos', cuyos siniestros fines tienen por objeto el exterminio de los Peninsulares y la proclamación de su independencia con la República Puerto-Riqueña, señalando como representante en su barrio al Celestino Aponte en cuya casa se reunían los juramentados. —Sometidos a un careo pudo conseguirse también una amplia confesión de este último y los nombres de infinito número de comprometidos, a cuya cabeza se hallan personas de posición en esta Ciudad, descubriéndose a la vez los que en cuadrilla habían atentado la noche anterior contra varios vecinos de Azú y Capitanejo. —Sin pérdida de tiempo y tomándola como base de operaciones, dispuse salir con la fuerza fraccionada en pequeños grupos a procurar la captura de los principales, incomunicándolos conforme llegaban, en evitación de confabulaciones, procediendo a la vez a la formación de un expediente legalizando las declaraciones, con testimonio de vecinos pacíficos y honrados y consiguiendo por este medio poder conducir al medio día del 20 a la Cárcel de Juana Díaz como más próxima, convictos y confesos siete principales comprometidos en la sociedad secreta a la vez que componentes todos ellos de la criminal cuadrilla ya mencionada, así como un número considerable de comprometidos en la 1a. que con los apresados en los dos días siguientes ascendieron próximamente a 50, no pudiéndole precisar, pues ordenado por S.E. que otro Jefe continuara el expediente in-

formativo preliminar de las actuaciones que se hubieran de seguir en la tarde del 20, hice entrega de las actuaciones y detenidos al Comandante del Batallón de Valladolid Don Enrique Vázquez, así como también bastante número de armas blancas y de fuego, municiones y un documento escrito en jíbaro que no fue posible descifrar; teniendo que ausentarme de nuevo para continuar la persecución de otros delitos y ramificaciones por los que han sido detenidos hasta la fecha y ordenado por autos oficiales su prisión hasta 90 individuos; habiéndose presentado el juez designado para incoar el proceso Don José García de Lara, quien se hizo cargo de ella. —Cumple a mi deber manifestar a V.S. que en este penoso servicio de tantos días de incesante trabajo, sin momento de reposo, la escasa fuerza a mis órdenes ha trabajado como no podía esperar menos de soldados veteranos avezados al peligro y la fatiga; por lo que un cariñoso telegrama de S. E. han recibido una felicitación por el éxito obtenido, causándole verdadero orgullo el mandar-

CÓMO SE ESTABLECIÓ EL TERROR

Se utilizaba también la cuerda para colgar por los pies a las víctimas. Los levantaban a gran altura y allí los dejaban hasta que la congestión los obligaba a someterse. Uno de los tormentos más en uso era el de hacer que los individuos introdujesen las cabezas en las letrinas, de cuyo tormento no se libraban sino mediante la confesión que se les imponía. El azotar con los sables y pegar con las culatas de las carabinas llegó a no ser un tormento: esas simplezas se reservaban para los favorecidos... la angustia vivió en todos los hogares y la plegaria en todos los labios de mujer... La consternación subió de pronto cuando se supo que no era posible la correspondencia con España, porque el propósito de que allá no se supiera lo que aquí sucedía, hizo comprender a todos que se caminaba a la catástrofe...

Juan Arrillaga Roqué en *Memorias de antaño*, Ponce, 1910

LOS COMPONTES EN TIEMPOS DE PALACIO

Patrocinados tales procedimientos [de violencias] por el propio General Palacio desde su nueva residencia en Aibonito —convertida en centro de alegres festines— y alentados sus ejecutores por la Prensa incondicional mediante relatos impresionantes sobre conspiraciones y tramas tenebrosas, resultó natural que la persecución se caracterizara, desde los primeros momentos, por crudísimos excesos y que el tormento se erigiese en medio ordinario para arrancar declaraciones comprometedoras a los encartados, en cuyas filas habían de figurar abogados, médicos, maestros, escritores, periodistas, agricultores, comerciantes, industriales y jornaleros.

Bajo tal sistema, que se designó al instante con el nombre de *compontes*, se cometieron contra los encausados, injustamente, bochornosos y brutales atropellos. Siendo víctimas, unos, de la tortura llamada de los *palitos* o *palillos;* otros, de la llamada de los *cordeles* o *cadenas;* otros, de la llamada de las *cuñas* o *hicoteas;* otros, de la llamada del *látigo* o *vergajo;* y la inmensa mayoría de bofetadas, patadas, culatazos y todo género de golpes.

Lidio Cruz Monclova, *Historia de Puerto Rico (Siglo XIX)*

los; distinguiéndose entre ellos de una manera notable, por lo que me permito recomendarlos a V.S. el Sargento 2.° José Escudero Rey, que enfermo con fiebre no quiso abandonar ni un solo momento su puesto, multiplicándose y secundando con verdadero acierto cuantas órdenes se le comunicaban por mi, y más tarde por los Jueces de la causa, así como la restante fuerza a mis órdenes. —Las operaciones continúan sin descanso máxime con los dos hechos recientes de un incendio y un robo a mano armada de que ya tuve el honor de dar cuenta a V.S. por telégrafo. Es cuanto tengo el honor de relatar a V.S. en cumplimiento de mi deber, considerando conveniente significarle la conveniencia de aumentar durante la persecución de estas operaciones con tres o cuatro hombres más montados la fuerza de esta Sección, pues la del primer Escuadrón que aquí se halla no se puede distraer en servicio alguno por hallarse exclusivamente a las órdenes de S. E. el Comandante Militar del Departamento". —Tengo el honor de transcribirlo a la respetable Autoridad de V.E. para su superior y debido conocimiento. —Dios guarde a V.E. muchos años. —Puerto Rico, 30 de agosto de 1887. —Excmo. Señor: El 1er. Jefe, Francisco Muñoz Reynoso. —Excmo. Señor Gobernador de esta Isla.

«Los sucesos del parte que antecede no son razón bastante a perturbar mi ánimo, aún cuando sienta hondamente ver la senda por la cual quiere empujarse a los sencillos habitantes de los campos de esta Provincia. Contando, como cuento, con el noble y levantado espíritu de la inmensa mayoría del País, espero muy fundadamente, que la dañada perversión de tales propagandas se estrellará ante la cordura y proverbial sensatez de estos españoles insulares. —Partiendo de esta convencida opinión mía, he desdeñado usar otros procedimientos que la Ley pone en mi mano, creyendo que para destruir a semejantes criminales es y será siempre bastante el cuerpo benemérito de la Guardia Civil. — Lo que sí es preciso e indispensable ya, es que la dirección que en estos momentos se da al pensamiento político de determinadas publicaciones no se haga de suerte tal, que venga a servir como de escudo y refugio de lo que no puede ni debe ser amparado; poniendo, al parecer, un decidido empeño en confundir cosas por nadie confundidas; precisamente, cuando, por virtud de las denuncias hechas y los delitos indicados, podía entenderse justificada la necesidad de suspender el ordenado movimiento de las libertades públicas, erigiendo la dictadura militar. Me he detenido, sin embargo, porque no entiendo que por las estrecheces de los sectarios, hayan de perderse en un instante, las conquistas de la libertad y del derecho. En frente de estos, he visto, con verdadero asombro, el empleo de un lenguaje violento, desconocedor de la cultura, en el cual se destaca con relieve durísimo el dicterio, o desviado de la corrección y la prudencia, ir a desbocarse en la injuria y la calumnia. La propagación de una doctrina política busca, tanto la persuasión, como la nobleza del concepto, y no es con la falsedad de las noticias, portadoras de perturbación en la vida pública y privada, como se fomentan los ideales, ni arraiga su prestigio en las conciencias.

«Mientras ejerza el mando Superior de esta Provincia no consentiré en manera alguna que la paz se turbe, medre el delito, se tuerza la verdad, ni se ampare al criminal. Dentro del natural imperio de las Leyes, quedarán constantemente garantizados todos los derechos; pero así también y a un tiempo mismo, cumplidos todos los deberes. Este es el mío, y en él hallarán constantemente apoyo las gentes ansiosas de seguridad y bienestar.

«Aybonito, 5 de septiembre de 1887. —*Palacio*».

▼ Palacios, Rafael

Pintor puertorriqueño, llamado «el Luis Palés Matos de la pintura puertorriqueña», porque sus obras captan diversos aspectos de la cultura negroide de Puerto Rico y las Antillas. Otras de sus obras retratan al jíbaro y al obrero puertorriqueños. Muchas de ellas se expusieron en la Primera Exposición de Arte Puertorriqueño (1936). Entre sus cuadros figuran «Bautizo», «El licenciado», «El muerto», «El retrato», «Los paleros», «Papá Ogún», «Pena negra», «Tabú» y «Talismán».

▼ Palenque, quebrada

Nace en el barrio Bajo del municipio de Patillas; luego de correr por dicho municipio desemboca en el mar Caribe. Longitud aproximada: 1.5 kms. (menos de una milla).

SIGNIFICADO DEL AÑO TERRIBLE DE 1887

Síntesis y levadura, el 1887 es para nosotros un símbolo. En él actuó un grupo de hombres corajudos, decididos, valientes, que se entregó a la noble tarea de forjar una patria. La historia tiene que subrayar esa azarosa época como una de las más culminantes y decisivas de nuestro civismo.

Antonio S. Pedreira en *El año terrible del 87. Sus antecedentes y sus consecuencias*

▼ Palés Anés, Vicente

Nació en Guayama en 1865 y falleció en la misma ciudad en 1913. Patriarca de una familia de poetas, sus hijos Gustavo, Luis y Vicente heredaron su vena poética. Su esposa, Consuelo Matos Vicil, también cultivó el verso. Palés Anés fue maestro en su pueblo natal y colaboró en publicaciones periódicas de su época *(El Semanario Comercial, Revista Masónica, Puerto Rico Artístico, El Buscapié, El Palenque de la Juventud, El Carnaval)*. Publicó dos pequeños cuadernos de versos: *A la masonería* (1886) y *El cementerio* (1889). Este último, publicado por vez primera en *El buscapié* en 1887, se reprodujo junto a los titulados «Acuarela», «Claro de luna» y «Oriental» en el suplemento *Selecciones palesianas* de la revista *Al margen* (1981). La selección contiene poemas de su esposa («En lontananza», «Melancolía», «Sinceridad», «Dame el sol») y de sus tres hijos ya mencionados. Otros poemas de Palés Anés son «Ananké» y «Flor de hastío», éste publicado junto a sus cuentos «El cigarro y tres pesetas», «Los pálidos» y «Los zapatitos de raso» en la revista *Puerto Rico Ilustrado*.

▼ Palés Matos, Gustavo

Poeta y cuentista nacido en Guayama y fallecido en San Juan (1907–1963). Hijo de Vicente Palés Anés y Consuelo Matos Vicil, y hermano de Luis y Vicente. Estudió en el Colegio de Agricultura de Mayagüez. Como empleado público trabajó con los gobiernos estatal y federal, y fue traductor y comentarista, actor y libretista de radio y televisión. Colaboró con poemas y cuentos en *Diario de Puerto Rico, El Imparcial, El Mundo* y *Puerto Rico Ilustrado*. Sus poemas «Advertencia que no escuchó el río», «Abordaje al Steptishire», «Soneto a Mayagüez» y «Canto al café» fueron premiados en diversos certámenes literarios. En 1949 se estrenó en San Juan la opereta *Cofresí*, con música de Rafael Hernández y libreto de Gustavo Palés. Publicó el poemario *Romancero de Cofresí* (1942) que fue premiado por el Instituto de Literatura Puertorriqueña y que contiene poemas como el titulado «Obertura». Dejó inéditas numerosas poesías, entre las que figuran «Qué alegre», «Plegaria a Dios» y «Tengo yo», que han sido publicadas en *Selecciones palesianas*, suplemento de la revista *Al margen* (1981).

▼ Palés Matos, Luis

Nació en Guayama el 20 de marzo de 1898 y falleció en San Juan el 3 de febrero de 1959. Realizó sus estudios primarios y secundarios en su ciudad natal, pero fue un autodidacto que continuó su extensa educación posteriormente mediante la lectura, no siempre discriminada, de obras literarias europeas e hispanoamericanas. Desempeñó muy variados empleos: fue amanuense de un bufete de abogados, maestro rural, periodista, orador político, secretario del Senado y de la Cámara de Representantes, conferenciante en la Universidad de Puerto Rico. A los catorce años escribió los versos que más tarde publicaría en el poemario *Azaleas* (1915); en ellos y en su obra poética posterior encontramos la influencia del modernismo entonces imperante. Colaboró en el periódico guayamés *El Pueblo*, y más tarde en *El Mundo, El Imparcial, Puerto Rico Ilustrado, La Democracia* y otras publicaciones. Radicado en San Juan, fue asiduo concurrente a las tertulias literarias del restaurante La Mallorquina, en las cuales inició su larga y entrañable amistad con Luis Muñoz Marín. Hacia 1920 escribió su segundo poemario, «El palacio en sombras», que quedó inédito. Al siguiente año fundó con José I. de Diego Padró el movimiento literario vanguardista «diepalismo», bautizado con sílabas de los apellidos de ambos poetas, Diego-Palés, que aunque de corta vida, dejó visible huella en su producción poética. Más tarde fundó la revista literaria *Los Seis*, en unión de Diego Padró, José Enrique Gelpí, Antonio Coll Vidal, Juan José Llovet y Bolívar Pagán, orientada hacia el vanguardismo entonces predominante en Europa y América. Hasta este momento domina en nuestro poeta la influencia de Herrera Reissig, que se refleja en los versos de los dos poemarios que quedarían inéditos: «El palacio en sombras» y «Canciones de la media vida».

Pero el tema y el estilo de Palés cambian para encontrar su meta en «Danza negra», con cuya obra inicia el examen poético de la negritud de las Antillas. Abandona los endecasílabos y los alejandrinos que le servían de molde y comienza a emplear una lengua sonora, onomatopéyica, de gran fuerza plástica, con la cual más que cantar, pinta escenas llenas de color y ritmo. Se inspira en la Nigricia, en Haití,

El poeta Luis Palés Matos

LUIS PALÉS MATOS, UN PESIMISTA QUE SE SALVA...

Como cuestión de hecho creo que él es uno de los poquísimos pesimistas puertorriqueños que de veras se salva. Ha hecho de su pesimismo una obra de arte. Esa obra de arte es de lo más firme que hay hoy en Puerto Rico. Lo que quiere decir es que los que no podemos hacer obra de arte del desaliento mejor será que revisemos nuestros valores. Tal vez nos estemos suicidando en vida.

Jaime Benítez

LA VITALIDAD DE PALÉS MATOS

Otra demostración de nuestra vitalidad literaria se dá vigorosa en las poesías inspiradas en costumbres y tipos africanos, de Luis Palés Matos. Se ha escrito alguna que otra composición poética en ese estilo por contado poeta norteamericano, pero debemos tener a Palés por el creador, en verso castellano, de ese género poético, que

podríamos llamar afroantillano, en donde el numen de nuestro poeta ha descubierto tesoros escondidos de fuerte originalidad...

...Palés ha pintado de mano maestra el tipo del negro antillano, y ha puesto en el fondo del cuadro de nuestra poesía, recargado de colores europeos, esa nota que parece dada

con un pincel mojado en las aguas del Caribe a la hora en que el crepúsculo de la tarde las oscurece con el reflejo sombrío de las nubes que en el ocaso se desgajan y abren en abismos para tragarse el sol.

Luís Sánchez Morales en *De antes y de ahora*

PUEBLO

(Fragmento)

¡Piedad, Señor, piedad para mi pobre
[pueblo!
Sobre estas almas simples desata
[algún canalla.
Que contra el agua muerta de sus
[vidas arroje
La piedra redentora de una insólita
[hazaña...

Algún ladrón que asalte ese banco en
[la noche,
Algún Don Juan que viole esa
[doncella casta,
Algún tahúr de oficio que se meta en
[el pueblo
Y revuelva estas gentes honorables y
[mansas...

¡Piedad, Señor, piedad para mi pobre
[pueblo
Donde mi pobre gente se morirá de
[nada!

Luis Palés Matos

Santo Tomé, Martinica, Cuba, Guadalupe, como viniendo del Congo y de Camerún. Canta al cañaveral, a las caderas de la mulata, al baquiné, al ñáñigo que invoca las viejas deidades africanas, al vudú, al barracón africano, todo girando como un gigantesco aquelarre al ritmo marcado por el viejo tambor negro. Muestra su sensualidad cuando perfila con fuerte trazo la vida mulata del trabajador de la central azucarera cuando nos dice:

Culipandeando la reina avanza
y de su inmensa grupa resbalan
meneos cachondos que el gongo cuaja
en ríos de azúcar y de melaza.

Mas también sabe destacar la banalidad del blanco de la plantación, que representa

la aristocracia de dril
donde la vida resbala
sobre frases de natilla
y suculentas metáforas.

Su poesía de negritud fue recogida en *Tuntún de pasa y grifería. Poemas afro-*

ÑAM-ÑAM

(Fragmento)

Ñam-Ñam. Los fetiches abren
sus bocas negras —ñam-ñam.
En las pupilas del brujo
un solo fulgor —ñam-ñam.
La sangre del sacrificio
embriaga el totem —ñam-ñam,
y Nigricia es toda dientes
en la tiniebla —ñam-ñam.
Asia sueña su nirvana.
América baila el jazz.
Europa juega y teoriza.
África gruñe: ñam-ñam.

Luis Palés Matos

antillanos (1937), que contiene títulos tan conocidos como «Danza negra», «Elegía del Duque de la Mermelada», «Canción festiva para ser llorada», «Lagarto verde» y otros hoy repetidos por todos. Su mensaje llegó lejos: después de él, son muchos los poetas de los países caribeños que escucharon su tambor y cantaron a coro: Andrés Eloy Blanco, Nelson Estupiñán, Manuel del Cabral, Jorge Artel, Nicolás Guillén, Aimé Cesaire, Emilio Ballagas y otros descubrieron la belleza de la negritud.

Además de su obra poética, Palés escribió una novela, «Litoral-Reseña de una vida inútil», de la cual se publicaron fragmentos en la prensa.

▼ Palés Matos, Vicente

Abogado, poeta y cuentista nacido en Guayama y fallecido en Mayagüez (1903–1963), hijo de Vicente Palés Anés y hermano de Gustavo y Luis. Se graduó de abogado en la Universidad de Puerto Rico (1924). Fue juez en Salinas y Santa Isabel, asistente del procurador general de Puerto Rico y fiscal auxiliar de Mayagüez, pueblo donde se dedicó a la práctica privada de su profesión hasta su muerte. Cultivó la poesía, el cuento y la crítica literaria y colaboró en *El Imparcial* y *Puerto Rico Ilustrado* de San Juan, en *Cabezas* de Caguas, y en *La Opinión* y *El Pueblo* de Guayama. Figuró entre los fundadores de dos movimientos poéticos de renovación: el «Euforismo» (1922) y el «Noísmo» (1925). Entre sus poemas euforistas figura «¡Soy!», y entre los noístas su «Drama noísta». Autor de los libros de versos *Viento y espuma* (1945), que también contiene varios cuentos y fue premiado por el Instituto de Literatura Puertorriqueña, y de *La fuente de Juan Ponce de León y otros poemas* (1965) donde aparecen, entre otros, «Ármate, madre América», «El sueño», «Canto al tornillo» y el que da título al libro. Entre sus poemas que han merecido importantes premios están «Mujer puertorriqueña» (1921) y «Hoy me he echado a reír» (1922).

▼ Palma, Marigloria

Seudónimo de la poeta y escritora cuyo nombre de pila fue Gloria María Pagán Ferrer. Nació en Canóvanas y murió en San Juan (1921–1994). Estudió Artes Plásticas e Idiomas en Estados Unidos. En 1946 contrajo matrimonio con el profesor y filósofo austriaco Alfred Stern. Después de más de dos décadas de ausencia, regresó a Puerto Rico en 1968. Colaboró en numerosas publicaciones periódicas de la isla, de Estados Unidos e Hispanoamérica. Su primer poemario, *Agua suelta* (1942) y el titulado *San Juan entre dos azules* (1965) fueron premiados por el Instituto de Literatura Puertorriqueña. Sus demás cuadernos de versos son: *Voz de lo transparente, Árboles míos* y *Cantos de los olvidos,* publicados los tres en 1965; *Palomas frente al eco* (1968), *La razón del cuadrante* (1969), *Los cuarenta silencios* (1973), *La noche y otras flores eléctricas* (1976), *Aire habitado* (1981) y *Versos de cada día* (1981). Como prosista es autora de las novelas *Amy Kootsky* (1973) y *Viento salado* (1981); de *Cuentos de la abeja encinta* (1975); de las comedias *Entre Francia y Suiza* y *La herencia,* y de la tragicomedia *Saludando la noche,* impresas en 1968. Cultivó la literatura infantil en *Teatro para niños* (1968), *Teatro infantil* (1970) y *El señor Don Güi-Güi* (cuentos, 1979), y coleccionó un volumen de *Muestras de folklore puertorriqueño* (1981). Recibió tres premios literarios del Club Cívico de Damas y fue elegida Autora del Año por la Casa del Autor Puertorriqueño (1982).

Vicente Palés Matos, abogado, poeta y escritor

▼ Palma, quebrada

1. Nace al sur del barrio Caguana de Utuado, a unos 680 metros (2,230 pies) de altura sobre el nivel del mar. Longitud aproximada: 2.4 kms. (1.5 millas); corre de sur a norte y se une al río Tanamá al oeste del barrio donde nace. 2. Nace en el barrio Mariana de Naguabo, municipio al cual atraviesa, y desemboca en la bahía Algodones, en el mar Caribe. Longitud aproximada: 8.6 kms. (5.4 millas). Entre sus afluentes figura la quebrada Plátano.

▼ Palma, canal La

Ver **San Luis, caño.**

▼ Palma, quebrada La

1. Afluente del río Lapa, al cual se une al oeste del barrio Palmas de Salinas. Nace al oeste del barrio Cercadillo del municipio de Cayey, a una altura de 670 metros (2,198 pies) sobre el nivel del mar; es corta y corre en dirección oeste. 2. Otra quebrada del mismo nombre es afluente del río Rosario, que a su vez lo es del Guanajibo. Nace en el barrio Montoso del municipio de Maricao a una elevación sobre el nivel del mar de 360 metros (1,181 pies). Corre de este a oeste.

▼ Palma de lluvia

Ver **Llume, Palma de lluvia.**

▼ Palma de sierra

(*Prestoea montana,* familia Palmáceas) Árbol pequeño que crece en Puerto Rico —en las montañas más altas—, Cuba, La Española y las Antillas Menores. De lento crecimiento, llega a alcanzar, después de unos 50 años de vida, hasta 15 metros (50 pies) de altura. Las vainas de las hojas ya secas, conocidas como yaguas, han servido a los primitivos habitantes de la isla y luego a los campesinos para techar sus viviendas, y las tablas para paredes y pisos. Este tipo de palma, que ayuda a evitar la erosión del suelo, florece y fructifica casi todo el año. Ver **Ecología.**

▼ Palma de sombrero, Yarey

(*Sabal causiarum,* familia Palmáceas) Árbol siempre verde, endémico de Puerto Rico, de las llanuras costaneras del noroeste y sudoeste, que llega a alcanzar hasta 9 metros (30 pies) de altura. Se caracteriza por la corpulencia de su tronco liso, que carece de ramas, de color gris pálido, con anillos y ocasionalmente con algunos agujeros; hojas en forma de abanico, alternas, extendidas, grandes, con largos pecíolos y láminas plisadas, como un abanico; tienen una vena o nervio central, ligeramente arqueado hacia abajo, y rajado hasta casi la mitad en dos segmentos estrechos y puntiagudos, de entre los cuales sale una fibra semejante a un hilo; numerosas flores en racimos, pequeñas, perfumadas, blancuzcas; fruto en drupa, redondeado, abundante, de pulpa fina, con una semilla redondeada del color del fruto, castaño obscuro. Florece anualmente en forma irregular.

▼ Palma Escrita, barrio

Del municipio de Las Marías (621 habitantes según el censo de 1990).

▼ Palma real

(*Roystonea borinquena,* familia Palmáceas) Árbol grande y vigoroso que alcanza de 9 a 18 metros (30–60 pies) de altura, con la copa siempre verde, que sólo crece en Puerto Rico, Santa Cruz, Vieques y ha sido introducido a la isla de Mona. El nombre *Roystonea* es un homenaje al general norteamericano Roy Stone, quien estuvo destacado en Puerto Rico durante la Guerra Hispano-cubano-americana. El tronco, de color gris y ligeramente liso, más ancho en la base, luego se adelgaza para volver a

Dr. John Francis US Forrest

La elegante palma real (Roystonea borinquena) *debe su nombre científico al General Roy Stone*

ensancharse hasta las proximidades del ápice. La copa, siempre verde, tiene alrededor de 15 hojas alternas, grandes y largas, arqueadas y extendidas, compuestas por numerosas hojuelas o segmentos de color verde, de punta larga, coriáceas, insertadas diagonalmente, de dos en dos, a ambos lados del eje. Las flores aparecen en racimos colgantes, femeninas y masculinas, pequeñas, blancuzcas; fruto en forma de elipse, de color castaño claro, algo carnoso, que gusta mucho a los cerdos y ciertas aves. Sobre el uso de este árbol nos dice Fray Íñigo Abbad y Lasierra en su *Historia geográfica, civil y natural de la isla de San Juan Bautista de Puerto Rico:* «Las palmas que más estiman los de Puerto Rico son las que llaman de grana y son las palmas reales; llegan a cien y más pies de altura, pero delgadas; se coronan de rama, y de su centro nace un tallo verde, tierno y puntiagudo de diez a doce pies de largo. Entre el nacimiento de las ramas arroja la palma todos los meses un racimo de tres a cuatro palmos de largo, dividido en diferentes ramitas, como las de los dátiles;

LA PALMA REAL, LA MÁS BELLA

Es la más bella de las palmas, la reina del mundo vegetal. Su talle tiene la magia y la suavidad de la onda femenina; y es color canela, como una mulata ¿Quién, frente a una palma real, no ha deseado ser un gigante para abrazar su talle y besar los racimos de su seno y cerrar los ojos entre su enramada cabellera?

Luis Lloréns Torres

todo el racimo está lleno de una fruta verde de la figura de las aceitunas y mayores que las sevillanas; tienen su hueso cubierto de carne verde como aquellas y es muy útil para engordar los cerdos, que es la única cosa en que la utilizan. En las otras islas sacan de esta grana aceite muy bueno para las luces y otros usos. El cogollo de esta palma lo cuecen y comen como la mejor col cocida y también en ensalada. Los indios la llaman pira y la usan con frecuencia; en Puerto Rico raras veces, aunque es agradable. A estas palmas se suben las culebras para cazar las aves que se sientan sobre ellas a comer la fruta».

▼ Palmar, barrio
Del municipio de Aguadilla (1,928 habitantes según el censo de 1990).

▼ Palmar, quebrada
Nace al oeste del barrio Cacaos del municipio de Orocovis, a una altura de 550 metros (1,804 pies) sobre el nivel del mar. Longitud aproximada: 2 kms. (1.2 millas); generalmente corre de sur a norte. Es afluente del río Toro Negro, tributario del Grande de Manatí.

▼ Palmarejo, barrio
1. Del municipio de Coamo (4,279 habitantes). 2. Del municipio de Corozal (5,299 habitantes). 3. Del municipio de Lajas (3,678 habitantes).

▼ Palmarejo, quebrada
Afluente del río Nigua o Arroyo.

▼ Palmarejo, río
Nace al oeste del barrio Tetúan de Utuado, a unos 680 metros (2,230 pies) de altura sobre el nivel del mar; al norte de dicho barrio se le une el río Limón, uno de los afluentes del Grande de Arecibo. Longitud aproximada: 4 kms. (2.5 millas). Generalmente corre de sur a norte.

▼ Palmarito, barrio
Del municipio de Corozal (1,902 habitantes según el censo de 1990).

▼ Palmas, barrio
1. Del municipio de Arroyo (3,167 habitantes). 2. Del municipio de Guayama (861 habitantes). 3. Del municipio de Salinas (381 habitantes).

▼ Palmas, barrio Las
Del municipio de Utuado (1,026 habitantes según el censo de 1990).

▼ Palmas Altas, barrio
Del municipio de Barceloneta (3,364 habitantes).

▼ Palmas Bajas, quebrada
Tributaria del río Guamaní.

▼ Palmer Díaz, Santiago R.
Abogado, político. Nació en y falleció en San Germán (1893–1967). Fue alcalde del municipio de ese nombre (1928–32), miembro del Partido Unión de Puerto Rico y uno de los fundadores del Partido Popular Democrático, que lo eligió senador por el distrito de Mayagüez (1940–68); en el Senado presidió la Comisión de Nombramientos. En 1951 fue delegado a la Asamblea Constituyente que redactó la Constitución del Estado Libre Asociado de Puerto Rico.

▼ Palmer Irizarry, Santiago Rosendo
Nació en San Germán en 1844 y falleció en San Juan en 1908. Fue miembro fundador de los partidos Liberal Reformista (1869), Autonomista (1887), Federal (1898) y Unión de Puerto Rico (1904). Presidió el Partido Federal. En 1887 fue uno de los 16 autonomistas encarcelados en El Morro por protestar contra los «compontes» aplicados por el General Palacio. Fue elegido representante a la Cámara en 1897, 1902 y 1904, y alcalde de Mayagüez en 1899. Para defender el ideal de la autonomía fundó los periódicos *El Propagador*, *La Propaganda* y *La Tarde*. Vinculado a la masonería desde 1873, en 1884 contribuyó a establecer en San Juan la Gran Logia Soberana de Puerto Rico y al siguiente año se convirtió en su primer Gran Maestro.

▼ Palmilla
Ver **Helecho gigante, Helecho arbóreo, Camarón, Camaroncillo, Palmilla.**

▼ Palo
Americanismo usado para designar la copa o trago de alguna bebida alcohólica como ron, y también un árbol o arbusto. Esta última acepción está aceptada por la Academia de la Lengua.

▼ Palo, quebrada del

Nace al norte del barrio Carmen del municipio de Guayama, a una altura de 650 metros (2,132 pies) sobre el nivel del mar; es corta, corre en dirección sur y tributa sus aguas a otra quebrada de nombre Carmen.

▼ Palo blanco

1. Ver **Huesillo, Hueso blanco, Palo blanco, Palo de hueso,** y **Caracorillo, Corcho blanco, Cotorrerillo, Guía mansa, Palo blanco.**

▼ Palo bobo

(*Brunellia comocladiifolia,* familia Bruneliáceas) Árbol siempre verde que alcanza entre 5 y 8 metros (15 y 25 pies) de altura. Crece en las montañas altas, especialmente del centro y oeste de Puerto Rico, y muy rara vez en las de Luquillo y Guavate. Florece de marzo a agosto; el fruto madura de junio a agosto. Su madera es dura.

▼ Palo colorado

1. Ver **Aguacate cimarrón, Cedro macho, Guajón, Palo colorado.** 2. Ver **Colorado, Palo colorado.**

▼ Palo de aceite

Ver **Masa, Palo de aceite.**

▼ Palo de cabra

Ver **Guacimilla, Palo de cabra.**

▼ Palo de cabrilla

Ver **Cabrilla.**

▼ Palo de Café, cerro

Situado en el barrio Mameyes Arriba del municipio de Jayuya, se eleva a 880 metros (2,886 pies) de altura sobre el nivel del mar. Tiene acceso desde la Carretera Estatal número 141, y se localiza en el cuadrángulo 8,264 del Mapa Topográfico de Puerto Rico.

▼ Palo de cotorra

Ver **Achiotillo.**

▼ Palo de cruz

Ver **Guayabacoa, Palo de cruz, Sebucán.**

▼ Palo de gallina

(*Alchorneopsis floribunda,* familia Euforbiáceas) Árbol siempre verde, derecho, que crece en los bosques de las montañas de Puerto Rico —en los claros de los bosques y en el pie de las montañas en la mitad este de la isla— La Española y Sudamérica. Alcanza entre 6 y 15 metros (19 y 50 pies) de altura; de hojas elípticas, finas, ligeramente lustrosas, con tres venas sobresalientes y bordes ondulados; muchas flores pequeñas de color verde amarillento, femeninas y masculinas (en árboles distintos); fruto en cápsula de lomos irregulares, de color castaño, que contiene tres semillas. Probablemente florece y fructifica el año entero. Madera blanda, liviana y poco duradera, que se usa como leña.

▼ Palo de goma

(*Ficus elastica,* familia Moráceas) 1. Árbol grande siempre verde, oriundo de los trópicos asiáticos. Alcanza hasta 20 metros (65 pies) de altura, y hasta 30 metros (100 pies) en su país de origen, India, donde constituyó la fuente original para la obtención del caucho; luego fue sustituido por una especie brasileña. El tronco tiene un poco menos de un metro de diámetro. Presenta ramas extendidas, raíces aéreas muy numerosas, rígidas; hojas grandes, alternas, coriáceas, elípticas u oblongas, brillantes, con muchas venas laterales, rectas, a cada lado de la vena o nervio central; fruto pequeño, elíptico, parecido a un higo, de color amarillo verdoso. Posiblemente produce frutos todo el año. En Puerto Rico e Islas Vírgenes se utiliza con fines ornamentales, para embellecimiento y sombra, y su madera apenas se usa.

▼ Palo de guitarra

Ver **Bálsamo, Palo de guitarra, Péndula.**

▼ Palo de hierro

1. Ver **Bariaco.** 2. Ver **Dajao.**

▼ Palo de hueso

1. Ver **Árbol de violeta, Caracolillo, Palo de hueso, Palo de tortuga, Palo de violeta, Tortuguero, Violeta.** 2. Ver **Huesillo, Hueso blanco, Palo blanco, Palo de hueso.**

▼ Palo de matos, Palo de peronías, Peronía

(*Ormosia krugii,* familia Leguminosas) Árbol mediano siempre verde, de copa ancha, que alcanza entre 9 y 18 metros (30–60 pies) de altura, y sólo crece en los bosques de montaña en La Española y Puerto Rico; de hojas grandes, pinadas, compuestas por 7 a 9 hojuelas, pareadas, salvo en la punta abruptamente corta, pequeña y redondeada; numerosas flores de color violeta, en panículas; fruto en vaina o legumbre de color castaño, de puntas largas; contienen de 1 a 5 semillas redondeadas, ligeramente achatadas, de color rojo intenso, lustrosas, con manchas negras. Florece en otoño y fructifica desde fines de primavera hasta fines de otoño. Madera ligera, blanda y frágil, que sólo se usa como combustible.

▼ Palo de misanteco
Ver **Lebisa, Misanteco, Palo de misanteco.**

▼ Palo de multa
Ver **Guasábara, Guayabacón, Palo de multa.**

▼ Palo de pan
Ver **Árbol de pan, Palo de pan, Pana, Pana de pepitas, Panapén.**

▼ Palo de pollo
Ver **Ecología.**

▼ Palo de queresas
Ver **Cafeíllo cimarrón.**

▼ Palo de quina
Ver **Albarillo.**

▼ Palo de toro
Ver **Café cimarrón.**

▼ Palo de tortuga
Ver **Árbol de violeta, Caracolillo, Palo de hueso, Palo de tortuga, Palo de violeta, Tortuguero, Violeta.**

▼ Palo de violeta
Ver **Árbol de violeta, Caracolillo, Palo de hueso, Palo de tortuga, Palo de violeta, Tortuguero, Violeta.**

▼ Palo hediondo
Ver **Forteventura, Hediondo, Palo hediondo, Palo seco.**

▼ Palo Hincado, barrio
Del municipio de Barranquitas (3,669 habitantes según el censo de 1990).

▼ Palo santo
1. Ver **Guayacán, Guayaco, Palo santo.**
2. Ver **Guayacán blanco, Guayacán de vera, Guayacancillo, Palo santo.**

▼ Palo seco
Ver **Forteventura, Hediondo, Palo hediondo, Palo seco.**

▼ Palo Seco, barrio
1. Del municipio de Maunabo (2,032 habitantes). 2. Del municipio de Toa Baja (385 habitantes).

▼ Paloma torcaz (Torcaza), Turca, Rubia
(*Columba squamosa,* familia *Columbidae*) Ave de unos 35 centímetros (14 pulgadas) de largo, color gris más claro por el vientre, cuello tornasol, pico y patas rojas. Se alimenta de granos y semillas pequeñas. Vive en parejas, y anida en árboles o arbustos; pone sólo uno o dos huevos de color blanco. Aunque no se conocen sus hábitos migratorios, se presume que viaja entre las islas antillanas. Por la excelencia de su carne es muy codiciada por los cazadores. Ver también **Ecología.**

▼ Palomas
(Familia *Columbidae*) Además de la torcaz o turca habitan en la isla otras palomas. La cabeciblanca o viequera (*Columba leucocephala*), parecida a la turca, se distingue de ésta por su corona blanca. La sabanera (*Columba inornata wetmorei*), también grande, es hoy muy escasa. La tórtola (*Zenaida aurita zenaida*), más pequeña, de unos 25 centímetros (10 pulgadas), es muy abundante. La aliblanca (*Zenaida asiatica asiatica*), se distingue de las demás por la mancha blanca que la cruza el ala y porque vuela en bandadas. Habita en algunas regiones costaneras. La tórtola rabiche o rabilarga (*Zenaida macroura macroura*), de color café claro y larga cola, es más común en la isla al presente. Las perdices, tórtolas terrestres del género *Geotrygon,* se encuentran en los bosques por lo general caminando en el suelo. Ver **Ecología.**

▼ Palomas, barrio
Del municipio de Comerío (4,666 habitantes según el censo de 1990).

Dept. de Recursos Naturales

La paloma sabanera (Columba inornata wetmorei)

Dept. de Recursos Naturales

Entre las palomas que habitan en Puerto Rico se encuentra la tórtola rabilarga (Zenaidura macroura macroura), *de color claro y largo rabo que le da su nombre común*

▼ Palos Blancos, barrio

Del municipio de Corozal (2,919 habitantes según el censo de 1990).

▼ Palúdica

Ver **Loíza, río Grande de**

▼ Pana, Pana de pepitas, Panapén

Ver **Árbol de pan, Palo de pan, Pana, Pana de pepitas, Panapén.**

▼ Pana cimarrona

Ver **Jaca, Pana cimarrona.**

▼ Pancalismo

Ver **Lloréns Torres, Luis.**

▼ Panedismo

Ver **Lloréns Torres, Luis.**

▼ Panes, quebrada de los

Afluente del río Cuyón, tributario del Coamo. Nace en el barrio Palmarejo, municipio de Coamo, a una altura de 260 metros (853 pies) sobre el nivel del mar; corre de sur a norte.

▼ Panes de Arco, cueva

Es amplia, húmeda y profunda y está situada en el barrio Caguana de Utuado. Tiene acceso desde el kilómetro 3.1 de la Carretera 621.

▼ Paniagua Picazo, Antonio

Nació y murió en San Juan (1904–1966). Colaboró en numerosas publicaciones de Puerto Rico y el extranjero. Reunió sus ensayos periodísticos en *El presente y el futuro de la realidad económica puertorriqueña* (1959). Obtuvo un premio de periodismo del Instituto de Literatura Puertorriqueña (1946).

▼ Paniagua Secarrante, José

Periodista nacido en San Juan (1905–1980). Estudió Leyes en la Universidad de Puerto Rico. Sus crónicas publicadas en la prensa las recogió en *Del San Juan místico y heroico* (1950).

▼ Pantaleta

Puertorriqueñismo. Braga o prenda interior femenina.

▼ Pantalla

Puertorriqueñismo. Arete o pendiente.

▼ Paoli Marcano, Amalia

Nació en Ponce en 1861 y falleció en San Juan en 1942. Fue hermana del gran tenor Antonio Paoli. Estudió canto y piano en su ciudad natal y en Madrid continuó sus estudios; debutó en el Teatro Real en la ópera *Aída* de Verdi en 1891, año en que actuó en Puerto Rico, en Ponce y San Juan. En 1893 cantó en el Teatro Manzoni de Milán, Italia. En 1895, de nuevo en España, fue cantante de cámara de la Reina María Cristina y de la Infanta Isabel. En 1904 regresó a Puerto Rico y cantó en San Juan; cuatro años después volvió a Italia, y en 1920 retornó a la isla y se dedicó a la enseñanza, para lo cual fundó una academia de canto con su hermano Antonio. Escribió una *Memoria sobre el canto.*

▼ Paoli Marcano, Antonio E.

Nació en Ponce el 14 de abril de 1871 y falleció en San Juan el 24 de agosto de 1946, hijo de un corso, Domingo Paoli, y una venezolana, Amalia Marcano. Llamado popularmente «Tenor de los reyes y Rey de los tenores», fue el primer artista puertorriqueño que alcanzó fama internacional. Realizó sus primeros estudios musicales en su ciudad natal y más tarde estudió en España, en el Real Colegio de San

Lorenzo de El Escorial y en la Academia Militar de Toledo, gracias a la ayuda de la Reina María Cristina. Luego, su hermana Amalia gestionó que la Reina continuara financiando sus estudios en la Academia de Canto de la Scala de Milán, Italia. Debutó como tenor en Valencia en 1897 en la ópera «Lucía de Lammermoor» de Donizett, y París en 1899, en el Teatro de la Ópera en «Guillermo Tell» de Rossini. En 1900 fue contratado por el Covent Garden de Londres y poco después comenzó una gira por América. Ese mismo año contrajo matrimonio con la austriaca Josephine Vetiska, que falleció en 1920. En 1903 debutó en los teatros La Fenice de Venecia, La Pérgola de Florencia y Reggio de Turín. Al siguiente año cantó en San Petersburgo, Varsovia y Moscú. También cantó en Viena, Madrid y Nueva York. En 1908 Paoli participó en la primera grabación que se hizo de la ópera «Pagliacci» completa, de Leoncavallo. En 1912 el Emperador Guillermo II de Alemania le nombró cantante de cámara de su Corte. En 1916 radicó en Londres; allí perdió la voz por un tiempo; en 1921 contrajo matrimonio con la italiana Adelaida Bonini, que le sobrevivió. De 1922 a 1925 realizó otra gira por América, que incluyó Puerto Rico, Cuba, República Dominicana, Haití, México y Estados Unidos.

En 1922, cuando el gran tenor regresó a su isla natal, no podemos decir que fuera reconocido como el gran cantante que era. Ofreció tres recitales, dos en San Juan y uno en Arecibo. El cuarto, proyectado para Ponce, fue suspendido por falta de público. Asistieron sólo veinte personas, lo que constituyó un fuerte golpe para el gran divo.

En 1925 padeció una hemiplejia. En 1928, ya restablecido, cantó por última vez en un escenario, en el Teatro Municipal de San Juan, ciudad en la que poco después fundó una academia de canto (1929) y más tarde (1932) promovió el establecimiento de un Conservatorio de Música. Durante su carrera fue condecorado por varios jefes de estado europeos, entre ellos el Zar Nicolás II, que le concedió la Cruz de San Mauricio, y el Rey Carlos I de Portugal.

Paoli cantó las obras más populares en sus años, como «Otelo» (que interpretó 575 veces), «Rigoletto», «Un baile de máscaras», «Lucía de Lammermoor», «Cavallería rusticana», «Guillermo Tell», «Andrea Chenier», «El Rey Lear», «El trovador», «La africana» y muchas otras.

Antonio Paoli, «el Rey de los Tenores»

▼ Papagayo
Ver **San Pedrito, Medio peso, Papagayo.**

▼ Papayo
1. Ver **Cedro prieto, Papayo.** 2. Ver **Lechoso, Papayo.**

▼ Parásita
Ver **Ecología.**

▼ Pardo de Casablanca, Coloma
Escritora, educadora. Nació en San Germán y murió en Bayamón (1893–1952). Estudió magisterio en la Universidad de Puerto Rico. Ejerció la docencia en Lajas, Juana Díaz y San Germán. Cultivó el verso y el cuento, y escribió numerosos artículos sobre temas diversos, entre ellos «Por qué la mujer puertorriqueña no debe intervenir en el gobierno de su país», primer premio en un certamen literario celebrado en Ponce (1921) y «Cooperación del hogar y la escuela para la mayor efectividad de la enseñanza de la moral», premiado en un certamen patrocinado por la Asociación de Padres y Maestros de San Germán (1926). Colaboró en el *Libro de Puerto Rico* (1923) y en *Puerto Rico Ilustrado* (1945–47).

▼ Pared Hueca, cueva
Situada en el barrio Santiago de Camuy, tiene acceso desde la Carretera 486 a través de un camino que la continúa, y luego por un camino no pavimentado. Viene a ser un puente natural que une dos mogotes calizos.

▼ Pareja, Agustín de
Gobernador de Puerto Rico de 1750 a 1751. Murió a los once meses de ocupar el cargo; durante su breve mandato trató de que la Corona declarara a la isla puerto libre para hacer frente a la grave crisis económica. Le sucedió Esteban Bravo de Rivero.

▼ Parejero
En Puerto Rico y otros países americanos se llama así a la persona vanidosa, presumida. Aceptado por la Academia de la Lengua.

Paret y Alcázar, Luis

Pintor español nacido en Madrid (1746–1799); considerado con Francisco de Goya máximo exponente de la pintura española del siglo XVIII. Destacó como pintor de escenas de su ciudad y de la Corte, de la cual fue pintor de Cámara, y por sus grabados para ilustrar obras de Cervantes y Quevedo. Arribó a Puerto Rico en 1775, desterrado por sus ideas liberales por el Rey Carlos III, y vivió en la isla hasta 1778. Durante esos tres años fue maestro de José Campeche, cuya técnica pictórica quedaría notablemente influida por la del Maestro Paret. Entre sus obras más conocidas, *El martirio de santa Lucía* y *La jura del príncipe de Asturias.*

Pargo

Ver **Chillo.**

Parguera, barrio

Del municipio de Lajas (1,796 habitantes).

París, barrio

Del municipio de Lajas (835 habitantes).

Parkhurst, Norman E.

Militante de los partidos Estadista, Reformista y Estadista Republicano, fue delegado a la Asamblea Constituyente que redactó la Constitución del Estado Libre Asociado de Puerto Rico (1951).

Parques Nacionales, Fideicomiso para el Desarrollo, Conservación y Operación de los

Ver **Gobierno.** Departamentos, agencias e instrumentalidades. Departamento de Recreación y Deportes.

Parrilla, Joaquín

Revolucionario nacido en Añasco y fallecido en Yauco en 1868. Era comerciante y residía en el barrio Mirasol de Lares. Fue participante destacado en el Grito de Lares y perteneció a la Junta «Centro Bravo» de Lares, presidida por el venezolano Manuel Rojas, cuñado de «Brazo de Oro», Mariana Bracetti. Tras el fracaso de la sublevación de Lares, Parrilla y otros complotados fueron perseguidos por las tropas españolas y muertos. Se ha dicho que Parrilla fue delatado por un vecino de San Germán de nombre Diego Torres; lo cierto es que el 18 de octubre el Capitán Luis Prats lo fue a detener a la casa de Manuel Guindelain, en el barrio Indiera de Yauco, y cuando lo intimó a la rendición el valiente revolucionario contestó: «¡Joaquín Parrilla no se rinde!», e inmediatamente fue ultimado a balazos. Ver **Historia. El Grito de Lares.**

Parrilla Bonilla, Antulio

Sacerdote jesuita nacido en San Lorenzo y fallecido en Bayamón (6 de enero de 1917–3 de enero de 1994). Obispo titular de Ucres. Servía en el Ejército de Estados Unidos cuando descubrió su vocación religiosa. Una vez licenciado de dicho cuerpo, ingresó al Seminario de Maryland, donde estudió Teología. En 1952 fue ordenado sacerdote y en 1957 ingresó a la Compañía de Jesús. En 1965 se le nombró obispo auxiliar de la diócesis de Caguas. Fue párroco en Nueva York, rector del Seminario Mayor Regina Cleri de Ponce y director del Centro Social Juan XXIII de Río Piedras. Además, destacó como líder cooperativista y defensor de la independencia para Puerto Rico. Escribió numerosos artículos periodísticos (para *El Nuevo Día, Claridad*) y ensayos. Entre sus obras figuran los siguientes títulos: *Cooperativismo: teoría y práctica* (1971), *Puerto Rico: supervivencia y liberación* (1971), *Neomaltusianismo en Puerto Rico* (1974) y *Cooperativismo en Puerto Rico. Una crítica* (1975), *Puerto Rico: Iglesia y sociedad* y una narración de las apariciones de la Virgen de Monserrate bajo el título de *Hormigueros.* Ver **Iglesia católica.**

Partidos políticos

Los partidos que hoy se disputan el poder nacieron dentro de los últimos 50 años, pero son, todos, expresiones de tendencias políticas del siglo XIX. Estas tendencias son: el asimilismo, el autonomismo y el separatismo. Tienen el mismo matriz: el movimiento liberal. Pero los asimilistas, capitaneados por Manuel Corchado Juarbe, querían que Puerto Rico fuese una provincia más de España. Querían, según definió su asamblea de 1883, que los puertorriqueños disfrutaran de «la plenitud de la ciudadanía española… una identidad de derechos y deberes políticos» con los españoles peninsulares.

La vertiente liberal dirigida por Román Baldorioty de Castro, organizada en 1887 como Partido Autonomista Puer-

LA JUVENTUD Y LA POLÍTICA

Yo no creo que la juventud debe mantenerse alejada de la política, mucho menos en nuestra época en que el fino arte está desorbitado. No; la juventud no puede ni debe inhibirse de ayudar a buscar el ritmo perdido en nuestras luchas y su obligación primera es acompasar ese ritmo a la armonía de los demás intereses que forman la síntesis de nuestro pueblo.

Antonio S. Pedreira

torriqueño, quería un *status* político más afín al de Canadá. Ensalzaba la personalidad propia de Puerto Rico, aún cuando su liderato profesaba lealtad a España.

El separatismo que buscó la independencia política, siempre fue ilegal bajo el dominio español. Sus discípulos se dedicaron a la propaganda clandestina y la subversión armada, no a la actividad política.

Los asimilistas y autonomistas lucharon contra el conservadurismo y entre sí. Triunfó la línea autonomista. Luis Muñoz Rivera, que sustituye al difunto Baldorioty, entabla negociaciones con Madrid y logra, en 1897, un *status* autonómico. Muñoz consigue su objetivo incorporando el Partido Autonomista al Liberal Fusionista de España, un partido monárquico. Esto enfurece a José Celso Barbosa, influyente autonomista puertorriqueño que desprecia la Monarquía española. Se marcha Barbosa del Partido Autonomista y forma uno propio. En la única elección celebrada bajo el *status* autonómico, Muñoz Rivera triunfa ampliamente, pero tiene poco tiempo para disfrutar la victoria. El día 25 de julio de 1898 las tropas norteamericanas invaden la isla, y Puerto Rico pasa a ser territorio norteamericano. Pronto se acaba el gobierno autonómico. Desaparece también el Partido Incondi-

Lab. Fotografico UPR

Julián Blanco Sosa, uno de los fundadores del Partido Autonomista Puertorriqueño

Luis Muñoz Marín presidió el Partido Popular Democrático y gobernó el Estado Libre Asociado de Puerto Rico durante dieciséis años

Fundación Luis Muñoz Marín

El líder autonomista Luis Muñoz Rivera

cional Español, aquel baluarte conservador que había dominado electoralmente antes del régimen autonómico. Militares norteamericanos gobiernan hasta el primero de mayo de 1900, cuando se instala el gobierno civil.

La rivalidad entre Muñoz Rivera y Barbosa sobrevive al cambio de soberanía, pero no sus partidos. El de Barbosa se reorganiza con el nombre de Partido Republicano Puertorriqueño y cambia de trayectoria. Reclama la estadidad federada, al igual que los asimilistas del siglo XIX anhelaban la integración con España. Muñoz Rivera, tras breve coqueteo con la estadidad, retorna al autonomismo. Ahora su partido se llama Unión de Puerto Rico (Unionista). Entretanto, surge un tercer líder importante, el sindicalista Santiago Iglesias Pantín, quien funda en 1899 otro partido asimilista, el Obrero Socialista.

Nace el Partido Unionista el 19 de febrero de 1904 en la histórica asamblea de Miramar. Histórica porque marca el renacer formal del autonomismo; histórica también por la actuación de José de Diego, que en vibrante discurso logra la inclusión de la independencia en el programa unionista como solución alterna al problema del *status*. «Que no se diga que el concepto de *self-government* está excluido de la nacionalidad puertorriqueña», tronó De Diego.

El Partido Unionista gana las elecciones de 1908, la primera de muchas victorias. Muñoz Rivera aprovecha la ascendencia unionista para exigir más gobierno propio en cruzada que culmina en 1917 —cuatro meses después de su muerte— con la aprobación final por el Congreso norteamericano de la Ley Jones.

Dicha medida provee un Senado electivo para Puerto Rico con autoridad para confirmar cuatro de los seis jefes de Departamentos, pero el gobernador sigue siendo nombrado por Washington. Además, la Ley Jones otorgó la ciudadanía norteamericana a los residentes de la isla, lo que Muñoz Rivera no buscó.

El curtido Antonio R. Barceló sucede a Muñoz Rivera al timón unionista. En 1922 aboga por la creación de una especie de autonomía bajo el nombre de Estado Libre Asociado, descartando la independencia como alternativa. El ELA no se logra, pero varios líderes unionistas de simpatías pro-independentistas, se marchan para crear el Partido Nacionalista.

Mayor preocupación causó a Barceló el avance electoral del Partido Socialista. Teme que éste pacte con los republicanos para tomar el poder. Se adelanta al peligro pactando él con el presidente republicano José Tous Soto para forjar «la Alianza». Algunos republicanos, indignados, crean un partido aparte bajo Rafael Martínez Nadal, y entran en coalición con los socialistas. La Alianza triunfa en las elecciones de 1924 y de 1928. Luego se derrumba, y Barceló de nuevo abraza la independencia como meta final. Vuelven a su lado algunos viejos líderes unionistas que se habían marchado para crear el Partido Nacionalista, dejando

EL ALTO CONTENIDO EMOCIONAL DEL PARTIDARISMO POLÍTICO

Desde que los grupos de opinión comenzaron a organizarse durante el siglo XIX para actuar colectivamente, esto es, para la acción política, la relación de la isla con la metrópoli ha sido origen de controversias fundamentales. Las tres tendencias que se desarrollan durante el siglo pasado bajo España —independencia, autonomismo y asimilismo— reaparecerán posteriormente en el presente siglo bajo la dominación norteamericana. Tan fuertes han sido estas corrientes que la Comisión del *Status* dijo en su *Informe* de 1966: «Cada posición respecto del *status* entraña una interpretación de la historia, un estilo de vida, un concepto de la identidad puertorriqueña, una aspiración para un destino puertorriqueño».

La tendencia de los partidos políticos ha sido a formarse en torno a una de las fórmulas del *status*. Es igualmente cierto, por otro lado, que el electorado puertorriqueño ha demostrado una marcada preferencia por partidos que en determinadas circunstancias han dejado a un lado la controversia sobre la condición política y han ofrecido encarar los problemas económicos y sociales del país. Tal fue el caso del Partido Socialista de Iglesias Pantín, y del Partido Popular Democrático en 1940.

Por las razones que fueren, existe una tendencia histórica del elector puertorriqueño a identificarse fuertemente con su partido y a desarrollar una marcada hostilidad hacia los partidos contrarios. El alto grado de personalismo que, al menos desde la división del Partido Autonomista en 1898 entre muñocistas y barbosistas, caracteriza la política puertorriqueña, ha añadido un alto contenido emocional a las luchas partidistas.

Luis E. Agrait

dicha entidad completamente en manos del fogoso Pedro Albizu Campos.

Al deteriorarse la Alianza, el Partido Unionista perdió sus insignias electorales. Inscribe Barceló el Partido Liberal, y acude a las elecciones de 1932. No las gana, pero el porvenir promete. Cuenta Barceló con la ayuda de Luis Muñoz Marín, el carismático líder hijo del prócer.

El 23 de febrero de 1936 dos nacionalistas dan muerte al Coronel Francis E. Riggs, el jefe norteamericano de la policía insular. El incidente provoca una crisis, y Muñoz pide el retraimiento electoral. Barceló insiste en concurrir a las elecciones señaladas para noviembre. Cuando su partido pierde, culpa a Muñoz Marín. Éste, por su parte, clama para que Barceló exija más vigorosamente la independencia. Se rompen las relaciones, y Muñoz inscribe el Partido Popular Democrático (PPD) en 1938.

El PPD adopta el lema de «Pan, Tierra y Libertad», y su emblema es un sombrero campesino (pava). Simbolizan la preocupación de Muñoz por una reforma agraria. Cuando llega al poder tras las elecciones de 1940, inmediatamente lanza un amplio programa de reivindicaciones sociales y reformas administrativas. El pueblo pobre agradece la «revolución pacífica» y en 1944 el PPD barre en las elecciones.

Al terminar la Segunda Guerra Mundial se recrudece el debate sobre el *status* político. Cuando Muñoz se muestra renuente a buscar la independencia, se estremece el PPD. Algunos populares destacados, junto a nacionalistas disidentes, fundan el Partido Independentista Puertorriqueño (PIP) en 1946. Bajo el liderato del ex-nacionalista Gilberto Concepción de Gracia, el PIP buscará la independencia por la vía electoral.

Ya Muñoz se encamina hacia la autonomía. Logra un *compact* con Washington. Lo ratifica el pueblo puertorriqueño en referéndum, y el 25 de julio de 1952 se inaugura el Estado Libre Asociado. Las Naciones Unidas confirman que ahora Puerto Rico es una «entidad política autónoma», pero muchos puertorriqueños opinan que el ELA no representa un cambio sustantivo, sino una mera anuencia por Puerto Rico a su condición «colonial».

Lo que sí va cambiando, dramáticamente, es la economía insular. Se emprende un enérgico programa de indus-

trialización; queda relegada la reforma agraria. El «revolucionario» Partido Popular se transforma en propulsor de un «buen clima inversionista» y se multiplican las fábricas norteamericanas en la isla. Ya hacia 1960 se nota el crecimiento del sentir estadista, arraigado en una pujante clase media y encarnado en la figura del industrial y político Luis A. Ferré. El Congreso Federal, frente a los deseos controvertidos de los puertorriqueños, hace caso omiso de los intentos de Muñoz de «culminar» el ELA con más autonomía. En 1964 Muñoz, que en 1948 había sido el primer gobernador electo, opta por no buscar un quinto término como gobernador. Roberto Sánchez Vilella, su hombre de confianza, le sustituye en la Fortaleza.

Surgen choques entre Sánchez Vilella y el liderato senatorial del PPD, y se enfría la otrora íntima relación del primero con Muñoz. A Sánchez Vilella se le niega el nombramiento popular para un segundo término en la gobernación. Él rompe con el PPD y busca la reelección a la cabeza de una agrupación llamada Partido del Pueblo. También las fuerzas asimilistas sufren divisiones. En 1967 se celebró un plebiscito sobre el *status* político contra la voluntad de Miguel A. García Méndez, presidente del Partido Estadista Republicano (PER), pero Ferré, a la cabeza de un movimiento llamado Estadistas Unidos acude al plebiscito. La estadidad obtiene el 39% de los votos, sobrepasando lo esperado. Entusiasmado, Ferré organiza el Partido Nuevo Progresista (PNP).

En 1968, el Partido Popular, debilitado por la salida de Sánchez Vilella, pierde frente a Ferré. Así terminan casi 30 años de hegemonía popular. Pero el PPD cierra filas y, con su nuevo presidente, Rafael Hernández Colón, vence en 1972. Desaparece el Partido del Pueblo.

La incumbencia de Hernández Colón coincide con una recesión económica global. También, muchos electores se alarman por sus esfuerzos para ampliar la autonomía con un «nuevo pacto». Washington escucha a Carlos Romero Barceló, el nuevo presidente del PNP, y no da paso al «nuevo pacto». En 1976 Romero gana la gobernación. Ese mismo año debuta electoralmente el Partido Socialista Puertorriqueño (PSP), dirigido por Juan Mari Bras. El PSP es pro-separatista, marxista-leninis-

El dirigente estadista Luis A. Ferré Aguayo

ta, sin nexos con el extinto Partido Socialista de Iglesias Pantín. Recibe menos de un 1% del voto total; el Partido Independentista, un 8%. El presidente del PIP, Rubén Berríos Martínez, le imprime a su partido una línea socialdemócrata.

Al llegar Romero Barceló a la Fortaleza se endereza el rumbo hacia la estadidad. Se autoriza aquí la celebración de elecciones primarias nacionales, y por primera vez en Puerto Rico los partidos políticos norteamericanos compiten en las urnas. Romero interviene en las primarias demócratas para ayudar al Presidente Carter, mientras Hernández Colón favorece al retador, el Senador Edward Kennedy. Gana Carter por estrechísimo margen.

Las primarias demócratas fueron barómetro de las elecciones generales de 1980. Romero vence a Hernández Colón por un exiguo margen de 3,000 votos, pero el PPD gana ambas cámaras legislativas. Surge un tranque gubernamental, también surge mucho descontento dentro de las filas del PNP con el estilo polémico de Romero. El Dr. Hernán Padilla, alcalde de San Juan, objeta las ambiciones de Romero de postularse nuevamente en el 1984 como candidato del PNP para gobernador. Frustrado, Padilla sale del PNP para formar una nueva agrupación, el Partido Renovación Puertorriqueña (PRP). Aunque Padilla reitera su condición de estadista, el PRP posterga el *issue* del *status* político en un intento de aglutinar gentes en un movimiento que trasciende las tradicionales líneas ideológicas.

El intento le falla a Padilla. Ignorando su invitación a crear un «arcoiris» político, los electores respaldan de forma abrumadora a los partidos tradicionales. Pero basta la pequeña votación de Padilla para dar la victoria al Licdo. Rafael Hernández Colón, candidato del PPD. También el PPD gana las dos cámaras legislativas. Hernández Colón sacó 822,703 votos, 47.75% del total, comparado con los 768,754 votos, 44.62%, obtenidos por Romero Barceló. Le siguió el PRP con 69,865 votos o 4.05%, seguido por el PIP con 61,316 votos o 3.55% del total.

Cien años después de que la política puertorriqueña se había definido como una competencia entre el asimilismo, el autonomismo y el separatismo, todavía es incierto el resultado final. (*Harold Lidin*).

● N. del E.

El ensayo precedente fue escrito por Harold Lidin hace más de doce años, y habla muy en favor de su condición de observador el hecho de que describa muy bien nuestra realidad actual. Las tres tendencias —asimilismo, separatismo, autonomismo— se mantienen inalteradas, variando discretamente el favor que reciben del electorado. Sobre este aspecto nos dice mucho el plebiscito celebrado en 1967, a que hace referencia Lidin, y el del 14 de noviembre de 1993. En este último el autonomismo obtuvo el voto del 48.4 por ciento de la ciudadanía, el asimilismo el 46.2 por ciento, y el independentismo el 4.4 por ciento. Cuando esto se escribe, en 1997, algunos opiniólogos defienden el criterio de que las elecciones de 1996 fueron plebiscitarias, y que por tanto, el elector puertorriqueño favorece la estadidad como solución al *status*. Para información más detallada sobre los últimos comicios vea el lector **Elecciones.**

▼ Pasarell, Arturo

Nació en Barcelona, España, en 1866; falleció en 1936. Llegó a Puerto Rico a la edad de un año. Estudió piano con su padre, Oriol Pasarell, músico y profesor. Fue maestro de piano, organista de la Iglesia Parroquial de Ponce y chelista de la orquesta del Teatro La Perla de Ponce. Perteneció a la llamada escuela ponceña de la danza, creada alrededor de Morel Campos. Entre sus danzas se cuentan «Se acabó el melao», «La Pepita», «El Yambú», «La Nochebuena» y «Dos amores»; otras de sus composiciones son «Pistolos», «Anhelos del alma» y «Sicilia».

▼ Pasarell, Emilio J.

Nació en Ponce en 1891 y falleció en San Juan en 1974. Estudió Humanidades en la Universidad de Puerto Rico. De 1913 a 1958 fue empleado del servicio federal de aduanas. Colaboró en numerosas publicaciones (*Puerto Rico Ilustrado, El Mundo, Almanaque Asenjo, Revista del Instituto de Cultura Puertorriqueña*, entre ellas). Autor de *Trío incoherente* (1924) que contiene el esbozo novelesco «Del ambiente», una conferencia y un diálogo; *Orígenes y desarrollo de la afición teatral en Puerto Rico* (dos volúmenes, 1951–1967); *Conjunto literario* (1963), integrado por versos, artícu-

Emilio J. Pasarell, autor de Orígenes y desarrollo de la afición teatral en Puerto Rico

los, ensayos y cuentos; y *Esculcando el siglo XIX en Puerto Rico* (1967) con curiosidades y noticias. Sus artículos más recordados son «Las primeras óperas en Puerto Rico» y «Divulgaciones teatrales». Varios de sus ensayos fueron premiados por el Ateneo Puertorriqueño.

▼ Pascual Bonanza, José

Gobernador interino de Puerto Rico en 1890. Militar español que, siendo segundo cabo, sucedió a Pedro Ruiz de Dana en la gobernación. En España había participado en el levantamiento de Sagunto y había sido diputado a Cortes (1876). Le sucedió en el cargo, el gobernador en propiedad José Lasso.

▼ Pasilla

Ver **Alelaila**.

▼ Paso Fino

Los historiadores del deporte del caballo de Paso Fino coinciden en que el origen de tal tipo de equino se basa en la topografía de nuestra isla y lo corto de las distancias que debía recorrer el ejemplar. El jinete creó, en su manejo del ejemplar, un paso corto y rítmico, cadencioso, en el deseo de cabalgar cómodamente, lo que vino a conocerse como «el Paso Fino», que todos coinciden es tal como se ha descrito: corto, rítmico y cadencioso.

El caballo llegó a Puerto Rico para el año 1509 y lo trajeron los conquistadores. Eran caballos nacidos en España, por lo que el origen del caballo de Paso Fino es español. La importación de yeguas españolas creó la crianza, y fueron realmente sus potros los primeros ejemplares de Paso Fino. En el año 1515, señala la historia, el conquistador Don Fernando Pizarro adquirió en Puerto Rico una veintena de potros para su hermano, el conquistador de Perú, Francisco Pizarro, y es con ellos que nace el caballo de Paso Fino peruano. Eventualmente el caballo de ese tipo se extiende a otros países, y es de Puerto Rico que llega el caballo de Paso Fino a la República Dominicana y a Estados Unidos.

No era, en su origen, un caballo deportivo. Era un caballo «cómodo» y elegante. En Puerto Rico era el caballo del rico hacendado, pero también eran caballos de Paso Fino el del capataz y el del peón, porque era el caballo que más comodidad brindaba al jinete.

Llamarlo de Paso Fino se presume que nació de la realidad de no tratarse de un ejemplar que corría mucho. Era un caballo cuyo andar era rítmico, cadencioso, cómodo, y lo llamaron, en conjunto, «fino». Pero con el tiempo también se le adicionaron, al determinar lo que es realmente un caballo de Paso Fino, otras características,

El caballo de paso fino es motivo de orgullo para los puertorriqueños

Colección Periódico El Mundo, Sistema de Biblioteca UPR

como su volumen, que debe ser mediano, el tener la musculatura bien distribuida, tener líneas armoniosas, constitución fuerte, tendones y articulaciones bien definidas, vivo y fogoso, pero de temperamento manso con porte elegante.

Entre los ricos hacendados no tardó en nacer el orgullo de tener un buen ejemplar de Paso Fino y un poco más adelante nació la competencia. Se reunían para comparar sus ejemplares, y para señalar los mejores. Originalmente se utilizó el más elemental de los sistemas de juicio. Los jueces eran los mismos dueños, y votaban por los mejores ejemplares, pero no podían votar por el de su propiedad. El concepto del honor que prevalecía en esa época, era determinante. El voto del jurado era absolutamente honesto.

La competencia tradicional de caballos de Paso Fino se efectuaba en la capital bajo el nombre de «Las Carreras de San Juan». Se efectuaban el día de San Juan, por las calles de la ciudad capital y las mismas atraían espectadores de toda la isla, especialmente de aquellas ciudades y poblaciones que tenían representación en la gran contienda. Muchos hacendados, que tenían ejemplares con los cuales esperaban ganar «Las Carreras de San Juan», además de llevar sus familiares con ellos, también llevaban a los agregados de su hacienda para presenciarla. Debido a las limitaciones físicas para el acomodo de es-

pectadores y la participación de los jinetes, se llegó a crear un gran problema en el desarrollo de la competencia, y se pensó que el Gobierno podía prohibirlas por el peligro que representaban para la ciudadanía. La prohibición llegó pero no por esas razones. Fueron impuestas por otras...

La aglomeración en las calles, los accidentes, y debido a que «Las Carreras de San Juan» se prolongaban hasta altas horas de la noche, se señaló que al amparo de la noche se cometían actos inmorales.

El Teniente General Juan de la Pezuela y Cevallos, entonces gobernador de Puerto Rico, prohibió las carreras que se celebraban el día de San Juan, a instancias del Obispo Gil Esteve y Tomás. La prohibición se mantuvo por otros gobernadores, y las autoridades locales de un gran número de poblaciones siguieron el patrón gubernamental, y prohibieron que se efectuaran las competencias de Paso Fino.

Como los dueños de un ejemplar de Paso Fino son enamorados de una tradición puertorriqueña, no se rindieron ante las prohibiciones, y efectuaban las competencias «a escondidas». Se hacían en la zona rural, en lugares en que los competidores se ocultaban tras montañas, o entre árboles. Uno de esos lugares era la hacienda «La Marquesa» en Bayamón, propiedad de la familia Cestero. La familia mantuvo su entusiasmo por el deporte del Paso Fino a través de los años hasta nuestros

Durante los X Juegos Centroamericanos y del Caribe celebrados en Puerto Rico se presentó una competencia de caballos de Paso Fino como deporte autóctono

tiempos, y muchos miembros de la familia han sido líderes del deporte. Cuando se organizó una Federación de Dueños, a fines de la década del treinta, fue exaltado a la presidencia de la organización Don Héctor Cestero, quien bajo la bandera de la federación, presentó un brillante programa en la pista de un hipódromo, y tal presentación dio un gran impulso al deporte.

Las competencias de caballos de Paso Fino tradicionalmente se celebran durante las fiestas patronales, a las que los dueños de ejemplares llevan los de su propiedad, no solamente de la zona en que se celebran, sino también de casi toda la isla. Ganar una competencia en unas fiestas patronales es de gran importancia para los dueños, que disfrutan a cabalidad que su ejemplar gane el aplauso del público.

Probablemente el más famoso ejemplar de Paso Fino en toda la historia del deporte que ya se ha vivido, y la que se viva en el futuro, sea el ejemplar «Dulce Sueño». No solamente fue un gran campeón, sino que también fue un extraordinario semental, como lo fueron también sus hijos, y los hijos de sus hijos. «Dulce Sueño» es el caballo símbolo del deporte. Fue ganador de innumerables competencias en prácticamente todos los eventos, desde las competencias de paso, hasta la de bellas formas. Otro gran campeón fue «Guamaní», también un gran semental.

El deporte ha mantenido desde hace muchos años un «libro de registro» en el que se conserva el historial de los ejemplares en competencia, así como su ascendencia y descendencia. Este es el *stud book* que se acostumbra conservar en todos los deportes ecuestres, y que permitió comprobar a las organizaciones puertorriqueñas, hace algunos años, que el caballo de Paso Fino se había originado en Puerto Rico. Grandes ejemplares campeones de Puerto Rico fueron adquiridos por dominicanos y contribuyeron al desarrollo del deporte en la República Dominicana. Durante la Segunda Guerra Mundial miembros de las Fuerzas Armadas de Estados Unidos, estacionados en Puerto Rico, conocieron el caballo de Paso Fino, lo montaron y se entusiasmaron con ellos, por lo que muchos adquirieron ejemplares, los llevaron a Estados Unidos, y se desarrolló en Norteamérica la crianza de Paso Fino oriundo de Puerto Rico.

Durante los Décimos Juegos Centroamericanos y del Caribe se presentó una competencia de Paso Fino como deporte autóctono, y muchos visitantes oriundos de países del área vieron este tipo de competencia por primera vez, resultando del agrado de todos.

El deporte de Paso Fino se creó en Puerto Rico porque aquí se originó el caballo. Es un deporte tradicional que es un orgullo para los puertorriqueños. (*Emilio E. Huyke*).
N. del E. Ver también carreras de **Caballos**

▼ Paso Palma, barrio
Del municipio de Utuado (664 habitantes según el censo de 1990).

▼ Pastel
Plato típico navideño de la culinaria puertorriqueña. Consiste en una masa de plátano verde principalmente, o de yautía u otras viandas, ralladas o molidas, rellena con carne de cerdo condimentada con achiote, ají, ajo, cebolla y otras especias. También suele añadírsele otros ingredientes —garbanzos, aceitunas, alcaparras, pasas—, o se prepara, en vez de con plátano, con yuca o arroz. Dicha masa se envuelve en hojas de plátano, en forma de un pequeño paquete, y se hierve en agua con sal. Según Álvarez Nazario (*El habla campesina del país*) es una adaptación de la cocina canaria y, «El nombre completo de esta preparación era todavía en el siglo XIX el de *pasteles de hoja*».

▼ Pastillo, río
Ver **Matilde, Pastillo, río.**

▼ Pasto, barrio
1. Del municipio de Aibonito (3,814 habitantes). 2. Del municipio de Coamo (4,385 habitantes). 3. Del municipio de Guayanilla (440 habitantes). 4. Del municipio de Morovis (730 habitantes).

▼ Pasto, quebrada
Nace en el barrio Caguana de Utuado a unos 410 metros (1,345 pies) de altura sobre el nivel del mar. Longitud aproximada: 7 kms. (3.5 millas); corre de sur a norte. Su cauce se hace subterráneo y luego de salir a la superficie se une al río Tanamá —tributario del Grande de Arecibo— en el barrio Santa Rosa de Utuado.

Pasto, río

Afluente del río de la Mina, tributario del Coamo. Nace al este del barrio Santa Catalina, municipio de Coamo, a una altura de 470 metros (1,542 pies) sobre el nivel del mar. Longitud aproximada: 6.4 Kms. (4 millas); corre de norte a sur.

Pasto Viejo, barrio

Del municipio de Cayey (642 habitantes).

Pasto Viejo, quebrada

Afluente del río Lapa. Nace al norte del barrio de su mismo nombre, municipio de Cayey, a una altura de 650 metros (2,132 pies) sobre el nivel del mar; es corta y corre, regularmente, en dirección sur. Tiene como afluente a la quebrada Collao.

Pastor, Ángeles

Educadora, escritora. Nació en Vega Baja en 1908. Se graduó de maestra normalista (1926) y de bachiller en Educación (1939) en la Universidad de Puerto Rico, y de maestra (1943) y doctora en Educación (1955) en la Universidad de Columbia. Profesó en la Facultad de Pedagogía de la Universidad de Puerto Rico. Ha escrito manuales, guías y otras obras de carácter pedagógico para maestros. Para niños ha recopilado obras sobre el folklore puertorriqueño: *Esta era una vez bajo las palmeras* (1959), *Esta era una vez bajo los yagrumos* (1959), *Campanillitas folklóricas* (1960); y escribió libros de lectura: *Amigos de aquí y de allá* (1961), *Pueblo y campo* (1962), *Nuestro mundo maravilloso* (1962), *Sorpresas y maravillas* (1963), *Por esos caminos* (1963), *Aventuras por mundos desconocidos* (1963) y *Una mirada al pasado* (1965). Otras de sus obras infantiles son *Ronda para niños* (poesías, 1949), *Mis juegos y cuentos* (1960), *A jugar y a gozar* (1960) y *¡A la escuela!* (1961). Varias de las obras citadas fueron escritas en colaboración con otros distinguidos educadores.

Pastrana, Francisco

Poeta puertorriqueño del siglo XIX. Fue uno de los colaboradores del *Aguinaldo Puertorriqueño de 1843* con las poesías «A Elvira» y «A unas rosas secas»; también colaboró en el *Aguinaldo Puertorriqueño de 1846.*

Pastrana, quebrada

Afluente de la quebrada Maracuto, tributaria del río Grande de Loíza. Nace al sur del barrio Cacao perteneciente al municipio de Carolina; corre en dirección norte.

Patillas, barrio y pueblo

Cabecera del municipio de este nombre (948 habitantes) que, junto a partes de los barrios Cacao Alto (783 habitantes), Cacao Bajo (4 habitantes), Mamey (1,936 habitantes) y Marín (739 habitantes) integran la zona urbana de Patillas.

A UNAS ROSAS SECAS

(Fragmento)

¿Dónde encerráis, secas flores,
aquel dulcísimo aroma,
que exhalasteis en un tiempo
ufanas de vuestra gloria?

¿Dónde está vuestra hermosura,
gala de la selva umbrosa?
¿Do los variados matices
de vuestras diáfanas hojas?

¿Do está aquella lozanía
que ostentasteis orgullosas,
al descollar entre flores
menos bellas que vosotras?

¡Ay tristes flores, el tiempo
que todo voraz lo agosta,
disipó vuestra fragancia,
vuestro color, vuestra pompa!...

Hoy pensamientos amargos
sólo en mi mente se agolpan,
que punzantes como espinas
el corazón me destrozan.

¿Y sabéis quién puso término
a mi placer y a mi gloria,
y a mi amor y a mis deleites,
y a mis ilusiones todas?

Y ¿no sabéis mis caricias
quién también arrebatómelas,
dejándome triste y seco
como lo están vuestras hojas?

¡El tiempo!, flores, ¡el tiempo,
cuyas furias destructoras,
nada en el mundo respetan,
nada en la tierra perdonan!

Francisco Pastrana en el
Aguinaldo puertorriqueño

▼ Patillas, municipio

Superficie

122 Kms. cuadrados (47 millas cuadradas)

Población

19,633 habitantes (censo de 1990)

Habitantes por barrios

Apeadero	606
Bajo	1,716
Cacao Alto	1,345
Cacao Bajo	1,906
Egozcue	81
Guardarraya	2,202
Jacaboa	937
Jagual	474
Mamey	2,539
Marín	1,764
Mulas	454
Muñoz Rivera	904
Patillas, pueblo	948
Pollos	2,525
Quebrada Arriba	792
Ríos	440

Situación

Ubicado en el extremo sudoriental de la isla, linda por el norte con el municipio de San Lorenzo, por el sur con el mar Caribe, por el nordeste y este con los municipios de Yabucoa y Maunabo, por el oeste con el de Arroyo, y por el noroeste con el de Guayama.

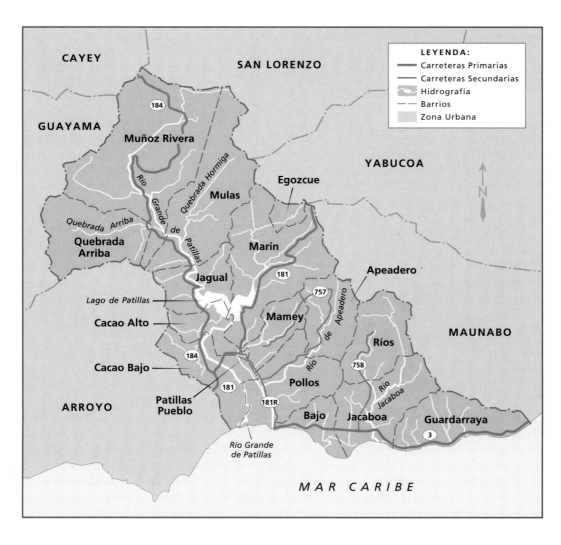

Axel Santana

Plaza pública e iglesia de Patillas, pueblo que tomó este nombre por la abundancia en su territorio de la sandía o melón, fruta también llamada patilla

El terreno de Patillas, llano hacia la costa, se eleva hacia el norte y el este en las sierras de Cayey y Guardarraya. En dichas sierras se levantan los cerros Honoré, Nuestra Madre, El Cabro, Miraflores, La Torrecilla, Yaurel, Lambedera, Piedra Gorda, Lebrón, Mala Pascua y otros menores. Drenan el territorio los ríos Grande de Patillas, Chico, Jacaboa y Matón y sus afluentes. El embalse de Patillas se forma en el cauce del río de su nombre. En la costa encontramos el puerto de Patillas, la punta Viento y el cabo de Mala Pascua.

La economía se basó originalmente en el cultivo de la caña de azúcar; el siglo XIX Patillas llegó a contar con ocho ingenios. Además de la caña se cultivaba café, tabaco y frutos menores. El terreno propio para el cultivo, relativamente escaso, se ha ampliado con notables obras de regadío

A lo largo del siglo XVIII se establecieron en este territorio agricultores que se dedicaron a cultivar caña de azúcar. El núcleo principal de pobladores radicó en los alrededores de la finca de Adelina Cintrón, en la que abundaba una fruta llamada sandía o melón, a la que en Puerto Rico, Venezuela y Colombia se le llama patilla. Por tal razón la finca se llamaba «Las Patillas», nombre que más tarde se aplicó al municipio. Cuando los vecinos

Vista del lago de Patillas, construido en la cuenca del río de su mismo nombre, situado a poco más de un kilómetro del pueblo de Patillas. En sus aguas hay pesca en abundancia

Axel Santana

propusieron pedir autorización para fundar pueblo separado, la señora Cintrón donó ocho cuerdas de tierra donde erigir la iglesia, la Casa del Rey y otras edificaciones. En 1811 el Gobernador Salvador Meléndez Bruna otorgó el permiso solicitado, y se estableció el nuevo partido. En 1813 se erigió la iglesia y se creó la parroquia que se colocó bajo la advocación de San Benito Abad y Santa Bárbara de las Patillas. La economía recibió un notable impulso cuando se habilitó el puerto para el comercio (30 de diciembre de 1821). Muy oportuno fue que en esa época se dotara el puerto de una batería de cañones, pues en 1829 varios barcos corsarios, posiblemente grancolombianos, intentaron tomar la población; gracias a los cañones fueron rechazados por las milicias locales al mando de Nicolás Arias. En 1910 se concluyeron las primeras obras de regadío que cambiaron la faz de la economía local.

Las fiestas patronales se celebran para honrar a San Benito alrededor del 31 de marzo. También tiene lugar un alegre Carnaval a fines de abril, y otro, el de Monte y Mar, en julio.

▼ Patillas, lago

Construido en la cuenca del río de su nombre, a poco más de un kilómetro (1 milla) de la población de Patillas, está situado a unos 58 metros (191 pies) sobre el nivel del mar. Originalmente tuvo una capacidad de 15,000 acres/pies, y cubre un área de drenaje de 65 kilómetros cuadrados (25.2 millas). Se usa para proveer agua potable y para riego. Sus aguas son ricas en lobinas, chopas, tilapias, dajaos y camarones, pero este lago está contaminado con bilharzia.

▼ Patillas, río Grande de

Pertenece a la vertiente sur o del Caribe. Nace en el barrio Mulas del municipio de Patillas; cruza por los municipios de Arroyo y Patillas. Longitud aproximada: 22 kms. (13.7 millas). Está represado y forma el lago Patillas, en el cual hay camarones, chopas, dajaos, lobinas y tilapias. Sus tributarios son el río Marías (que tiene como afluentes a las quebradas de los Berros y de los Colones); y las quebradas Farallón, Mulas (que recibe aguas de las quebradas Hormiga e Icacos), Arriba, Sonadora y del Guano.

▼ Patillense, Patillano

Gentilicio de los nacidos en el municipio de Patillas.

▼ Pato

Americanismo que significa afeminado. Aceptado por la Academia de la Lengua.

▼ Pato de la orilla, Pato quijada colorada, Pato rubio

(*Anas bahamensis bahamensis*, familia Anátidas) Ave acuática de cerca de 50 centímetros (casi 20 pulgadas), de color gris claro con puntos obscuros, mejillas y garganta blancas, que presenta un triángulo rojo o anaranjado en la base de la mandíbula superior. Habita en los lagos y lagunas, así como en los manglares; se alimenta de peces, crustáceos y semillas. Anida en Puerto Rico y otras islas del Caribe. En el pasado fue perseguido por los cazadores, por lo cual peligró su supervivencia en la isla. Al presente está protegido y sus poblaciones han aumentado; es muy común en la isla de Culebra. Otros patos como el obscuro *(Anas rubripens)*, el pescuecilargo *(Anas acuta)*, el zarcel *(Anas discors discors)*, el cabeciblanco *(Mareca americana)*, el pechiblanco o turco *(Aythya affinis)* y otros son migratorios. El pato dominico, chico o agostero *(Oxyura dominica)*, nativo de la isla, está en peligro de extinción. Su congénere, el pato chorizo *(O. jamaicensis)*, aunque más escaso que en el pasado, abunda donde el hábitat es apropiado.

▼ Patos, quebrada

Nace al oeste del barrio Nuevo del municipio de Naranjito a una altura de 460 metros (1,509 pies) sobre el nivel del mar; es corta y corre en dirección norte. Es afluente del río Guadiana, tributario del de la Plata.

▼ Patriotas, Liga de

Fundada por Eugenio María de Hostos. Ver los siguientes tres temas: **Historia, Liga de patriotas** y **Hostos Bonilla, Eugenio María de.**

▼ Pava

Puertorriqueñismo. Sombrero hecho de paja típico del jíbaro o campesino.

▼ Pavía Fernández, Manuel

Médico nacido en San Sebastián en 1896. Se graduó de médico en la Universidad de Loyola (1917). Fue representante a la Cámara en 1920 y 1924, por el Partido Unión de Puerto Rico y por la Alianza Puertorriqueña, respectivamente; alcalde interino de San Juan (1929); comisionado de Beneficencia y Salud de San Juan (1929–31) y presidente de la Asociación Médica de Puerto Rico (1935–36) y de la Cruz Azul de Puerto Rico (1950–53). Fue propietario, desde 1940, del hospital capitalino que lleva su nombre.

▼ Pavía y Lacy, Julián Juan

Gobernador de Puerto Rico de 1867 a 1868. Nació en Cartagena (1812–1870). Militar distinguido, combatió en varios conflictos bélicos y antes de arribar a Puerto Rico había sido gobernador militar de las provincias de Matanzas (Cuba), Extremadura, La Coruña y Madrid. Perteneció a la Academia de Arqueología de España y a la Sociedad Económica de Amigos del País de Cuba, y fue condecorado con las cruces de San Hermenegildo, de Isabel la Católica y de Carlos III. Fue nombrado gobernador de Puerto Rico el 17 de diciembre de 1867 y permaneció en el cargo hasta el 30 de diciembre del siguiente año. Poco antes de tomar posesión la isla había sido azotada por el huracán San Narciso (29 de octubre) y un terremoto (18 de noviembre), por lo que Pavía debió hacer frente a una grave situación, a la que se sumó la insurrección de Lares (septiembre de 1868). Le sucedió en la gobernación José Laureano Sanz y Posse.

▼ Pavo, cueva El

Situada en el barrio Almirante Norte del municipio de Vega Baja, es húmeda y obscura. Tiene acceso desde la Carretera Estatal 160, kilómetro 6.5, hacia el sur, por un camino de tierra, aunque con muchas dificultades.

▼ Paz Granela, Francisco

Líder obrero, político. Nació en Bayamón (1894–1957). Destacó como sindicalista de la industria tabacalera. Fue vicepresidente de la Federación Libre de Trabajadores y organizador de la Federación Americana del Trabajo en Puerto Rico. Militó en los partidos Socialista Obrero, Laborista Puro, Unificación Puertorriqueña Tripartita y Popular Democrático. Fue delegado a la Asamblea Constituyente del Estado Libre Asociado de Puerto Rico (1951).

▼ Peces de pico

Ver **Pez vela.**

▼ Pedernales, barrio

Del municipio de Cabo Rojo (3,896 habitantes según el censo de 1990).

▼ Pedreira, Antonio Salvador

Nació en San Juan el 13 de junio de 1899 y falleció en la misma ciudad, en Río Piedras, el 23 de octubre de 1939. Se graduó de maestro de enseñanza elemental en la Escuela Normal (1920), e inició estudios de Medicina en la Universidad de Columbia, los cuales, por suerte para las letras puertorriqueñas, abandonó por escasez de recursos económicos. Regresó a la isla y se graduó de bachiller en Artes en la Universidad de Puerto Rico (1925), de maestro en Artes en la de Columbia (1926), bajo la tutoría de Federico de Onís, y de doctor en Filosofía y Letras en la Universidad de Madrid (1931), para lo cual presentó como

El distinguido ensayista puertorriqueño Antonio S. Pedreira, autor de Insularismo

Axel Santana

LA CRISIS CULTURAL

El materialismo reinante no da tiempo para hablar de los temas suntuarios de la cultura, pues si hay hombres audaces que se atreven a hacerlo, no faltan los que consideran como pérdida de tiempo ese acto tan finamente espiritual. El arte de la conversación pura hace ya muchos años que está descalabrado. Hemos sufrido un lamentable déficit en nuestras visitas, tertulias y casinos, y es muy sensible la desaparición de los famosos centros de artesanos, oasis primorosos de la nobleza obrera.

Antonio S. Pedreira

LA TINAJA

(Fragmento)

Trabaja y trabaja
silenciosamente
la pobre tinaja,
y al brindar su agua clara y transparente,
es tan llamativa su filantropía,
que hasta causa pena
que estando tan llena
por brindarla toda se queda vacía...

Si en el mundo todos fuéramos como ella
que convierte gotas en lirio y estrella
sobre su frescura de paz y candor;
si diéramos agua al mortal sediento
y con la nobleza del desprendimiento
diéramos el fruto de nuestra labor;
si todos soñáramos como la tinaja,
que sin ambiciones trabaja y trabaja
con abnegación;
fuéramos mejores con nosotros mismos
y recibiríamos un nuevo bautismo
de fe y esperanza sobre el corazón...

Antonio S. Pedreira

tesis *Hostos, ciudadano de América.* Ejerció la enseñanza en la Escuela Normal, en la Universidad de Columbia y en el Brooklyn Institute of Arts and Sciences. En 1927 se incorporó a la facultad del Departamento de Estudios Hispánicos en la Universidad de Puerto Rico y al siguiente año ocupó la dirección del mismo, que ejerció hasta la fecha de su fallecimiento. Fue presidente del Centro de Investigaciones Sociales.

Debutó en la poesía publicando sus primeros versos en una efímera revista, *El Radical;* después en *El Diluvio.* Posteriormente su firma apareció en las más importantes publicaciones periódicas insulares y en prestigiosas revistas extranjeras: en *El Mundo* su columna «Aclaraciones y crítica» fue un verdadero faro intelectual; en *Puerto Rico Ilustrado, Ámbito, Brújula, Revista Bimestre Cubana* y la *Revista de Estudios Hispánicos* sus colaboraciones fueron bien recibidas y comentadas. Junto a Samuel R. Quiñones y otros intelectuales puertorriqueños fundó la influyente revista *Índice,* de gran impacto en los medios culturales. Además de su obra poética, de sus artículos de crítica literaria, no todos recogidos, y de su intensa labor magisterial, en su breve vida tuvo tiempo Pedreira de escribir numerosos libros. *De los nombres de Puerto Rico* apareció en 1927. *Hostos, ciudadano de América* (1932), que como hemos dicho sirvió de tesis doctoral, lo escribió para dar a conocer a ese «ilustre desconocido» que fue el gran maestro puertorriqueño; en su introducción dice: «La frase desoladora de Voltaire sobre los clásicos gravita sobre el recuerdo de Eugenio María de Hostos: es un hombre que todos conocen y nadie ha leído». Su monumental *Bibliografía puertorriqueña* (*1493–1930*), publicada en 1932, es el resultado de tenaz labor de investigación iniciada en sus días juveniles. En *Aristas* (1930) examina nuestro autor la literatura española, especialmente la de la generación del noventa y ocho.

Insularismo. Ensayos de interpretación puertorriqueña (1934), representa el aporte más importante de Pedreira a la cultura puertorriqueña. En lenguaje cuidado, pul-

UNA COSA ERA ESPAÑA Y OTRA SUS MANDATARIOS

El nativo no renunció jamás a su españolidad puertorriqueña; se consideró siempre español de acá con ideas y reacciones distintas a los de allá. El puñado de separatistas no formó nunca ambiente; los liberales, reformistas, abolicionistas y autonomistas formaban legión. A veces fueron injustos con España por el descrédito en que muy a menudo caía su admiración en la Isla. Y a pesar de que la nación descubridora estaba en la obligación moral de sostener a sus gobernantes, siempre se pudo hacer distinción entre el gobierno de allá y el gobierno de acá. Una cosa era España y otra sus mandatarios. Para emancipar nuestro gesto tuvimos muchas veces que enfrentarnos a ambos. Podríamos sufrir mejor ser colonia que presa.

Antonio S. Pedreira en *Insularismo*

PEDREIRA MUESTRA LAS VÍAS QUE NOS LLEVARÁN AL FUTURO

[*Insularismo*] inicia una época en la interpretación de nuestros peculiares problemas puertorriqueños. Con ella, Pedreira no sólo articula nuestra tradición en una visión de conjunto, sino que por primera vez traduce ésta como fuerza viva moldeadora de nuestra tarea de futuro. En otras palabras, logra crear una conciencia de lo puertorriqueño al dirigir su obra por dos rumbos confluyentes: por el primero señala los elementos que nos caracterizan como pueblo atado al ayer por raíces tradicionales: por el otro, traza vías que han de conducirnos a un mañana pleno.

Mariana Robles de Cardona

PASAMOS DE LO CULTO A LO CIVILIZADO

Cuando se iniciaba una nueva vida política en la isla con el régimen autonómico, nos dice Pedreira, el cambio de soberanía malogró el intento. Desde entonces, de una polarización europea pasamos a una americana. «Entre estos dos estilos de vida, nuestra personalidad se encuentra transeúnte, en acción pendular, soltando y recogiendo, en un ir y venir buscando rumbo, como paloma en vuelo y sin reposo. Emparedado entre dos tipos de culturas contrapuestas, nuestro pueblo se halla en un correoso período de transición. Pasamos de un estado católico, tradicional y monárquico, a otro protestante, progresista y democrático; de lo sociológico a lo económico; de lo culto a lo civilizado».

PEDREIRA Y SU PREOCUPACIÓN VITAL

Pedreira, hombre de letras moderno, sin duda imbuido por la nueva modalidad de la cultura que exige del hombre de letras una actitud política definida, se vale del pesimismo, a veces nos parece hasta un pesimismo subconsciente, para crear una preocupación vital en la juventud de su patria.

Emilio S. Belaval

cro y elegante, expone el resultado de la búsqueda de las raíces de su pueblo. Con característica modestia nos dice su autor: «A la larga, el tema responde a un ¿cómo somos? o a un ¿qué somos? los puertorriqueños globalmente considerados. Intentamos recoger los elementos dispersos que laten en el fondo de nuestra cultura, y sorprender los puntos culminantes de nuestra psicología colectiva. Pero téngase en cuenta que si es difícil definir a un solo hombre, por las múltiples facetas que entran en su personalidad, es mucho más difícil definir a un pueblo». Como resultado de su trabajo encontramos una definición criollista y española del puertorriqueño, una brújula o aguja de marear para orientarnos en la búsqueda de la cultura insular, limitada en su integración por el aislamiento y la pequeñez geográfica.

Su siguiente obra, *La actualidad del jíbaro* (1935), sigue las huellas de *Insularismo,* y encuentra en el campesino blanco de las montañas el más acendrado representante de la puertorriqueñidad. *El año terrible del 87. Sus antecedentes y sus consecuencias* (1937) es un análisis histórico del despotismo reinante bajo el régimen del General Romualdo Palacio, de triste recordación. La biografía del destacado líder republicano Barbosa, *Un hombre del pueblo. José Celso Barbosa* (1937) presenta la voluntad vigorosa del biografiado y los pro-

blemas políticos que su tiempo planteó. Póstumamente se publicó *El periodismo en Puerto Rico. Bosquejo histórico desde su iniciación hasta el 1930* (1941). En él «revela su pulcritud de investigador, su honradez sin tacha al anunciar que la historia que ofrece del periodismo puertorriqueño está sujeta a correcciones y rectificaciones», nos dice Concha Meléndez. También póstumamente se publicó una selección de los artículos de su columna *Aclaraciones y crítica* (1942) a que hemos hechos referencia, una antología de su obra preparada por Clara E. López Baralt (1967) y sus *Obras completas* (1970), editadas por el Instituto de Cultura Puertorriqueña.

La poética de Pedreira, hoy poco conocido, dispersa en revistas y periódicos, muestra el peso del modernismo predominante en las primeras décadas del siglo. Como Palés y otros, se encuentra más influido por Herrera Reissig que por Darío. Sus poemas más citados son «La herrería», «Desesperación», «De luz a luz», «La fuga», «Lágrimas» y «La tinaja».

La obra escrita de Pedreira, a pesar de su excepcional importancia, no fue más importante que su labor de cátedra. Maestro amoroso y exigente, casi obsedido por su aspiración a la justicia y su devoción por la verdad, fue faro y guía de toda una generación de intelectuales y educadores puertorriqueños.

El compositor y músico José Enrique Pedreira

▽ Pedreira, José Enrique

Pianista, profesor y compositor nacido y fallecido en San Juan (1904–1959). Estudió piano en su ciudad natal, y en Nueva York con Sigismund Stojowski. A su regreso a la isla (1932) estableció su propia academia de piano. En 1952 compuso el ciclo de canciones *Tres diálogos con el silencio*, basadas en un texto de Alfredo Matilla, que son consideradas, en cuanto a técnica y estilo, una de sus obras más sobresalientes. Otras de sus composiciones son dos sonatas para piano, un concierto para piano y orquesta, el nocturno *Plenitud*, el ballet *Jardín de piedra*, la *Elegía India* y las danzas *Colibrí, Encanto, Ensueño de Marta, Siempre, Súplica, Tus caricias*, entre otras. Ver **Música culta.**

▽ Pedro Ávila, barrio

Del municipio de Cayey (138 habitantes).

▽ Pedro Ávila, quebrada

Afluente del río Matón, tributario del de la Plata. Nace al oeste del barrio de su mismo nombre del municipio de Cayey, a unos 600 metros (1,968 pies) de altura sobre el nivel del mar; es corta y corre de sur a norte.

▽ Pedro García, barrio

Del municipio de Coamo (592 habitantes según el censo de 1990).

▽ Peinilla

Americanismo. Peine alargado con una sola hilera de dientes. Aceptado por la Academia de la Lengua.

▽ Peje blanco

Ver **Tortugas Marinas.**

▽ Peje colorado

Ver **Tortugas marinas.**

▽ Peje puerco

(*Balistes vetula*, familia Balístidos) Pez muy conocido por los pescadores comerciales que representa un 2% de las capturas locales. De esta familia Balístidos existen muchas especies, por lo cual su color es muy variado. Son generalmente de color marrón; otros azules, anaranjados o negros. Habitan en aguas someras sobre fondos arenosos o en arrecifes coralinos. Se alimentan de moluscos, erizos y otros invertebrados. Su carne es muy apreciada. Se pescan con nasas y anzuelos. Pocas veces su tamaño excede de 30 cms (1 pie).

▽ Pela

Americanismo. Castigo, golpiza.

▽ Pelícano

Ver **Alcatraz, Pelícano.**

▽ Peligro, cerro El

Monte que se eleva a 890 metros (2,919 pies) de altura sobre el nivel del mar. Situado en el barrio Macaná del municipio de Peñuelas, tiene acceso desde la Carretera Estatal 131, y se localiza en el cuadrángulo 8,066 del Mapa Topográfico de Puerto Rico.

▽ Pelota, juego

Ver **Béisbol.**

▽ Pellejas, barrio

1. Del municipio de Adjuntas (729 habitantes). 2. Del municipio de Orocovis (692 habitantes según el censo de 1990).

▽ Pellejas, lago

Construido, como el Adjuntas y otros cuatros lagos, en el cauce del río Grande de Arecibo, tuvo una capacidad original de sólo 152 acres/pie. Está localizado a poco más de 5 Kms. (3.4 millas) al norte de Adjuntas, a 335 metros (1,105 pies) de altura sobre el nivel del mar, y drena un área de 22 Kms. cuadrados (8.5 millas). Está contaminado con bilharzia y carece de peces. Se utiliza para generar energía eléctrica.

▼ Pellejas, río

Tributario del río Grande de Arecibo, nace en la unión de varias quebradas, en el barrio Vegas Arriba del municipio de Adjuntas, a una altura aproximada de entre 600 y 810 metros (1,968 y 2,657 pies) sobre el nivel del mar. Longitud aproximada: 10 Kms. (6.2 millas). Tiene como afluentes numerosas quebradas y está represado en el barrio Pellejas, donde forma el lago Pellejas. Corre de sur a norte hasta unirse con el río Grande de Arecibo al oeste del barrio Arenas de Utuado.

▼ Péndula

Ver **Bálsamo, Palo de guitarra, Péndula.**

▼ Péndula blanca

Ver **Higüerillo, Péndula blanca.**

▼ Péndula de sierra

Ver **Higüerillo, Péndula de sierra.**

▼ Peña, Johnny

Ver **Deportes. Boxeo.**

▼ Peña, Lito

Director de orquesta, músico, arreglista y compositor puertorriqueño, relacionado con dos conocidas familias de músicos borincanos: Peña Reyes, apellidos de su padre Juan, y González Peña. Nació en Humacao. Aprendió música en su hogar y estudió posteriormente en el Conservatorio de Música de Puerto Rico. Fue fundador de la Orquesta Panamericana. Entre sus composiciones se cuenta «Gracias, mundo».

▼ Peña Domingo, cerro

Se eleva a 805 metros (2,640 pies) de altura sobre el nivel del mar, y está situado en el barrio Pasto Viejo del municipio de Cayey. Tiene acceso desde la Carretera Estatal 162, y se localiza en el cuadrángulo 8,061 del Mapa Topográfico de Puerto Rico.

▼ Peña Montilla, Ángeles

Cantante y actriz nacida en San Juan y fallecida en Buenos Aires, Argentina (1869–1902). Estudió en el Conservatorio de Música de Madrid, España, país en el que debutó en 1892, en Barcelona. Luego de actuar en Portugal, América y de nuevo en España con gran éxito, realizó extensas giras por Uruguay y Argentina.

▼ Peña Pobre, barrio

Del municipio de Naguabo (3,814 habitantes según el censo de 1990).

▼ Peña Pobre, quebrada

Tributaria del río Blanco. Nace al norte del barrio de su mismo nombre, municipio de Naguabo, a una altura de 300 metros (984 pies) sobre el nivel del mar; corre de norte a sur y luego se desvía hacia el este. Tiene como afluente a la quebrada Sonadora.

▼ Peña Reyes, Juan

Músico y compositor nacido y fallecido en Humacao (1879–1948). Padre de los también músicos Germán, Jesús, Juan, Lito y Miguel. A la par que trabajaba como sastre estudió música con el maestro Lino Rendón; luego ingresó a la Banda de la Policía de Puerto Rico. Compuso danzas («Primavera», «Fui feliz», «Patria mía»), valses («Interna vocce»), canciones («Turulete», «Jibarita», «Amor de madre», «Mi islita»), marchas, una misa («Las siete palabras»), una obertura («Rodin») y música de himnos, como los de la Asociación de Maestros de Puerto Rico y de las Hijas Católicas de Puerto Rico.

▼ Peñolano

Gentilicio de los nacidos en el municipio de Peñuelas.

▼ Peñuelas, barrio y pueblo

Cabecera del municipio de este nombre (1,823 habitantes) que, junto a partes de los barrios Coto (493 habitantes), Jaguas (923 habitantes) y Quebrada Ceiba (2,679 habitantes) integra la zona urbana de Peñuelas.

▼ Peñuelas, cerro

Ocupa el decimocuarto lugar entre los puntos más altos de la isla. Se eleva a 1,044 metros (3,424 pies) sobre el nivel del mar, y está situado en el barrio Rucio del municipio de su nombre. Tiene acceso desde la Carretera Estatal 516, y se localiza en el cuadrángulo 8,065 del Mapa Topográfico de Puerto Rico.

▼ Peñuelas, municipio

Superficie

117 Kms. cuadrados (45 millas cuadradas)

Población

22,515 habitantes (censo de 1990)

Habitantes por barrios

Barreal	366
Coto	871
Cuevas	427
Encarnación	1,156
Jaguas	1,872
Macaná	726
Peñuelas, pueblo	1,823
Quebrada Ceiba	5,080
Rucio	906

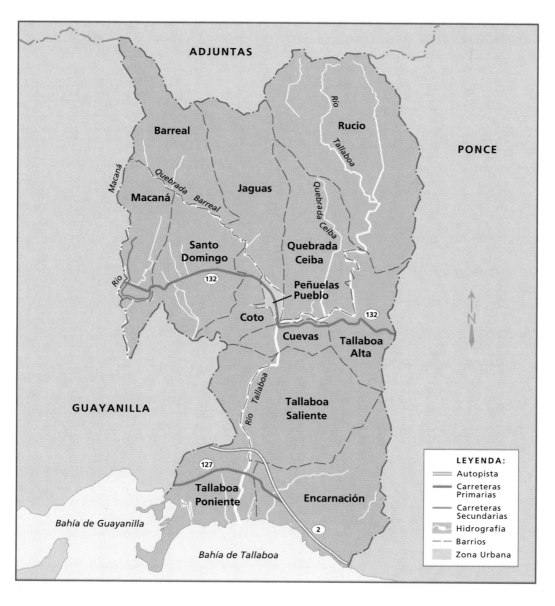

Axel Santana

La locomotora «Negra Cocola», llamada localmente «la máquina de Guauchí Aponte», utilizada para transportar caña en la Hacienda Valdivieso, exhibida en la plaza pública de Peñuelas

Santo Domingo	5,726
Tallaboa Alta	2,567
Tallaboa Poniente	641
Tallaboa Saliente	354

Situación

Ubicado en la llanura costanera del sur, limita por el norte con el municipio de Adjuntas, por el sur con el mar Caribe, por el este con el municipio de Ponce, y por el oeste con el de Guayanilla.

Breve reseña

Por el norte de este municipio atraviesa la Cordillera Central, y en su barrio más septentrional, Rucio, se elevan dos cerros de más de mil metros (3,300 pies) de altitud, el Garrote y el Cerrote de Peñuelas. Otros, también elevados, aunque menores, son El Peligro y Mata de Plátano, situados en Macaná y Jaguas respectivamente. La parte meridional llega al nivel del mar y presenta zonas pantanosas. Sus ríos más importante son el Tallaboa y su afluente el Guayanés, y el Macaná. Los accidentes geo-

Plaza pública e iglesia de Peñuelas, cuyas fiestas patronales se celebran alrededor del 12 de septiembre para honrar al Santo Cristo de la Salud

gráficos presentes en las costas son la bahía de Tallaboa, las puntas Gotay y Guayanilla y varios cayos.

La bahía de Tallaboa atrajo los primeros pobladores, que dependieron del comercio clandestino. Posteriormente la economía se orientó hacia la caña de azúcar, la ganadería, los frutos menores, el tabaco y la pesca. A partir de 1956, con el establecimiento de una refinería de petróleo, se estimuló la industrialización de los derivados del combustible.

Este territorio fue la patria chica de numerosos taínos, mas quedó despoblado con la desaparición de la raza aborigen. Los primeros vecinos españoles fueron ponceños que llegaron atraídos por el puerto y la lejanía de las autoridades, y se establecieron en la ribera del río Tallaboa. Con frecuencia fueron acusados de practicar el comercio clandestino. Según algunos historiadores el nombre del municipio se debió a la presencia de pequeñas peñas en el lugar; otros afirman se originó en el apellido de alguno de los fundadores o propietarios de la tierra. En 1793, siendo gobernador el Brigadier Francisco Torralbo, se creó el partido. La parroquia, colocada bajo la advocación de San José, se constituyó el 25 de octubre de 1813. Hacia 1824 consta que ya entraban en el puerto alrededor de 80 embarcaciones al año, lo cual era un número sorprendentemente alto para la época. En 1902 se aprobó la Ley para la Consolidación de Ciertos Términos Municipales que acordó suprimir el municipio de Peñuelas e incorporarlo al de Ponce. Tres años después la ley fue revocada y se constituyó Peñuelas como un municipio independiente.

Las fiestas patronales se celebran alrededor del 12 de septiembre para honrar al Santo Cristo de la Salud. Desde 1867 San José es sólo titular de la parroquia.

▼ Pepinera, quebrada
Nace al este del barrio Anones, municipio de Las Marías, a una altura de 951 pies (290 metros) sobre el nivel del mar; corre de sur a norte. Es tributaria del río Grande de Añasco y tiene como afluente a la quebrada La Mota.

▼ Pepiniano
Gentilicio de los nacidos en el municipio de San Sebastián del Pepino

▼ Pepino angolo
Puertorriqueñismo. La planta de este nombre (*Sicania odorifera*) produce un fruto semejante en su exterior, aunque mayor, que el pepino común. «Llevarse un pepino angolo» significa engañarse o ser objeto de burla».

▼ Pepinos
Ver **Geografía**.

▼ Pequeñas Ligas
Ver **Béisbol**.

▼ Peralta, Consuelo
Pintora puertorriqueña (1810?–1875?) que ganó varios premios de pintura con sus obras. Destacó como copista de cuadros de José Campeche y del pintor español Luis Madrazo.

▼ Perchas, barrio
Del municipio de Morovis (1,343 habitantes según el censo de 1990).

▼ Perchas, quebrada
Tributaria del río Grande de Manatí, al cual se une en el barrio Río Grande de Morovis. Nace al sur del barrio de su mismo nombre, municipio de Morovis. Longitud aproximada: 4 Kms. (2.5 millas).

▼ Perchas I, barrio
Del municipio de San Sebastián (757 habitantes según el censo de 1990).

▼ Perchas II, barrio
Del municipio de San Sebastián (945 habitantes según el censo de 1990).

▼ Perdiz
Ver **Ecología**.

▼ Perea Fajardo, Pedro
Médico y político nacido en Mayagüez (1881–1938). Se graduó de médico en la Universidad de Ohio (1905). Militó inicialmente en el Partido Republicano Puertorriqueño. En dos ocasiones, en 1910 y 1914, fue elegido alcalde de su pueblo natal. Al crearse la Alianza Puertorriqueña en 1924 fue elegido senador; disuelta ésta, fue miembro fundador y presidente de honor del Partido Unión Republicana. Fundó la *Revista Médica Puertorriqueña* y escribió una *Memoria y estadística operatoria* (1913).

Perea Roselló, Juan Augusto

Educador, periodista y ensayista nacido y fallecido en Mayagüez (1896–1959). Estudió en la Escuela Normal de la Universidad de Puerto Rico; se graduó de bachiller en Ciencias Sociales en la Universidad de Columbia, Nueva York, y de doctor en Derecho y en Filosofía y Letras en la Universidad Central de Caracas, Venezuela, donde publicó, en colaboración con su hermano Salvador, *Historia del Adelantado Juan Ponce de León* (1929) y *Early Ecclesiastical History of Puerto Rico* (1929), traducida al español bajo el título de *Orígenes del episcopado puertorriqueño* (1936); también con su hermano Salvador fue coautor de un *Glosario etimológico* taíno-español, histórico y etnográfico (1941). Colaboró en publicaciones periódicas como *Índice, Revista de Historia de Puerto Rico, Brújula* y *Ateneo Puertorriqueño*. Desde 1948 hasta su muerte profesó en la Universidad Católica de Ponce. Militó en el Partido Nacionalista Puertorriqueño, del cual se separó por discrepancias con Pedro Albizu Campos sobre la radical posición adoptada por éste. En 1934 fue miembro fundador del Partido Independentista —no el que conocemos hoy, que se fundó en 1944— que tenía como meta la creación de la República de Puerto Rico. Presidió el Primer Congreso Pro-Independencia de Puerto Rico (1943).

Perea Roselló, Pedro Luis

Poeta, escritor y educador nacido en Mayagüez (1906–1971). Estudió Leyes en la Universidad de Puerto Rico, Río Piedras, en la cual fue profesor de Ciencias Sociales. Como sus hermanos Juan Augusto y Salvador, fue profesor de la Universidad Católica de Ponce desde 1951; primero de Ciencias Sociales e Historia y luego de Derecho Civil. Asiduo colaborador de la revista *Horizontes*, en 1963 reunió su obra poética en el cuaderno *La promesa de los lirios*. En prosa publicó *Los periódicos y los periodistas de Mayagüez* (1962) y *Ensayos de historia del Derecho* (1963).

Perea Roselló, Salvador

Educador, periodista y escritor, hermano de los anteriores, nacido en Mayagüez y fallecido en Ponce (1897–1970). Estudió en los mismos lugares y obtuvo iguales títulos que su hermano Juan Augusto, con quien fue coautor de las obras que se citan en la biografía de aquél. Fue profesor de la Universidad Católica de Puerto Rico, Ponce. Militó en el Partido Nacionalista y asistió al Primer Congreso Pro-Independencia de Puerto Rico (1943). En 1960 fue candidato a la gobernación por el Partido Acción Cristiana.

Pereda, Clemente

Poeta y escritor nacido en Juncos (1903–1980). Se graduó de maestro de inglés en la Universidad de Puerto Rico, de maestro en Artes y de doctor en Filosofía y Letras en la Universidad de Columbia. Ejerció la docencia en las universidades de Vanderbilt y de Columbia, en el Colegio Middlebury, Vermont, y en la Universidad de Puerto Rico. En 1937 radicó en Venezuela, donde ocupó importantes cargos en el sistema de instrucción pública y enseñó en la Universidad Central de Caracas. Fue autor del poemario *Versos de otoño* (1928). En prosa publicó *La dama de Elche* (1931), *El proceso del novecientos* (1936), *Rodo's Main Sources* (1948) y un ensayo sobre el Arcipreste de Hita.

Pérez, Josie

Actriz nacida y fallecida en San Juan. Estudió en la Academia Americana de Artes Dramáticas de Nueva York, en el Laboratorio de Actores de Hollywood y en México. En 1963, junto a Myrna Casas y Gilda Navarra, fundó Producciones Cisne, compañía con la que actuó en numerosas obras, algunas especialmente montadas para los festivales de teatro del Instituto de Cultura Puertorriqueña. También actuó en Estados Unidos y en varios países hispanoamericanos, y fue profesora de Taller de Artes Teatrales Cisne. Recibió importantes premios, entre ellos el Alejandro Tapia y Rivera (actuación, 1982), del citado Instituto. Se recuerda su actuación en obras de dramaturgos puertorriqueños tales como *Eugenia Victoria Herrera* de Myrna Casas y *Mariana o El alba* de René Marqués, y de extranjeros como *La casa de Bernarda Alba* de Federico García Lorca, *Espíritu burlón* de Noel Coward, *Té y simpatía* de Robert Anderson, *Las brujas de Salem* de Arthur Miller, *Casa de muñecas* de Henrik Ibsen y *Anillos para una dama* de Antonio Gala.

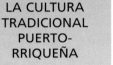

El escritor Juan Augusto Perea Roselló

EN DEFENSA DE LA CULTURA TRADICIONAL PUERTO-RRIQUEÑA

Si no irradiaron plenamente, a lo menos eran legítimos los focos que alumbraron los primitivos perfiles vitalísticos de nuestra sociedad. Eran focos de buena ley. De la misma ley que los europeos de igual época. La cultura se plantó como semilla en el buen terreno de *mos* eterno, que, según Enio, sostuvo a Roma. Y nosotros mismos vivimos en la actualidad de las reliquias de nuestra alta cultura y de los vislumbres de su tradición.

Juan Augusto Perea

▼ Pérez, Marta

Pintora nacida en San Juan (Río Piedras) en 1934, criada en Utuado. Se graduó de bachiller en Bellas Artes en el Colegio Notre Dame de Maryland; luego estudió en Mission Renaissance de Los Ángeles, California. Ha expuesto sus obras en Puerto Rico y Estados Unidos. El Dr. Eugenio Fernández Méndez, dijo sobre esta pintora: «Marta Pérez es una artista *naive*, que como la rusa Nina Barka, ha logrado crear un lenguaje propio… El mundo del arte *naive* es un mundo de visiones… El arte primitivo de Marta Pérez tiene esa calidad vibrante y anecdótica de lo misterioso, esa frescura personal de lo inocente mágico, que nos atrae y nos conmueve a todos por derecho de su incontaminado valor intransferible, de su mensaje artístico, de su inspirada visión y alegre virtuosismo».

▼ Pérez, William

Seudónimo del poeta Guillermo Núñez, nacido en Utuado en 1927. Autor de los cuadernos de versos *Esta voz primera* (1964), premiado por el Instituto de Literatura Puertorriqueña; *Esta otra voz* (1966), *Esta voz* (1968), *Islote* (1970) y *Libro de poemas* (1978).

▼ Pérez de Almiroty, María

Segunda mujer puertorriqueña en ser elegida legisladora, y primera en ser senadora. Nació en San Juan en 1895. Militó en los partidos Unión de Puerto Rico y Liberal; en representación de este último fue elegida senadora en 1936. Como legisladora sólo fue precedida por María Luisa Arcelay, quien fue la primera mujer legisladora de Puerto Rico y de América Latina, elegida en 1932, año en que la mujer puertorriqueña concurrió a las urnas electorales por vez primera. Pérez de Almiroty fue una destacada líder cívica y social, que perteneció, entre otras organizaciones, a la Asociación de Mujeres Votantes y a la Unión de Mujeres Americanas, capítulo de Puerto Rico.

▼ Pérez de Guzmán, Juan de

Gobernador de Puerto Rico de 1661 a 1664. De origen sevillano, se enroló en la Armada de Indias, combatió contra los holandeses en La Habana y fue gobernador de Antioquia y de Cartagena de Indias, en la actual Colombia. Llegó a ser maestre de campo y caballero de la Orden de Santiago. Nombrado gobernador de Puerto Rico, tomó posesión del cargo en agosto de 1661. Durante su mandato estableció varias medidas de carácter económico para remediar la grave situación de la isla, y ayudó a obtener la libertad a tres esclavos negros procedentes de Santa Cruz (1664), los cuales fueron el origen de la comunidad negra de San Mateo de Cangrejos. Tras abandonar la gobernación de Puerto Rico —le sustituyó Jerónimo de Velasco— presidió la Real Audiencia de Tierra Firme (1664–1671).

▼ Pérez de Hanclares, Domingo

Gobernador interino de Puerto Rico durante cuatro meses, en 1743, tras lo cual pasó a desempeñar el cargo de gobernador y capitán general de La Española; en Puerto Rico le sucedió Juan José Colomo.

▼ Pérez Garay, Flora

Autora de teatro nacida en 1947. Estudió en Estados Unidos y en la Universidad de Puerto Rico. Autora de las comedias *El gran pinche* y *¡Ay, el amor y el interés!*, ambas estrenadas en San Juan, en el teatro Sylvia Rexach.

▼ Pérez Losada, José

Nació en Cádiz en 1879 y falleció en San Juan en 1937. En 1895 emigró a Puerto Rico, donde fundó las revistas *Los Dependientes* (1901) y *Gráfico de Puerto Rico* (1927) y dirigió el *Boletín Mercantil* (1902–16), *El Imparcial* (1918–32) y *Puerto Rico Ilustrado* (1933–37); en este último publicó numerosas estampas sobre la ciudad capital bajo el título «Del San Juan que yo amo». Cultivó el cuento, la novela, la poesía y escribió varias obras para el teatro.

▼ Pérez Lozano, Francisco

Monje de la Orden de San Basilio, predicador de Su Majestad, abad y provincial de su religión en la provincia de Castilla, fue obispo de Puerto Rico de 1738 a 1741. Fue consagrado en Caracas y, cuando regresaba a Puerto Rico murió en la isla de Trinidad.

▼ Pérez Marchand, Lilianne

Poetisa nacida en Ponce en 1926. Se graduó de bachiller en Humanidades en 1948. Ejerció la docencia por un tiempo y luego comenzó a trabajar en el Instituto de Cul-

El periodista José Pérez Losada

tura Puertorriqueña. Sus versos han sido publicados en *Asomante, El Mundo* y *Revista del Instituto de Cultura Puertorriqueña.* Es autora de los poemarios *Tierra indiana* (1962), *De mis raíces* (1962) y *Búsqueda y camino.*

▼ Pérez Marchand, Monelisa

Ensayista, educadora. Nació en Ponce en 1918. Se graduó de bachiller en la Universidad de Puerto Rico (1938), de maestra en Artes en la Universidad Johns Hopkins (1940) y de doctora en Filosofía y Letras en la Nacional Autónoma de México (1945), donde publicó ese mismo año su tesis doctoral: *Dos etapas ideológicas del siglo XVlll en México, a través de los papeles de la Inquisición.* En 1945 ingresó al cuerpo de profesores de la Universidad de Puerto Rico, en la que dirigió el programa de Estudios de Honor de la Facultad de Humanidades. Ha sido colaboradora de importantes publicaciones periódicas de Puerto Rico, México, Argentina y Estados Unidos. Además de la obra citada, es autora de *La historia de las ideas en Puerto Rico* (1960) y de numerosos ensayos sobre filosofía y de crítica literaria. Ha participado en varios congresos de Filosofía en Europa y América. Es miembro de la American Philosophical Association y de la Sociedad Mexicana de la Historia.

▼ Pérez Moris, José

Nació en Asturias, España, en 1840 y falleció en San Juan en 1881. En 1854 emigró a Cuba, país donde se hizo telegrafista y colaboró en la prensa. Arribó a Puerto Rico en 1870 para dirigir el recién establecido servicio cablegráfico. Al siguiente año se le nombró director del *Boletín Mercantil,* que compró en 1876, y desde el cual defendió vehementemente sus ideas conservadoras como incondicional que fue. Se opuso a la creación de centros de enseñanza superior alegando que ello serviría para fomentar el separatismo. No obstante, fue miembro fundador del Ateneo Puertorriqueño (1876). En 1881 fue elegido diputado provincial; poco después fue asesinado en San Juan por un contrario a su ideología. Dejó publicada una *Historia de la insurrección de Lares* (1872), la serie de artículos *El régimen colonial* (1873) y *Memorias de un militar* (1877).

▼ Pérez Moris, José Manuel

Dramaturgo nacido en Madrid, España, de padres puertorriqueños, y fallecido en San Juan (1906–1964). Se graduó de doctor en Filosofía y Letras en la universidad de su ciudad natal. Escribió alrededor de veinte obras de teatro, especialmente comedias, en su mayoría estrenadas en Madrid. Una de ellas, *Mujeres de España,* fue estrenada en París en 1925; otra en Bogotá, *La vendedora de sí misma* (1961). En San Juan se estrenaron la comedia *Alas nuevas* (1938) y la farsa melodramática *Lo mejor es quererse* (1944), y se reestrenaron las comedias *El embrujo de la casona* (1931) y *El oro del diablo* (1961).

▼ Pérez Pierret, Antonio

Nació en San Juan en 1885 y falleció en la misma ciudad en 1937. Se graduó de abogado en la Universidad de Oviedo, España. Contribuyó a la publicación de la histórica *Revista de las Antillas,* en la que publicó sus

---

PÉREZ MORIS OPINA SOBRE LA DEMOCRACIA

Hoy sorprenderá a muchos la opinión que tenía Don José Pérez Moris sobre la democracia, o al menos, lo que sobre ella expresaba públicamente. Estos párrafos nos dan la medida de la prédica conservadora y del *Boletín Mercantil:*

«Las doctrinas democráticas de libertad, de igualdad de la Ley, de inviolabilidad de domicilio y de generosa tolerancia, son muy seductoras, pero en el fondo son una forma, un medio engañoso de seducir a los pueblos, para que sirvan de piqueta para destruir lo existente y de escalera para alzar sobre el pavés y elevar a los primeros puestos de poder a los que se fingen redentores de la oprimida humanidad.

«La democracia se apoya no en el derecho sino en la fuerza; no en el derecho sino en la mitad más uno de los votos.

«¿Cómo ha de ser posible que los grandes destinos de las Naciones se confíen a la dirección de los votos inconscientes de una multitud ciega, que un socialista que le ofrezca el reparto de la propiedad de los ricos, puede mover mejor que nadie?

«La democracia es la fuerza brutal del número sustituyendo a la justicia.

«¿No fue Jesucristo condenado por aclamación democrática?».

versos, que también aparecieron en *Puerto Rico Ilustrado, Idearium* y *La Semana*. Dio a la imprenta un único cuaderno de versos, *Bronces* (1914), que contiene 31 sonetos y dos largos poemas; entre sus sonetos el más logrado y elogiado es el titulado «La esfinge». Otros son «La raza», «Mabel», «Mi pegaso», «Oración nocturnal», «Responso» y «Vasco Núñez de Balboa», este último dedicado al descubridor europeo del océano Pacífico. José Emilio González considera a Pérez Pierret «tal vez el más profundo de nuestros modernistas». En 1959 el Ateneo Puertorriqueño publicó una *Antología de Antonio Pérez Pierret,* editada por Félix Franco Oppenheimer.

▼ Pericás, Jaime

Compositor, profesor y músico nacido en Aguadilla (1870–1939). Perteneció a la llamada escuela ponceña de la danza, creada alrededor de Juan Morel Campos, y a «La Lira». Organizó la Banda Escolar de Ponce y fundó y dirigió un Club de Mandolinas. Entre sus composiciones citamos las danzas *Amor y lagunas, Clotilde* y *La Fidelia;* la romanza *Así canto mis amores* (medalla de oro de la Sociedad de Artistas y Escritores de Ponce) y la opereta *El día de Farfantón.*

▼ Periodismo

Una de las primeras definiciones del concepto periodismo apareció en una gaceta que se publicaba en Francia hacia 1631. Pero, aún se debate si con la definición comenzó el periodismo o si ya había existido en tiempo de Roma. Está claro, sin embargo, que la vocación de informar tuvo antecedentes remotos, desde que el hombre de las cavernas pudo captar su entorno prehistórico y lo plasmó sobre una superficie de piedra.

En la antigüedad clásica, el historiador Tucídides demostró alma de periodista en sus crónicas sobre la guerra del Peloponeso (460–339 antes de Cristo). Una centuria antes del cristianismo, César escribió *Reseñas* sobre la conquista de las tribus bárbaras. Fueron asimismo obras de vocación periodística los testimonios de quienes entendieron la trascendencia de los acontecimientos y de las palabras sagradas, registrándolos en la memoria de los hombres a partir del Génesis y hasta el Apocalipsis.

Sería propio decir entonces que el periodismo fue vivencia que surgió desde que el hombre tuvo motivo y capacidad para admirarse de lo que observaba, y en el instante en que, conmocionado por sus descubrimientos, sintió apremio por contar o reproducir sus visiones. En el Caribe, el encuentro de las culturas europea e indígena avivó la natural condición de informador del ser humano.

El indio cantaba areitos, relatando la llegada de las grandes canoas de los hombres blancos, de torso pegado a cuerpos peludos y caballunos, de carrera veloz, y de cascos que despedían chispas de fuego sobre las piedras. También sería noticia en el yucayeque aquel primer rayo que disparó un ser cubierto de coraza de cangrejo, mientras apuntaba el palo ahuecado que cargaba en su monta. Lo mismo cuando repicaron tambores reseñando la muerte de Diego Salcedo, el castellano ahogado por los indios en el río que baña los campos de Yagüeca. De igual manera, los blancos, asombrados por la belleza del verdor tropical, la sensual desnudez de las indias y el brillo del oro de los adornos indígenas, tuvieron mucho que contar en las primeras cartas que enviaban a sus paisanos en España.

Los acontecimientos insólitos harían expresivos a los habitantes del Nuevo Mundo, gente ansiosa por exponer cómo era el horizonte virgen y las maravillas de los misterios esclarecidos por la aventura trasatlántica. Por supuesto que abundarían los cronistas, los poetas y escritores, aunque fuesen tan solo autores de simples cartas para complacer a la autoridad que pagaba sus viajes. Las impresiones de aquellos precursores serían algunas verosímiles y otras fantasiosas, subjetivas, como el relato sobre la existencia de una fuente de la juventud en La Florida.

En la colonia empobrecida de Puerto Rico, la afición al periodismo estuvo restringida por siglos; a los colonos les faltaron medios y libertad. Por eso, la actividad periodística —como se le conoció más tarde— empezó, rezagada, hacia principios del siglo XIX, siendo quehacer embrionario de los años en que San Juan tuvo su primera imprenta, entre 1808 y 1810. Cerca de cuatro centurias transcurrieron para que llegase por fin el invento del germano Johann Gutenberg, que lo había creado en la ciudad de Maguncia (Mainz) en el año de 1456.

EL VERSO DE PÉREZ PIERRET

El verso de Pérez Pierret es un verso marmóreo, musical, algo objetivo, de tendencias civiles a la manera de Walt Whitman: es un poeta vibrante, cerebral y profundo. La poesía de este portalira a veces roza el ambiente épico, como se ve en su ancho soneto sinfónico: «Vasco Núñez de Balboa», y en sus poemas «América» y «Mare Nostrum».

Cesáreo Rosa-Nieves en *Aguinaldo lírico de la poesía puertorriqueña*

Las innovaciones son costosas, y Cuba, con su enriquecido puerto de La Habana, tuvo la primicia temprano entre las Antillas españolas, introduciendo la máquina de imprimir en 1723. Lo que era lógico porque el florecimiento del arte y la cultura se producía al paso que le dictaba el oro, por lo que no fue hasta que la sociedad agraria borincana dio señales de bonanza que la introducción de la imprenta abrió caminos al quehacer periodístico.

El primer órgano de expresión, *La Gaceta de Puerto Rico* (1806–1807), era costeado con los fondos reales y exponía todo lo que el rey y sus funcionarios querían comunicarle a los súbditos. En ese principio, el periodismo vivía la realidad inevitable de su total dependencia del monarca.

Con el correr de siglos, se refina la inteligencia de los caudillos, y éstos, de vez en cuando, aflojaban el puño, concediendo alguna libertad, aunque fuese parcial y temporal. La primera luz brilló tenue al instituirse la Constitución de 1812 en España, mandato foral que otorgaba ciertas libertades a quienes escribían. Don Antonio S. Pedreira dice que durante esa década surgen el segundo periódico publicado en Puerto Rico, *El Diario Económico,* y el tercero, *El Cigarrón.*

En 1814 el absolutismo de Fernando VII acabó la libertad en España. El monarca prohibió los carteles pegados sobre murallas, los diarios impresos y censuró las representaciones dramáticas: «No se permitía fixar cartel ninguno, distribuir ningún anuncio, ni imprimir diario escrito». Todo lo que desfilaba ante los ojos de los ciudadanos tenía que ser revisado por los correveidiles de la Corte.

Bien temprano, conociendo a Fernando VII, los hombres sensibles de América comprendieron que, tan vital como el sustento económico, la libertad era la razón de ser de periódicos y de periodistas. En Puerto Rico, tras la intolerancia de Fernando, prevalecieron tiempos pasajeros de liberalidad, en que algunas publicaciones se atrevieron a señalar las fallas de sus mandarines. Sin embargo, más fueron los años de mordaza, de condicionar la circulación de los periódicos para que no hicieran exposición de temas controversiales. Por ejemplo, nada se decía de la esclavitud, que era la espina dorsal del modelo económico.

Con todo esto, a partir de 1822 se fundan los diarios, siendo el primero *El Liberal,* siguiéndole *El Eco* (1823), y en los años siguientes volvió a caer el periodismo en crisis. Una vez más callaban los periódicos en los tiempos de rigor tirano para volver luego con tenues amagos de libertad cada vez que España instituía alguna constitución liberal.

En 1870, según Pedreira, se inicia una era en la que, «aflojadas las prohibiciones y restricciones, nuestra prensa gana en cantidad y en calidad: los periódicos van siendo cada vez más numerosos y adquieren firmeza en su misión». Esa apertura liberal en el comienzo del tercio final de la centuria habrá de cerrarse bajo la tiranía del «componte» en 1887, para reabrirse en la última década de la centuria.

Los últimos años del régimen español son de cambio para el periodismo que antes estuvo dominado por los patriotas que fustigaban a los contrarios desde las páginas de sus publicaciones. Éstas tuvieron que enfrentarse a la competencia del periodismo que procuraba atraer lectores publicando noticias frescas y exclusivas, y que se sostenía con anuncios.

Este nuevo periodismo, que Pedreira llama apremiante, era de tendencia imparcial, enfocado como para deleitar a lectores ansiosos por conocer los sucesos, mientras intercalaba mensajes de anunciantes en sus páginas. Era la prensa comercial que se afanaba por dar al público un producto ameno y objetivo, porque de esas cualidades iba a depender su estabilidad e independencia económica.

Por el precio de un centavo se compraba el primer diario comercial de Puerto Rico, *La Correspondencia,* que ofrecía a sus lectores el atractivo de sus páginas informativas. Este nuevo órgano de información apareció en 1891 dirigido por Don Ramón B. López, el primer industrial del periodismo que se convenció de que la prensa podía sostenerse si creaba un buen producto cultural. Así, finalizaba el siglo XX asomándose en el horizonte la muestra de lo que sería el periodismo de la próxima centuria.

Después del cambio de soberanía, bajo el gobierno militar de Estados Unidos, todavía les faltó libertad de expresión a los habitantes de la colonia. Pero se adelantaba la actividad periodística con el ímpetu

¿CUÁNDO LLEGÓ LA IMPRENTA A LA ISLA?

Sobre este hecho histórico, tan importante para la historia de la cultura, se han escrito varias versiones. A continuación ofrecemos al lector dos de ellas, coincidentes en cuanto a lo fundamental.

«Los trabajos de imprenta más antiguos de que tenemos noticias fehacientes datan del año 1808. No sabemos de ninguno anterior a esta fecha aunque D. Eduardo Neuman y D. Salvador Brau dicen que la *Gaceta* se publicó en 1807 y D. Cayetano Coll y Toste afirma que en 1806. Todas las gestiones que hemos realizado aquí y en España por descubrir los primeros números de la *Gaceta,* han sido inútiles. La paciente y anhelosa investigación que hasta la fecha hemos llevado a cabo, nos autoriza a decir que no existe una colección completa de este periódico ni tenemos noticias fidedignas de que existan números anteriores a 1808. A falta de documentos auténticos que prueben sin lugar a dudas el año en que llegó la imprenta a Puerto Rico, los primeros números de la *Gaceta* servirían para fijar con bastante exactitud la fecha de ese importante acontecimiento.

«Con toda certeza sabemos que ya en 1808 funcionaba una imprenta en Puerto Rico, durante el gobierno de D. Toribio Montes. Este se hizo cargo de la gobernación de Puerto Rico el 12 de noviembre de 1804 y se ausentó de ella el 30 de junio de 1809».

Antonio S. Pedreira en
*Historia del periodismo en
Puerto Rico,* La Habana, 1941

«Durante la gobernación de Don Toribio Montes, fue que la imprenta se le compró a un emigrado francés (Mr. Delarue) con el propósito de editar la *Gaceta* del Gobierno, primer periódico editado en la isla en 1806. Este rotativo oficial salía en sus comienzos dos veces a la semana. Todo indica que el que tramitó el negocio con el galo Delarue fue Juan Rodríguez Calderón, que ocupaba entonces el título burocrático de intérprete titular de los idiomas extranjeros del Gobierno, Intendencia y Capitanía General de la Isla e Interino del Santo Oficio de la Inquisición de Cartagena de Indias. Desde un principio el hombre seleccionado por el Gobernador para dirigir esta dependencia de tan alta confianza, debido a las rígidas leyes de la censura de la época, fue Don Valeriano Sanmillán.

«Este señero acontecimiento cultural constituyó para la sociedad boricua uno de fuerza y empuje, tanto que el mismo marca una voz de trascendencia para el anuncio del siglo XIX, que andando el tiempo se va a convertir en nuestra época de oro (1843–1898), en cuanto a las artes y las letras se refiere».

Cesáreo Rosa-Nieves en
*Historia panorámica de la
literatura puertorriqueña,* 1963

que producían los aires de libertad. Junto a los periódicos escritos en castellano, hizo su entrada la prensa escrita en inglés, de marcada influencia americana. En distintas ciudades aparecieron estas publicaciones, entre ellas el *San Juan News,* a la que el populacho apodó el *San Juan Esnú,* que se inauguró en noviembre de 1898.

El periodismo doctrinario se mantuvo como instrumento de las ideologías contrapuestas en los albores del partidismo estilo norteamericano de nuevo cuño al despuntar el siglo XX. Se destacaban *La Democracia, El Águila, El Tiempo* y *El Boletín Mercantil.* También salen a la calle otros que, de poca importancia en sus primeros años de vida, con el correr del tiempo asumirían el liderato del periodismo en el siglo XX. Una de estas publicaciones, *El*

Diario de Puerto Rico, nació el 13 de diciembre de 1909 en Ponce, y otra de importante desarrollo, *Puerto Rico Ilustrado,* llegó a manos de sus primeros lectores un año después. *El Diario* pasó a ser *El Día* en 1911 y *Puerto Rico Ilustrado* fue la base que propició el nacimiento del periódico *El Mundo* en 1919.

Hacia la década de 1920, cuando la prensa comercial dominaba el quehacer periodístico, se introduce la primera radioemisora en Puerto Rico, WKAQ Radio, que en 1949 pasó a ser parte del periódico *El Mundo.* En los siguientes treinta años, la radio desempeñó funciones periodísticas, siguiendo el mismo camino de la televisión, que inició sus transmisiones en 1954.

Si fue dramático el crecimiento de la prensa entre 1900 y 1950, en la segunda mitad de la centuria las innovaciones producirían un desarrollo espectacular. En los años 1966 y 67, se organizan las oficinas de agencias de noticias, The Associated Press y United Press International para suplir información a los periódicos, radioemisoras y televisoras.

Años después, la tecnología mejora con el advenimiento de teletipos, computadoras y transmisores láser de fotos. Va reduciéndose el tiempo que toma la noticia en llegar del escenario de la acción al medio informativo.

Para entonces *El Mundo* estuvo en pleno dominio, destacándose como el medio de mayor influencia en la sociedad puertorriqueña, hasta su decadencia en 1970. Para ese año *El Día* de Ponce se muda a San Juan y comienza a circular bajo el nombre de *El Nuevo Día,* y con tal dinamismo que en el transcurso de 25 años se convirtió en el diario principal de la isla.

En 1990, publicaciones de todas clases y estilos, en castellano e inglés, circulan en Puerto Rico. Algunas podían mantenerse

sobre una sólida base económica y otras se apagaban al poco tiempo de su nacimiento. Los periódicos no confrontaban los amagos de las imposiciones tiránicas que plagaron a la prensa del siglo XIX, empero, entrando al segundo milenio, la prensa y el periodismo marchan a enfrentar otras dificultades: los altos costos de producción y la competencia de las atracciones de la era digital.

No obstante, se impone el optimismo alentado por la proliferación de periódicos y revistas en el cuarto final del siglo XX: *El Nuevo Día, El Vocero, El Diario, The San Juan Star* (en inglés), *Caribbean Business* (en inglés, 1973), *El Visitante,* semanario católico; *Cruz Ansata,* revista de la Universidad Central de Bayamón; *Diálogo,* de la Universidad de Puerto Rico; *Claridad, Mairena,* revistas literarias; *Análisis,* dedicada a tocar temas en torno a la planificación; *Hómines* de la Universidad Interamericana, *Imagen, Buena Salud, Caras,* las revistas de farándula *Vea, Teve-Guía* y *Artistas.* (*Rubén Arrieta*).

EUGENIO MARÍA DE HOSTOS OPINA SOBRE EL PERIODISMO

El periodismo es una institución. Por su esencia, corresponde a un sacerdocio; por sus medios, corresponde a un magisterio; por sus fines, corresponde a una jerarquía.

Sacerdocio, sirve de intérprete a la conciencia humana, y en su nombre consagra la eterna trilogía —verdadero, bueno, bello— a que ella aspira.

Magisterio, emplea todas las formas y utiliza todas las funciones de la razón para convertir en opinión lo verdadero, por medio de la ciencia y la experiencia; lo bueno, por medio de la dignidad individual y colectiva, del derecho de todos y de cada uno; lo bello por medio del arte y de la persuasión.

Jerarquía, el exponente de la potencia moral e intelectual de una sociedad, constituye un poder, y debe ejercerlo con tanta majestad cuanta reclama la alteza de sus fines.

Fines, medios, principios, son términos distintos de una misma serie.

QUÉ NECESITA UN BUEN PERIODISTA

El periodista, sacerdote del pueblo, que le enseña, que le instruye, que le moraliza, debe estar dotado de una dignidad a que no han de hacer mella ni las sonrisas de la fortuna ni los halagos de la suerte. Debe tener un tribunal: su conciencia; un maestro: su experiencia: una guía: la verdad; una gloria: el haber cumplido con su deber.

Nada más le importa. Todo lo que sea salirse de esa línea será en él pecaminoso, nocivo, digno de censura.

Considere que una humorada estúpida, un desliz de su pluma, puede ser la ruina de una personalidad.

La amistad a un lado, el ministerio al otro.

Compadezca al delincuente pero ha de acusarle como fiscal del pueblo.

Puede envidiar al sabio por sus talentos, pero ha de hacerle justicia por sus méritos.

Puede amar la fortuna, pero desde el momento que se la otorgue por

ser hipócrita, deséchela, arrójela a la calle; vale más honra que dinero.

Sufra sin inmutarse las tempestades de la borrasca, que en la calma encontrará defensores.

Sea, en fin, el norte de su aspiración el del ciudadano que mira por el bien de su patria.

Sebastián Dalmau Canet en
El Periodismo

▼ Peronía

Ver **Palo de matos, Palo de peronías, Peronía.**

▼ Perra, quebrada de la

Afluente del río Tanamá, tributario del grande de Arecibo. Nace al oeste del barrio Tanamá, municipio de Adjuntas, a unos 760 metros (2,493 pies) de altura sobre el nivel del mar. Longitud aproximada: 2.4 Kms. (1.5 millas); corre de sur a norte y se une al río Tanamá al oeste del barrio donde nace.

▼ Personas con Impedimentos, Oficina del Procurador de las

Ver **Gobierno.** Departamentos, agencias e instrumentalidades. Comisión de Derechos Ciudadanos.

▼ Pesas, barrio

Del municipio de Ciales (1,803 habitantes según el censo de 1990).

▼ Pesca

● La pesca comercial marina.

Comprende la de altura u oceánica que realizan las embarcaciones de las plantas atuneras, y la que en pequeña escala llevan a cabo los pescadores puertorriqueños en embarcaciones pequeñas alrededor de la isla. La industria atunera se estableció en 1953. Existen plantas de procesar y envasar atún en Ponce y en Mayagüez. Puerto Rico es la segunda área más grande del mundo en este tipo de industria; aquí se procesa el 40% del atún enlatado en el área manufacturera norteamericana. Este negocio constituye un aporte importante a nuestra economía, puesto que origina miles de empleos en las plantas citadas. Las empresas atuneras usan embarcaciones muy modernas y costosas, que utilizan grandes redes de cerco para pescar, y lo hacen en áreas muy lejanas a Puerto Rico, como son el océano Atlántico oriental, frente a las costas de África, y el Pacífico oriental. Anualmente se traen a Puerto Rico millones de kilogramos de atún con un valor millonario en dólares para ser procesados en la isla.

La pesca comercial marina en pequeña escala se realiza, generalmente, por medio de embarcaciones pequeñas, llamadas yolas que emplean motores fuera de borda para su propulsión. Tales embarcaciones son más de mil. De esta cantidad el 80% tienen entre 3 y 6 metros de eslora; el 15%, de 7 a 8 metros; el resto son mayores. El 75% de las embarcaciones emplea motores de 6 a 25 caballos de fuerza. El 18% usa entre 25 y 50 caballos de fuerza y el resto tiene motores interiores de más de 50 caballos. Las más grandes y con motores más potentes son las que se utilizan para pescar fuera de la plataforma insular en los bancos pesqueros más distantes de Puerto Rico.

El arte de pesca más común es la nasa, trampa que tiene una estrecha entrada por la cual no pueden salir los animales atrapados. Se construye con madera de mangle rollizo y alambre, o con varillas de hierro y alambre, de diversas formas y tamaños. Sirve para capturar tanto peces como langostas y otros mariscos que viven en o cerca del fondo. En Puerto Rico se usan, aunque menos, unas nasas especiales para la pesca de la langosta, llamadas cajones, que se construyen de una madera especial importada resistente al deterioro que produce el agua. A la nasa siguen en importancia otras artes tales como la cala, ya a mano o con carrete; las redes, que incluyen los chinchorros, trasmallos (filetes) y atarrayas; y finalmente, en menor proporción, se pesca de corrida o a la sirga (esto es, arrastrando una línea con anzuelo y carnada desde una embarcación en movimiento), con palangres de diversos tipos, y con fisga.

Hay en la isla unos 2,000 pescadores, traficantes y personas relacionadas directamente con la pesca comercial marina en pequeña escala, repartidos en unos cien centros pesqueros situados en el litoral.

No hay duda de que en las últimas décadas la pesca local de Puerto Rico ha progresado substancialmente, al extremo de que es una de las más avanzadas de su clase en el área del Caribe y la América Central. Nuestros pescadores emplean embarcaciones modernas construidas de fibra de vidrio, que son más duraderas y resistentes que las de madera. Se ha introducido, por medio de investigaciones científicas, el uso de malacates para levar las nasas y de carretes eléctricos hidráulicos y de mano para pescar con calas de fondo en nuevas áreas de pesca a pro-

LOS CORRALES DE PECES, HERENCIA TAÍNA

Nada hay más apreciable para estos vecinos [de Toa Baja] que la abundancia y variedad de peces de que los surte el río; cada uno coge las cargas que quiere y a la hora que le acomoda. Para este efecto cruzan el río (que parece está estancado y sin curso) con una valla de cañas clavadas en el fondo bien liadas y aseguradas con estacas; forman con sus vueltas unos laberintos a manera de cubos, en tal disposición, que el pescado que sube con las ma-

reas o baja de las cabeceras del río no encuentra paso sino por los boquetes bien dispuestos que dejan en estos cubos, en donde entran sin serles posible acertar a salir, quedando cerrados entre las cañas. Cuando necesitan pescado o quieren llevarlo a vender, entran en canoas, van a los cubos, saltan dentro con una manga de red, con la cual sacan los pargos, sábalos, curvinatas, mojarras, lisas y otras especies de pescados, cargando algunas veces seis u

ocho caballos de una sola pesquería o corral, así llaman a estos encañizados: esto mismo practican en otros muchos pueblos de la Isla; tal es la facilidad que tienen de adquirir su subsistencia y tanta la dificultad de que se apliquen al cultivo de la tierra.

Fray Íñigo Abbad y Lasierra, *Historia geográfica, civil y natural de la isla de San Juan Bautista de Puerto Rico*

---

fundidades de 200 metros o más. Además, los pescadores se han visto favorecidos por programas de incentivos para la compra de embarcaciones y equipos, y en los principales centros pesqueros se han construido facilidades tales como casetas con armarios, muelles donde ha sido necesario, frigoríficos y lugares apropiados para la venta de pescados y mariscos al público.

La riqueza pesquera de Puerto Rico es muy limitada y anualmente sólo se obtiene de sus mares alrededor de 3.25 millones de kilogramos (poco más de 7 millones de libras) de pescados y mariscos. Esto se debe a que la isla está rodeada de grandes profundidades en aguas tropicales poco productivas, y que su plataforma es muy reducida.

La región pesquera más importante de la isla comprende desde Aguadilla, al noroeste, siguiendo hacia el sur, incluyendo las islas de Desecheo y Mona, hasta el faro de Cabo Rojo, y de aquí, hacia el este, hasta Guánica. En esta región se pesca casi el 60% del total de la producción insular. Los centros pesqueros más importantes son Puerto Real y Combate, en Cabo Rojo; Playuela, en Aguadilla; La Parguera, en Lajas; y Salinas-Providencia, en Guánica. Puerto Real es el puerto pesquero de mayor producción en todo Puerto Rico. Los peces y mariscos que aparecen con más frecuencia en las capturas realizadas son: chillo, negra, rubia, colirrubia, rayado, mero, cabrilla, guasa, loro, salmonete, boquicolorado, róbalo, capitán, sierra, atún, peje puerco, chapín, langosta, juey o cangrejo, carrucho y pulpo.

La pesca recreativa y de agua dulce.

Esta se realiza tanto en el mar como en los lagos y ríos de Puerto Rico. Existen numerosas asociaciones que promueven el desarrollo de esta actividad. Con frecuencia se celebran torneos anuales de pesca en los que participan pescadores deportivos locales y extranjeros. Son muy conocidos los torneos de la aguja auspiciados por el Club Náutico de San Juan. También se celebran en otras ciudades como Arecibo, Mayagüez y Ponce. Se estima que en la isla existen unas 2,500 embarcaciones que tienen entre 6 y 14 metros de eslora dedicadas a la pesca deportiva. Por otra parte, la construcción de diferentes marinas en las principales zonas turísticas ha contribuido al desarrollo del deporte marítimo y la pesca recreativa. Esta actividad significa una importante aportación a la economía puertorriqueña.

Las especies que más comúnmente se pescan deportivamente en agua salada son distintas especies de mero, la aguja azul y el dorado.

La pesca en agua dulce es prácticamente deportiva en su totalidad. La comercial está limitada a sólo algunas áreas de la isla. Por ejemplo, la plaza del mercado de Ponce es de los pocos lugares donde se vende al público pescado de agua dulce. Los peces más comunes de las aguas interiores de Puerto Rico son la lobina negra, la tilapia y el bagre de canal. (*José A. Suárez Caabro*).

▼ Petróleo
Ver **Recursos minerales.**

▼ Pez vela, Aguja blanca, Aguja azul

El pez vela (*Istiophorus platypterus*), la aguja blanca (*Tetrapturus albidus*) y la aguja azul (*Makaira nigricans*), son los llamados peces de pico, oceánicos, de gran tamaño y pertenecen a la familia de los Istiofóridos. Se pescan con vara y carrete, generalmente a la sirga, por pescadores deportivos, aunque en otros países se utilizan palangres de varias millas de largo para su captura. Su carne es muy apreciada. Estos peces son migratorios; nadan rápidamente cerca de la superficie. Se alimentan de otros peces y cefalópodos. El pez vela alcanza normalmente dos metros y medio de largo (más de 8 pies), al igual que la aguja blanca; la aguja azul es bastante mayor.

▼ Pezuela, barrio

Del municipio de Lares (398 habitantes según el censo de 1990).

▼ Pezuela y Ceballos, Juan M. de la

Gobernador de Puerto Rico de 1848 a 1851. Hijo de Joaquín de la Pezuela, virrey del Perú, nació en Lima (1810), fue llevado a España cuando tenía 8 años, y a los 13 inició su carrera militar. Combatió en numerosas acciones en la Península y desempeñó altos cargos, como los de capitán general de Andalucía y de Madrid y ministro de Marina, Comercio y Ultramar, y fue ascendido a mariscal de campo. Gobernó Puerto Rico en forma despótica. Suprimió el Código Negro establecido por su predecesor Juan Prim y Prats, suspendió las carreras de caballos, implantó la libreta para jornaleros y redujo el precio de la manumisión. Prestó atención a la realización de varias obras pública de importancia (erección de la plaza del mercado y terminación de la Catedral de San Juan) y estableció la Academia de Buenas Letras. Tras abandonar Puerto Rico —le sucedió en el cargo el Marqués de España, Enrique de España y Taberner— fue gobernador de Cuba (1853–54), capitán general de Cataluña (1867) y diputado a Cortes. Poseía los títulos nobiliarios de Marqués de la Pezuela y Conde de Cheste, y fue caballero de Calatrava. A pesar de su labor benéfica, en más de una ocasión se mostró grosero y ofensivo para con sus gobernados. Sotero Figueroa, en su biografía, dice de él que injurió al país «diciendo en el santuario de las leyes, donde debe resplandecer la discreción hermanada con la verdad, "que este era un pueblo sin fe, sin religión y sin pensamiento"; y de una plumada echa a tierra el proyecto del Colegio Central, donde hubiéramos adquirido esa fe, esa religión y ese pensamiento que decía él nos faltaban»

▼ Pica

Puertorriqueñismo. Juego de azar.

▼ Pica, barrio

Del municipio de Jayuya (303 habitantes según el censo de 1990).

▼ Picachos, cerro Los

Monte que se eleva a 960 metros (3,149 pies) de altura sobre el nivel del mar, situado en el barrio Mameyes del municipio de Río Grande. Tiene acceso desde la Carretera Estatal 174, y se localiza en el cuadrángulo 8,256 del Mapa Topográfico de Puerto Rico.

▼ Pico del Este, cerro

Por su elevación ocupa el lugar décimo segundo en la isla. Se eleva a 1,051 metros (3,447 pies) de altura sobre el nivel del mar, situado en el barrio Río Blanco del municipio de Ceiba. Tiene acceso desde la Carretera Estatal 930, y se localiza en el cuadrángulo 8,256 del Mapa Topográfico de Puerto Rico.

▼ Pico del Oeste, cerro

Se eleva a 1,020 metros (3,345 pies) de altura sobre el nivel del mar, en el barrio Río Blanco del municipio de Ceiba, en las proximidades de Pico del Este. Igual que éste, tiene acceso desde la Carretera Estatal 930, y se ubica en el cuadrángulo 8,256 del Mapa Topográfico de Puerto Rico.

▼ Picó, Fernando

Historiador, profesor universitario, sacerdote jesuita. Nació en San Juan en 1941. En 1959 ingresó a la Compañía de Jesús, de la cual fue nombrado Provincial en 1991. Graduado de bachiller y de maestro en Artes en la Universidad de Fordham (1965 y 1966, respectivamente), y de doctor en Historia en la Universidad de Johns Hopkins (1970). Profesa en la

Universidad de Puerto Rico desde 1972; también trabaja como capellán y maestro en instituciones penales de Puerto Rico. Es autor de las siguientes obras: *Libertad y servidumbre en el Puerto Rico del siglo XIX* (1979), *Amargo café* (1981), *Los gallos peleados* (1983), *Historia general de Puerto Rico* (1986), *1898. La guerra después de la guerra* (1987), *Vivir en Caimito* (1989), *Puerto Rico, tierra adentro y mar afuera* (en colaboración con Carmen Rivera Izcoa, 1991), *Don Quijote en motora y otras andanzas* (1993), *Al filo del poder* (1993), *Contra la corriente: seis microbiografías de los tiempos de España* (1995).

▼ Picó Santiago, Rafael

Geógrafo, educador, servidor público. Nació en Coamo en 1912. Se graduó de bachiller, con altos honores, en la Universidad de Puerto Rico (1932), de maestro en Artes (1934) y de doctor en Filosofía (1938) en la Universidad de Clark, en la cual, además, cursó estudios especializados en Geografía Económica. Fue profesor en las universidades de Puerto Rico (1933–43), Northwestern, Católica de América y de Miami. Las universidades de Eastern Michigan, de Clark y Católica de Puerto Rico le confirieron doctorados honoríficos. Ocupó los siguientes cargos: presidente de la Junta de Planificación (1942–55), secretario de Hacienda (1955–58), presidente del Banco Gubernamental de Fomento (1958–64), senador por acumulación por el Partido Popular Democrático (1965–69) y director del Banco Popular de Puerto Rico. Ayudó a Luis Muñoz Marín a poner en marcha la «Operación Manos a la Obra». Fue asesor y consultor de la Organización de las Naciones Unidas en varios países de Hispanoamérica, y presidente de las sociedades Americana de Oficiales de Planificación e Interamericana de Planificación. Colaboró en numerosas publicaciones periódicas locales y extranjeras con artículos y ensayos, en español e inglés, sobre economía, y es autor de *Geografía de Puerto Rico - Geografía física* (1954), *Geografía de Puerto Rico - Geografía económica* (1964) y *Nueva geografía de Puerto Rico* (1969), las tres obras en colaboración con Zayda Buitrago y Héctor H. Berríos. Otras de sus obras son: *Diez años de planificación en Puerto Rico* y *Puerto Rico: Planificación y acción.*

Rafael Picó Santiago

▼ Picuda, Picúa

(*Sphyraena barracuda*, familia Esfirénidos) Pez cuyo lomo es de color verde obscuro o gris acero; costados plateados con manchas negras u obscuras y vientre blanco. La mandíbula inferior es más larga que la superior. Los peces pequeños habitan en aguas someras sobre fondos arenosos o cubiertos de algas. Se alimentan de otros peces, cefalópodos y camarones. Se han capturado ejemplares de hasta dos metros (más de seis pies) de largo; comúnmente alcanzan a 1.30 metros (más de cuatro pies). La picudilla es menor; pocas veces excede de 70 centímetros (2 1/3 pies). La venta de la picuda o picúa está prohibida debido a que se cree es portadora del organismo causante de la enfermedad conocida como **Ciguatera** (ver). Una especie más pequeña de esta familia, el guaguanche o picudilla (*Sphyraena guaguancho*), que se captura abundantemente con chinchorros o trasmallos, aparentemente no transmite dicha enfermedad.

▼ Pichón prieto

Ver **Chango, Mozambique, Pichón prieto.**

▼ Piedra, quebrada La

Afluente del río Viejo, uno de los afluentes del Guanajibo. Recibe las aguas de la también quebrada de Los Chorros.

▼ Piedra Blanca, cerro

Se alza a 1,240 metros (4,067 pies) de altura sobre el nivel del mar, situado en el barrio Veguitas del municipio de Jayuya. Tiene acceso desde la Carretera Estatal 539, y se localiza en el cuadrángulo 8,164 del Mapa Topográfico de Puerto Rico.

▼ Piedra Gorda, barrio

Del municipio de Camuy (1,667 habitantes según el censo de 1990).

▼ Piedras, barrio

Del municipio de Cayey (207 habitantes).

▼ Piedras, barrio y pueblo Las

Cabecera del municipio de este nombre, integrado por el barrio Pueblo (2,386 habitantes) y partes de los barrios Quebrada Arenas (295 habitantes) y Tejas (2,176 habitantes según el censo de 1990).

▼ Piedras, municipio Las

Superficie

88 Kms. cuadrados (34 millas cuadradas)

Población

27,896 habitantes (censo de 1990)

Habitantes por barrios

Boquerón	1,531
Ceiba	1,048
Collores	3,878
El Río	4,080
Las Piedras, pueblo	2,087
Montones	5,099
Quebrada Arenas	2,275
Tejas	7,898

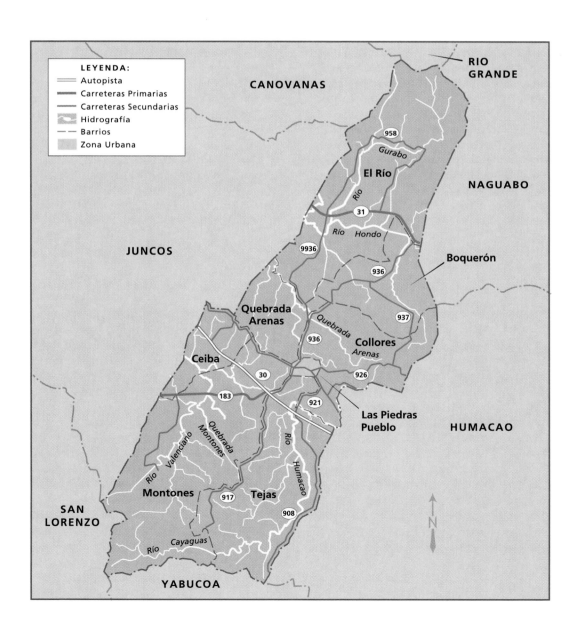

Situación

Se encuentra cerca de la costa este de la isla. Limita por el norte con los municipios de Río Grande, Canóvanas y Naguabo, por el sur con el de Yabucoa, por el este con los de Humacao y Naguabo, y por el oeste con los de San Lorenzo y Juncos.

Breve reseña

Al norte de este municipio se encuentra parte de la sierra de Luquillo, donde se alza el pico El Toro, que alcanza a más de mil metros (3,300 pies) de altitud. Por el sudeste se halla la sierra de Cayey, y en ella los cerros Asomante y Collores. Drenan este territorio el río Gurabo, afluente del Grande de Loíza, y sus tributarios el río Valenciano y las quebradas Arenas, de los Rábanos y Honda, y también el río Humacao.

La economía se ha centrado en la caña de azúcar, el tabaco, los frutos menores, frutas, horticultura, ganadería vacuna y equina, y algunas industrias ligeras. Recientemente la artesanía ha tomado gran importancia.

El nombre de Las Piedras se originó en el hecho de que los primeros pobladores castellanos radicaron en una colina cubierta de grandes piedras, a orillas del río Humacao, y el lugar era llamado «la ribera de las piedras». Allí se levantó una ermita, y poco después una iglesia pequeña en un lugar poco adecuado. En 1797 dicha iglesia fue trasladada a Juncos, y los pedrenses iniciaron gestiones para lograr la creación de una parroquia y nueva iglesia. En 1801, bajo el gobierno de Ramón de Castro y Gutiérrez, lograron que se creara un nuevo partido y nueva parroquia, que se colocó bajo la protección de Nuestra Señora de la Concepción. En 1898 este municipio fue anexado a Humacao, y así se mantuvo hasta que la Ley No. 9 de 12 de marzo de 1914 le devolvió su independencia como entidad local.

Las fiestas patronales para honrar a la Inmaculada Concepción de María tienen lugar alrededor del 8 de diciembre. También se celebran un Festival del Güiro (marzo), uno del Lechón Asado (noviembre), y otro de la Juventud (agosto).

▼ Piedras, quebrada

Afluente del río Caín, tributario del Guanajibo. Nace al norte del barrio Caín Alto del municipio de San Germán a una altura de 744 metros (2,442 pies) sobre el nivel del mar; corre de nordeste a sudoeste.

▼ Piedras, quebrada Las

Afluente de la quebrada Grande, que a su vez lo es del río Bayamón. Nace en el barrio Juan Asencio de Aguas Buenas; es corta y corre de norte a sur.

Plaza pública y alcaldía de Las Piedras. El nombre del pueblo se debe a que los primeros pobladores se asentaron en una colina cubierta de grandes rocas

Axel Santana

▼ Piedras, río

1. Nace en el barrio Caimito, municipio de San Juan. Longitud aproximada: 17 Kms. (10.2 millas). Atraviesa los municipios de San Juan y Trujillo Alto y desemboca en la bahía de San Juan. Su tramo final se conoce con el nombre de río Puerto Nuevo. Tiene de afluentes al caño Martín Peña, a las quebradas de los Muertos, Margarita, Josefina, Buena Vista, Guaracanal, Los Guanos, Las Curías, y al aljibe Las Curías. También recibe aguas de las quebradas Doña Ana, del Ausubo y Mongil; la primera es tributaria de la quebrada Josefina; la segunda de la quebrada Guaracanal, y la tercera de la quebrada Buena Vista. 2. Tributario del río Camuy. Nace al sudoeste del barrio Santa Isabel, municipio de Utuado, a unos 620 metros (2,034 pies) de altura sobre el nivel del mar. Longitud aproximada: 7 Kms (4.2 millas); generalmente corre de sur a norte. Se une al río Ángeles (otro de los tributarios del río Camuy) al nordeste del barrio Buenos Aires de Lares. 3. Afluente del río Humatas, que a su vez lo es del Grande de Añasco. Nace en el barrio Cerro Gordo del municipio de Añasco. Corre de este a oeste y luego se desvía hacia el sur. Tiene como afluente a la quebrada del Muerto.

▼ Piedras Blancas, barrio

1. Del municipio de Aguada (2,813 habitantes). 2. Del municipio de San Sebastián (2,269 habitantes).

▼ Piedreño

Gentilicio de los nacidos en el municipio de Las Piedras.

▼ Piletas, barrio

Del municipio de Lares (4,526 habitantes según el censo de 1990).

▼ Piletas, quebrada

Nace en el barrio Puntas del Municipio de Rincón y desemboca en el canal de la Mona. Longitud aproximada 2.7 Kms. (1,7 millas).

▼ Pimiento

Ver **Ají.**

▼ Pinche

Puertorriqueñismo. Bribón, malvado.

Vista parcial del pueblo de Las Piedras, rodeado por las montañas de la Sierra de Luquillo, por el norte, y de la Sierra de Cayey, por el sudeste

Axel Santana

▼ Pintura

Las manifestaciones más tempranas del empleo de colores se dan en el Puerto Rico prehispánico con los grados del rojo en las culturas cerámicas —siglos I y II de la Era— y la aplicación del blanco con su valor limitante de contraste. En los siglos XII a XV aparecen las llamadas pictografías, que se encuentran a la entrada de las cuevas, en su interior y sobre piedras de superficie en las que se han abierto los surcos del petroglifo. El carácter esquemático del dibujo donde en ocasiones se perfila la figura humana, o el hibridismo resultante de la fusión de dos figuras, es todavía indescifrable. Sólo puede afirmarse con objetividad el carácter sagrado y mágico del trazo.

Los ocres minerales y los tintes vegetales —el negro del carbón— constituyeron los únicos recursos cromáticos del bohique o de la mano siempre anónima, sea cual fuese, que por acto de magia simpática pretendió tal vez captar la fuerza de una divinidad al producir el trazo y meter colores. No puede soslayarse el valor de las calidades de las piedras semipreciosas —el jade y sus grados, la amatista— empleados en collares y amuletos así como los tornasoles de madreperla, donde la fascinación que ejerce el brillo sobre los mismos primitivos se afirma en los hallazgos de la isla de Vieques.

El rudo trasplante cultural de bajoandaluces, extremeños, castellanos y vascongados al arco antillano tras la conquista de Puerto Rico en 1508, desarticuló sin dificultad la sociedad aruaca y se introdujo el arte de la pintura de Occidente por vía de importación y compra y, en breve, mediante el ejercicio del mismo arte por pintores peninsulares procedentes de Santo Domingo o radicados en el país.

En 1533 —por el mes de diciembre— se encontraba en la ciudad de Puerto Rico el primer pintor procedente de La Española del que tenemos noticia y a un tiempo se nos dice que existía en el Convento de Santo Domingo un fraile que conocía y ejercía el arte. Uno de ambos —con más posibilidad el segundo— es el autor del fresco de San Pedro González Telmo que por febrero de 1978 descubrió Ricardo Alegría en el muro norte del crucero de la Iglesia de Santo Domingo. Esta pintura, que imita un retablo de pared en forma de tríptico con elementos de azulejería simulada, parece corresponder a un programa iconográfico que probablemente se desarrolló a ambos costados del templo en fase temprana de su construcción o al menos en el muro que encabeza la que describimos.

La tradición pictórica, por lo tanto, se inicia en suelo de Puerto Rico al tiempo que se consolida el poblamiento y precisamente en el año crítico de 1534, cuando se echa la suerte de la economía de la isla de San Juan —la Boriquén de los taínos— por más de tres siglos. Los placeres auríferos se agotan y el hombre debe volverse al cultivo del suelo, pues las flotas y las armadas se desvían ya hacia los puertos del oro y la plata de México y del Perú. No por eso disminuye el flujo de la importación. La vía más importante, naturalmente, es Sevilla. Por ella llegaron desde la primera hora las tablas y lienzos a escala doméstica para el oratorio particular o la alcoba. En el equipaje de Don Alonso Manso, el primer obispo de la isla de San Juan, que llegó en la Navidad de 1512 al puerto de San Germán, aparecen imágenes de Nuestra Señora, aunque parecen ser de relieve. La pieza más antigua importada, según la tradición, es el cuadro flamenco de la Virgen de Belén o de la Humildad, conservado hasta 1972 en la iglesia conventual de Santo Domingo, desaparecido en noviembre de ese año. Es una versión del conocido asunto iconográfico de la Virgen de la Leche, obra del círculo de Van Eyck. Su tamaño, que facilitaba su transportación rápida y su carácter de pieza de culto, garantizaron su conservación. No así otras pinturas de cuya existencia tenemos noticias concretas de orden cronológico como la imagen de Nuestra Señora pintada en lienzo y la tabla que representaba la Samaritana en la capilla de la Hacienda del Rey en el Toa, en 1528. Con posterioridad al 1541 existió un retablo flamenco en la catedral, regalo del Obispo Bastidas.

Conocemos, pues, dos vías de importación de pinturas, Sevilla y Flandes. Estos testimonios documentales permiten suponer que en los templos y ermitas de la ciudad, en los oratorios de las numerosas estancias de Loíza, de los valles del Toa y de toda la ribera del norte hasta Arecibo, en San Germán y sus estancias y en la iglesia del Valle de Coamo, existió un patrimonio

¿UN ARTE UTILITARIO?

El artista, como el literato, tiene la obligación de servir para algo; su cuadro debe ser un libro que instruya, que sirva para mejorar la condición humana, que fustigue el mal, que ensalce el bien, por lo que defino el arte, «la representación de la naturaleza en bien de la humanidad».

Francisco Oller, discurso pronunciado en la Escuela Normal de la Universidad de Puerto Rico (1904)

Museo Universidad de Puerto Rico

José Campeche, Visión de San Simón Stock, *óleo sobre tabla. Colección del Instituto de Cultura Puertorriqueña*

compuesto de piezas de pintura importadas unas y producidas otras en el país, que, al declinar el siglo, constituían un resorte didáctico para la población, ágrafa y analfabeta en su mayoría. Color y forma, por vía de una catequesis visual, educan también un cierto gusto primordial en los vecinos que por ambas Pascuas acuden al templo. Por último, la cronología fijada para el Santuario de Hormigueros —hacia 1560— permite calcular que en la tabla —madera americana— de la Virgen de Monserrate que centra el retablo de la célebre ermita en el oeste de Puerto Rico, tenemos la más antigua pintura al óleo ejecutada en el país. El modelo del anónimo pintor fue un grabado manierista de las prensas monserratinas. Un análisis de las tradiciones orales coincide en el dato de que la imagen se trajo o vino de la villa, esto es, de San Germán. Foráneo o criollo, el autor trabajó en el territorio de la actual Ciudad de las Lomas.

El suelo de Puerto Rico incluso fue generoso con los profesores del arte de la pintura. En su celebrada *Memoria* de 1582 el Bachiller de Santa Clara y el presbítero Don Juan Ponce de León hablan de una piedra azul que se encontraba en el nacimiento del río Inabón —Ponce—. El texto añade: «...de que se sirven los pintores...», señal evidente de su presencia en el país. El azul todavía fulgurante del manto de la Virgen de Hormigueros debe tal vez su resplandor a este mineral.

Cierra el siglo XVI con una catástrofe propia de aquellos tiempos: la toma y saqueo de la ciudad de Puerto Rico por los ingleses en 1598. Cuanto nos interesa de este acontecimiento es la aplicación de la iconoclastia protestante al modesto pero selecto tesoro de arte que había acumulado un siglo de vida urbana en los templos de San Juan. El cronista inglés, capellán de la Armada de Lord Clifford, dice claramente que la catedral se encontraba decorosamente alhajada y que la calidad de las imágenes y el cuidado que de ellas se tenía demostraba esmero en los ministros del culto. Pero su general no pudo impedir su mutilación. El jerónimo Fray Diego de Ocaña, que en marzo del año siguiente pasó por Puerto Rico en la Armada de Don Francisco Coloma, dice textualmente lo que sigue sobre la restauración del culto en la catedral profanada: «... y después llegamos al *Sancta Sanctorum* que es el Sagrario, y el altar mayor, y hallamos todos los sanctos y las figuras dellos raxados y hechos pedazos, y algunos cortadas las narices, aunque a las figuras del Christo que avía en la iglesia mayor, y en el convento ansí de bulto como pintadas, no tocaron en ellas pero a la María y San Juan que estavan a los lados del Christo, todas las caras vorradas...».

Hay un elemento positivo presente en esta noticia. Por ella se ve que existía más de un Calvario de pintura, tanto en la Iglesia Mayor como en la de Santo Domingo. El sistema de capillas, que creaba espacios autónomos dentro del gran espacio litúrgico del templo, se prestaba a la repetición de asuntos iconográficos, con el *horror vacui* que siempre caracterizó al arte sacro hispanoamericano hasta el siglo XIX.

Por un breve período, 1599–1625, volvió a acumular Puerto Rico piezas de arte en sus templos al tiempo que se intentaba completar los muros de la ciudad. Contamos incluso con el nombre de un artista pintor al que en 1617 se le hace un pago por encargo de la ciudad o del Presidio: Silvestre de los Santos. Así que la actividad local no se interrumpe, aunque un nuevo desastre vuelve a decalvar los templos, principales acumuladores de piezas de pinturas. Entre septiembre y octubre de 1625 ocupan a Puerto Rico los holandeses de Baldwin Hendricksz. Su iconoclastia es sistemática e implacable. Destruyen imágenes y retablos en las iglesias y se llevan hasta las escurriduras de los fragmentos de plata vieja que dejaron los canónigos en la catedral y los dominicos en su iglesia al huir. Por último, en la retirada incendian el caserío. Aprendida la lección, se termina el amurallamiento de la ciudad en 1638 de forma que su condición inexpugnable permite el discurso tranquilo de la vida intramuros.

Para 1645, cuando Diego de Torres Vargas escribe su *Memoria*, el arte de la pintura se halla representado con suficiencia como demuestra algún inventario. Ya mediante importación, ya por hallarse de asiento en la ciudad pintores naturales de la misma o españoles penin-

José Campeche, Virgen de Belén, *óleo sobre tabla. Colección del Museo de la Universidad de Puerto Rico*

Museo Universadad de Puerto Rico

sulares, se repueblan los templos y seguramente también los interiores de casas particulares. En 1650 se paga al pintor Andrés Cano la hechura del estandarte del Morro y seis años después, se le pagan doscientos reales por «aderezar y renovar la hechura de Santiago». Conoce, pues, los distintos oficios: entallar, encarnar y estofar. A este o a otro autor o taller de la ciudad se debe probablemente la tabla de la Virgen de Valvanera existente en la ermita de su nombre en Coamo desde 1683 u 84. Algunos elementos la emparentan con la tabla de Hormigueros, pero obedecen a su condición de copia fiel de una iconografía fija, rigurosamente traslada a la superficie de la tabla. Tanto en la ciudad como en la villa de San Germán y en las iglesias de Coamo, Arecibo y Aguada debieron decorarse muros y retablos en la segunda mitad del siglo XVII con el concurso de pintores criollos. No faltaría el recurso a Santo Domingo, aún cuando la documentación conocida hasta ahora no ofrece noticia alguna sobre el particular.

Los vestigios de frescos y grisallas de la Capilla de Nuestra Señora del Rosario, las pinturas de la bovedilla de la Capilla de la Cofradía de Jesús Crucificado y Santa Rosa en la Iglesia de Santo Domingo en San Juan, así como las que en 1904 se descubrieron en la desaparecida iglesia conventual de San Francisco, atribuidas al siglo XVII, indican que la actividad de los pintores no cesó, antes bien preparó el curso del arte de la pintura de Puerto Rico en el curso del siglo XVIII, a cuyo primer tercio podría extenderse con reservas la cronología de las pinturas mencionadas en la iglesia de los dominicos.

De los talleres de fines del XVII salió Tomás Campeche (1707–1780), padre y maestro de José, mulato liberto, que encarna en sí y en su grupo familiar el proceso de ascensión social del mestizo en el Puerto Rico del Setecientos. Criado a la sombra protectora del patronazgo de la catedral, juntó al arte de la pintura el oficio de dorador y, al parecer, de entallador de retablos o al menos, como lo llama Tapia, de adornista. Junto a él han trabajado seguramente otros maestros, cuyos nombres aparecerán con el tiempo en las dispersas relaciones de Mayordomía de la catedral y el cabildo secular.

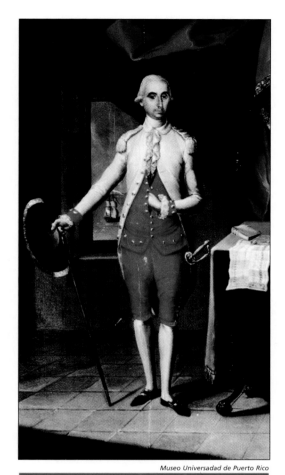

Museo Universadad de Puerto Rico

José Campeche, Retrato de caballero, *ca. 1758*

En 1736 se encuentra en San Germán un maestro, Juan Hernández Morán, aún cuando sólo sabemos que pintó o decoró en ese año las gradillas del monumento del Jueves Santo para la Cofradía del Sacramento. Tal vez sea el autor del púlpito inmaculista que subsiste en la vicaría de la antigua villa con vuelos barrocos que lo ubican entre los años finales del siglo XVII y el primer tercio del XVIII. Más imprecisa es la cronología de la tabla de la Epifanía del Santuario de Hormigueros que parece ligeramente anterior y es copia de un grabado flamenco empleado también en la Nueva Granada en el siglo XVII. Las siete tablas del púlpito sangermeño y la Epifanía de Hormigueros son, al menos, el testimonio de la presencia —de asiento o como transeúnte— de un maestro o maestros pintores en la villa, pues cuanto se conserva conocido hasta ahora en el antiguo partido de Puerto Rico, difiere sensiblemente de lo descrito como existente en

Museo Universidad de Puerto Rico

*José Campeche, Retrato de persona desconocida,
óleo sobre tabla*

San Germán. Sólo parecen compartir un magisterio común las dos ciudades: el de Manuel García, el autor de una tabla que representa a la Virgen de Monserrate, retocada en 1803 por Felipe de la Espada —hoy en colección particular— así como del lienzo titular de la Capilla del Cristo en San Juan, calvario ingenuo y conmovedor del que conocimos en la Catedral de Puerto Rico una copia parecida, también en lienzo, que desapareció accidentalmente en 1972. Su cronología es todavía incierta. La Capilla del Cristo se elevó con posterioridad al año de 1750. El lienzo, pues, resulta más o menos contemporáneo, aún cuando puede que lo poseyera desde fechas anteriores el fundador, Don Tomás Mateos Prats. Basado en determinadas analogías, atribuye Osiris Delgado al mismo Manuel García la tabla de la «Adoración de los Magos de Hormigueros», con lo que penetraría en el siglo XVIII la cronología de la pieza.

Obra singularísima de la pintura del siglo XVIII en su primera mitad es el lienzo que representa al «Obispo Don Fray Sebastián Lorenzo Pizarro» (1728–1736), en la colección del Arzobispado de Puerto Rico. Si fue ejecutada en el país como pre-

sumimos, puede atribuirse al taller de Tomás Campeche por revestir las características invariables de la pintura de este género que cultivará su hijo José en la segunda mitad del siglo. Curiosamente encabezaba la serie de retratos de prelados que se encontraba en la sala capitular de la Catedral de Puerto Rico hasta principios de este siglo, obras al parecer todas ellas de pinceles puertorriqueños. Obviamos el estudio de tablas, lienzos y pinturas murales existentes todavía o de las que existen relaciones contemporáneas por ser objeto de un análisis cuidadoso para la fijación de cronologías y autores probables.

Es insoslayable la mención del tráfico con la Nueva España, de donde se reciben en la primera mitad del siglo XVIII —así como en la segunda— no escasas muestras del talento de los pintores mexicanos, ya por vía de encargo o de donación, como ocurrió con un gran lienzo del Patrocinio de San José, que en la línea invariante del muralismo mexicano, colocaron las monjas carmelitas del Convento de Puerto Rico en su iglesia como obsequio del virrey de México, antes de mediar el siglo, o el lienzo facsimilar de la Virgen de Guadalupe que en 1796 se les envía desde aquella capital. El grabado mexicano influirá también en las composiciones puertorriqueñas de la segunda mitad del siglo XVIII.

En 1750 —el 24 de diciembre— empieza a escribirse con piedra blanca la historia del arte en Puerto Rico. El siglo, como el rubí del poeta, queda partido por gala en dos. Del hogar constituido por el mulato liberto Tomás de Rivafrecha (Campeche) y la canaria María Jordán y Marqués, nace José de Rivafrecha y Jordán, mejor conocido por Campeche, a quien se atribuía hasta ahora el comienzo del arte de la pintura en el país. La prolija enumeración de artistas pintores y de obras que como un hilo conductor vinculan su nombre a las remotas manifestaciones del arte del siglo XVI, demuestra que Campeche y su arte son, al mismo tiempo, el punto de culminación de un proceso de más de tres siglos y la plataforma de despegue del arte de la modernidad en Puerto Rico.

El padre, esclavo del opulento canónigo Don Juan de Rivafrecha, que al tiempo de las bodas —1734— no ha conseguido pagar la totalidad de su redención, es hombre que vive con desahogo como acontece desde siempre a los artesanos en la isla. Dueño de tres casas de piedra y teja que subsisten hoy día, maneja sumas apreciables e incluso adquiere —él, liberto— esclavitos muleques (menores) en las ventas de la Compañía de Negros de Cádiz. José, el terciogénito, despierta pronto al clima laborioso y curioso del grupo familiar —¿pinta acaso María Jordán?— y despunta en la ciudad por su capacidad para captar fisonomías de gente principal, así como por la destreza con que dibuja en los muros las figuras de santos. Por las únicas piezas que conocemos de los años anteriores al 1776 —la Virgen de la Divina Aurora y el Descendimiento de Murcia— sabemos que dibuja y mete colores con regular habilidad, aunque la adhesión al grabado como fuente de inspiración limite la factura de los volúmenes.

Contaba ya veintiséis años cuando aconteció en su vida —y en la historia del arte de Puerto Rico— un hecho de importancia extraordinaria que aún no valoramos suficientemente: por primera vez en la historia del imperio español de Indias un pintor de cámara y fámulo de un príncipe de la sangre, el Infante Don Luis Antonio de Borbón, viene por efecto de una sanción real a cumplir destierro ilimitado en la ciudad de Puerto Rico. Luis Paret y Alcázar (1746–1799) es un madrileño que se inicia en dibujo y pintura con un pariente trinitario descalzo, es alumno del francés La Traverse y de su magisterio pasa al de la Academia de San Fernando, donde gana la pensión de Roma. Un viaje a Francia completa su formación y regresa a Madrid, donde forma parte de la casa del Infante Don Luis, a cuya despreocupada aunque secreta conducta debe el destierro que lo trae por diciembre de 1776 a Puerto Rico. Su paleta, borbónica y por lo tanto azul, nada parece deber a las corrientes clásicas de la gran pintura española anterior a su contemporáneo Goya. Se diría que Paret es la victoria del proceso de provincialización —a la francesa— de España, iniciado bajo Felipe V. Lo profano, lo festivo, el tema galante y los asuntos mitológicos o las historias del Quijote, superan ostensiblemente su corta producción de carácter religioso. El avisado madrileño produce al mes cabal de su llegada a Puerto Rico su único autorretrato —Museo del

Museo Universidad de Puerto Rico

Francisco Oller, Eugenio María de Hostos, *óleo sobre tabla*

Ayuntamiento de San Juan— que es al mismo tiempo la primera figuración iconográfica conocida de un tema costumbrista puertorriqueño: el jíbaro. Paret glorifica definitivamente la pava, que conserva en su cabeza algo del vuelo barroco del siglo XVII.

Centrado en sí mismo, sin elemento alguno de fuga que vincule su figura a un asunto de ulterior carácter, festivo y despreocupado, no parece haber influido en la fisonomía moral de Campeche, formado ya en la moral rigorista de sus maestros los padres dominicos y sólo transmitirá al joven pintor los secretos de su técnica: el dibujo preciso, con perfiles de buril de orfebre o grabador, el arte de las luces y las sombras a la manera de los Luises y las lacas esmaltadas de las carnaciones a la francesa. A él debe Campeche, junto a la perfección increíble de la miniatura, el acento regalado que pone en todo lo pequeño, tributo obligado a la cultura rococó. El pintor del príncipe, como se conoce a Paret en la ciudad, abandona su confinamiento en 1778. Sobre su relación posterior con el lejano y único alumno americano nada sabemos.

La producción de Campeche puede ordenarse así: desde la fecha en que comienza a pintar hasta la partida de Paret (1788), de la que sólo existe hasta hoy un lienzo atribuido, «La Virgen de la Divina Aurora» con rótulo de indulgencias de 1772; desde 1778 a la década de los noventa, en que se afirma un estilo personal, fundamentado en las técnicas de Paret, pero donde adquiere en el arte del retrato un vigor nunca alcanzado por el maestro. «Los esposos Carvajal» (hacia 1792), «Don José Más Ferrer» (hacia 1795) y los dos retratos aún no identificados del Museo de la Universidad de Puerto Rico, ligeramente anteriores, son las obras maestras de este período, sin olvidar la formidable composición de «Don Miguel de Ustáriz», capitán general de Puerto Rico (hacia 1789). Dentro de esquemas socorridos para pintura de interiores, la fidelidad genial a la realidad fisonómica llega a grados sólo repetidos en la deliciosa miniatura del retrato del «Obispo Arizmendi», años adelante (hacia 1803).

Al encanto de los retratos aminiaturados sigue en los años noventa la factura de grandes lienzos, concepciones trabajosas y trabajadas en las que no siempre saldrá bien parado el autor. El retrato del «Obispo Don Francisco de la Cuerda» (hacia 1795), la «Sexta Angustia» de la Sacristía de la Catedral de Caracas (1797), el retrato del «Brigadier Don Ramón de Castro» (1800) y la «Visión de San Francisco de Asís» (1801), al tiempo que demuestran un dominio medianamente aceptable de la anatomía —en la que desmerece siempre como fruto de la primera formación escrupulante recibida—, evidencian su disciplinada preocupación por el detalle, complemento auxiliar del cuadro de historia, según Palomino, y fruto a su vez de esa vena rococó que se resiste a morir ante los avances del clasicismo. Es en estos años cuando se abre un mercado, al parecer regular, en la Capitanía General de Caracas. Por los correos de la Guaira y Puerto Cabello llegaron sus lienzos de asuntos religiosos a Venezuela, al punto de hacer pensar en un viaje posible del pintor, nunca confirmado por evidencia documental alguna.

Pintor, retratista, músico chirimía de la tropa y de la catedral desde fecha temprana, autor de diseños de arquitectura y planos topográficos, sigilógrafo, maestro de música de las Madres Carmelitas, Campeche reúne en esta apretada relación de destrezas el *cursus honorum* de un pardo libre en las sociedades iberoamericanas de su tiempo. Es, por último, hombre de confianza del propio capitán general para algún encargo de carácter reservado. La vía del mérito abrió paso al mestizo en la sociedad de castas que es el Puerto Rico de la segunda mitad del siglo XVIII.

El 7 de noviembre de 1809, rodeado de la estima de todos y la admiración de la ciudad, muere Campeche y es sepultado en el vecino templo de Santo Domingo, a cuya orden perteneció en calidad de tercero. Aún cuando sus hermanos Miguel e Ignacio y su sobrino Silvestre Andino Campeche, que sobrevivirá a los dos, cultivan el arte de la pintura, la diferencia es obvia entre sus obras conocidas y la pintura de José. Tuvo algunos discípulos pero ninguno alcanzó los niveles del maestro. Tal vez esta soledad radical contribuyó a consolidar progresivamente su fama en el ambiente local. En 1863 la Real Sociedad Económica de Amigos del País organiza la primera exposición de su obra. Sin discípulos, Campeche se convierte en uno de los pilares de la identidad puertorriqueña.

A partir de ese mismo año de 1809 en que muere Campeche, alcanzan también a Puerto Rico los rápidos cambios que transforman las sociedades atlánticas en ambas riberas del Océano. Y con ellos, los nuevos caminos del arte de la pintura. Si el despegue inicial y perezoso de una economía nueva comienza en 1765 con la célebre visita de Don Alejandro O'Reilly, los programas de la Ilustración, tardíamente aplicados al país en el siglo XIX, abren con las cátedras de Dibujo (1821) de la Económica unas posibilidades insospechadas para los artistas en ciernes.

Hasta 1833, el año de la muerte del último obispo del Antiguo Régimen, Don Pedro Gutiérrez de Cos, y sobre todo, de Fernando VII, el patronato de las artes lo ejercerá preferentemente la Iglesia. Pero la consolidación de los núcleos urbanos, el crecimiento de una modesta pero tenaz burocracia asalariada, del régimen de hacienda y del comercio, crean una demanda del género que impondrá el Romanticismo durante todo el siglo: el arte del retrato.

Recién muerto Campeche, en 1811 llega a Puerto Rico el gaditano Don Juan Fagundo, al que confía la Sociedad Económica la cátedra de Dibujo Natural en 1821, en cuyo ejercicio se desempeñará hasta su muerte en 1847. Es Fagundo el introductor del género de la técnica pictórica fundamentado en el prestigio casi mágico que en sus años de formación ejerce Murillo sobre la Baja Andalucía. Tapia nos transmite un latiguillo de Fagundo donde se expresa la quiebra con el dibujo —implacablemente racional y lógico— de Campeche y su siglo: «Hojas, nubes y cabellos, que se hagan ellos».

Bajo este signo, continuará a su muerte —1847— el magisterio desde la misma cátedra un admirador de Velázquez, Don Juan Cletos Noa, cuyo mérito principal consiste en su condición de primer maestro de Frasquito Oller, la personalidad de mayor carácter en la pintura puertorriqueña del siglo XIX. El taller familiar de Cletos, compuesto por el padre y las tres hijas solteras, Amalia, Asunción y Magdalena, producirá activamente hasta las primeras fechas de este siglo sin pasar de una mediocre calidad.

Los puertorriqueños Joaquín (†1834) y Francisco Goyena (†1855) y Ramón Atiles (†1875) son los primeros miniaturistas y el segundo, retratista de corto vuelo pero fisonomista cabal, de cuya obra queda una expresión mínima en comparación del crecido volumen que debió alcanzar en los años medios del siglo XIX. Dedicados al retrato, son los primeros en responder a la constante demanda de este arte del recuerdo a la que solo logrará responder la fotografía, sin mellar el crédito ni la competencia del óleo en todo el siglo. Al talento de copista de Atiles debemos la única copia llegada a nuestros días del autorretrato de Campeche.

Aún cuando su condición peregrina no deja rastro de discípulos, merece consignarse la presencia del americano Eliah Metcalf, quien en los años veinte hace mansión por temporadas en Puerto Rico, donde quedan excelentes muestras de su talento, siendo el lienzo que le dio más nombre el retrato del Gobernador Conde de Torrepando (hacia 1827), hoy en Madrid en posesión del actual poseedor del título. Le siguen el peninsular Jenaro Pérez Villamil (†1854), decorador del per-

Museo Universidad de Puerto Rico

Francisco Oller, La Hacienda Aurora, óleo sobre tabla, ca. 1889–92

dido plafón del Teatro Tapia, y entre otros, Samuel Morse, quien nos visita en 1858. Por último, aún cuando su vida se desarrolla en el brillante escenario de París, merece una mención el guayamés Pierre Paul Pommayrac (†1880), pintor del Segundo Imperio, favorito de la corte de oropeles y similor de Napoleón III.

Aún está por explorar, siquiera a base de una discreta medición, la serie apreciable de pintores retratistas que entre 1833 y la Gloriosa, 1868, responden a la demanda de su arte en la dispersa geografía de los pueblos de Puerto Rico. A partir del primer año, a la invariable concentración de pintores en la capital responde un número creciente de retratistas que establecidos en Mayagüez, Ponce y San Germán e incluso en poblados marginales como Hormigueros, disponen de una clientela estable. A ellos se suman las numerosas señoritas que en colegios particulares o bajo estos mismos profesores del arte reciben nociones de pintura como «facultad de adorno» propia de su sexo. De su número y su condición de copistas de estampas piadosas y paisajes románticos dan cuenta los catálogos de las célebres Ferias Exposiciones que a partir de 1854 pretenden estimular el progreso del arte y las artesanías hasta las vísperas del 98.

Sobre este animado cuadro, que responde a la economía del azúcar y a la difusión de la prensa periódica, el grabado y la oleografía, crece Francisco Oller y Cestero (1833–1917), el compañero del procerato autonomista, eterno bohemio, herido siempre por la nostalgia de Madrid y París. Es al mismo tiempo, el pintor enamorado de un Puerto Rico visto siempre con la óptica del sentimiento romántico y el progresismo liberal.

Nació Oller el 17 de junio de 1833, en las antípodas del medio familiar de Campeche. Sus padres pertenecen a familias blancas de regular posición económica. Trapiches, esclavos y fincas urbanas constituyen un desahogado medio económico al que se añade el empleo que en el Real Hospital tiene su padre, Don Cayetano. Pero, sobre todo, se cría Oller en el medio de inquietudes y esperanzadas preocupaciones que trae consigo la muerte del Rey absoluto y la primera guerra carlista. El arrollador sentimiento liberal que avasalla a Puerto Rico es el clima que vive desde la cuna Frasquito Oller. A él permanecerá

fiel hasta la muerte. A las primeras lecciones de Cletos Noa —cuenta apenas doce años— suceden los encargos propios del tiempo: cuadros de ánimas, retratos reales y un modesto programa iconográfico para la parroquial de Río Grande que fue luego consumido por el fuego, como si la suerte futura del artista, en su quiebra con el pasado puertorriqueño, se anunciara con esa hoguera. Acude a Madrid de 1851 al 53 y en la Real Academia de San Fernando, entonces bajo la dirección de Don Federico Madrazo, hace los ensayos propios de la disciplina académica. Regresa a Puerto Rico en el último año, y se dedica al arte del retrato, del que queda —perdido ahora por hurto— la copia libre que sobre el autorretrato de Campeche realizara para la Real Junta de Comercio y Fomento. Este interesante lienzo marca la frontera entre el retrato de género y los tiempos nuevos. Oller desacraliza el célebre retrato, obviando la tela de la Virgen Dolorosa que ha conservado la copia de Atiles, y pone al pintor criollo de frente a un caballete en el acto de pintar, desarticulando la composi-

Francisco Oller, La Basílica de Lourdes, *óleo sobre lienzo, 1878, una de las tres pinturas, junto a las llamadas* Las barcazas del Sena *y* El estudiante, *que le merecen (a Oller) «el justo título de pintor impresionista» (Arturo Dávila)*

Museo Universidad de Puerto Rico

Museo Universidad de Puerto Rico

Francisco Oller, El velorio, *1893 Col. Museo de la Universidad de Puerto Rico. Presentado al público en San Juan en 1893, es una «sátira ruda de nuestras costumbres, no riendo, como Cervantes, sino mordiendo, como Voltaire» (Alejandro Infiesta)*

ción original. El fondo espacial gris neutro no sugiere ninguna apoyatura arquitectónica. Ciertamente la pintura puertorriqueña se coloca con esta pieza en aquellos niveles de lo profano que corresponden al siglo XIX. La fecha, 1855, mediada la centuria, no puede ser más elocuente.

Muerto su padre, regresa en 1858 a Europa, pero esta vez será París su destino. Allí permanecerá hasta 1866, colocado por la fortuna y su intuición en el eje de los cambios trascendentales e irreversibles del arte de la pintura que se despide de la preceptiva académica. Por su medio, Cézanne y Pissarro se encuentran en 1861 y en el mismo año se desliza desde la Ecole Impériale hacia el compromiso social del realismo de Courbet, que le poseerá hasta el fin, dividida su paleta hasta la muerte entre audacias impresionistas —rechazadas por el inmovilismo ambiental de Puerto Rico—, reclamos de justicia social y protestas de acento realista. París no tiene secretos para nuestro bohemio, temprano comensal de Zola, y a su regreso a Puerto Rico, 1866 al 72, se entregará a fustigar la esclavitud africana con el ardor de un antiesclavista incondicional. La Escuela Pública —y gratuita— de Dibujo, que se llama Salón Washington, es la tribuna revolucionaria de este abolicionista incondi-

cional despegado de cualquier interés por su economía de corte romántico. Todo un símbolo: Oller establece su residencia de estos años en la casa donde vivió José Campeche. Quiebra, ciertamente, con el pasado, pero reclama la continuidad de una vocación y de una identidad. En 1868 se casa con Isabel Tinagero pero el matrimonio, del que nacen dos hijas, no es el clima vital de este inquieto peregrino. En 1873 logra regresar a Europa, condecorado ya con el título de Pintor de Cámara. El Rey es, naturalmente, Don Amadeo. Todo su signo para este discípulo de Courbet, que para retratarse en los años noventa escogerá un blusón rojo, la célebre *camicia rossa* de los garibaldinos.

De 1874 a 1878 permanece en Francia, donde renueva a par de las antiguas relaciones, los modos de su paleta en el medio de los viejos amigos. «Las barcazas del Sena» (las Márgenes, como suelen titularlo) y «El estudiante», obras de 1875 y 1877, respectivamente, son el fruto acabado de la técnica nueva y las que, con el correr del tiempo, junto a la «Basílica de Lourdes» —1878— le merecen el justo título de pintor impresionista. Del 78 al 84 permanece en Madrid, donde produce con desigual calidad respondiendo a los reclamos del público alfonsino. Es el Madrid de

Museo Universidad de Puerto Rico

Miguel Pou, Paisaje de montaña, *óleo, 1923. «El pintor de la tierra» llamó el escritor Abelardo Díaz Alfaro a Miguel Pou*

las promesas politicantes y los pactos incumplidos que mima a los antillanos en la recta final que parará en el 98.

Pero la querencia del suelo patrio lo desliga del encanto de las tertulias y las noches madrileñas. En los nueve años que preceden a la Exposición del IV Centenario del Descubrimiento, Oller se moverá en el San Juan de los caciques incondicionales y los liberales de todos los partidos, teniendo como telón de fondo la crisis finisecular del azúcar y el auge del café. Es el tiempo de los numerosos retratos, los temas costumbristas, los paisajes de haciendas y los asuntos moralizantes como la Escuela del Maestro Rafael. Siempre esperanzado, interviene sucesivamente en la fundación de dos escuelas que morirán antes del 94. La primera, la Institución Libre de Enseñanza Popular, cuyo solo nombre recuerda la pedagogía krausista y nada tiene que ver con la Escuela de Dibujo y Pintura para Señoritas, fue establecida bajo su exclusiva dirección en 1889 y terminó en el año 94. Para estas fechas, hace un año que ha presentado «El velorio» en la exposición de Santurce. No poco se ha escrito sobre este lienzo, aparatoso por su tamaño —96" x 156"— con-

vertido desde aquellas fechas en la bandera de una crítica que encuentra parejos testimonios en las letras puertorriqueñas de fin de siglo: Salvador Brau en sus *Disquisiciones sociales,* Virgilio Dávila en *Pueblito de antes* y Pablo Morales Cabrera en sus *Cuentos.* El drama de Frasquito Oller queda manifiesto desde entonces.

El autor de «El velorio» se ha entregado al estilo muerto del maestro de los años sesenta: Courbet, para sentar en el banquillo a la sociedad puertorriqueña en la agonía del siglo. La recelosa aceptación del lienzo por el ambiente local y el rechazo de los amigos impresionistas, deferente en el caso de Pissarro, no turban al autor, que no alcanza por otra parte a exhibir su obra en el Salón de París de 1895. De regreso a Puerto Rico en 1896, las violencias del 98 no le sorprenderán.

En los primeros años del siglo, su pertinaz carisma de fundador lo convierte de nuevo en maestro de señoritas, por un breve período que termina en 1901. Tal vez el hecho más interesante de la vida del pintor en este tiempo sea el de su ingreso en el claustro de la Normal como maestro de pintura en 1903. No importa que la invidencia pragmática del director Miller lo excluya del núcleo inicial de la Universidad de Puerto Rico. Con la presencia de las alumnas y sus caballetes en el *campus,* Oller ha vinculado su personalidad para siempre a la historia de la Educación en el país, como signo de continuidad que es él mismo, convertido para aquellas fechas en el principal testigo de la suerte de la pintura en el Puerto Rico del siglo XIX. Roto el vínculo con la Normal, Oller ejercerá como maestro de escuelas públicas en Bayamón (1908–11) y, como si en la tarde de esta vida se acumulasen los símbolos, la escuela se radica en la casa del fotógrafo Vergez, en la plaza. Es, en realidad, la despedida de Oller. Suceden a aquellos días los del retiro apacible en el Guaraguao y finalmente, Cataño. La muerte, el 17 de mayo de 1917, en el Hospital Municipal, pone término a una de las vidas puertorriqueñas más castigadas por los cambios que sucedieran a la Guerra Hispanoamericana.

En el nicho donde la piedad de los suyos sepultó sus cenizas en la cripta de la Capilla franciscana —otro signo inequívoco incluso en el descanso de la muerte—

Frasquito Oller actúa como fermento del desarrollo sin precedentes que un cuarto de siglo después tendrá el arte de la pintura en Puerto Rico.

Mientras Oller centra el panorama —mucho más amplio que su nombre— de la pintura en el San Juan de fin de siglo, en Ponce, la ciudad liberal y sin murallas, el campo de toda audacia por aquellos años, se ha formado un grupo de pintores cuyos nombres figuran significativamente para 1913 en el *Álbum-Guía de Ponce*, publicado por la Liga Progresista, con un inconfundible acento de agremiación por facultades. Como pintores de gabinete aparecen Miguel Pou, Octavio Ríos y Felipe Ríos. A título de decoradores Juan Bertoly, Roberto Ríos y Rafael Capestany. Escenógrafos, Juan, Octavio y Felipe Ríos. Pintores místicos, Miguel Pou, Felipe y Octavio Ríos y paisajistas, el primero y los tres Ríos, omnipresentes. Este último grupo familiar, en el que se cultivan ya también las artes gráficas, tan adelantadas en Ponce a fines del siglo XIX, merece un estudio monográfico.

Junto a retratistas como José López de Victoria (hacia 1869–1939) o decoradores y pintores de paisajes como los hermanos Julio y Félix Medina, hay una nutrida serie de maestros menores puertorriqueños y extranjeros que ejercen en el país el arte de la pintura en el primer tercio del siglo. En realidad cuatro hombres destacan por su significación: los puertorriqueños Ramón Frade, Miguel Pou, Juan A. Rosado y el español Fernando Díaz McKenna.

Frade (1875–1954) es hombre de historia singular e irrepetible. Natural de Cayey, irá en edad temprana a España para establecerse finalmente con su familia adoptiva en Santo Domingo. Allí recibe las primeras lecciones de pintura y la influencia neo-rococó de Meissonnier a través de su maestro francés Laglande. Es el único pintor puertorriqueño que se forma en la República vecina, experimentando en su juventud, a caballo entre ambos siglos, la suerte incierta e inquieta del artista del país por aquellos años. Haití, Costa Rica, Venezuela, Uruguay, son el escenario sucesivo de su búsqueda afanosa de trabajo y fortuna entre 1897 y 1902, con regresos periódicos a Puerto Rico y Santo Domingo. En 1907 consigue el suspirado viaje a Italia, pero regresa a Puerto Rico después de una corta estancia, en el curso

Museo Universidad de Puerto Rico

Ramón Frade, Niño camino a la escuela, *óleo sobre tela, 1950*

del mismo año. El puerto de montaña de su Cayey natal será desde entonces el varadero de sus ilusiones y de una vida donde los pinceles cedieron la plaza al trabajo de agrimensor. Junto a alguna obra con obvia influencia de Meissonnier: «Reverie d'amour» (1906), Frade cultivará la pintura puertorriqueña desde 1905, con «El pan nuestro», agrio retrato del jíbaro, que antecede con valor profético al «Lamento borincano» de Rafael Hernández. En sus pinturas del campo y el pueblo de Cayey, se vuelven valientes los pinceles y nada recuerda las composiciones del magisterio de Desangles. Pero tal vez lo mejor de Frade, encastillado doblemente en su terrible temperamento y su valle de altura, consista en sus impecables dibujos, producto de una rigurosa academia y de su talante perfeccionista. Intimista como pocos artistas puertorriqueños desde el hermético Campeche, en sus últimos años, movido seguramente por el resorte poderoso de su amor conyugal, complace

Museo Universidad de Puerto Rico

Carlos Marichal, Paisaje yaucano, *de 1951*

la piedad ingenua de su esposa, Reparada Ortiz, y acepta copiar estampas piadosas de arte industrial: Santa Teresa de Lisieux, la Virgen del Perpetuo Socorro, e incluso pinta celajes y angelotes para un retablo de la Virgen de las Mercedes en la parroquial de Cayey. Sin discípulos pero con el magisterio de su ejemplaridad vital, Ramón Frade morirá en 1954 con la carta de Hermandad de la Orden de la Merced que le fue otorgada poco antes.

Del círculo de artistas de Ponce, la figura que por su larga vida y su dedicación inalterada a la pintura merece una mención particular es Miguel Pou (1880–1968). Expresión del contexto socioeconómico de Ponce, Don Miguel rehace la primera formación recibida en su ciudad natal en los Estados Unidos, como signo del 98. A la corrección de su dibujo, sin adhesiones supersticiosas a la línea, debemos una serie única de valor testimonial histórico sobre esa otra vertiente de la cordillera que da a las peladas calveras y a las secas llanuras del sur en la primera mitad del siglo XX. Desde las «Lavanderas» de su primera juventud hasta sus últimos «Flamboyanes», pasando por el «Hamaquero» y «La promesa», Pou, cuya paleta nunca miente, pinta el país y los personajes de Ponce con el desmayo de colores propio de ese Puerto Rico de escasa precipitación pluvial y cielo siempre azul gris, tan distinto del norte siempre verdeante, regado por los alisios. Sin embargo, los valores cromáticos de Pou vibran siempre con la luz implacable del mediodía en el Caribe. Como rara y preciosa excepción en el campo sereno de su paleta, adquirió el Museo de la Universidad de Puerto Rico un «Paisaje de montaña», firmado en 1923, con el verde fulgurante de un Oller tan ajeno a las usuales matideces del mismo Pou, como si en sus veraneos de montaña hubiese traspasado los linderos del sur abrasado y pintara el Cayey que se precipita hacia Cidra y Caguas. Su admirable longevidad —supera a Oller por cuatro años pues muere a los ochenta y ocho— le convierte en el maestro de una generación de la que todavía es testigo Epifanio Irizarry en el mismo Ponce que pintara el maestro.

Mientras Frade agoniza en su retiro de montaña y pinta rodeado de discípulos,

Don Miguel Pou, con la sensibilidad inmovilista del Ponce del siglo XIX, en San Juan se debaten artistas puertorriqueños y españoles hasta los años cuarenta en la romántica empresa de la fidelidad a su vocación. Destacan entre los peninsulares Fernando Díaz McKenna, que llena con su magisterio en los años veinte la ausencia sensible de Oller y deja una serie de discípulos cuya obra está aún por calibrar. Llegado en 1913, permanecerá en Puerto Rico hasta las vísperas de la Guerra Civil española. El tipismo y el criollismo paisajista tienen en él un renovador que en la línea del académico de San Fernando, Haes, deja en Puerto Rico un discípulo constante, Juan A. Rosado, que permanece activo hasta el año de su muerte, 1962.

Una influencia más difundida y menos elitista es la de Alejandro Sánchez Felipe (1875 1971), a quien confía en 1934 la célebre PRERA una de las cuatro escuelas de arte que se crean en Puerto Rico (San Juan, Ponce, Arecibo y Mayagüez). Son fundamentalmente sus dibujos los que fijarán los perfiles de la arquitectura sanjuanera por última vez con acento decimonónico y la misma neoclásica precisión de sus cornisamentos y pilastras. Al año siguiente el ejemplo de la agencia federal lanza al extranjero los primeros becarios de arte de Puerto Rico.

La institucionalización de la educación artística en Puerto Rico y en particular la de la tradición pictórica, fue la obsesión de Oller, que muere sin ver realizado su eterno proyecto. No será hasta 1929, en que llega el norteamericano Walt Dehner, que se convierta en realidad lo soñado. En expresión de Osiris Delgado: «él sólo —Dehner— conforma el Departamento de Bellas Artes de la Universidad de Puerto Rico desde su llegada a la isla hasta 1946». La relación de exposiciones que se presentaron por su iniciativa entre 1929 y 1938 demuestra el alcance de su actividad y el carácter de afirmación de la proyección educadora de la Universidad hacia el país en el terreno del arte.

Entre los puertorriqueños que integraron en su primera hora el Departamento de Bellas Artes de la Universidad, ocuparon hasta su muerte un lugar de excepción dos españoles: Cristóbal Ruiz (1881–1962) y Carlos Marichal (1923–1970), con tiempo generacional y vocaciones distintas.

Don Cristóbal dio la medida cabal de su dedicación cotidiana al trabajo y su magisterio cordial a una generación. Estilos tan distantes entre sí como los de Luis Hernández Cruz y Julio Rosado del Valle se criaron en su cátedra, cumpliéndose en ellos un proceso de distanciamiento de las maneras del maestro que favoreció la ancha humanidad del pintor andaluz. Marichal, más joven, natural de Canarias, tenía abierta sobre el mar la ruta de las Antillas. Dotado excepcionalmente para el dibujo, su estilo nervioso y sugerente es inseparable de la historia del teatro puertorriqueño de los años sesenta. A través de las ediciones del Instituto de Cultura Puertorriqueña, desde la *Revista* hasta las ediciones populares como el *Pueblito de antes* de Virgilio Dávila, sus inquietas plumillas hicieron —como en el último caso— acertadas interpretaciones de temas puertorriqueños, que sintió con la cordialidad invariable de su carácter, al punto de que puede afirmarse que es el artista español que ha llegado más lejos y ha tenido un radio de acción más abarcador en toda la historia del arte en Puerto Rico.

Los cambios socioeconómicos que experimentó la sociedad puertorriqueña a partir de la década de los cuarenta se encuentran en la base del progreso obvio y espectacular de la pintura de entonces a hoy. Sin descartar el valor —a veces heroico— de las iniciativas de carácter personal, es preciso calibrar la significación de los siguientes acontecimientos: la fundación de la Sala de Exposiciones del Ateneo Puertorriqueño en 1940; la creación en 1946 de la División de Educación de la Comunidad, adscrita al Departamento de Instrucción Pública, con su taller de Artes Gráficas; la inauguración del actual edificio del Museo de la Universidad de Puerto Rico en 1950; la creación del Instituto de Cultura Puertorriqueña en 1955 bajo la dirección de Ricardo Alegría con sus desarrollos ulteriores: Taller de Artes Gráficas (1957) y Escuela de Artes Plásticas (1966), y por último la apertura del Museo de Arte de Ponce en 1959 por iniciativa de Luis Ferré. A ello debe sumarse a partir de los años sesenta la creación de departamentos, o al menos de cátedras de Bellas Artes en todos los centros universitarios —estatales o privados— del país. Los jóvenes artistas puertorriqueños han encon-

LA PINTURA

Museo Universidad de Puerto Rico

Rafael Tufiño, La calle, *óleo sobre masonite, 1957*

Francisco Oller, Bodegón, *óleo sobre lienzo, ca., 1890*

Museo Universidad de Puerto Rico

Museo Universidad de Puerto Rico

Carlos Raquel Rivera, Marea alta, *grabado en linóleo, 1954*

Lorenzo Homar, Le lo lai, *óleo sobre masonite, 1953*

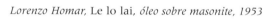

Museo Universidad de Puerto Rico

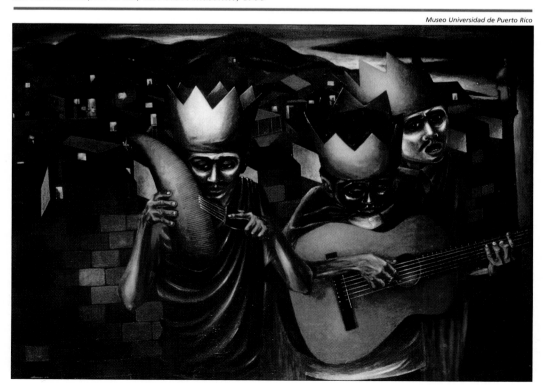

trado en estas instituciones el estímulo para el estudio y el acceso a becas y ayudas económicas para su culminación en América y Europa.

Entre los autores contemporáneas cuya significación no sólo se impone en Puerto Rico sino que trasciende al mundo, destaca Lorenzo Homar (1913), que iniciándose en la pintura, ha recreado, en el corazón de este siglo, las Artes Gráficas puertorriqueñas, hijas de una historia trabajosa, pues la imprenta no se introduce en el país hasta 1806 y cuanto conocemos de tipos fijos anteriores a esta fecha es objeto de importación. Con las calidades que su temprana y rigurosa formación en orfebrería ha otorgado a su estilo, Homar ha permanecido invariablemente fiel a los valores del taller. Tanto con su magisterio en el Instituto de Cultura Puertorriqueña hasta los años setenta como en su producción independiente de los últimos años, ha contribuido a la merecida fama del arte del cartel puertorriqueño, que debe el país en no pequeño grado a su apasionada opción por lo figurativo y a la segura belleza de su trazo.

Entre sus discípulos merece una mención Antonio Martorell (1939), de quien puede esperarse un período todavía largo de producción.

Susana Herrero (1945) es también una joven promesa de acusada personalidad en el arte del grabado.

Al éxito de las artes gráficas como elemento poderoso de afirmación cultural ha contribuido no poco la institucionalización de las Bienales del Grabado Latinoamericano iniciadas en el año 1970 por el Instituto de Cultura Puertorriqueña a instancias de Ricardo Alegría, al tiempo que favorecen al artista puertorriqueño con el estímulo educativo de una presencia tan vasta.

Julio Rosado del Valle (1922) es uno de los pintores puertorriqueños contemporáneos que se ha ensayado en más campos y cultivado más técnicas. Del paisaje o el asunto abstracto al óleo y las expresiones gráficas más variadas, ha cubierto un abanico de posibilidades insoslayable en el arte contemporáneo de Puerto Rico.

Myrna Báez (1931) cultiva con igual dedicación la pintura como las artes gráficas, aún cuando su incuestionable aportación al arte de Puerto Rico se encuentre en el ejercicio de la primera.

Luis Hernández Cruz (1936) se manifiesta desde temprano (Madrid, Cultura Hispánica, 1968) por su invariable tendencia al abstraccionismo —pintura, grabado—, con el que ha logrado un amplio reconocimiento internacional, ensayándose últimamente con éxito en el relieve igualmente abstracto.

Rafael Tufiño (1922), el puertorriqueño que restablece de manera más positiva el vínculo roto en México, alumno de la Academia de San Carlos, trata con un fuerte acento asuntos de reclamo social y folklore puertorriqueño, regalándonos en el lenguaje de la gráfica su fabulosa «Serie del Café».

Carlos Raquel Rivera, pintor y grabador, se manifiesta con igual vigor en ambos lenguajes, pintura y grabado. Su originalísima afición a lo simbólico, a través de una expresión figurativa muy rica en luces, colores y valores de miniatura, lo han convertido desde los años cincuenta en un preciado representante de la pintura contemporánea del país.

Francisco Rodón (1934) ofrece en su interesante aunque espaciada producción un carácter diferencial muy claro respecto a los artistas contemporáneos de Puerto Rico. Su adhesión a fórmulas expresionistas muy personales y algo herméticas en el arte del retrato se reflejan en su discutido óleo de Luis Muñoz Martín.

Jaime Romano (1942), continúa bajo el signo del abstraccionismo en que se iniciara en los años sesenta, siendo uno de los artistas más exigentes en materia de virtuosismo técnico que conoce el país, objeto ya de amplio reconocimiento.

En la imposibilidad de proceder a catalogar exhaustivamente todos aquellos artistas de reconocidas calidades que presentan hoy su obra en salones internacionales remitimos a la consulta de la bibliografía fundamental que incluye este artículo.

El hecho de mayor significación para el arte de la pintura en Puerto Rico es la fundación del Museo de Arte Contemporáneo en los predios de la Universidad del Sagrado Corazón el año 1989. Esta iniciativa de María Emilia Somoza garantiza un espacio libre para la comunicación de bienes culturales del presente y una puerta invariablemente abierta a las nuevas generaciones. La quiebra con el proceso de representación se vuelve evidente a través de su bien articulado calendario, con la obvia ventaja de que sus salas gozan de autonomía respecto a los imperativos del mercado de arte y su proverbial exigencia de novedades. Queda así al margen de la corriente de reducción a mercancía que imponen las galerías a la obra de arte.

Por el resto, frente al milenio adveniente, el panorama de la pintura en el país participa del proceso global de planetización de las artes que caracteriza a la agonía del siglo XX. A título de promesa del año 2000, queda el Museo de Arte de Puerto Rico, proyectado con ambicioso horizonte que garantice la exposición permanente del proceso histórico de las artes, abierto a los tanteos y ensayos de futuro. Apremia la institucionalización de una cátedra de Estética de las Artes Plásticas que prescindiendo del esquema darvinista

Félix Rodríguez Báez, Paisaje, *óleo sobre lienzo, 1967*

Museo Universidad de Puerto Rico

Augusto Marín, Vulcano, *acrílico sobre masonite, 1965*

evolutivo al propiciar la aparición de una crítica responsable, permita la denuncia de las falsificaciones estéticas del presente, consideradas generalmente como señales de progreso indefinido en la prensa del país. (*Aruro Dávila*).

Bibliografía:

- Osiris Delgado Mercado: *Historia general de las Artes Plásticas en Puerto Rico*. Tomo I. San Juan, Puerto Rico. 1994.
- Juan Antonio Gaya Nuño, *La pintura puertorriqueña*. Centro de Estudios Sorianos, (C.S.I.C.), Soria, 1994.
- Manuel Pérez Lázaro, *Arte contemporáneo de Puerto Rico 1950–1989. Cerámica. Escultura. Pintura*. Universidad Central de Bayamón, Ediciones Cruz Ansata, Zaragoza, España, 1985.
- *Pintores contemporáneos puertorriqueños*. Ediciones Artísticas de Puerto Rico. San Juan, Puerto Rico, 1969.
- Mari Carmen Ramírez, *Puerto Rican Painting: Between Past and Present*. Kalvin Graphics, Jenkintown, Pennsylvania, 1987.

Piña, quebrada La

Nace en el barrio Ortiz del municipio de Toa Alta y tributa sus aguas al río de la Plata. Longitud aproximada: 3.2 Kms. (2 millas); corre en dirección norte.

Piñales, barrio

Del municipio de Añasco (1,788 habitantes según el censo de 1990).

Piñas

1. Del municipio de Comerío (1,834 habitantes). 2. Del municipio de Toa Alta (867 habitantes según el censo de 1990).

Piñas, quebrada

Tributaria del río de la Plata. Nace al sur del barrio de su mismo nombre, municipio de Comerío, a una altura de 500 metros (1,640 pies) sobre el nivel del mar. Longitud aproximada: 5.6 Kms. (3.5 millas); corre de sur a norte.

Piñero Jiménez, Jesús T.

Funcionario público, político y primer puertorriqueño en ocupar el cargo de gobernador de Puerto Rico (1946–1949) mediante designación del presidente de Estados Unidos. Nació y murió en Carolina (16 de abril de 1897–16 de noviembre de 1952). Estudió en las universidades de Puerto Rico y de Pennsylvania; en esta última se graduó de ingeniero. De regreso a la isla se ocupó en tareas agrícolas y ganaderas, presidió la Asociación de Colonos de Caña de Puerto Rico (1933–37) y trabajó, a partir de 1935, en la Administración para la Reconstrucción de Puerto Rico (PRRA). Fue presidente de la Asamblea Municipal de Carolina (1928–32) y candidato a senador por el Partido Liberal (1936), en el cual militó. Dos años después fue miembro fundador del Partido Popular Democrático, por el que también aspiró a senador y fue representante a la Cámara (1940–44). Ocupó el cargo de comisionado residente de Puerto Rico en Washington, de 1944 a 1946, año este último en el que presidente de Estados Unidos, Harry Truman, lo nombró gobernador de Puerto Rico. Este fue un paso previo a la concesión a los puertorriqueños del derecho a elegir su propio gobernador mediante el voto popular.

Jesús T. Piñero, primer puertorriqueño que ocupara el cargo de gobernador de la isla

Piñón

Plato típico puertorriqueño hecho a base de plátanos maduros (amarillos), carne molida y huevos.

Piñones, bosque

De la zona costanera, está situado a lo largo de la costa norte, entre la ciudad de San Juan y Loíza Aldea. Abarca una superficie de 1,560 acres (625 hectáreas), toda a nivel del mar o a un metro (3 pies) de altura. Todo el bosque se encuentra dentro de los límites del municipio de Loíza. Parte de su superficie (30 %) está cubierta por la laguna de Piñones. Recibe un promedio anual de lluvia de 1,630 milímetros (64.2 pulgadas). Más del 60% de su vegetación está integrada por mangles, entre los cuales predomina el rojo. Es el hábitat natural de 38 especies de peces y 46 de aves, algunas de las cuales se encuentran en peligro de extinción.

Pío, cerro El

Monte que se eleva a 901 metros (2,955 pies) de altura sobre el nivel del mar, situado en el barrio Saltos del municipio de Orocovis. Tiene acceso desde la Carretera Estatal número 566, y se localiza en el cuadrángulo 8,163 del Mapa Topográfico de Puerto Rico.

▼ Pionono

Plato típico de Puerto Rico confeccionado con tajadas de plátano maduro (amarillo) enrolladas, rellenas con carne o queso, cubiertas con huevo batido y fritas en abundante grasa caliente. Mundialmente se conoce con el nombre de pionono un dulce hecho a base de bizcocho, crema o huevo, enrollado generalmente, cuyo nombre deriva del Papa Pío Nono.

▼ Piragua

1. Indigenismo. Canoa de gran tamaño usada por los amerindios, y también embarcación pequeña que se usa en las playas. En ambos sentidos es aceptado por la Academia de la Lengua. Ver **Canoas y piraguas.** 2. Puertorriqueñismo. Refresco que se prepara añadiendo algunas esencias de frutas a hielo molido; granizado.

▼ Piratas

Ver **Corsarios, piratas y filibusteros.**

▼ Pista y campo

Ver **Atletismo.**

▼ Pita

Indigenismo que se aplica a la fibra del maguey y se usa para preparar cordeles, sogas o cuerdas.

▼ Pita, cueva La

Es limpia y profunda, y presenta numerosos túneles. Está situada en el barrio Sabana Yeguas de Lajas, tiene acceso desde el kilómetro 23.1 de la Carretera 101, por la calle principal de la urbanización Linda Vista.

▼ Pitahaya, barrio

1. Del municipio de Arroyo (3,414 habitantes). 2. Del municipio de Luquillo (4,002 habitantes según el censo de 1990).

▼ Pitahaya, río

Afluente del río **Sabana** (ver).

▼ Pitajaya

Ver **Ecología.**

▼ Pitirre, Guatibirí

(*Tyrannus dominicensis dominicensis,* familia *Tyrannidae*) Mide aproximadamente 23 centímetros (9 pulgadas) de largo; su color es predominantemente gris más obscuro

José A. Colón

El pitirre (Tyrannus dominicensis dominicensis), *es muy valiente y pendenciero y ataca aves de mucho mayor tamaño, a las que obliga a abandonar su territorio*

en las alas y el rabo, y más claro en la garganta y el vientre. Hace su nido en ramas de árboles, a cierta distancia sobre el suelo; pone dos o tres huevos ligeramente rojizos con manchas obscuras. Se alimenta de insectos que atrapa al vuelo, para lo cual se posa en ramas altas, tendidos o postes eléctricos, desde donde se lanza en vuelo corto a cazar su presa, y adonde regresa inmediatamente. Es muy valiente y pendenciera. Frecuentemente se le ve atacando aves de mucho mayor tamaño, a las cuales atormenta por largo tiempo para obligarlas a alejarse de su territorio. El pitirre o guatibirí —ambos nombres son onomatopéyicos, o sea, que se derivan de la imitación de su canto— es una de las aves más y mejor conocidas en Puerto Rico. El clérigo de Puerto Rico (*Tyrannus caudifasciatus taylori*) es también una tiránida muy parecida al pitirre. Se diferencia de éste en que tiene mayor la cabeza, es menos ruidosa y pendenciera, y porque habita en los bosques. Ver también **Ecología.**

▼ Pitorro

Ron de baja calidad, de fabricación clandestina, que se hace y se consume, especialmente, durante las Navidades y otras fiestas. También se le llama ron cañita.

Pizarro, Sebastián Lorenzo

Monje de la Orden de San Basilio; fue obispo de Puerto Rico de 1728 a 1736.

Placeres, quebrada

Tributaria del río Culebrinas. Nace en el barrio Asomante del municipio de Aguada; confluye con el río Culebrinas casi en la desembocadura de éste. Tiene como afluente a la quebrada Tinaja.

Planas, barrio

Del municipio de Isabela (1,644 habitantes según el censo de 1990).

Planificacion, Junta de

Creada originalmente en 1942, la actual Ley de Planificación, que sirve de base legal a la Junta, se aprobó el 24 de junio de 1975. La junta orienta, coordina e integra la política sobre el desarrollo socio-económico de Puerto Rico para propiciar un desarrollo balanceado.

Planificación y acción agrícola, Comisión de

Creada por la Orden Ejecutiva número 3547 del 14 de septiembre de 1978, proveyó un mecanismo para coordinar los planes y programas agrícolas y asegurar que llegaran a ayudar efectivamente al agricultor.

Plancton del mar

Ver **Ecología**.

Plata, barrio

1. Del municipio de Aibonito (1,734 habitantes). 2. Del municipio de Lajas (2,308 habitantes). 3. Del municipio de Moca (602 habitantes).

Plata, río de la

Es el más largo de Puerto Rico, aunque no el más caudaloso. Pertenece a la vertiente norte o del Atlántico. Nace al sudoeste del cerro La Santa, al este del barrio Farallón, municipio de Cayey, a unos 800 metros (2,625 pies) de altura sobre el nivel del mar. Longitud aproximada: 97 Kms. (60.5 millas), desde su nacimiento hasta su desembocadura en el océano Atlántico, al norte de Puerto Rico, en el municipio de Dorado. Área de captación: 619 Kms. cuadrados (239 millas cuadradas). Atraviesan, él o sus tributarios, los municipios de Aibonito, Barranquitas, Bayamón, Cayey, Cidra, Coamo, Comerío, Corozal, Dorado, Guayama, Naranjito, Toa Alta, Vega Alta y Vega Baja. Forma los lagos Carite y La Plata, y abastece de agua a los municipios de Arroyo, Barranquitas, Cayey, Guayama y Naranjito. Tiene como tributarios a los ríos **Arroyata, Bucarabones, Cañas, Chiquito, Cocal, Cuesta Arriba, Guadiana, Guavate, Hondo, Lajas, Matón, Nuevo, Usabón,** y a las quebradas **Abarca, Beatriz, Blanca, Cancel, Cedrito, Chinea, Convento, Culebras, Caña, de la Caña, Cruz, del Juicio, Dajaos, Doña Elena, El Cedro, Galindo, Gómez, Grande, Higüero, Honda, La Piña, La Yegua, La Zanja, México, Mula, Ortiz, Piñas, Prieta, Santo Domingo** y **Tigre.** (Ver estos nombres).

Plata, lago La

Al igual que los lagos Comerío y Carite, se forma en la cuenca del río de la Plata. Está situado a unos 10 Kms. (6 millas) al norte de la población de Comerío, a 47 metros (154 pies) de altura sobre el nivel del mar. Cubre un área de drenaje de 448 Kms. cuadrados (173 millas cuadradas), la más extensa de la isla. Se usa para proveer agua potable. Su capacidad original fue de 33,140 acres/pies; en este orden es el segundo de la isla.

Platanero

Puertorriqueñismo. Viento moderado pero suficientemente fuerte para desarraigar una mata de plátano. También se usa en Cuba.

Plátano

(*Musa paradisiaca*, familia Musáceas) Planta arbórea de tronco formado por la unión de los pecíolos de las hojas caídas, y por tanto blando, de hojas muy grandes y extendidas, cuyo tallo central produce un racimo de numerosos frutos. Alcanza con frecuencia más de tres metros (10 pies) de alto. El fruto alcanza en algunas variedades más de 30 centímetros (12 pulgadas) de largo. Maduro es dulce, alimenticio y muy apetecido. Se consume generalmente cocido o frito. Fue introducido de África a la isla Española en 1516; de allí se extendió al resto de la América tropical. Se distinguen en la isla numerosas variedades: el congo o hembra, el güimbo, maricongo, malango o mafafo, y otros. Fray Íñigo Abbad y Lasierra, en su *Historia geográfica, civil y natural de la isla de San Juan Bautista de Puerto Rico,* refiriéndose a las variedades de esta planta, dice: «[Además de los llamados 'hartones'], hay muchas otras especies de plátanos: congos, guineos, cambures, dominicos y otros de que suelen tener por regalo en la inmediación de las casas cuyas matas sólo se diferencian de las de los hartones, en que son de un verde más claro, y el fruto es más pequeño; son más dulces, suaves y exquisitos. Todas estas especies de plátanos son más abundantes, gruesos y delicados, según la mejor calidad de la tierra en que están. Por lo común los plantan en tierras crasas y húmedas: no necesitan más cultivo que limpiar una vez al año la yerba que se cría en su circunferencia».

▼ Plátano, quebrada
Tributaria de la quebrada Palma.

▼ Plátanos, quebrada Los
Afluente del río Blanco, uno de los tributarios del río Grande de **Añasco** (ver).

▼ Playa, barrio
1. Del municipio de Añasco (1,725 habitantes). 2. Del municipio de Guayanilla (1,326 habitantes). 3. Urbano del municipio de Ponce (18,027 habitantes). 4. Del municipio de Santa Isabel (767 habitantes). 5. Del municipio de Yabucoa (3,702 habitantes según el censo de 1990).

▼ Playa Sardinas 1, barrio
Del municipio de Culebra (119 habitantes según el censo de 1990).

▼ Playa Sardinas 2, barrio
Del municipio de Culebra (78 habitantes).

▼ Playero marítimo, Corredor, Frailecillo de playa, Putilla
(*Charadrius wilsonia wilsonia,* familia *Charadridae*) Ave pequeña —alcanza sólo unos 19 centímetros (7 pulgadas y media)— de color arena, con un aro obscuro alrededor del pecho, pico fuerte. Corre a lo largo de las playas, siguiendo las aguas en retirada con el movimiento de las olas, y de las orillas de los pantanos salados en busca de su alimento, que consiste en pequeños crus-

táceos e insectos. Anida en las depresiones que se forman en la arena o en los pantanos; pone 3 huevos de color claro moteados de negro y café. Habita en lugares pantanosos, manglares y playas. Su vuelo es rápido pero corto. También se encuentran en Puerto Rico los siguientes playeros: el blanco (*Charadrius alexandrinus tenuirostris*), poco común en la isla, el sabanero (*Charadrius vociferous vociferous*) y el dorado (*Pluvialis dominica dominica*) entre otros. Ver **Ecología.**

▼ Plebiscitos
Ver **Partidos políticos.**

▼ Plena
Composición musical de carácter antifonal en que se narra un suceso de interés colectivo o que ha impresionado la imaginación popular: un hecho de sangre, la visita de un personaje religioso o político, la exhibición de un animal poco común o escándalos públicos. Un solista, llamado el «inspirador», inicia una unidad melódica que desarrolla en ocho compases a ritmo de dos por cuatro que es repetida por el coro. Los instrumentos acompañantes originales fueron los llamados por los pleneros elemento animal y elemento vegetal. El primero se componía de dos panderos de metal recubiertos de piel de cabra; el mayor marcaba el ritmo fundamental, y el menor hacía el «requinto» o arabescos. El elemento vegetal estaba representado por el güiro. Al presente se han ido incorporando otros: sinfonía de mano, guitarras, cuatro, clarinete y trompa. Los más conocidos cultivadores de este género musical han sido, entre otros, Manuel Jiménez, «Canario», Rafael Cepeda y Gumersindo Mangual. Las piezas ya clásicas son *Cortaron a Elena, El obispo, Santa María, Tintorera del mar* y *Las mujeres de Borinquen.* Entre los intérpretes más destacados figuraron Ismael Miranda y Cortijo y su Combo. El maestro Campos Parsi señala que se acepta generalmente que la plena nació a principios del siglo pasado en el barrio San Antón de Ponce, pero que esta forma musical tiene estrecha relación con otras semejantes que se cultivan en todas las islas del Caribe, como el *mento* de Jamaica y el *calypso* de Trinidad. Ver más información en **Música popular.**

▽ Población

La población aborigen que habitaba la isla de Puerto Rico a la fecha de su descubrimiento es aún materia de controversia. Los estimados más razonables parecen ser aquellos que sitúan su número en menos de 100,000 personas.

La población indígena se redujo marcadamente durante la primera parte del siglo XVI debido a la esclavitud, a las luchas contra los españoles, a las epidemias que aparentemente introdujo el hombre blanco y a la emigración a islas vecinas. Al abolirse las encomiendas en 1550 algunos indios se quedaron con los colonos como obreros libres, otros se dispersaron a través de la isla, mientras el grupo más numeroso cruzó la cordillera y se ubicó en las playas del sur. Años más tarde, muchos de los que habitaban las playas del sur se internaron en la serranía y se ubicaron en un lugar que aún conserva el nombre de «La Indiera» en el municipio de Maricao. Todo parece indicar que fue este núcleo de «La Indiera» el que por más tiempo conservó sus costumbres y su linaje.

Aparentemente, todavía para fines del siglo XVIII quedaban indios puros en Puerto Rico. En el censo de 1777 se contaron 1,756 en toda la isla y unos 2,372 en el año 1797.

A medida que el número de indios encomendados o esclavos disminuía, iban siendo substituidos por negros africanos. Entre 1530 y 1553 más de 1,500 negros esclavos fueron traídos a la isla. A pesar de su continuo flujo la población de negros africanos nunca alcanzó altas proporciones como en otras colonias del Nuevo Mundo. De acuerdo con el primer censo levantado en la isla, la población esclava era de 5,037 personas en el año de 1765.

Mientras tanto, la población libre aumentó lentamente durante los siglos XVI y XVII. Este grupo se estimó en alrededor de 1,500 personas en 1580 y en unas 6,000 en 1673. Todo parece indicar que la población libre aumentó rápidamente durante la primera parte del siglo XVIII, ya que en el censo de 1765 ascendió a 40,000 personas.

Entre 1765 y 1897 se hicieron, por lo menos, nueve censos en la isla (ver Tabla 1). Estos datos indican que la población creció rápidamente durante las últimas décadas del siglo XVIII. ya que para 1800

había en Puerto Rico 155,000 habitantes. Durante el siglo XIX el ritmo de crecimiento se redujo progresivamente al pasar el tiempo, como se muestra en la Tabla 1. Todo parece indicar que este descenso en el ritmo de crecimiento se debió a una reducción en los niveles de natalidad y a la pérdida de importancia de la inmigración. Además, es probable que la mortalidad fuese más elevada durante la segunda parte del siglo XIX debido a una serie de calamidades que sufrió la isla durante esos años (huracanes, sequías, epidemias, etc.).

Aparentemente la población blanca aumentó a un ritmo mayor que la población negra y mulata durante el período de 1776 a 1897. En 1776 la población libre negra y mulata constituía el 51% de la población total libre de la isla, pero ya en 1860 su proporción se había reducido a 45% y para 1897 era de sólo el 36 %. Mientras la población blanca se multiplicó más de 18 veces entre 1776 y 1897, la población libre negra y mulata sólo se multiplicó 10 veces. Es muy probable que estas tendencias se debieran al cruce interracial, ya que a base de nacimientos y defunciones la población negra y mulata debió haber crecido a un ritmo mayor que la blanca. La información sobre la población esclava merece mayor confianza, ya que esta condición es de fácil determinación. Cabe la posibilidad de que muchos amos de esclavos informaran menos de los que tenían para evitar el pago de impuestos. A pesar de esta limitación, todo parece indicar que la esclavitud nunca alcanzó proporciones considerables en Puerto Rico. De acuerdo con los censos, la cifra más alta se registró en 1846, fecha en que se enumeraron 51,000 esclavos. Ese año, al igual que en 1834, la proporción de esclavos en la población total ascendió a 12 %, la que parece ser la más alta desde 1765 hasta la abolición en marzo de 1873. Estas cifras contrastan grandemente con lo que ocurría en otras partes del Nuevo Mundo. En Cuba, por ejemplo, en 1827 el 40% de la población era esclava, y en 1869 más de una cuarta parte de la población total estaba constituida por esclavos.

Contrario a lo que opinan algunos historiadores, el descenso en el número de esclavos comenzó antes del azote del cólera morbo que hizo su aparición en Naguabo en noviembre de 1855 y arrastró

TABLA 1

POBLACIÓN TOTAL Y TASA ANUAL DE CRECIMIENTO ENTRE DOS FECHAS SUCESIVAS PUERTO RICO: 1765-1897

Año	Población	Por ciento anual de crecimiento entre dos fechas*
1765	44,883	-
1776	70,210	4.16
1800	155,426	3.37
1827	302,672	2.50
1834	358,836	2.46
1846	443,139	1.77
1860	583,308	1.98
1877	731,648	1.34
1887	798,565	0.88
1897	894,302	1.14

*Computadas utilizando la fórmula de interés compuesto.
Fuente: José L. Vázquez Calzada, La población de Puerto Rico y su trayectoria histórica. San Juan, Puerto Rico, 1978.

TABLA 2

POBLACIÓN POR COLOR Y ESTADO CIVIL PUERTO RICO: 1776-1897

Año	Población libre Blancos	Negros y mulatos	Esclavos	Población total
1776	30,709	31,909	7,592	70,210
1812	85,662	79,806	17,356	183,004
1827	150,311	120,487	31,874	302,672
1834	188,869	128,149	41,818	358,836
1846	216,083	175,791	51,265	443,139
1860	300,406	241,037	41,738	583,308**
1877	411,712	319,936	*	731,648
1887	474,993	323,632	*	798,565
1897	570,187	315,632	*	894,302**

* Esclavitud abolida en 1873.
** Incluye personas no clasificadas por color.
Fuente: José L. Vázquez Calzada, La población de Puerto Rico y su trayectoria histórica. San Juan, Puerto Rico, 1978.

TABLA 3

POBLACIÓN TOTAL Y TASA ANUAL DE CRECIMIENTO ENTRE DOS FECHAS SUCESIVAS PUERTO RICO: 1899-1990

Fecha	Población	Por ciento anual de crecimiento*
Nov. 10, 1899	953,243	-
Abril 15, 1910	1,118,012	1.54
Enero 1, 1920	1,299,809	1.57
Abril 1, 1930	1,543,013	1.69
Abril 1, 1940	1,869,255	1.94
Abril 1, 1950	2,210,703	1.69
Abril 1, 1960	2,349,544	0.61
Abril 1, 1970	2,712,033	1.45
Abril 1, 1980	3,196,520	1.66
Abril 1, 1990	3,522,037	0.97

*Obtenido por la fórmula de interés compuesto.
Fuentes: U.S. Bureau of the Census. U.S. Census of Population, 1980. Number of Inhabitants. Puerto Rico, table 1; y U.S. Bureau of the Census, 1990 Census of Population and Housing, Summary Tape File 3A, Puerto Rico.

a la muerte a más de 30,000 personas entre 1855 y 1856. Como indican las cifras de la Tabla 2, entre 1846 y 1854 el número de esclavos ya se había reducido en más de 4,000.

Un año después de la invasión de la isla por tropas norteamericanas, se levantó un censo bajo la supervisión del Departamento de Guerra de los Estados Unidos. Desde 1910, la isla ha sido incluida en el área del censo de los Estados Unidos y, desde entonces, se han hecho censos cada 10 años.

Durante el período de 1899 a 1980, la población de la isla aumentó de 953,000 a 3,197,000 habitantes, lo que equivale a un aumento de 235%. El crecimiento poblacional durante esos 81 años no ha sido del todo uniforme. Según se observa en la Tabla 3, la población creció a un ritmo cada vez más acelerado entre 1899 y 1940, aumentando de 1.5% por año durante el período de 1899 a 1910, a casi 2% por año durante la década de 1930 a 1940. Entre 1940 y 1960, la velocidad del crecimiento poblacional disminuyó. En la década de 1950 a 1960, la tasa anual promedio fue de sólo 0.6 %. Esta ha sido la cifra más baja registrada durante la historia censal que se remonta al año de 1765. Sin embargo, desde 1960 se ha observado una reactivación en el ritmo de crecimiento. La aceleración en el ritmo de crecimiento poblacional entre 1899 y 1940 se debió al rápido descenso en la mortalidad, mientras la natalidad descendía levemente. La emigración, que no jugó un papel muy importante durante los primeros años del presente siglo, resultó ser un gran alivio para la presión demográfica durante las décadas de 1950 a 1970. Entre 1950 y 1960, la tasa de emigración fue de aproximadamente 2% (20 por mil) y de ahí que el aumento poblacional fuese insignificante a pesar de que el crecimiento biológico (diferencia entre natalidad y mortalidad) fue el mayor del presente siglo. Como se observa en la Tabla 4, la tasa de incremento natural o biológico aumentó progresivamente entre 1899 y 1960, pero ha descendido marcadamente durante las últimas décadas.

Desde 1955, el descenso de la natalidad ha sido mayor que el descenso de la mortalidad, la cual ha permanecido estacionaria y, como resultado, la tasa de incremento biológico o natural se ha reducido.

El aumento en la tasa de crecimiento poblacional que se registró durante la década del setenta se debe, en gran medida, al retorno masivo de emigrantes que residían en los Estados Unidos.

Desde el punto de vista de los procesos vitales (natalidad y mortalidad), la población de Puerto Rico ha experimentado cambios significativos durante el siglo presente. A principios de siglo prevalecían altas tasas de natalidad y de mortalidad y, como resultado, el crecimiento de la población era relativamente bajo. Los cambios socioeconómicos ocurridos durante este siglo, así como los programas de salud pública, tuvieron un efecto inmediato sobre la mortalidad, la cual descendió rápidamente, mientras la natalidad se mantenía más o menos estacionaria. Durante este período de transición, el crecimiento biológico de la población aumentó considerablemente. A partir de 1950, la tasa de natalidad comenzó a descender, mientras la mortalidad continuaba descendiendo también. Ya para 1956, el descenso de la natalidad fue mucho más pronunciado que el de la mortalidad y la tasa de crecimiento biológico empezó a reducirse. Todo parece indicar que Puerto Rico ha entrado en la última etapa de la transición demográfica y que se mueve hacia una condición de bajas tasas de natalidad y mortalidad. (*José L. Vázquez Calzada*).

● Cambios poblacionales a partir de 1980.

La población de Puerto Rico creció de 3,196,500 en el 1980 a 3,522,037 en el 1990, un aumento de 10,2% en comparación con el 1980. Este cambio representa un crecimiento anual de 0.97%, el más bajo de cualquier decenio del presente siglo, con excepción de la década del cincuenta, que fue de 0.61% (Tabla 3). Durante la década del ochenta, la tasa de natalidad se redujo a un promedio de 19.7 por cada 1,000 habitantes, mientras que la tasa de mortalidad ascendió levemente a 6.8 por cada mil. La tasa de natalidad promedio para la década del ochenta representó un descenso de entre 15 y 20 por ciento en comparación con la década anterior, más o menos el mismo descenso experimentado durante la década del setenta en comparación con la década del sesenta. La mortalidad

TABLA 4

NATALIDAD, MORTALIDAD, INCREMENTO BIOLÓGICO Y MIGRACIÓN NETA DURANTE CADA PERÍODO PUERTO RICO: 1899-1990

Período	Natalidad*	Mortalidad*	Incremento biológico*	Emigración neta*
1899-1910	40.5	25.3	15.2	0.0
1910-1920	40.4	24.0	16.4	0.8
1920-1930	39.3	22.1	17.2	2.6
1930-1940	29.8	19.6	20.2	0.5
1940-1950	40.7	14.5	26.2	8.8
1950-1960	35.0	8.0	27.0	19.9
1960-1970	29.6	6.8	22.8	9.4
1970-1980	24.2	6.6	17.6	1.6
1980-1990	19.7	6.8	12.9	3.4

* Tasas por 1,000 habitantes.
Fuente: José L. Vázquez Calzada, La población de Puerto Rico y su trayectoria histórica. San Juan, Puerto Rico, 1978, pág. 14. Cálculos del Dr. Ángel David Cruz Báez para el período 1980-1990.

TABLA 5

POBLACIÓN PUERTORRIQUEÑA EN ESTADOS UNIDOS Y PUERTO RICO, Y SU CONCENTRACIÓN EN NUEVA YORK

Año	Puerto Rico	Estados Unidos	Índice EE.UU/PR*	Porcentaje en N.Y.**
1910	1,118,392	1,000	0.09	36.6
1920	1,299,809	11,811	0.90	64.2
1930	1,543,913	52,774	3.42	83.8
1940	1,869,255	69,967	3.74	87.8
1950	2,210,703	301,375	13.63	82.9
1960	2,349,544	892,513	37.99	69.8
1970	2,712,033	1,391,463	51.31	58.4
1980	3,196,520	2,013,945	63.00	42.7
1990	3,522,037	2,700,000	78.88	39.0

* La columna representa cuántos puertorriqueños viven en Estados Unidos por cada 100 puertorriqueños residentes en Puerto Rico.
** La columna representa el porcentaje de puertorriqueños residentes en el estado de Nueva York.
Fuente: Censos de Población de Estados Unidos.

TABLA 6

NÚMERO DE PUERTORRIQUEÑOS EN LOS PRINCIPALES ESTADOS DE ESTADOS UNIDOS: 1990*

Estado	Población puertorriqueña	% de todos los hispanos en ese estado	% de todos los puertorriqueños en EE.UU.
Nueva York	1,086,601	49.07	39.83
Nueva Jersey	320,133	43.26	11.74
Florida	247,010	15.70	9.06
Massachusetts	151,193	52.58	5.54
Pensilvania	148,988	64.15	5.46
Connecticut	146,842	68.96	5.38
Illinois	146,059	16.15	5.35
California	126,417	1.64	4.63
Ohio	45,853	32.82	1.68
Texas	42,981	0.99	1.58

* Censo de Población de Estados Unidos: 1990. Los cálculos de los porcentajes son de A. D. C.

promedio de 6.8 por cada mil personas representa un leve aumento, ya que a partir del 1985 todos los años exhiben valores sobre este promedio, con un máximo de 7.4 para el 1990. Este aumento en la tasa de mortalidad es el resultado, entre otras cosas, del envejecimiento de la población. El crecimiento natural resultante de esta diferencia entre la natalidad y la mortalidad promedio para la década fue de 1.29 por ciento por año.

Los cálculos a base de esta tasa de crecimiento natural anual estiman la población para el 2000 en 3,633,000 personas, unas 121,000 por encima de lo observado según el conteo del Censo de 1990. Esta diferencia entre la población observada y la esperada representa la emigración neta para la década, o la diferencia entre los que entraron y los que salieron, que fue de unas 3.4 personas por cada 1,000, el doble de lo observado durante la década del setenta (Tabla 4). Por otro lado, para la misma década, los datos de la Junta de Planificación de Puerto Rico estiman el movimiento neto de pasajeros (la diferencia entre los que entran a la Isla y los que salen de ella) en 287,000, lo que refleja una diferencia de unas 166,000 personas. Asumiendo que no existan errores en los datos de la Junta y que todos los turistas que entran se registran al salir, esta diferencia bien podría representar la emigración de extranjeros indocumentados, principalmente los dominicanos, que usaron a la Isla de Puerto Rico como trampolín en su travesía hacia los Estados Unidos. *La población puertorriqueña en los Estados Unidos.* Una proporción cada vez más significativa a gran escala que creó este fenómeno comenzó a partir de la Segunda Guerra Mundial. El número de puertorriqueños residentes en los Estados Unidos, la tasa que estos representan por cada 100 puertorriqueños en Puerto Rico para cada década y el porcentaje de la población puertorriqueña en los Estados Unidos que residía en Nueva York a partir de comienzos del siglo XX se incluyen en la Tabla 4.

Los puertorriqueños que emigraron a los Estados Unidos, principalmente antes de los setenta, se establecieron en el nordeste de los Estados Unidos, primordialmente en los estados de Nueva York, Nueva Jersey, Massachusetts, Pensilvania, Connecticut y, en el interior, en los esta-dos de Illinois y Ohio. La nueva generación de emigrantes puertorriqueños, en su mayoría, se estableció en la Florida, Texas y California. La Tabla 6 muestra la distribución de los puertorriqueños en los diez estados con mayor concentración de éstos en los Estados Unidos.

Un poco más del 44% de la población puertorriqueña reside actualmente en los Estados Unidos. Para principios del próximo siglo y milenio, habrá un puertorriqueño en los Estados Unidos por cada puertorriqueño residente en Puerto Rico. Los puertorriqueños constituyen, además, el segundo grupo hispano más grande en los Estados Unidos y el único, por ser ciudadanos americanos, que pueden moverse libremente entre ese país y la Isla. Una característica curiosa del puertorriqueño es su preferencia por las áreas urbanas, a pesar de que la mayoría de ellos emigró originalmente de áreas rurales de Puerto Rico. Un 96% de los puertorriqueños en los Estados Unidos vive en ciudades mientras que el 80% vive en 16 principales centros urbanos (1).

De continuar las tendencias actuales de la emigración puertorriqueña hacia los Estados Unidos, en algún momento de la primera década del próximo milenio, habrá más puertorriqueños residiendo en los Estados Unidos que en Puerto Rico. Debe señalarse que el 58.5% de los que emigraron durante la década del ochenta tenían entre 16 y 44 años de edad, el grupo de edad más productiva tanto en términos biológicos como económicos. Estará por verse cuáles serán las implicaciones económicas, sociales y políticas de esta migración tanto para Puerto Rico como para los Estados Unidos.

● La población futura.
¿Cómo será la población futura de Puerto Rico? De continuar disminuyendo la tasa de natalidad y aumentando la de mortalidad, se reducirá la tasa de crecimiento natural y, por ende, continuará el envejecimiento de la población. Con un 73% de la población viviendo actualmente en áreas urbanas, posiblemente se intensifique el movimiento de la ciudad al campo —lo inverso a lo sucedido en las décadas anteriores—. En gran medida esto será el resultado de un aumento en las deseconomías de escala del área metropolitana,

como la criminalidad, congestión vehicular, contaminación, etc., y una mejoría en la infraestructura de comunicación (teléfonos, cable TV, correo electrónico, etc.) y de vías de transportación de la Isla, que harán posible disfrutar de las comodidades de la vida urbana en el campo, pero sin las molestias ya mencionadas. Continuará la tendencia hacia familias aún más pequeñas y con niveles de fertilidad cada vez más bajos, lo que implicará una población con menos niños y más ancianos. Este proceso podría acelerarse a medida que continúe la emigración de la población de edad reproductiva y la inmigración de los jubilados. Este patrón de envejecimiento de la población será una de las características más notables de la población puertorriqueña del futuro. Su impacto no podrá pasar desapercibido ya que afectará su estructura social, económica y política. (*Ángel David Cruz Báez*).
(1) U.S. Bureau of the Census, *1990 Census of Population, Social and Economic Characteristics, United States*, CP–2–1–, 1993, Tabla 5.
N. del E. Ver la población de cada municipio y de cada barrio buscando por sus nombres.

▼ Poblaciones, fundación de

Durante el período colonial las leyes determinaban cómo se fundarían las poblaciones en América. La Recopilación de las Leyes de Indias (1680) establecía que «los adelantados, alcaldes mayores y corregidores capitulen [acuerden con la Corona lo pertinente a] la fundación de ciudades». Añade que «habiendo elegido sitio, el gobernador declare si ha de ser ciudad, villa o lugar y forme así la república... que si hubiere de ser ciudad metropolitana tenga un juez con título de adelantado, o alcalde mayor, o corregidor, o alcalde ordinario que ejerza la jurisdicción *in solidum* y juntamente con el Regimiento tenga la administración de la república; dos o tres oficiales de la Real Hacienda; doce regidores; dos fieles ejecutores; dos jurados de cada parroquia; un procurador general; un mayordomo; un escribano de consejo; dos escribanos públicos; uno de minas y registros; un pregonero mayor; un corredor de lonja y dos porteros. Si diocesana o sufragánea ocho regidores y los demás oficiales perpetuos. Para las villas y lugares, alcaldes ordinarios, cuatro regidores, un alguacil, un escribano de consejo público, y un mayordomo». Como vemos, nada se dejaba al azar. También establece: «Que no habiendo poblador particular, sino vecinos casados, se les conceda poblar, como no sean menos de diez».

Todas las ciudades coloniales españolas en América siguieron un plano urbanístico único: el molde reticular típico europeo. Las leyes fijaban la extensión y forma de la plaza mayor, la orientación y anchura de las calles, la situación y arquitectura de los edificios públicos y la división de los lotes o manzanas. Frente a la plaza mayor se ubicaban la iglesia, el cabildo y la cárcel. En su centro se erigía un «árbol de justicia», generalmente un alto pilar de piedra o madera, símbolo de la autoridad, donde se ejecutaban las sentencias judiciales. De cada manzana se separaban los lotes esquineros, que se daban a los vecinos más destacados. El cabildo debía reservar terrenos para los llamados «bienes de propios» para que todos los vecinos en común disfrutaran de los montes, aguas, pasto y leña: **ejidos** y **dehesas**. (Ver estos términos y también **asiento**).

▼ Poder Ejecutivo, el
Ver **Gobierno. El Poder Ejecutivo**.

▼ Poder Judicial, el
Ver **Gobierno. El Poder Judicial**.

▼ Poder Legislativo, el
Ver **Gobierno. El Poder Legislativo**.

▼ Poesía
Ver **Literatura**, y a los poetas por sus nombres.

▼ Polanco Abreu, Santiago

Abogado y político nacido en Bayamón y fallecido en Guaynabo (1920–1988). Fue criado en Isabela. Fue miembro del Partido Popular Democrático (de cuya dirección formó parte), representante a la Cámara (1948–64), cuerpo que presidió (1963–64), comisionado residente en Washington (1965–69) y aspirante a la candidatura para gobernador por dicho partido político en los comicios de 1968. Además, fue delegado a la Asamblea Constituyente que redactó la Constitución del Estado Libre Asociado de Puerto Rico (1951).

Policía de Puerto Rico

Regulada por la Ley número 26 de 1974, que establece como función de la Policía proteger a las personas y la propiedad, mantener y conservar el orden público, y prevenir y controlar la criminalidad y la violación de las leyes de Puerto Rico. Ver **Gobierno. Departamentos, agencias e instrumentalidades.** Comisión de Seguridad y Protección Pública.

Política económica

Ver **Agricultura, Economía, Industria y Comercio, Hacienda Pública y Sistema Financiero.**

Política Laboral, Consejo Asesor del Gobernador sobre

Creada por la Orden Ejecutiva número 3,095 del 1 de septiembre de 1975, entiende en los asuntos de carácter laboral y social que le someta el gobernador.

Polo Taforó, María Dolores

Novelista nacida en Cayey y fallecida en San Juan (1887–1963). Fue colaboradora de *Alma Latina, El Diluvio, El Imparcial, El Mundo, La Correspondencia de Puerto Rico, La Democracia* y *Puerto Rico Ilustrado,* donde publicó artículos defendiendo la independencia para Puerto Rico, lo que le ganó persecuciones políticas. Escribió *Angélica* (dos volúmenes, 1925) y *Aurelia* (1927). Fue miembro fundador de la Asociación de Escritores Puertorriqueños (1924).

Pollo de mangle, Polla de mangle

(*Rallus longirostris caribaeus,* familia *Rallidae*) Ave de mediano tamaño, —de unos 35 centímetros (14 pulgadas) de largo—, de color achocolatado por el dorso, las alas y las partes laterales, éstas barradas de blanco, el pecho amarillo y la garganta blanca. Habita en manglares y pantanos, y hace su nido a poca altura en la base de los arbustos o mangles pequeños. Pone numerosos huevos achocolatados con puntos más obscuros. Se alimenta de crustáceos y moluscos, así como de insectos propios de las zonas pantanosas. También se le conoce por los nombres de gallineta, gallinuela, polla de mangle y yegua.

Pollos, barrio

Del municipio de Patillas (2,525 habitantes según el censo de 1990).

Pommayrac, Pedro Pablo

Pintor francés nacido en Puerto Rico (1819–1880). Su familia vivió durante algunos años en Santo Domingo y en Puerto Rico, donde nació el pintor, en Guayama. Niño aún se trasladó a España y luego a Francia; en ambos países fue retratista predilecto de nobles, entre ellos la emperatriz Eugenia de Montijo y Napoleón III. En España también fue pintor de cámara de la Reina Isabel II. Destacó como miniaturista.

Pon

Puertorriqueñismo. Llevar, conducir gratis en un vehículo. También se llama así a una especie de pudín africano que se prepara a base de batata, calabaza, yautía, harina de trigo y melaza.

Ponce, ciudad

Cabecera del municipio de este nombre, integrada por los barrios urbanos Bucaná (4,053 habitantes), Canas Urbano (20,605 habitantes), Cuarto (2,763 habitantes), Machuelo Abajo (16,265 habitantes), Magüeyes Urbano (1,251 habitantes), Playa (18,027 habitantes), Portugués Urbano (7,541 habitantes), Primero (3,905 habitantes), Quinto (1,026 habitantes), San Antón (12,706 habitantes), Segundo (11,072 habitantes), Sexto (antiguamente llamado Cantera, 5,417 habitantes), Tercero (970 habitantes), y partes de los barrios Canas (26,388 habitantes), Cerrillos (2,456 habitantes), Coto Laurel (404 habitantes), Machuelo Arriba (9,013 habitantes), Magüeyes (4,879 habitantes), Portugués (2,934 habitantes), Quebrada Limón (284 habitantes), Sabanetas (6,877 habitantes) y Vayas (315 habitantes). Los barrios Primero, Segundo, Tercero, Cuarto, Quinto y Sexto constituyen el centro más antiguo de la zona urbana.

Ponce, Masacre de

Ver **Historia. La masacre de Ponce** y la biografía de Pedro **Albizu Campos.**

▽ Ponce, municipio

Superficie

304 Kms. cuadrados (117 millas cuadradas)

Población

187,749 habitantes (censo de 1990)

Habitantes por barrios

Anón	1,672
Bucaná	4,053
Canas	29,146
Canas Urbano	20,605
Capitanejo	1,089
Cerrillos	3,523
Coto Laurel	5,915
Cuarto	2,763
Guaraguao	1,150

Machuelo Abajo	16,265
Machuelo Arriba	13,031
Magueyes	5,372
Magueyes Urbano	1,251
Maragüez	781
Marueño	1,778
Monte Llano	764
Playa	18,027

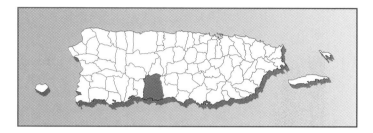

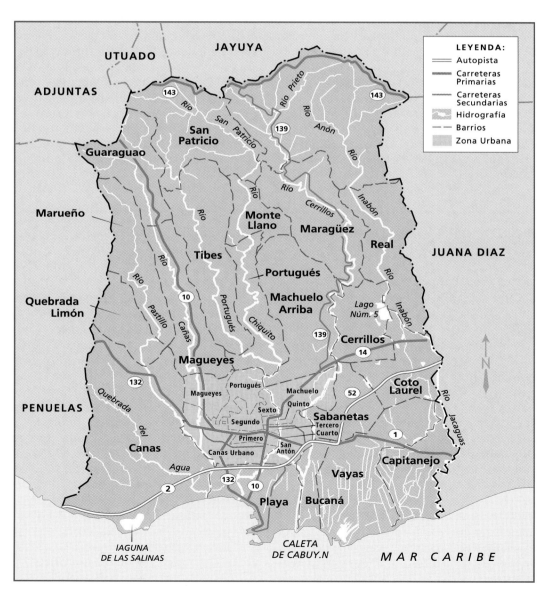

Portugués	4,916
Portugués Urbano	7,541
Primero	3,905
Quebrada Limón	830
Quinto	1,026
Real	2,560
Sabanetas	6,968
San Antón	12,706
San Patricio	612
Segundo	11,072
Sexto	5,417
Tercero	970
Tibes	888
Vayas	1,153

Situación

Ubicado en la llanura costanera del sur, sobre el mar Caribe, limita por el norte con los municipios de Adjuntas, Utuado y Jayuya, por el sur con el mar Caribe, por el este con el municipio de Juana Díaz, y por el oeste con los de Peñuelas y Adjuntas.

Breve reseña

Ponce se extiende por el norte hasta la Cordillera Central y por el sur hasta el mar Caribe. En el límite entre este municipio y el de Jayuya se alza el cerro de Punta, el más alto de Puerto Rico, con sus 1,338 metros (4,390 pies) de altitud. También en ese límite se encuentran el monte Jayuya y el cerro Maravilla. De menor altitud son los montes Diablo y Marueño, el pico Pinto, el cerro Santo Domingo y otras elevaciones. Los ríos, que corren de norte a sur y llevan poca agua, son el Jacaguas, el Inabón, el Bucaná o Cerrillos, el Portugués y el Matilde, también llamado Pastillo, y su afluente el Cañas. Los ríos San Patricio, Prieto y Bayagán desaguan en el Bucaná. También existen una albufera, la llamada laguna de Salinas, y varios embalses. En la costa se localizan las playas del Tuque y Ponce, la isla Caja de Muertos, el islote Morrillito y algunos cayos.

La economía ponceña, originalmente basada en la caña de azúcar y la ganadería, más tarde también en el café, ha sufrido cambios fundamentales. Actualmente existen empresas industriales que producen cemento, aguardientes, trabajos en metales y plásticos, efectos eléctricos, enlatan alimentos y prestan servicios.

En este territorio se encuentran huellas de los distintos pueblos que fueron llegando sucesivamente a Boriquén, y allí los

Ponce, la Ciudad Señorial, es cuna de insignes patriotas, políticos, artistas e intelectuales. En la foto, el Mausoleo de los Próceres

Axel Santana

taínos fundaron el cacicazgo de Guaynía, el más importante de la isla. Después de vencida la rebelión aborigen de 1511, el territorio fue despoblándose. A fines del siglo XVI llegaron los primeros pobladores europeos a esta región, y se establecieron en las márgenes del río Bucaná. No sabemos con certeza cuál es el origen del nombre del municipio. Según algunos se debe a que Juan Ponce de León y Loaiza, bisnieto de Juan Ponce de León, tuvo en este lugar un hato llamado Hato de Ponce; según otros el bautismo tuvo lugar con el nombre del mismo Adelantado. También se produjo otro poblamiento y otro bautismo. A orillas del río con el nombre taíno de Baramaya se estableció Pedro Rodríguez de Guzmán, hijo de portugueses, por lo cual fue llamado el Portugués, y transmitió su nombre al río. Los vecinos del actual barrio de San Antón erigieron en el mismo una capilla dedicada a San Antonio Abad. A orillas del río Jacaguas otros vecinos levantaron una capilla bajo la protección de Nuestra Señora de Guadalupe, que por real cédula de 1692 fue declarada sede de una parroquia colativa. Esta capilla fue sustituida por una iglesia de destino azaroso, que andando el tiempo sería declarada catedral (21 de noviembre de 1924). La fundación del pueblo tuvo lugar el 17 de septiembre de 1692.

Axel Santana

Parque de recreación pasiva «Doralinda Colón», desarrollado en el antiguo Hospital de Damas de Ponce

En 1742 el pueblo ponceño derrotó un intento de invasión inglesa, por lo que allí se organizaron cuatro compañías de milicias y se instalaron cañones. En 1812 se habilitó Puerto Real, y en 1813 se creó la aduana. El comercio canalizado a través

Axel Santana

Paseo Tablado La Guancha

PONCE HACIA 1778

Ponce está situado en una gran llanura cubierta de arboleda. El río de su nombre lo ciñe por el oriente; por el norte tiene las montañas de Utuado, al occidente pasa un pequeño arroyo, y a una legua por el sur tiene la mar: 115 casas forman un cuadro dilatadísimo. La iglesia parroquial, que es pequeña y deteriorada, lo cierra por un lado; en el centro de él hay una capilla, que lo divide, dejando dos plazas menos solitarias que las de los otros pueblos, pues en éste y en su circunferencia vive mucha parte de los vecinos, que ascienden a 735, con 5,038 almas, y de ellas hay formadas dos compañías de milicias disciplinadas.

El clima es muy ardiente y seco: aquí las niguas, aradores, abuses, garrapatas y otros insectos incomodan grandemente y pueden causar funestas consecuencias, si no se sabe manejar su curación, aunque en algunas circunstancias en toda la Isla son peligrosos. Los naturales hacen poco caso y algunas veces experimentan malas resultas. Cerca del pueblo hay una cantera de yeso, que podía ser útil, si quisieran aprovecharlo.

La principal cosecha es de café: asciende algunos años a 187,932 arrobas, que pasan a los extranjeros, igualmente que las maderas y ganados sobrantes. Toda la tierra, que se extiende a lo largo de la costa, está poblada de haciendas de café, que fructifica pasmosamente. Prefieren el cultivo de este fruto a todos los otros de que es susceptible el país, por el poco trabajo que necesita y por la segura extracción que tiene para las islas extranjeras, en donde estiman más el de Puerto Rico que el de cualquiera otra parte de América.

Fray Íñigo Abbad y Lasierra, *Historia geográfica, civil y natural de la isla de San Juan Bautista de Puerto Rico*

del puerto estimuló las exportaciones, e incentivó la inmigración de numerosos corsos, mallorquines, catalanes y otros europeos que se dedicaron a la agricultura, el comercio y la industria. Cuando el precio del café aumentó notablemente, numerosos los vecinos compraron las hasta entonces pobres tierras de la altura, donde nacieron las grandes haciendas que florecieron en este municipio, en Adjuntas, Jayuya, Utuado, Villalba y Yauco.

El 17 de febrero de 1820 un incendio destruyó buena parte del pueblo. A largo plazo el siniestro tuvo resultados favorables, pues se pudieron retrazar las calles y plazas y la población salió modernizada del fuego. En 1841 se debeló una conspiración de esclavos que pretendían alcanzar la libertad. Algunos fueron ejecutados y otros condenados a otras penas. En 1848 Ponce recibió el título de villa, y en 1877 fue elevado a la categoría de ciudad. Diez años después la ciudad presenció la fundación del Partido Autonomista y se iniciaron los «compontes» organizados por el General Romualdo Palacio.

En 1852 se había publicado el primer periódico local, *El Ponceño*, y se había iniciado así una larga tradición periodística. En 1892 se celebró la Feria Exposición Agrícola e Industrial, y tres años después se fundó la primera institución bancaria, el Banco de Crédito y Ahorro Ponceño. A fin de siglo la economía se basaba en la ganadería vacuna, el azúcar y el café, en ese orden. A partir de 1900, la caída en picada de los precios del café tuvo efectos devastadores en la agricultura, la industria y el comercio locales.

El 21 de marzo de 1937 se produjo un hecho dramático, la llamada Masacre de Ponce, en la que encontraron la muerte varios nacionalistas. El 7 de octubre de 1985 las lluvias provocaron el derrumbe de un cerro en el barrio Mameyes y allí perdieron la vida alrededor de 150 personas.

Las fiestas patronales ponceñas se celebran alrededor del 12 de diciembre para honrar a Nuestra Señora de Guadalupe. Otras fiestas populares son el famoso carnaval, en febrero, con el tradicional «entierro de la sardina»; las de Cruz y de la Danza Puertorriqueña, ambas en mayo, y las de Bomba y Plena, en junio. La Banda Municipal ofrece todos los domingos conciertos o retretas al aire libre.

▼ Ponce de León, Juan

Conquistador de Puerto Rico y descubridor de La Florida. Nació en Santervás del Campo, antiguo Reino de León, España, en fecha no determinada, y murió en La Habana, Cuba, en 1521. Posiblemente fue descendiente del conde de su nombre, marqués de Cádiz, o tal vez de familia de menos linaje. Se dice que fue mozo de espuela de Pedro Núñez de Guzmán y que tuvo alguna experiencia bélica en España; sus cartas muestran que adquirió una buena educación.

Arribó a América con la flota con que el Almirante Cristóbal Colón realizó su segundo viaje, y radicó en la isla Española. Bajo el mando de Juan de Esquivel tomó parte en la pacificación de la rebelión taína en el Higüey, y se distinguió en esa campaña como buen soldado y hombre de gran iniciativa, por lo cual el Gobernador Fray Nicolás de Ovando lo autorizó a fundar la población de Salvaleón, donde ya casado, edificó una residencia de dos plantas, cuyas ruinas atestiguan es semejante a la que más tarde construiría en San Juan.

Los taínos del Higüey le dijeron que en Boriquén, isla situada hacia el este, abundaba el oro, por lo cual, después de un posible viaje exploratorio, suscribió con el Gobernador Ovando una capitulación para poblar dicha isla. Partió el 12 de julio de 1508, en un carabelón, con 42 soldados y 8 marineros, hacia el oriente, y después de hacer escala en la isla Amona, (hoy Mona), para proveerse de víveres, arribó a la costa sur de San Juan Bautista, en las proximidades del yucayeque del cacique más importante de Boriquén, Agüeybana, de quien se ganó la amistad y se hizo *guatiao* o amigo. Con su ayuda inició la exploración de la isla, que lo condujo a una extensa bahía situada en la costa norte, la actual San Juan, que llamó «puerto rico». Examinó los placeres de los ríos comarcanos, mientras construía a cierta distancia de la costa interior de la bahía una población que llamó Caparra. Allí edificó una vivienda de cantería y tejas, de dos plantas, cuyas ruinas son aún visibles, y a orillas del río de la Plata, llamado Toa por los taínos, fundó una Granja del Rey para cultivar los alimentos necesarios para su gente. Luego regresó a La Española y suscribió con el Gobernador Ovando una nueva capitulación más ventajosa que la anterior, por la cual fue designado capitán de tierra y mar de San Juan Bautista.

Como era usual, Ponce dio cuenta al Gobernador Ovando de la tarea realizada con las siguientes palabras: «Primeramente, que yo partí de la villa de Santo Domingo para ir a la isla de San Juan en doce días del mes de Julio de mil y quinientos y ocho años y comencé a seguir el dicho viaje para la dicha isla de San Juan con el carabelón, y fui a Salvaleón a me bastecer y tomar la gente que llevé, que fue cuarenta y dos personas y ocho marineros, que fueron cincuenta personas por todas, y estando en el Puerto de Yuma a tres de Agosto, vino tal tormenta, que metió el carabelón sobre unas peñas, y de allí lo saqué y perdí mucho del bastimento.

«Ítem: después de pasada la dicha tormenta, me partí siguiendo mi viaje, y fui a la isla de la Mona, donde hallé a los caciques e indios de la dicha isla, y de allí me partí y fui a la dicha isla de San Juan, por la parte del Sur, a doce de Agosto del dicho año, donde surgí en la playa que está en el paraje del cacique Agüeybana, y fui a su casa, y le hablé, de parte de vuestra Merced lo que me mandó, y le aseguré y le mandé hacer un conuco para Su Alteza, y él dijo que lo haría y después me han dicho que lo ha hecho, y no he podido ser informado de que tamaño es, ni le he podido ir a ver a causa de las muchas ocupaciones que he tenido, de estar apartado del asiento que tengo comenzado a hacer, según adelante dirá: y estando el dicho carabelón surto a diez de Agosto, vino otra tormenta que lo sacó a la costa, y sacó con mucho trabajo.

«Ítem: después de aderezado el dicho carabelón, partí de allí bojando la dicha Isla y hablando a los caciques de la costa y a los caribes que allí hallé, dándoles preseas a los unos y a los otros, por los asegurar, hasta que llegué a la bahía que está en la parte del norte, donde agora está la casa y asiento, y allí surgí y de que vi tan buen puerto eché la barca fuera y entré en ella y anduve por la bahía alrededor, creyendo hallar asiento y agua, y no lo hallé; y de allí me fui ocho leguas la costa abajo, donde hallé un río que se llama Hano, que podría entrar en él el carabelón, y allí surgí y descargué en tierra todo lo que llevaba, e hice buíos [bohíos], lo cual hecho,

El conquistador de Puerto Rico, Juan Ponce de León, arribó a las costa de Boriquén en 1508

envié al dicho carabelón por pan a la dicha isla de la Mona.

«Ítem: después de estar allí un mes no me contentando el Puerto y agua, fui por tierra en busca de un río grande que se llama Toa, a donde me pasé con toda la gente y ropa en el carabelón des que vino, y de allí por algunas dificultades que veía me torné a embarcar y fui a la bahía de que arriba he hecho mención, y busqué otra vez allí asiento y de que no lo hallé, me volví al dicho río Hano.

«Ítem: en el dicho Río, hice entonces asiento y desembarcadero y caminos en propósito, y torné a enviar el carabelón por bastimentos, y en este tiempo se metió una mar de levadía de la parte del Norte, en manera que conocí estar engañado con el Puerto, y fue forzado partirme a la hora, por tierra, con quince hombres en busca de la dicha bahía para asentar sobre ella lejos ó cerca un asiento junto con la dicha bahía, e hice traer en el dicho carabelón toda la gente y ropa que quedaba allí, y allí asenté e hice un gran buío y caminos, y una calzada para desembarcadero en el Mar; después de lo cual por humedad que tenía demasiada aquel asiento, y por otras dificultades que en él hallé, me mudé de allí a tierra adentro media legua, donde agora está la casa, y así en todo a mi parecer bien y en propósito de las minas.

«Ítem: hice una casa mediana, con su terrado y pretil y almenas, y su barrera delante de la puerta y toda encalada de dentro y de fuera, de altor de siete tapias en alto con el pretil y almenas.

RETRATO DE JUAN PONCE DE LEÓN

Algo fue rojo, de
[gracioso gesto,
Afable, bien querido
[de su gente,
En todas las
[proporciones
[bien compuesto,
Sufridor de trabajos
[grandemente,
En cualesquier
[peligros el más
[presto,
No sin extremos
[grandes de
[valiente,
Enemigo de amigos
[de regalos,
Pero muy envidiado
[de los malos.

Juan de Castellanos en *Elegía de varones ilustres de Indias*

«Ítem: hice coger oro con una cuadrilla, que no pude con tres como lo asenté, por no tener que dar de comer a la gente, y por no me poder ayudar para ello de esta Isla, ni de los indios de la dicha Isla, con la cual cuadrilla saqué ochocientos y treinta y siete pesos y cuatro tomines de oro.

«Ítem: hice hacer dos pedazos de labranzas, el uno, junto con el pueblo, que tendrá hasta cuatro o cinco mil montones para los pobladores, según en la capitulación se contiene; y el otro, a cuatro leguas en el río de Toa, para mí, y desde estos dichos conucos se harán y se aprovecharán la dicha labranza que se ha de hacer para Su Alteza, porque hasta aquí no se ha podido hacer más de mandar labrar en casa de los caciques para Su Alteza, que son cinco caciques los que mandó que labrasen en sus casas para Su Alteza: y esto es lo que hasta agora se ha podido hacer, y más no, por haber mudado el pueblo tantas veces, y por no tener de comer ni lo haber en esta Isla, aunque me quisiera aprovechar de ella, y por no me poder aprovechar de los indios de la dicha Isla como era razón, de cuya causa no se ha podido más hacer».

El 19 de agosto Ponce fue nombrado gobernador de la isla por el Rey Fernando el Católico. Pero en el período intermedio se habían suscitado problemas legales sobre el gobierno de las colonias españolas en América, pues Diego Colón, hijo y heredero del almirante Cristóbal, fue reconocido virrey y a él, y no al Rey Fernando, correspondía designar los gobernadores y otros oficiales coloniales. Don Diego nombró alcalde mayor y alguacil mayor de San Juan Bautista a Juan y Martín Cerón, lo que suscitó una pugna por el poder en la isla (ver **Historia. Gobierno de la colonia y primeros conflictos**).

En enero de 1511 se inició una rebelión taína que culminaría en la derrota de los rebeldes tras tres meses de lucha. (**Ver Historia. La rebelión taína**). Cuando poco después, en el mismo año de su triunfo contra los amerindios, Ponce vuelve a ser separado de su cargo, solicitó autorización para explorar hacia el norte de las Bahamas, en busca de una supuesta fuente de juventud situada en la isla Biminí. Con dos naves, el conquistador partió hacia el noroeste, y el 27 de marzo de 1513, día de Pascua Florida, descubrió la península que por la fecha del descubrimiento llamó La Florida. Por tal mérito el Rey Fernando lo honró con el título de adelantado de La Florida y Bi-

PONCE INICIA LA EXPLORACIÓN DE LA ISLA

Obtenida de Ovando la licencia, doblemente indispensable, para ausentarse de su gobierno y explorar regiones ya descubiertas, trasladóse Ponce al Boriquén con cierto número de hombres decididos, entre los cuales figuraban Luis de Añasco, hidalgo que debía perpetuar su nombre en aquella tierra que iba a explorar, y un mancebo, de noble condición llamado Francisco de Barrionuevo, futuro propietario de la isla de Mona. Pero el acompañante más útil fuelo, sin duda alguna, el lengua o intérprete Juan González, natural como Ponce del Reino de León, y que al conocimiento del dialecto isleño unía gran habilidad para pintarse el cuerpo a la manera de los indios, copiando su tocado e imitando sus gestos, auxiliado por ciertas condiciones físicas en este disfraz que le permitía intervenir sin ser descubierto, en las asambleas y areitos encubridores de propósitos subversivos.

Los exploradores partiéronse en una pequeña barca, a mediados de 1508, del puerto de Salvaleón, y se dirigieron al de los Pozos de la Aguada, único reconocido hasta entonces en San Juan. Al llegar pasó a tierra en una canoa, sólo con los remeros, el intérprete, obteniendo tan amistosa acogida, en una aldea situada a corta distancia de la playa, que a pocos momentos le vieron regresar sus compañeros seguido de algunos indígenas, armados de arcos y flechas pero en actitud pacífica y mostrándose complacidos por aquella visita.

Desembarcando entonces los expedicionarios, en número de veinte recibiólos en su caney, con gran afecto, el jefe de la tribu o aduar que allí residía, llamado Aymamón, y como el primer cuidado de Ponce de León fuera inquirir «Si había en la isla otro puerto de mayor abrigo que aquella amplia bahía», contestóle afirmativamente el cacique, poniendo a su disposición varios guías que le acompañasen a reconocer la costa.

Escoltados por un grupo de indios armados, que faldeando la serranía, los condujeron hacia las playas orientadas al norte de la isla, descubrieron los exploradores un puerto amplio, bien resguardado de los vientos y con varios surgideros, ofreciendo la campiña inmediata primorosa perspectiva. Ponce de León denominó Puerto Rico aquel paraje, no porque hallase allí mucho oro, como han supuesto algunos por error de concepto, sino por los accidentes topográficos que prometían excelentes ventajas a la contratación naval.

Salvador Brau, *La colonización de Puerto Rico*

NÓMINA DE LOS CONQUISTADORES DE BORIQUÉN

A la cabeza de estos, además de los hidalgos Añasco y Barrionuevo y del intérprete González, ya citados, figuraron Miguel de Toro, compañero que había sido de Alonso de Ojeda en su expedición a Paria, a quien armara caballero el Rey Don Fernando; Juan Gil, que había de ocupar más tarde el cargo de alguacil mayor junto a Ponce; Luis Almansa, capitán aguerrido, y Diego de Salazar, hidalgo famoso entre los indios por sus bizarros impulsos; siguiendo tras éstos, Pedro López de Angulo, temible por su maestría en el manejo de la lanza; Martín de Guiluz, labrador vascongado; Sebastián Alonso, natural del condado de Niebla, tan apto labrador como atlético adalid; Pedro Mejía, mulato de color aunque libre de condición, que

dejara el servicio del Comendador de Lares para sumarse a una expedición en que le aguardaba la muerte; Juan López, adalid muy celebrado por su destreza; Diego Salcedo, joven ganoso de fama a quien debían someter los boriqueños a sanguinario experimento; Juan Casado, labrador como Alonso, que así requería el arado como la espada y la rodela; Juan de León, natural de Alanís, hábil arcabucero; Juan Suárez, imberbe mancebo sevillano; Diego de Cuéllar; Francisco de Quindós y otros que, por formar en las últimas filas, no lograron salvar su nombre de la oscuridad. Entre estos figuraban algunos carpinteros, herreros y albañiles, indispensables para construir el fuerte y las habitaciones de madera para los colonos.

El número de éstos hubo de limitarse por la corta porción de víveres que de la alhóndiga real pudo proporcionar Ovando, y como no le fuera posible a Ponce de León trasladar su familia sin prepararle habitación previamente, dejóla en su casa del Jigüey [Higüey], embarcándose con los demás acompañantes en mayo de 1509, dirigiéndose esta vez la carabela al *Puerto rico,* en cuya banda meridional, a una legua de la playa, se dio fundamento a la población que, por algunos años, debía ser capital de la colonia, y a la que se llamó *Caparra,* nombre, según Lebrija, de una villa inmediata a Ciudad Rodrigo.

Salvador Brau, *La colonización de Puerto Rico*

miní, capitán de tierra y mar de San Juan Bautista, y poco después regidor perpetuo del cabildo de la capital.

Ponce viajó a España, donde fue recibido con honores por el Rey, y regresó a América al mando de tres naves destinadas a hacer la guerra a los caribes. Cuando ancló en la isla Guadalupe para hacer aguada y tal vez tomar algunos prisioneros, los caribes lo atacaron sorpresivamente y lo obligaron a reembarcar después de haberle herido varios hombres. Tras la muerte del Rey Fernando, protector de Ponce, el nuevo gobierno de la metrópoli colocó las colonias bajo la dirección de los frailes jerónimos, quienes autorizaron el traslado de la capital de San Juan a la isleta situada a la entrada de la bahía, hoy el Viejo San Juan, lo que significó un rudo golpe para Ponce, quien ya poseía en Caparra dos casas que eran las mejores de la isla en aquel momento. Decepcionado, habiendo perdido riqueza y poder, el adelantado decidió continuar sus exploraciones de Bimirí y La Florida.

En el año 1521 partió con dos naves hacia esta última donde poco después fue herido de flecha. Fue a curarse a la ciudad de La Habana, donde falleció. Sus restos fueron trasladados a San Juan y sepultados en la iglesia de Santo Tomás. Pero con la muerte no alcanzó Ponce el descanso tan merecido. El historiador Salvador

Brau, en *La colonización de Puerto Rico,* nos ofrece la siguiente descripción de la odisea que sufrirían sus despojos:

«Treinta y ocho años después de la catástrofe de la Florida eran trasladados los restos mortales de Juan Ponce de León a Puerto Rico, donde fueron depositados en la capilla mayor de la iglesia de Santo Tomás de Aquino anexa al convento de dominicos, señalándose el lugar del nuevo enterramiento con una lápida en la que se grabó la siguiente inscripción: "Aquí yace el muy ilustre señor Juan Ponce de León, primer adelantado de la Florida, primer conquistador y gobernador desta isla de San Juan".

«Parece extraño que la familia del Adelantado tardase tanto en extraer de La Habana esos despojos, y que, tratándose del fundador de la colonia, no se le destinase sitio en la catedral, pero esto tiene fácil explicación.

«La catedral, construida por el Obispo Manso, habíase destruido en parte por los huracanes y el comején, y en 3 de febrero de 1543, escribía el nuevo Obispo Rodrigo de Bastidas al emperador en el Consejo lo siguiente: "El obispo pasado edificó esta iglesia catedral como persona que deseaba tener templo para gozarlo en su vida y la hizo de tapia y madera y teja y como en estas islas por la mucha humedad las maderas en breve tiempo se corrompen ha tenido que sostenerse con

CANTO A PONCE DE LEÓN

«GÉNESIS»
(Fragmento)
Juan Ponce de León

Salta del batel en tierra
el valiente castellano,
dispuesto en sus aventuras
a dar mandobles y tajos;
luce el airoso plumón
en el reluciente casco,
puñal florentino al cinto
y el espadón al costado.
Con ballestas y arcabuces
le siguen los castellanos,
brillando al sol de Borinquen
con sus petos acerados.
El paladín atrevido
lleva en la potente mano
de los Católicos Reyes
el estandarte morado:
y avanza con sus parciales
por escabrosos atajos,
con pie firme y brazo fuerte,
en busca de sus contrarios.

Cayetano Coll y Toste

mucho costo la iglesia renovando las maderas y reparándola siempre, por lo cual el cabildo eclesiástico en sede vacante junto con los oficiales reales y regimiento acordaron que se hiciese una iglesia de cantería la cual comenzaron batiendo parte de la fábrica antigua para aprovechar material." Y en 20 de marzo del año 1544, añadía el mismo prelado: "Al tiempo que yo vine a esta isla y ciudad hallé sacados los cimientos de la capilla mayor de esta iglesia nueva que se hace y después que vine se ha proseguido el edificio de ellas y hasta ahora que ha cesado la obra por no haber de gastar a causa de la poca renta de la fábrica y menos limosnas está gran pedazo de la capilla mayor hecha y una sacristía de bóveda cubierta. Lo que está comenzado después que se acabe será buen pedazo de iglesia... " Pero Bastidas, que gustaba de administrar personalmente sus fincas de Santo Domingo, y que, en pugna con los dominicos de San Juan, rehuía la permanencia de su obispado, habiéndosele ordenado por el Consejo en 1552 que pasase a residir en él, no debió tomarse gran empeño en acelerar la conclusión del renovado templo, pues en 5 de abril de 1559, escribía a Felipe II, entre otras cosas: "Esta iglesia sigue su edificio como lo tenía comenzado aunque con harto trabajo y necesidad... házele falta la real limosna ordinaria que el Emperador nuestro señor que sea en gloria le hacía. A V. Magd. suplico sea servido de mandarla continuar pues será limosna de que Dios Nuestro Señor será servido para que este edificio no pare ni se pierda lo edificado."

«Es así que en 1559 la catedral continuaba en construcción. Y es en otra carta de 29 de junio del dicho año, que he copiado, como las anteriores, íntegras, de los legajos de Simancas que existen en el Archivo de Indias, donde el propio Obispo Bastidas participaba al Rey que "la ciudad envía por su Procurador Don Joan Ponce de León, hijo y nieto de criados de S. Magd... y suplica, por ser tan cierto y calificado mensajero, sea admitida su embajada en todo lo que lugar hubiese..."

«Este Juan Ponce de León era el hijo mayor de García Troche, primer yerno y albacea testamentario del Conquistador, y tutor de su cuñado Luis, muerto antes de alcanzar la mayoría de edad. No habiendo dejado el Adelantado otro descendiente varón, sustituyó Troche, en su hijo, el apellido paterno por el materno, con objeto de que éste se perpetuase, recayendo en el mancebo, a la muerte de su padre, el cargo de contador y más tarde el de alcaide de la Fuerza. Casado en 1546 con Doña Isabel de Loayza, hija única del Licenciado Íñigo López Cervantes de Loayza, oidor de la Audiencia de la Española que, como juez pesquisidor, pasara a Puerto Rico en 1545, la cuantiosa hacienda heredada por la mujer aumentó la preeminencia del marido, quien, tributando honor a su homónimo y dando mayor relieve a sus títulos, solicitó y obtuvo la traslación de los huesos de su abuelo a sepulcro más decoroso que el que recibieran en La Habana, eligiendo para ello la iglesia de Santo Tomás de Aquino que ya habían terminado los dominicos, e influyendo probablemente en esa elección la sugestión interesada de los frailes.

«Bastidas en esa carta de 5 de abril de 1559, ya citada, acusa a los dominicos de "negociar en casamientos y testamentarias en cantidad y calidad aplicando a usos particulares capellanías y patronazgos y no cumpliendo ni efectuando la voluntad de los testadores… "

«Por no dar pesadumbre —añade— no mando al Real Consejo de V. Magd. los testamentos que se han hecho para que se vea ser así como lo digo."

«Y es lo cierto que para constituir la capilla mayor de Santo Tomás de Aquino en panteón del conquistador de Puerto Rico, fuéle forzoso a su nieto establecer un canon perpetuo a favor del convento de Santo Domingo, sobre el hato de dos leguas que poseía su consorte Doña Isabel de Loayza, reconociéndose a ese precio a los cónyuges un derecho de patronato que en vano debía discutirse un siglo después a sus descendientes.

«Porque, negándose, en marzo de 1694, el Maestre de Campo Don Gaspar de Arredondo, gobernador y capitán general de Puerto Rico, a continuar suministrando a los conventos de franciscanos y dominicos la limosna que para vino y aceite les concedía anualmente el Tesoro Real, en tanto no acudiesen a presentar las licencias de erección y fundación, manifestado fue por el Capitán Don Bernardo de Novoa, a nombre de su mujer Doña Francisca Salinas Ponce, en quien recaía, por línea colateral, el derecho de patronato sobre el monasterio de Santo Domingo, que ninguna prueba documental podía exhibir, porque todo el archivo conventual había desaparecido en 1625, al incendiar los holandeses gran parte de la ciudad, y posesionarse del monasterio, destruyendo los claustros y saqueando la iglesia. Bastó esta respuesta para que el gobernador declarase, por su sola autoridad, anulado ese privilegio que invadía las prerrogativas de la Corona; pero sometido el caso al Consejo de Indias, decretó éste nula la decisión de Arredondo, por haberse adoptado sin asesor, estableciéndose de modo terminante, por parecer fiscal, que aunque el patronazgo eclesiástico en las Indias era privativo del monarca, esto no obstaba a que, en lo particular, pudiesen los vasallos establecerlo en casos especiales.

«Es, pues, incuestionable que los Padres dominicos concedieron a los nietos de Ponce de León (por cuanto vos contribuisteis) el patronato, no del convento, que con donativos regios se construyera, sino de la capilla mayor de la iglesia, constituida en panteón del Adelantado y blasonada desde luego por sus armas, que aún existen empotradas en lo alto del muro, sobre la puerta de la sacristía, hacia el lado del Evangelio.

«Cuanto a la inhumación, bien justificada por la inscripción lapidaria de que el Canónigo Torres Vargas, testigo ocular, hiciera mención en 1647, tiene en su abono otra prueba.

«En 30 de enero de 1579, viudo ya el nieto de Ponce de León, descorazonado por el descalabro que sufriera su intento de colonizar la Trinidad y entristecido por la pérdida de dos hijos, uno muerto en

LA SANDEZ DE BUSCAR LA FUENTE DE LA JUVENTUD…

El Padre Abbad y Lasierra expresó elogios y duras críticas a la Juan Ponce de León. En su comentada *Historia geográfica, civil y natural de la Isla de San Juan Bautista de Puerto Rico*, después de señalar otros méritos , dice:

«Acompañaba a sus mandatos el ejemplo de sus obras, hallándose el primero en los mayores apuros y trabajos. Era muy animoso y diligente en las cosas de la guerra, y a su conducta y esfuerzo se debe el reconocimiento y conquista de la isla. Padeció algunas desgracias y desaires de la fortuna, que lo desanimaron a seguir las conquistas a que le inclinaba su corazón marcial. La sandez de buscar la fuente que remozaba, le hizo salir a descubrir La Florida y otras Islas. Una credulidad necia le adquirió la gloria de descubrirlas y darlas nombre. Tuvo diferentes reencuentros con los indios y se retiró para volver con mayores fuerzas; pero no habiéndole sido más favorable la fortuna después de perder a muchos de los suyos, se vio precisado a reembarcarse mal herido y se retiró a La Habana, en donde murió.

«El Rey premió el valor de este vasallo en su hijo Don Luis Ponce de León, transfiriendo en éste la gracia del Adelantamiento de La Florida e islas de Biminí en el Canal de Bahama, que había concedido a su padre, cuya casa existió en Puerto Rico en una eminencia sobre la Caleta y Puerta de San Juan, hasta el año de 1779, en que el Gobernador Don José Dufresne, Brigadier de los Ejércitos, hizo derribar la mayor parte de ella. En el escudo de armas, que estaba muy consumido del tiempo, sólo se distinguía un león rampante al pie de un árbol, con una inscripción que por tan gastada no se pudo leer, ni sacar los demás blasones, que ocupaban el campo del escudo».

marcial combate y otro apresado vivo por los indios, intentó adoptar el estado eclesiástico. Consta así por documentos que existen en el Archivo de Indias correspondientes a la Audiencia de Santo Domingo, y entre ellos puede leerse la triple instancia del susodicho hijo de Garci Troche en que hace dejación y desistimiento de sus oficios, a 28 de agosto de 1577 por tener voluntad y determinación de ser clérigo o fraile. Y al pedir que se le alce el pleito homenaje que prestara como alcaide de la Fortaleza y el Morro, suplica, en mérito de esos servicios y los de su padre y abuelo, se haga merced de la dicha alcaldía a un hijo suyo, nombrado también Juan Ponce de León, de veintidós años de edad y persona hábil y suficiente.

«La Probanza de servicios que acompañara a tal solicitud se apoya en seis declaraciones de bien caracterizados vecinos, prestadas en junio de 1578 ante el Capitán Francisco de Obando y Messía, gobernador de San Juan. De una de ellas, la que autoriza Gonzalo de Ávila, de 73 años de edad y antiguo poblador de la Isla, copio: "A la sexta pregunta dijo que este testigo vio en el puerto de esta ciudad una armada de ciertos navíos y carabela del dicho Don Joan Ponce de León y le vio hacer gente y partir para la costa de la Florida a conquistarla y después desde ha cierto tiempo oyó decir por público y notorio que los indios de la Florida habían muerto al dicho Don Juan Ponce de León y des-

pués vio este testigo traer sus huesos y los enterraron en la capilla mayor del Señor Sancto Domingo, etc».

«Allí, en aquel enterramiento, sencillo en apariencia pero de costosa adquisición, como queda expuesto, debieron reposar hasta la consumación de los siglos, las cenizas venerables del conquistador de Boriquén; mas no en vano dice un adagio español: "A luengas edades luengas novedades". El famoso decreto de Mendizábal en 1835, al suprimir las comunidades religiosas, convirtió los conventos puertorriqueños, franciscanos y dominicos, en propiedades del Estado, continuando habilitadas para el culto sus iglesias, bajo la autoridad episcopal. Ocurriósele más tarde a un prelado poner bajo la dirección de los jesuitas el Seminario Conciliar, y como los hijos de Loyola interesaban, al instalarse en el país, la posesión de un templo donde ejercitar sin disciplina parroquial y por sus peculiares métodos, el culto religioso, la iglesia, construida con tanto esmero por los hermanos de Santo Domingo de Guzmán, pasó a manos de la Compañía de Jesús, y desmontada de su hornacina la imagen del doctor angélico, mudóse la advocación de Santo Tomás por la de San José, con igual facilidad que mudamos el nombre tradicional de una vía pública, cediendo a conveniencia del momento.

«Pero no bastaba a los jesuitas mudar la advocación; había que alegrar un poco

---

UN CONQUISTADOR SE BURLA DEL ESPEJISMO DE LA FUENTE DE LA JUVENTUD

Entre los más antiguos desta gente
Había muchos indios que decían
De la Biminí, isla prepotente,
Donde varias naciones acudían
Por las virtudes grandes de su fuente,
Donde viejos, mancebos se volvían,
Y donde las mujeres más ancianas
Deshacían las arrugas y las canas.

Bebiendo de sus aguas pocas veces,
Lavando las cansadas proporciones,
Perdían fealdades de vejeces,
Sanaban las enfermas complexiones;
Los rostros adobaban y las teces,
Puesto que no mudaban las facciones;
Y por no dejar de ser doncellas
Del agua no salían todas ellas...

Estoy ahora yo considerando,
Según la vanidad de nuestros días,
¡Qué viejas vinieran arrastrando
Por cobrar sus antiguas gallardías,
Si fuera cierta como voy contando
La fama de tan grandes niñerías!
¡Cuán rico, cuán pujante, cuán potente
Pudiera ser el rey de la tal fuente!

¡Qué de haciendas, joyas y preseas
Por remozar vendieran los varones!
¡Qué grita de hermosas y de feas
Anduvieran por estas estaciones!
¡Cuán diferentes trajes y libreas
Vinieran a ganar estos perdones!
Cierto no se tomara pena tanta
Por ir a visitar la Tierra Santa.

La fama pues del agua se vertía
Por los de estos cabildos y concejos,
Y con imaginar que ya se vía
En mozos se tornaron muchos viejos:
Prosiguiendo tan loca fantasía
Sin querer ser capaces de consejos;
Y así tomaron muchos el camino
De tan desatinado desatino.

Juan de Castellanos en Elegía
de varones ilustres de Indias

la austeridad de aquellas seculares bóvedas, donde las tétricas cogullas monacales debían sustituirse por los vaporosos velos de las Hijas de María, y donde, en lo sucesivo, habrían de oírse con más frecuencia que el plañidero *Miserere* o el amenazador *Dies irae* los místicos cantares de la Madre del amor hermoso, y como, de otra parte, el abandono en que se había dejado el templo exigía largas reparaciones, procedióse a ellas, con cargo a las rentas públicas, pero a entera satisfacción de los nuevos rectores.

«Fue entonces, en abril de 1863, que un gran patriota puertorriqueño, Don Julio L. Vizcarrondo, el fervoroso propagandista, enamorado consecuente de la libertad y el progreso de su país, temiendo que con esa renovación del templo desapareciese todo indicio acerca del enterramiento de Ponce, que sólo como tradición admitían algunos doctos, acudió a la Real Sociedad Económica de Amigos del País, solicitando sus iniciativas para proceder a una investigación pericial que esclareciese la verdad del asunto.

«La Sociedad Económica, de acuerdo con lo solicitado y girando dentro del círculo estrecho de sus atribuciones, propuso al Gobernador Capitán General el nombramiento de una Comisión oficial que estudiase y dirigiese la investigación eligiéndose para formarla a los R.R.P.P. Lluch y Pizarro, rector y vicerector del Seminario, a los señores Don Manuel Paniagua y Don Manuel de la Cruz, regidores del Ayuntamiento, a Don Julio L. Vizcarrondo y Don Cirilo de Tornos, socios de la Económica, y a los doctores en medicina y cirugía, Don Ramón Dapena y Don Anselmo Pérez, presididos por el Fiscal de J.M. en representación de la Audiencia.

«Congregada esta Comisión en el templo y reconocido el blasón heráldico del Conquistador en la pared de la capilla mayor, correspondiente al lado del Evangelio, hallóse empotrada en la misma pared, en dirección perpendicular y rasante con el pavimento, la losa descrita por Torres Vargas con la inscripción correspondiente, legible aunque borrosa, cavándose el suelo en aquel sitio, y hallándose a poca profundidad y bajo gruesa capa de barro muy compacto, un subsuelo arenoso del cual fue extraída una caja de madera conteniendo huesos humanos.

«Colocados esos huesos sobre una mesa, con precisión anatómica, reconocióse científicamente el esqueleto de un hombre de edad provecta y estatura prócer, echándose de menos por los facultativos tan sólo algunas vértebras. La novedad del suceso había atraído a la iglesia gran número de concurrentes, extraños a la Comisión, y entre ellos el Dr. Don Francisco Mancebo, a quien se le ocurrió formular en alta voz esta pregunta: —¿Quién puede asegurar que este esqueleto sea el mismo trasladado de La Habana hace trescientos años? Y fue uno de los representantes del pueblo, el Sr. Don Manuel Paniagua, quien replicó a aquella insidiosa oficiosidad del interpelante, con estas frases: "La historia dice que Ponce de León, herido en el muslo izquierdo por una flecha que le penetró hasta el hueso, fue a morir a La Habana por consecuencia de esa herida. Y aquí está el fémur izquierdo de este esqueleto, mostrando en su parte intermedia una carie bien caracterizada. Si no se admite que estos huesos sean los de Juan Ponce de León, preciso será admitir que corresponden a una persona de su misma edad, herida como él en el muslo izquierdo."

«La prueba era concluyente: la lesión ósea, la tradición secular y los testimonios lapidarios manifestábanse en completo acuerdo, y así se hizo constar por acta triplicada, enviándose uno de los ejemplares a la metrópoli; pero los huesos no volvieron al regazo de la madre común; destinóseles un mausoleo que debía erigirse por suscripción popular, y en tanto se realizaba este proyecto, los huesos del valiente soldado, fundador de la colonia portorriqueña, recogidos fueron en un cajón y confiados a los jesuitas, que los guardaron en un rincón de la sacristía. Y allí están todavía, como protesta muda pero acerba de la violación de un derecho de familia y de la indiferencia de todo un pueblo.

«Porque el proyecto monumental se concibió, sí, pero señalándose la instalación en la plazuela de las Monjas, frente a la catedral, culminando la urna cineraria con la estatua del héroe, y el Obispo Don Fray Pablo Benigno Carrión de Málaga, negóse abiertamente a autorizar la erección de una sepultura cristiana en terreno no consagrado por la iglesia y expuesto a irreverencias constantes. Cuando se

---

ELOGIO LUCTUOSO A JUAN PONCE DE LEÓN

Al decir del cronista poeta Juan de Castellanos, las autoridades habaneras dispusieron en honor del esforzado capitán pomposas exequias, elevándose al efecto un gran túmulo, sobre cuyos luctuosos paños se da por colocada esta inscripción:

Mole sub hac fortis [requiescunt ossa [leonis
Qui vicit factus [nomina magna [suis.

El propio autor de las *Elegías de varones ilustres de Indias*, siguiendo una práctica aplicable a todos los versos latinos que inserta en su obra, parafrasea el anterior dístico en esta forma:

Aqueste lugar [estrecho
Es sepulcro del [varón,
Que en el nombre [fue León
Y mucho más en el [hecho.

Salvador Brau,
La colonización de Puerto Rico

ha visto luego la estatua de Ponce sirviendo de befa en inmoderados esparcimientos juveniles; cuando se sabe que las gradas del monumento de Colón proporcionan teatro a escenas nocturnas que no realzan la cultura pública, se hace imposible desaprobar la previsión del prelado, que por otra parte se mostraba, aunque involuntariamente, mantenedor de voluntades testamentarias respetables.

«Si la familia de Ponce desmembró su caudal para adquirir el privilegio de dar sepultura a su progenitor en la iglesia de los P.P. Dominicos, y ese privilegio, autorizado por las Leyes de Indias, tenía en su abono secular *consuetud*, por incorrecta debía tenerse toda innovación arbitraria. Y como el Estado, al decretar la supresión de las comunidades religiosas, se incautó de todos los bienes afectos a los patronatos y capellanías que proporcionaban rentas a los frailes, habiéndose apoderado del capital, por obligado debía tenérsele al cumplimiento de los servicios que mediante su usufructo se prestaban.

«Fácil hubiera sido conciliar el veto del obispo y la voluntad de los Ponce con el deseo de dar realce monumental a la sepultura, levantando el mausoleo en la propia iglesia de San José, bien en la capilla mayor o en alguna lateral, mas parece que esta conciliación, que salvaba todos los respetos, cívicos, religiosos y fundamentales, no se le ocurrió a nadie, como no discurrió tampoco ninguna autoridad, toda vez que el proyecto se abandonaba, ordenar que aquellos despojos se restituyesen al mismo lugar de donde fueron retirados.

«No una vez sola relampagueó en las columnas de la prensa periódica, enérgica protesta contra ese olvido vergonzoso que pudiera dar ocasión a que, por accidente fortuito, desapareciese como trasto inútil el arrinconado cajón mortuorio; pero, es forzoso confesar, salvando excepciones honrosísimas, que el eco de la opinión no respondió a tan nobles excitaciones. Y es que en punto a religión de los recuerdos, estamos aún a la misma altura en que nos colocó Don José Julián Acosta hace treinta y cinco años. Pudiera decirse que a nosotros, como cuerpo social, nos acontece lo que a ciertos individuos que llegan a la insensibilidad por excesivo ejercicio de los órganos sensorios. Fue

tanto y tan extraordinario lo que se nos obligó a creer, que concluimos por dudar de todo. Y cuando no se cree en nada no hay fundamento para esperar algo.

«No se concibe un bajel en pleno océano, sin punto de partida, sin orientación determinada, cediendo sin brújula al ímpetu de contrarios vientos y aventurándose a cruzar hoy por corrientes opuestas a las que surcara ayer inconscientemente. Con tal sistema sería más fácil tropezar en inadvertido escollo o desaparecer en el torbellino de inesperado ciclón que arribar a seguro puerto. Y la sociedad es nave que marcha hacia el progreso sorteando los escollos pasionales y las vorágines egoístas. La orientación de esa nave puede rectificarse tantas cuantas veces lo exija el interés social, pero lo que no admite rectificación es el punto de partida.

«Y el punto de partida de la sociedad portorriqueña, no embargante sus evoluciones y transformaciones, y sea cual fuere el destino que la reserve el obscuro porvenir, habrá que buscarlo siempre en aquel día memorable de 1508 en que el bizarro Juan Ponce de León, seguido por veinte hombres intrépidos, invadió el suelo de la agreste Boriquén, para fundar en ella un pueblo, civilizado por la doctrina del Evangelio que aún sigue iluminando nuestras conciencias; para levantar un hogar y crear una familia cuya trascendencia recogimos, en aquellos lares apacibles donde nuestras madres nos enseñaron a bendecir a Dios en el idioma armonioso de que no podemos despojarnos.

«No hay medio, no, de excusarlo: al cimentar Ponce de León la colonia portorriqueña, regándola con el sudor de su frente; vigorizándola con las energías de su espíritu y defendiéndola con la potencia de su espada, surgir hizo a la vida universal esta sociedad en cuyo seno hemos visto la luz, y que, enaltecida por la fe perseverante y la voluntad laboriosa de legiones de ascendientes nuestros, constituye el terreno sagrado de la patria, a cuyo nombre va unido el recuerdo de nuestros goces, ensueños, angustias y esperanzas; cuyas alegrías se reflejaron en nuestro pensamiento y cuyas vicisitudes hirieron nuestro corazón como accidente de la propia entraña.

«No importa, no, que en las almenas del Morro se haya sustituido el glorioso pabellón que trajo a América la divina Ley del Crucificado, por esa otra noble bandera que enseñó a la vieja Europa cómo se defienden y ejercitan los Derechos del Hombre. La rectificación de rumbo ha modificado nuestra organización social, pero el punto de partida es inalterable. Y bien pudiera la nueva nacionalidad hallar un margen depresivo para nuestra cultura en el análisis del hecho que expongo.

«Un ciudadano americano, un historiador concienzudo, el insigne William Prescott, describiendo los tumultos producidos en 1823 por las turbas mejicanas que "en odio a los españoles trataban de profanar la tumba de Hernán Cortés, para dar al viento sus cenizas", dejó escapar de su pluma estas notables frases: "Estaba reservado a nuestros días concebir el designio de violar el reposo de los muertos y de insultar sus reliquias. Sin embargo, los hombres que meditaron este ultraje no eran los descendientes de Moctezuma…, sino los descendientes y compatriotas de los antiguos conquistadores, que debían al derecho de conquista el título sobre el suelo que pisaban".

«Recojamos esa lección y cuidémonos de evitar que un nuevo Prescott llegue a aplicárnosla.

«Los cimientos de una iglesia cristiana son digno sarcófago de quien con su bravura personal abrió cauce a la civilización evangélica por entre pueblos salvajes desconocidos; pero que el esforzado capitán que ayudó a ensanchar el imperio colonial de España, en el propio suelo que conquistó no encuentre tierra para sepultar su cuerpo, ni obtenga urna cineraria más decente que un desvencijado y polvoriento cajón de guardar baratijas, no concibo que el prestigio español y el patriotismo portorriqueño deban tolerarlo por más tiempo.

«Noviembre de 1900».

Concluye este artículo de Don Salvador Brau con una nota en que se hace constar que el 25 de febrero de 1913 los restos de Ponce de León fueron sepultados en un mausoleo erigido en la Catedral.

▼ Ponce de León, Leonor

Esposa del conquistador de Puerto Rico Juan Ponce de León; fue la primera fémina española en arribar a la isla, en 1509, procedente de Santo Domingo.

▼ Ponce de León y Troche, Juan

Nieto del conquistador de Puerto Rico; hijo de García Troche, alcaide de La Fortaleza, y de Juana Ponce de León, hija mayor de Juan Ponce de León. Se cree nació en San Germán, y murió en San Juan (1525–1590). A la muerte de su tío Luis y luego de su padre, heredó los cargos de contador y tesorero de Puerto Rico, alcaide de La Fortaleza, capitán del regimiento de San Juan y regidor del consejo municipal de San Juan. Fue gobernador interino de Puerto Rico (1579–80). Hacia 1545 contrajo matrimonio con la hija del entonces gobernador de Puerto Rico Íñigo López Cervantes de Loaiza, llamada Isabel. Cumpliendo órdenes del Rey Felipe II y por encargo del Gobernador Juan López de Melgarejo, junto al Licenciado Antonio de Santa Clara redactó una *Memoria y descripción de la isla de Puerto Rico* (1582), más conocida como *Memoria de Melgarejo*, que fue publicada por vez primera en Madrid, en 1864; en 1914 Cayetano Coll y Toste la reprodujo en el *Boletín histórico de Puerto Rico*. Años antes de morir Ponce de León y Troche cedió a su hijo mayor sus cargos y privilegios e ingresó en un convento; llegó a ser ordenado sacerdote.

▼ Ponceña, lago

Ver **Inabón, río.**

▼ Ponceño

Gentilicio de los nacidos en el municipio de Ponce.

▼ Pont Flores, Rafael

Periodista, cronista deportivo. Nació en Aibonito y falleció en San Juan (1909–1980). Se graduó de bachiller (1930) y de maestro en Artes (1939) en las universidades de Puerto Rico y de Michigan, respectivamente. Profesó en su Alma Mater, cuyo Departamento de Educación Física dirigió. Desde 1946 hasta su muerte fue cronista deportivo de *El Mundo*, diario en el que ocupó el cargo de editor deportivo (1946–1954) y para el cual escribió la conocida columna *El deporte en broma y en serio*, título del libro en que reunió tales columnas en 1952. También colaboró en *El Imparcial* y *El Nuevo Día* y dirigió el semanario *Escuela* del Departamento de Instrucción Pública (1954–62) y fue comentarista deportivo de radio y televisión. Premio de Periodismo del Instituto de Literatura Puertorriqueña (1950). Además, fue un tenista destacado. Publicó otra obra de crónicas, *Un puertorriqueño en España* (1967) y colaboró en la enciclopedia *Clásicos de Puerto Rico* (1976) con el ensayo «El deporte en Puerto Rico, religión de todos».

▼ Porras Cruz, Jorge Luis

Educador, ensayista. Nació en Ciales y falleció en San Juan (1910–1970). Se graduó de bachiller en la Universidad de Puerto Rico (1933), de maestro en Artes en la de Harvard (1947) y de doctor en Filosofía y Letras en la Nacional Autónoma de México (1950). Profesó en su Alma Mater, en el Departamento de Estudios Hispánicos, el cual dirigió hasta el año de su muerte. Fue supervisor general del Departamento de Instrucción Pública, hoy de Educación. Dio a conocer numerosos ensayos en publicaciones como *Asomante, Ateneo Puertorriqueño, Brújula, El Mundo, Extramuros, Isla* y *Revista del Instituto de Cultura Puertorriqueña*. Su ensayo «Locura o realidad» mereció el Premio Cervantes del Instituto de las Españas de Estados Unidos (1931). Póstumamente se publicaron sus obras *Estudios y artículos* (1974) y *Vida y obra de Luis G. Inclán* (1976).

El educador y ensayista cialeño Jorge Luis Porras Cruz fue premiado por el Instituto de las Españas

▼ Porta Coeli, convento

Ver **Arquitectura religiosa**.

▼ Portilla Gutiérrez, Segundo de la

Teniente general español que gobernó Puerto Rico de 1875 a 1877, y en forma interina de 1881 a 1883. Durante su primer mandato se fundaron el Ateneo Puertorriqueño (30 de abril de 1876) y el primer banco de la isla, llamado Sociedad Anónima de Crédito Mercantil (1877). Portilla hizo obligatorio vacunarse contra la viruela. Coll y Toste refiere que popularmente a este gobernador se le llamó «Bálsamo tranquilo porque venía a la pequeña Antilla [Puerto Rico] a suavizar las asperezas del gobierno de arbitrario General Don Laureano Sanz...». Su sucesor fue el Marqués de Irún, Manuel de la Serna. Durante su segundo período de gobierno se fundaron el Instituto de Segunda Enseñanza, bajo la dirección de José Julián Acosta, y los pueblos de Barceloneta y Lajas, y se construyó un lazareto provincial en Isla de Cabras. En esta ocasión le sucedió en la gobernación Miguel de la Vega Inclán.

▼ Portillo, barrio

Del municipio de Adjuntas (420 habitantes según el censo de 1990).

▼ Porto Rico

Nombre que le fue oficialmente impuesto a la isla de Puerto Rico en 1899 por el gobierno militar norteamericano por razones idiomáticas. Se mantuvo vigente hasta el 17 de mayo de 1932, fecha en que el Congreso aprobó una ley restituyéndole el nombre de Puerto Rico.

▼ Portugués, barrio

1. Del municipio de Adjuntas (353 habitantes). 2. Del municipio de Ponce (4,916 habitantes). 3. Urbano del municipio de Ponce (7,541 habitantes).

▼ Portugués, río

Nace en el barrio de este nombre, municipio de Adjuntas. Longitud aproximada: 27.6 Kms. (17.3 millas). Atraviesa los municipios de Adjuntas y Ponce y desemboca en el mar Caribe. Entre sus afluentes están los ríos Corcho y Chico.

▼ Post, Regis H.

Antes de desempeñarse como gobernador de Puerto Rico (1907–1909) había sido, bajo el Gobernador Beekman Winthrop, auditor y secretario del gobierno isleño. Al igual que su predecesor, favoreció se extendiera la ciudadanía norteamericana a los puertorriqueños; fue el primer gobernador norteamericano que opinó sobre el *status* de Puerto Rico en público. Le sucedió en el cargo George R. Colton.

▼ Postrero, río

Tributario del río Lajas. Nace al sur del barrio Indiera Fría, municipio de Maricao, a una altura de 730 metros (2 ,394 pies) sobre el nivel del mar; corre de sur a norte. Longitud aproximada: 2 Kms. (1.2 millas).

▼ Pou Becerra, Miguel

Pintor nacido en Ponce y fallecido en San Juan (24 de abril de 1880–6 de mayo de 1968). Recibió clases de pintura y dibujo a muy temprana edad, pero no fue hasta 1919, a los 39 años de edad, que pudo realizar estudios en una institución de la envergadura de la Liga de Estudiantes de Arte de Nueva York, y a los 55 en la Academia de Bellas Artes de Pennsylvania. No obstante sí realizó numerosos viajes a Estados Unidos con el propósito de visitar museos y otros centros de arte, lo cual le permitió apreciar y estudiar la obra de artistas de esa nación. En Ponce Pou dirigió una academia de pintura de su propiedad durante cuarenta años; entre sus alumnos se contaron José R. Alicea y Epifanio Irizarry. Como Óscar Colón Delgado y Juan A. Rosado, fue parte de la generación de transición, que ha sido calificada de «heroica», y contribuyó grandemente al renacer de la pintura puertorriqueña. Pintó alrededor de trescientos retratos y numerosas escenas urbanas, pero su mayor aporte a la plástica puertorriqueña es su interpretación del paisaje campesino, como en los cuadros llamados *Camino del pueblo, El bohío de yaguas, El flamboyán, El hamaquero, El jíbarito, Floresta tropical, Lavanderas del río Portugués, Mujer moliendo maíz,* y otros. Póstumamente Ana Valdejulli de Pou publicó *Miguel Pou, su vida y su obra* (1968).

▼ Poventud Goyco, Irene

Soprano nacida en Ponce, en cuya Universidad Católica se graduó de bachiller en Artes. Luego estudió en Nueva York (Metropolitan Opera Studios) y en Barcelona, España, país donde cantó óperas y conciertos. En su patria ha cantado en numerosas zarzuelas y con Ópera de Puerto Rico en *Aída* de Verdi y *Don Giovanni* de Mozart. En Estados Unidos ha trabajado con la Ópera de San Francisco, California; además, ha cantado en varios países hispanoamericanos. Ha sido profesora de piano y de apreciación musical. En 1974 el Instituto de Cultura de Puerto Rico en Nueva York le otorgó el Premio de Canto.

▼ Power y Giralt, Ramón

Militar, político. Nació en San Juan (7 de octubre de 1775) y falleció en Cádiz, España (10 de junio de 1813). Estudió Ciencias Náuticas en España y en Francia. Muy joven aún ingresó en la Marina de Guerra española, en la cual alcanzó el grado de teniente de navío. Durante la Guerra de Reconquista de Santo Domingo el Gobernador Toribio Montes envió, para apoyar al

Ramón Power y Giralt defendió valientemente los derechos de los puertorriqueños en las Cortes españolas

El pintor Miguel Pou

Power fue un carácter, porque era una voluntad reflexiva; fue digno, porque quiso y realizó el bien. ¡Estimable carácter! ¡Noble y fecunda existencia!

Alejandro Tapia y Rivera

POWER DENUNCIA LAS FACULTADES OMNÍMODAS

Todavía, Señor, hay provincias en que el ciudadano español no es verdaderamente libre: V.M. tiene en la siempre benemérita isla de Puerto Rico doscientos mil de sus más leales súbditos, para cuyo exterminio basta únicamente haber tenido la desgracia de concitarse el odio o el desagrado del jefe que los manda…

Todos —¡qué dolor!— temen ver para siempre destruida aquella inestimable existencia moral del ciudadano, cifrada en una opinión honrosa y exenta de toda nota. Sí, Señor; todos y cada uno ven en su imaginación estas horribles escenas, porque todos y cada uno conocen que para perpetrarse semejantes escandalosos atentados, bastará un chisme, una calumnia, quizá el desafecto del primer magistrado de la Isla, tal vez el de alguno de sus parciales. Pero ¡qué multitud de males de toda especie no deberán naturalmente resultar de tan rara providencia! ¡Qué suerte tan lastimosa y tan poco merecida la de mis compatriotas!

¿Cuál será, Señor, el fiel servidor de V.M., cuál el varón fuerte y constante que con noticia de aquella detestable Real Orden se atreva a reclamar del Gobierno de Puerto Rico el menor agravio que le infiera en la administración de justicia? ¿Cuál será, pregunto, el jefe, el cuerpo, o el Ayuntamiento que se atreva a representarle si abusa de sus facultades hasta el extremo más escandaloso, si desprecia, huella y pisa con descaro las leyes más sagradas? Ninguno, Señor, ninguno se atreverá a disentir de la opinión del jefe por más razón y justicia que le asistan ¡porque el imprudente que a tal se arrojase pagaría bien presto su indiscreción con una ruina infalible en que también se vería envuelta toda su familia!

EN 1811 POWER PREVIÓ LA TORMENTA POLÍTICA QUE SE INCUBABA EN LAS COLONIAS

Examinemos, Señor, el espíritu público de nuestros hermanos de América: estudiemos sus deseos porque son justos, y precavamos funestas resultas, no sea que algún día tengamos que llorarlas. Representante nacional, elegido por mis compatriotas, me haría indigno de la confianza con que me honraron si no expusiese a V. M. decorosa pero enérgicamente, cuanto me dicta el honor y la conciencia para calmar los movimientos que se manifiestan ya en una gran parte del mundo nuevo, y para que calmados por los únicos medios que felizmente puede emplear V. M. se restablezca de un modo más sólido que nunca se ha visto en aquellas opulentas regiones, la unión, la fraternidad y la concordia entre todos los hijos de esta gran familia.

Consultemos, Señor, la opinión general de las Américas y se convencerá que así los países tranquilos que han enviado a este Congreso sus representantes, o bien una parte de sus instrucciones, piden la igualdad de representación del mismo modo que la indican las Juntas de Caracas, Barinas, Santa Fe, Buenos Aires, y otros pueblos en que se advierten las convulsiones. El Ayuntamiento de La Habana apunta las más racionales dudas acerca del tenor de los poderes con que había de autorizar al representante, y acordó extenderlos hasta donde pudiese y debiese darlos. Observemos en fin que en las Américas hay gentes ilustradas y un pueblo quejoso por el olvido, la humillación y el injurioso desprecio con que siempre se les ha mirado.

Busquemos un medio de borrar hasta la memoria de sus justas quejas, y no dejemos un solo motivo por pequeño, por especioso que parezca, que sea capaz de alimentar las actuales disensiones. No nos expongamos, Señor, a que en las provincias conmovidas, se diga de las Cortes, como ya se ha dicho de la Regencia anterior, que era ilegal, porque los representantes de aquellos países no habían concurrido a su elección ni a la transmisión de la soberanía. Evite el Congreso todo motivo de reclamación por parte de los americanos, y V. M. verá al momento restablecida la paz, y estrecharse la unión que tanto apetecemos.

Fragmento del discurso pronunciado por el Diputado Ramón Power y Giralt ante las Cortes reunidas en Cádiz el 16 de enero de 1811

Brigadier Juan Sánchez Ramírez en su lucha contra los franceses, una unidad del ejército al mando del Coronel José Arata y seis unidades navales al mando de Ramón Power. Juntamente con fuerzas dominicanas y de Gran Bretaña, la expedición logró derrotar a los franceses. El triunfo se alcanzó el 11 de junio de 1809 en el combate de Palo Hincado, en el cual Power tuvo destacada actuación. Fue él quien dictó la proclama al concluir las hostilidades; en ella el joven militar condenó el Tratado de Basilea por el cual España había cedido a Francia la isla Española, y prometió ayuda a los dominicanos para la defensa de la paz y la religión católica.

Encontrándose Power en Santo Domingo, la Junta Suprema que gobernaba la metrópoli dispuso que las colonias enviaran representantes a Cortes, los cuales se elegirían por sorteo. La elección recayó en el prestigioso militar, a pesar de los esfuerzos realizados por el entonces gobernador de Puerto Rico, Salvador Meléndez Bruna, quien pretendía se eligiera un peninsular para representar la isla. Power regresó a Puerto Rico, donde fue recibido con grandes muestras de júbilo por los sectores liberales.

El 16 de agosto, en acto solemne celebrado en la Iglesia Catedral, juró desempeñar fielmente la representación de la isla «en bien y por la felicidad de la patria». El Obispo Juan Alejo de Arizmendi, profundamente emocionado, le entregó su anillo pastoral «como prenda segura que os afirmará en la memoria vuestra resolución de proteger y sostener los derechos de nuestros compatriotas, como yo mismo la tengo de morir por mi amada grey». El Gobernador Meléndez entendió que tales declaraciones constituían críticas al régimen que él representaba.

Pero el nuevo diputado no pudo ejercer el mandato que había recibido. Ante el avance de las tropas de ocupación francesas en España, la Junta Suprema abdicó el gobierno en favor de un Consejo de Regencia y se disolvió después de anular las elecciones de diputados. Poco después el Consejo convocó nuevas elecciones, de nuevo por sorteo entre los tres candidatos que mayor número de votos obtuvieran. Una vez más Power fue elegido para cubrir el cargo. Los ayuntamientos de la isla —San Juan, San Germán, Coamo, Aguada y Arecibo— entregaron a su representante pliegos de instrucciones, en algunos de los cuales se calificaba al régimen de gobierno de la isla con palabras severas. El de San Germán llegó al extremo de advertir que si España perdía el dominio de la colonia, la isla quedaría independiente y libre para elegir el mejor medio de conservar la paz y la religión católica.

El 24 de septiembre de 1810, cuando las Cortes se instalaron en la isla de León, frente a Cádiz, Power fue elegido primer vicepresidente. Esta noticia llenó de júbilo a sus compatriotas reformistas, que festejaron la noticia durante tres días. El diputado puertorriqueño, valientemente, impugnó en las sesiones el gobierno de Meléndez Bruna y el decreto de las facultades omnímodas, que calificó de bárbaro y tiránico. Con su brillante oratoria alcanzó la derogación de dicho decreto, pero no logró que Meléndez fuera sepa-

rado de la gobernación. Cuando en la isla se recibió un folleto contentivo del discurso de Power y copia del decreto derogando las nefastas facultades, Meléndez se defendió acusando al diputado y a numerosos puertorriqueños de pretender derrocar el gobierno.

La labor de Power fue fructífera para la isla. Logró que se extendiera a Puerto Rico el régimen de Intendencia, que se designara para presidirlo a Don Alejandro Ramírez, y que se habilitaran los puertos de Ponce, Mayagüez, Aguadilla y Fajardo.

Power, a los 38 años, cuando tanto podía hacer por su patria, falleció de fiebre amarilla en Cádiz. Las Cortes le tributaron un sentido homenaje; en los cabildos y en la Diputación Provincial se le rindieron honras fúnebres.

El periodista e historiador Sotero Figueroa, en su *Ensayo biográfico de los que más han contribuido al progreso de Puerto Rico*, incluyó una excelente biografía de Power y Giralt, de la cual reproducimos los siguientes párrafos:

«A los doce años abandonó el suelo natal para ir a continuar sus estudios a Bilbao, patria de su padre D. Joaquín Power y Morgan. Más tarde pasó a Burdeos, en donde aprendió perfectamente la lengua francesa, y últimamente ingresó en el Colegio de Guardias Marinos de Cádiz, obteniendo plaza como tal el 22 de mayo de 1792. Marino experto, valiente e ilustrado, ganó todos sus ascensos hasta capitán de fragata, por sus méritos propios, nunca por esos torpes favoritismos que degradan los caracteres, y que tanto necesitan para poder medrar las nulidades aparatosas e insolentes. Esta fase de la vida de Power, en que luchó más de una vez con las tormentas desencadenadas del borrascoso mar, no tan temibles y fieras como las pasiones de los hombres, que más tarde iba a combatir llevado de sus nobles sentimientos patrios, merecía le consagrásemos algunos párrafos; pero no es bajo este punto de vista que debemos examinar a Power: otro más bello, más beneficioso para esta Provincia de sus amores [Puerto Rico] reclama nuestra particular atención.

«Dejemos, pues, de ocuparnos de los servicios que, como marino, prestó Power a la Patria, entre los cuales no es el menor el mando de la división destinada al bloqueo y operaciones costeras en la Isla de Santo Domingo [La Española] cuando quiso sacudir, y sacudió, el yugo de Francia que se le impuso gracias al lamentable decreto de Basilea, que le valió al favorito Godoy la alta dignidad de príncipe, y vengamos a examinar algunos de los principales actos del primer Diputado por Puerto Rico, en cuyo puesto realmente es Power nuestra más saliente figura.

«Y en verdad que tiene títulos valiosísimos para vivir en nuestro corazón y para ser glorificado en las páginas de la historia patria, pues alcanzó la señalada honra de ser uno de los miembros de la Central, de aquella Junta patriótica creada para dar unidad, fuerza y cohesión a la guerra inmortal de la Independencia, cuya primera prestigiosa página escribieron Daoiz y Velarde, pundonorosos oficiales de artillería que no pudieron soportar por más tiempo el yugo del servilismo al que tenía uncida a toda Europa el Capitán del siglo [Napoleón Bonaparte], y se lanzaron, el día 2 de mayo de 1808, a morir con honra antes que vivir como esclavos de un déspota que se había impuesto por la fuerza a la debilidad…

«De ese esfuerzo gigantesco en que se puso a prueba la bravura del pueblo español y la índole de su carácter batallador e independiente, nacieron las Cortes de Cádiz; aquellas Cortes famosas que escribieron la Constitución democrática de 1812; aquellas Cortes que disolvieron la horrible Inquisición, decretaron la abolición de los mayorazgos y señoríos, trataron de refrenar el inicuo comercio de esclavos y procuraron garantizar los derechos individuales; y al par que sus ejércitos combatían por la libertad de la patria, los venerables legisladores que las formaban establecían la libertad política, fundaban un nuevo orden de cosas, fuera de los rigores del despotismo, al compás de las descargas que cruzaban el aire y de las bombas que caían sobre el santuario mismo de las Cortes, entre el fragor de la más horrible y sangrienta lucha que registra la historia.

«Pues bien, la Junta Suprema de Gobierno, organizada para resistir a Bonaparte, y que se formó en 1809 con vocales de todas las provincias españolas, concedió a Power un asiento como representante por Puerto Rico, asiento que no

ocupó enseguida por encontrarse en Santo Domingo, cuyos acontecimientos habían de dar por resultado volver la Española —como primitivamente se llamó la hoy República Dominicana— al regazo de la Madre Patria. Antes de dirigirse a la Península tocó Power en su ciudad natal, y los brillantes festejos públicos con que fue obsequiado por el municipio y la entusiasta juventud portorriqueña, demostraban que había cumplido como bueno dando días de gloria a la Patria y haciendo que su nombre se pronunciara con respeto y gratitud.

«Más tarde, elegido Diputado por esta Provincia al convocarse las famosas Cortes de Cádiz, tomó asiento en la Cámara, y desde este momento su infatigable actividad, su palabra inspirada por la razón, se consagró sin vacilaciones a defender la libertad y la justicia. En ningún empeño noble, en ninguna petición equitativa faltaba la firma de Power, o el apoyo de su elocuente palabra. Este celo, unido a su ilustración, le llevaron a la Vicepresidencia del Congreso, después que como hijo cariñoso de esta Provincia, se había desvelado no sólo por dar seguridad y garantías a estos naturales, sino por recabar mejoras que favorecieran las fuentes vivas de riqueza de este suelo. A él se debe que en Febrero de 1811 se aboliera la Real Orden de 4 de septiembre del año anterior, revistiendo al Gobernador General de esta Isla de las facultades discrecionales, o sea el poder absoluto y omnímodo para proceder contra cualquier ciudadano.

«¡Qué palabras tan elocuentes las que pronunciara en aquellos momentos Power! ¡Cómo demostraba sus nobles sentimientos en favor de sus hermosos ideales! Puede decirse que jamás la justicia tuvo intérprete tan conmovedor, aunque los haya tenido más hábiles, y, si se quiere, más ilustrados…

«La Real Orden invistiendo al Gobernador de esta Isla de facultades discrecionales, fue abolida, según hemos dicho, en 15 de Febrero de 1811; pero conforme lo ha expresado el inolvidable Tapia [y Rivera], este triunfo le valió a Power la enemistad del entonces Gobernador de Puerto Rico, Brigadier Don Salvador Meléndez y Bruna, quien no perdonó medios de zaherirle y calumniarle, hasta el extremo de que más de una vez tuvo que volver públicamente por los fueros de la verdad ultrajada, el digno diputado por esta Isla…

«Más tarde, en abril del mismo año, gestionó otra reforma de gran trascendencia para esta Provincia, alcanzando favorable resultado. Nos referimos al oneroso abasto forzado de las carnes que se consumían en la Capital de la Isla, y que Power logró se aboliera por Real Orden de 28 de Noviembre de 1811… Laborioso siempre, y siempre desvelándose por el progreso de su querida Puerto Rico, denunció, entre otros abusos, la falta de cumplimiento de la soberana disposición de 1804 sobre puertos, y los monopolios que tenían lugar con la venta de harinas. Por último, pidió la separación de la Intendencia de la Capitanía General, que al cabo consiguió, y comprendiendo el inmenso valer del ilustrado hacendista Don Alejandro Ramírez, logró que le nombraran Intendente, siendo el primero que tuvo esta Isla.

«Este fue el postrer meritorio servicio que pudo prestar a la Provincia donde diera el primer vagido de la existencia el inolvidable D. Ramón Power, pues el 10 de julio de 1813, a los 38 años de edad, cuando aún estaba en todo el vigor de sus facultades y podía continuar recabando acertadas reformas, convenientes a la causa de nuestro progreso, falleció en la ciudad de Cádiz, víctima de devoradora fiebre.

«Sus cenizas se guardan en el bello mausoleo que a los Diputados de 1812 consagró en su suelo el Ayuntamiento de Cádiz. Allí, todo amante portorriqueño que visite la antigua Gades, debe ir a pagar el tributo de su reconocimiento, dedicándole una lágrima de gratitud al que se desveló tanto y tanto por la felicidad de Puerto Rico».

Ver más información en **Historia.**

▽ Pozas, barrio
1. Del municipio de Ciales (1,406 habitantes). 2. Del municipio de San Sebastián (2,782 habitantes).

▽ Pozas, quebrada
Afluente del río Toro Negro, tributario del Grande de Manatí. Nace en el barrio Toro Negro del municipio de Ciales a una altura de 450 metros (1,476 pies) sobre el nivel del mar; es corta y corre en dirección oeste.

▽ Pozas, caño Las
Afluente del río Cibuco. Nace en el barrio Cabo Caribe del municipio de Vega Baja; corre de sur a norte y se une al río Cibuco casi en la desembocadura de éste.

▽ Pozo, cueva del
Está situada en el barrio Rocha de Moca, y tiene acceso desde el kilómetro 5.7 de la Carretera 444 por una vereda que parte hacia el nordeste. Su interior es obscuro y alcanza notable profundidad.

▽ Pozo de Magala, quebrada
Afluente del río Bauta, tributario del Toro Negro. Nace en el barrio Vaga del municipio de Morovis a una altura de 380 metros (1,246 pies) sobre el nivel del mar; es corta y corre en dirección oeste.

▽ Pozo Hondo, barrio
Del municipio de Guayama (840 habitantes según el censo de 1990).

▽ Prera
Ver **Administración de Auxilio de Emergencia para Puerto Rico.**

▽ Presupuesto y Gerencia, Oficina de
Creada por la Ley número 147 del 18 de junio de 1978, como parte de la Oficina del Gobernador, orienta la política pública programática, fiscal y presupuestaria del Gobierno, y busca que los fondos públicos sean utilizados en forma efectiva y económica.

▽ Presupuestos de Puerto Rico
Ver **Hacienda Pública.**

▽ Prey, Juan de
Pintor nacido en San Juan y fallecido en Nueva York (1904–1962), ciudad donde expuso sus obras por primera vez en 1944. Póstumamente la Galería Sudamérica de dicha ciudad le rindió homenaje al organizar una exposición con cuarenta de sus obras.

▽ Prieta, quebrada
1. Afluente del río Cuesta Arriba, tributario del de la Plata. Nace en el barrio Juan Asencio del municipio de Aguas Buenas, a una altura de 460 metros (1,509 pies)

sobre el nivel del mar; es corta y corre en dirección norte. 2. Otra del mismo nombre, afluente del río Bayamón. Nace al oeste del barrio Cañaboncito, del municipio de Caguas; es corta y corre de este a oeste; desemboca en el lago Cidra. 3. Otra llamada igual, ésta tributaria del río Grande de Loíza, nace al oeste del barrio Jagual del municipio de San Lorenzo. Longitud aproximada: 5 Kms. (3 millas). Corre de oeste a este. 4. Tributaria del río de la Plata. Nace al norte del barrio Honduras del municipio de Barranquitas a una altura sobre el nivel del mar de 590 metros (1,771 pies). Longitud aproximada: 4 Kms. (2.5 millas). Corre en dirección este.

▼ Prieto, cerro

Se eleva a 937.6 metros (3,075 pies) de altura sobre el nivel del mar, y está situado en el barrio Viví Arriba del municipio de Utuado. Tiene acceso desde la Carretera Estatal 605, y se localiza en el cuadrángulo 8,165 del Mapa Topográfico.

▼ Prieto, lago

Construido en el cauce del río de su nombre, afluente del Grande de Añasco, con una capacidad original de 700 acres/pie. Está localizado a 15 kilómetros (9 millas) al oeste de Adjuntas, a 451 metros (1,485 pies) de altura sobre el nivel del mar. Drena un área de 25 Kms. cuadrados (9.6 millas). Este embalse se utiliza para generar energía eléctrica, para regadío y pesca.

▼ Prieto, río

1. Tributario del río Blanco. Nace al este del barrio Río Blanco, municipio de Naguabo, unos 730 metros (2,394 pies) de altura sobre el nivel del mar; corre de este a oeste. 2. Tributario del río Bucaná o Cerrillos. 3. Afluente del río Grande de Añasco. Nace al sudoeste del barrio Guilarte del municipio de Adjuntas, a unos 1,030 metros (3,378 pies) de altura sobre el nivel del mar. Longitud aproximada: 34 Kms. (21 millas). Corre de este a oeste y luego se desvía hacia el norte. Tiene como afluentes al río Toro y a las quebradas Achiote, Angilones, Grande y Montaña. 4. Otro del mismo nombre es tributario del río Guayanés. Nace al noroeste del barrio Guayabota del municipio de Yabucoa, a una altura de 560 metros (1,837 pies) sobre el nivel del mar. Es corto y corre de oeste a este; luego se desvía hacia el sur para unirse al río Guayanés. 5. Afluente del río Rosario, el cual lo es del Guanajibo. Nace en el barrio Maricao Afuera de Maricao, a 350 metros (1,738 pies) de altura sobre el nivel del mar. Longitud aproximada: 5 Kms. (3 millas).

▼ Prim y Prats, Juan

Destacado militar y político español oriundo de Reus, Cataluña, y muerto en Madrid, víctima de un atentado (1814–1870). Fue Conde de Mirasol y gobernador de Puerto Rico de 1847 a 1848. Durante su gobierno se construyeron importantes vías de comunicación y se establecieron escuelas, pero los hechos más importantes fueron el dirigir una expedición militar a la vecina isla de Martinica para combatir una rebelión de esclavos, y la publicación de un bando contra los negros — para evitar que ocurriera en Puerto Rico los mismo que en Martinica—, que se conoció como el Bando o Código Negro. Prim fue sustituido debido a que fusiló al bandido caborrojeño José Ignacio Ávila, alias «Águila», sin celebrarle juicio, lo cual fue protestado por la Audiencia. Le sucedió en el cargo Juan de la Pezuela y Cevallos. A su regreso a España fue diputado a Cortes, y obtuvo grandes triunfos como militar: fue capitán general de Granada, héroe en la guerra en Marruecos, presidente del Consejo de Ministros y capitán general de los Ejércitos Nacionales. En 1861 de paso para La Habana, cursó una visita a Puerto Rico y pronunció un discurso que fue reseñado por la prensa isleña.

Sotero Figueroa, en su obra *Ensayo biográfico de los que más han contribuido al progreso de Puerto Rico*, nos recuerda que «es Don Juan Prim, que más tarde es el héroe de los Castillejos y el alma de la gloriosa revolución de Septiembre que derrocó en nuestra patria la monarquía tradicional, quien da un espantoso bando contra la raza africana, por el cual hasta se concedía a los dueños de esclavos que quitasen la vida a los siervos que se le rebelasen».

▼ Primo de Rivera y Sobremonte, Rafael

Gobernador de Puerto Rico de 1873 a 1874. De ideas liberales, por lo que había sufrido destierro en las Islas Canarias, durante su gobierno puso en vigor el Título

Número 1 de la Constitución de 1869, que garantizaba los derechos y libertades de los súbditos españoles, hizo reformas en el sistema de enseñanza pública, abolió las libretas de jornaleros, puso en vigor la Ley que abolió la esclavitud y creó una Junta de Fomento para aplicar con prontidud las reformas decretadas. Le sucedió en la gobernación José Laureano Sanz y Posse.

▼ Procurador de las Personas con Impedimentos, Oficina del
Ver **Gobierno. Departamentos, agencias e instrumentalidades.** Comisión de Derechos Ciudadanos.

▼ Procurador del Veterano de Puerto Rico, Oficina del
Ver **Gobierno. Departamentos, agencias e instrumentalidades.** Comisión de Derechos Ciudadanos.

▼ Procurador general
Ver **Cabildo.**

▼ Propincuo
Puertorriqueñismo. Propio, legítimo, verdadero.

▼ Proyecto Tydings
Ver **Historia.** *Después de la masacre.*

▼ PRRA
Ver **Administracion para la Reconstrucción de Puerto Rico.**

▼ Pterocarpus
Ver **Terocarpo.**

▼ Puchuelo
Antiguamente este término se aplicó al descendiente de **ochavón** (ver) y blanco.

▼ Pueblo, barrio
1. Del municipio de Corozal (3,953 habitantes). 2. Del municipio de Lares (4,269 habitantes). 3. Del municipio de Moca (5,169 habitantes). 4. Del municipio de Rincón (2,992 habitantes). 5. Del municipio de San Juan (8,804 habitantes).

▼ Pueblo Viejo, barrio
Urbano del municipio de Guaynabo (27,744 habitantes).

▼ Pueblo Viejo, quebrada
Afluente de la quebrada Ceiba, a la cual se une al sur del barrio Bayamoncito, en el municipio de Aguas Buenas; es corta y corre de oeste a este.

▼ Pueblos, fundación de
Ver el nombre de cada uno de los 78 municipios de Puerto Rico, así como **Poblaciones, fundación** de, y el ensayo **Historia.**

▼ Puente, barrio
Del municipio de Camuy (7,191 habitantes según el censo de 1990).

▼ Puente, Francisco de la
Sacerdote dominico que fue obispo de Puerto Rico de 1846 a 1848, año en que regresó a España

▼ Puente, quebrada
Afluente del río Cialitos, tributario del Grande de Manatí. Nace en el barrio Jaguas del municipio de Ciales. Longitud aproximada: 2 Kms. (1.2 millas); corre de sur a norte.

▼ Puertas de San Juan
Ver **Arquitectura militar.**

▼ Puerto Diablo, barrio
Del municipio de Vieques (1,258 habitantes según el censo de 1990).

▼ Puerto Ferro, barrio
Del municipio de Vieques (347 habitantes según el censo de 1990).

▼ Puerto Nuevo, barrio
Del municipio de Vega Baja (4,286 habitantes según el censo de 1990).

▼ Puerto Nuevo, río
Ver **Piedras, río.**

▼ Puerto Real, barrio
Del municipio de Vieques (1,656 habitantes según el censo de 1990).

▼ Puertos
Ver **Transportación marítima.**

▼ Puertos, Autoridad de los
Creada por la Ley número 17 del 19 de abril de 1955, contribuye a la infraestructura económica proveyendo facilidades de

transportación aérea y marítima a los sectores industrial, comercial y turístico y al público en general. Ver **Gobierno. Departamentos, agencias e instrumentalidades.** Departamento de Transportación y Obras Públicas.

▼ Puertos, barrio
Del municipio de Camuy (1,379 habitantes según el censo de 1990).

▼ Pugnado, quebrada
Tributaria del río Grande de Manatí. Nace al sur del barrio Río Arriba Saliente del municipio de Manatí; es corta y corre en dirección oeste.

▼ Pugnado Adentro, barrio
Del municipio de Vega Baja (1,192 habitantes según el censo de 1990).

▼ Pugnado Afuera, barrio
Del municipio de Vega Baja (10,796 habitantes según el censo de 1990).

▼ Puig y Montserrat, Juan Antonio
Franciscano obispo de Puerto Rico de 1874 y 1894, año en que murió. También fue diputado a Cortes por el Partido Conservador.

▼ Pulguillas, barrio
Del municipio de Coamo (1,162 habitantes según el censo de 1990).

▼ Pulguillas, cerro
Se eleva a 840 metros (2,755 pies) de altura sobre el nivel del mar, y está situado en el barrio de su nombre del municipio de Coamo. Tiene acceso desde la Carretera Estatal 723, y se ubica en el cuadrángulo 8,162 del Mapa Topográfico de Puerto Rico.

▼ Punta, cerro de
Es el monte más alto de Puerto Rico. Tiene una altitud de 1,338 metros (4,388 pies), y está situado en el barrio Veguitas del municipio de Jayuya. Tiene acceso desde la Carretera Estatal 143, y se localiza en el cuadrángulo 8,164 del Mapa Topográfico de Puerto Rico.

▼ Punta Arenas, barrio
Del municipio de Vieques. En el censo de 1990 aparece deshabitado.

▼ Punta Borinquen, Autoridad para la administración y desarrollo de
Establecida por la Ley número 124 del 20 de julio de 1979, contribuye al desarrollo de Puerto Rico mediante la efectiva planificación, operación y administración de las facilidades establecidas en la antigua Base Ramey en Aguadilla.

▼ Punta Ensenada, quebrada
Nace en el barrio Ensenada del municipio de Rincón; desemboca en el Pasaje de la Mona. Longitud aproximada: 2.5 Kms. (1.6 millas).

▼ Punta Santiago, barrio
Del municipio de Humacao (5,900 habitantes según el censo de 1990).

▼ Puntas, barrio
Del municipio de Rincón (1,592 habitantes según el censo de 1990).

▼ Purísima Concepción, barrio
Del municipio de Las Marías (185 habitantes según el censo de 1990).

▼ Putilla
Ver **Playero marítimo, Corredor, Frailecillo de playa, putilla**

▼ Puya
Puertorriqueñismo. Sin azúcar. Se aplica especialmente al café no endulzado.

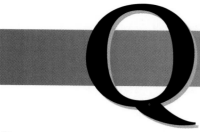

▼ Queban

El lingüista Luis Hernández Aquino, en *Diccionario de voces indígenas de Puerto Rico*, señala que de esta manera se refería en sus cartas de relación Don Juan Ponce de León al cacique Agüeybana.

▼ Quebracho, Serrasuela

(*Thouinia striata,* var. *portoricensis,* familia Sapindáceas) Árbol o arbusto de hojas caducas, corteza áspera y agrietada, que sólo crece en la zona caliza seca del sudoeste de Puerto Rico; alcanza 5 metros (15 pies) de altura; de hojas elípticas, simples o compuestas, duras, con la punta superior redondeada y corta en la base, bordes dentados; numerosas flores pequeñas de color blanco, femeninas, masculinas y bisexuales, en racimos laterales vellosos; fruto seco, velloso, estrecho, de color castaño, que nace en grupos de tres, cada uno con una semilla alada y estrecha. Produce flores y frutos el año entero. Se encuentra en los municipios de Guayanilla, Lajas y Peñuelas y en el bosque público de Guánica.

▼ Quebrada, barrio

1. Del municipio de Camuy (3,272 habitantes). 2. Del municipio de San Lorenzo (2,069 habitantes).

▼ Quebrada, cueva de la

Situada en el barrio Santiago de Camuy, en el sector Péndula, es húmeda y obscura y su entrada es peligrosa, pues por su interior penetra una corriente de agua. Tiene acceso desde la Carretera 486.

▼ Quebrada Arenas, barrio

1. Del municipio de Las Piedras (2,275 habitantes). 2. Del municipio de Maunabo (2,239 habitantes). 3. Del municipio de San Lorenzo (1,838 habitantes). 4. Del municipio de San Juan (2,762 habitantes). 5. Del municipio de Toa Alta (2,419 habitantes). 6. Del municipio de Vega Baja (603 habitantes).

▼ Quebrada Arriba, barrio

1. Del municipio de Cayey (1,114 habitantes). 2. Del municipio de Patillas (948 habitantes según el censo de 1990).

▼ Quebrada Catalina, caño

Afluente del río Bayamón. Nace en el barrio Hato Tejas de Bayamón; es corto y corre de oeste a este.

▼ Quebrada Ceiba, barrio

Del municipio de Peñuelas (5,080 habitantes según el censo de 1990).

▼ Quebrada Cruz, barrio

Del municipio de Toa Alta (4,183 habitantes según el censo de 1990).

▼ Quebrada Fajardo, barrio

Del municipio de Fajardo (10,372 habitantes según el censo de 1990).

▼ Quebrada Grande, barrio

1. Del municipio de Barranquitas (2,608 habitantes). 2. Del municipio de Mayagüez (5,882 habitantes). 3. Del municipio de Trujillo Alto (984 habitantes según el censo de 1990).

▼ Quebrada Honda, barrio

1. Del municipio de Guayanilla (458 habitantes). 2. Del municipio de San Lorenzo (2,069 habitantes).

▼ Quebrada Infierno, barrio

Del municipio de Gurabo (835 habitantes según el censo de 1990).

▼ Quebrada Larga, barrio

Del municipio de Añasco (1,241 habitantes según el censo de 1990).

▼ Quebrada Limón, barrio

Del municipio de Ponce (830 habitantes según el censo de 1990).

▼ Quebrada Negrito, barrio

Del municipio de Trujillo Alto (4,690 habitantes según el censo de 1990).

Axel Santana

Ganado pastando en las llanuras quebradillanas

▼ Quebrada Seca, barrio

Del municipio de Ceiba (1,076 habitantes según el censo de 1990).

▼ Quebrada Vueltas, barrio

Del municipio de Fajardo (2,483 habitantes según el censo de 1990).

▼ Quebrada Yeguas, barrio

Del municipio de Salinas (3,543 habitantes según el censo de 1990).

▼ Quebradas, barrio

1. Del municipio de Guayanilla (2,903 habitantes). 2. Del municipio de Yauco (748 habitantes según el censo de 1990).

▼ Quebradas, quebrada de

Nace al norte del barrio Quebradas del municipio de Yauco, a una altura de 250 metros (820 pies) sobre el nivel del mar; corre en dirección sur y tributa sus aguas al río Yauco.

▼ Quebradillano

Gentilicio de los nacidos en el municipio de Quebradillas.

▼ Quebradillas, barrio

Del municipio de Barranquitas (4,396 habitantes según el censo de 1990).

▼ Quebradillas, barrio y pueblo

Cabecera del municipio de este nombre (1,526 habitantes) que, con partes de los barrios Cacao (599 habitantes) y Terranova (2,449 habitantes), integra la zona urbana del municipio de Quebradillas.

Ventas ambulantes de cuadros en Guajataca, Quebradillas

Axel Santana

▼ Quebradillas, municipio

Superficie

60 Kms. cuadrados (23 millas cuadradas)

Población

21,425 habitantes (según censo de 1990)

Habitantes por barrios

Cacao	4,228
Charcas	407
Cocos	3,734
Guajataca	1,429
Quebradillas, pueblo	1,526
San Antonio	4,424
San José	2,085
Terranova	3,592

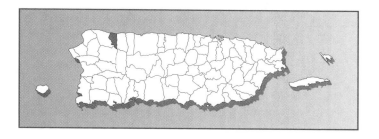

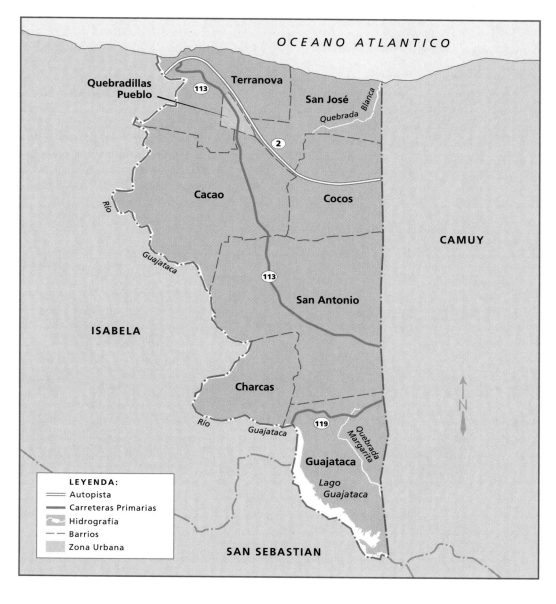

Axel Santana

El antiguo túnel del tren es uno de los lugares más frecuentados por los turistas que visitan Quebradillas

Ubicado en la llanura costanera del norte, cerca del extremo occidental de la isla, limita por el norte con el océano Atlántico, por el sur con el municipio de San Sebastián, por el este con el de Camuy, y por el oeste con el de Isabela.

Este municipio se encuentra en la zona cársica, y por tanto, presenta numerosos mogotes, sumideros y cuevas como La Luz y Del Abono. Hacia el sur se hallan las montañas de Guarionex, donde se alzan los cerros San Antonio y El Centro, y el monte La Luz. El río Guajataca le sirve de límite por el poniente; en su cauce, en el barrio de su nombre, se forma el lago Guajataca.

Al presente la economía quebradillana se basa en la agricultura. Los principales cultivos son de caña de azúcar, tabaco y frutos menores. La ganadería vacuna ha tomado impulso, así como algunas industrias ligeras. Cuando tuvo lugar el Descubrimiento todo el territorio se encontraba cubierto de grandes bosques que fueron explotados sin la menor prudencia.

El nombre del municipio se debe a su topografía, pues el suelo presenta numerosas pequeñas quebradas. Se cree que en este lugar existió un extenso hato de An-

Vista del Paseo Linares en el pueblo de Quebradillas, municipio que debe su nombre a las numerosas pequeñas quebradas que presenta su territorio

Axel Santana

tonio de Matos o Mathos. En la primera década del siglo XIX San Rafael de las Quebradillas era un barrio de Camuy, cuyos vecinos, asociados a los de otro barrio, Hatillo, solicitaron separarse de Camuy para constituir partidos independientes. Después de muchas gestiones, el 30 de junio de 1823 la Diputación Provincial aprobó la petición. Dos vecinos, Eusebio Jiménez y Felipe Ruiz, donaron el terreno necesario para las obras municipales. A raíz de su fundación el nuevo municipio recibió numerosos inmigrantes europeos. En 1902 la Ley para la Consolidación de ciertos Términos Municipales dispuso que Quebradillas se consolidara con Camuy. Esta ley fue derogada tres años después, y se devolvió su independencia a este partido.

Las fiestas patronales se celebran alrededor del día 24 de octubre en honor a San Rafael Arcángel. En Quebradillas también se festejan los Velorios de Reyes, el día de San Juan Bautista, el Carnaval del Guajataca y el del Güiro.

▼ Quebradillas, quebrada de las
Afluente del río Turabo, tributario del Grande de Loíza. Nace en el barrio Bayamón, municipio de Cidra. Longitud aproximada: 11 kms. (7 millas); corre en dirección este.

▼ Quemado, barrio
Del municipio de Mayagüez (3,185 habitantes según el censo de 1990).

▼ Quemadora
Ver **Cienaguillo, Emajagua de sierra, Majagua brava, Quemadora.**

▼ Quemados, barrio
Del municipio de San Lorenzo (3,331 habitantes según el censo de 1990).

▼ Quenepa
Puertorriqueñismo que designa el fruto del quenepo.

▼ Quenepo, Quenepa
(*Melicoccus bijugatus,* familia Sapindáceas) Árbol siempre verde nativo de Colombia, las Guayanas y Venezuela, introducido a las Antillas, otras partes de América continental y Asia; alcanza entre 12 y 18 metros (40 y 60 pies) de altura; presenta cor-

teza acanalada, copa espesa y redonda, simétrica; hojas abruptamente pinadas, compuestas por 4 hojuelas pareadas, elípticas, lampiñas, delgadas, de borde liso; muchas flores pequeñas de color blanco verdoso, perfumadas, en racimos (panículas) terminales; fruto redondo, en drupa, en racimos; cada fruto contiene una semilla que está envuelta en una pulpa jugosa y gelatinosa, ácida, de color salmón. Florece de abril a junio; el fruto madura de junio a septiembre. Madera liviana y quebradiza. En Puerto Rico crece especialmente en terrenos áridos costaneros. Otros nombres con los que se conoce este árbol son los de mamoncillo o anoncillo (Cuba) y limoncillo (República Dominicana). Ver **Ecología.**

▼ Quero Chiesa, Luis
Pintor y cuentista nacido en Ponce en 1911, radicado en Estados Unidos. Estudió pintura en su pueblo natal con Miguel Pou, y en Nueva York en la Parsons School of Designs. Se ha destacado como pintor de temas propios de su tierra como es el jíbaro. Ha expuesto sus obras en Puerto Rico y en Estados Unidos. Su cuento «José Campeche» fue premiado en el Festival de Navidad del Ateneo Puertorriqueño (1955); otros de los más conocidos son «Detrás de aquella lucecita» y «La protesta». Ha presidido el Instituto de Puerto Rico en Nueva York.

▼ Quevedo Báez, Manuel
Médico y escritor nacido en Sabana Grande y fallecido en San Juan (1865–1955). Se graduó de médico en la Universidad de Madrid, España (1894). Como periodista fue director del periódico *El Palenque de la Juventud,* nombre con que bautizó la revista que fundara en 1886; fundador y director del *Boletín de la Asociación Médica de Puerto Rico* (1903); director de la *Revista del Ateneo,* y colaborador de *Revista Puertorriqueña, Puerto Rico Ilustrado, Plumas Amigas, El Mundo, Almanaque de Puerto Rico* y *Almanaque Puertorriqueño.* Destacó como orador político al servicio del Partido Republicano. Fundó y presidió la Asociación Médica de Puerto Rico (1902) y la Academia de Medicina y contribuyó a fundar la Asociación Cívica Puertorriqueña (1912) y la Academia Antillana de la Lengua (1916). Presidió el

Manuel Quevedo Báez, médico y escritor

Ateneo Puertorriqueño (1912–14) y el Instituto Universitario José de Diego, donde enseñó. Fue síndico de la Universidad de Puerto Rico, y publicó dos volúmenes sobre la *Historia de la medicina y cirugía en Puerto Rico* (1946, 1949).

▼ Quevedo Pacheco, Manuel

Pintor puertorriqueño nacido en 1902. Estudió en Italia y Francia, países donde ha expuesto sus obras, entre las que destaca *Voluptuosidad del infinito*.

▼ Quijano, Nick

Pintor nacido en Nueva York en 1953. Estudió Arquitectura en la Universidad de Puerto Rico. Su obra, que forma parte de importanes colecciones públicas y privadas, ha sido exhibida en Nueva York, Washington, San Juan, La Habana y San Francisco. En 1983 Nick Quijano mereció el primero y segundo premios en el American National Miniature Show.

▼ Quilán, quebrada

Afluente del río Bucarabones, tributario del de la Plata. Nace en el barrio Bucarabones del municipio de Toa Alta; es corta y corre en dirección sur.

▼ Quimbambas

Puertorriqueñismo. Lugar remoto, lejano. Posiblemente de origen africano.

▼ Quina

Ver **Albarillo.**

▼ Quindós, Francisco de

Colonizador español que en 1513 ayudó a sofocar la rebelión indígena acaudillada por el cacique Cacimar que asaltó e incendió el poblado de Santiago (Naguabo). Se dice que fue Quindós quien dio muerte al rebelde cacique; así lo informa Salvador Brau: «Reñido fue el encuentro, y sus efectos hubieran resultado desastrosos para los españoles, a no ser por una lanzada de Francisco de Quindós, que atravesó a Cacimar de parte a parte» (*Historia de Puerto Rico*).

▼ Quintana, quebrada

Tributaria del río Sonador, uno de los afluentes del río Culebrinas. Nace entre el límite de los barrios Alto Sano (al norte) y Sonador (al sur) del municipio de San Sebastián; corre de oeste a este.

▼ Quintero, Ana Helvia

Estudió su bachillerato con concentración en matemáticas en la Universidad de Puerto Rico, Recinto de Río Piedras. En la Universidad de California en Berkeley completó su maestría en matemáticas. Obtuvo su doctorado en el Instituto Tecnológico de Massachusetts (MIT), trabajando en un grupo interdisciplinario que estudiaba este tema desde la perspectiva de la educación, la psicología y la estructura del conocimiento de la matemática. Trabaja como profesora en el Departamento de Matemáticas de la Universidad de Puerto Rico, Recinto de Río Piedras, donde participa en proyectos de investigación y desarrollo en el área del aprendizaje de Matemáticas. Ha sido ayudante del Presidente de la Universidad (1986–89), vicepresidenta de Asuntos Académicos de la Universidad de Puerto Rico (1989–91) y directora del Centro de Investigaciones e Innovaciones Educativas adscrito al Consejo General de Educación (1991–93). Desde el Centro promovió diferentes proyectos de innovación así como investigaciones sobre cómo mejorar nuestras escuelas. Para esta obra ha actualizado y ampliado el ensayo sobre la Educación.

▼ Quintero, cueva

Situada en el barrio Abras del municipio de Corozal, es húmeda y obscura. Tiene acceso desde la Carretera Estatal 821 a través de un camino municipal empedrado que se dirige al oeste.

▼ Quintero, quebrada

Afluente del río Bauta, tributario del Toro Negro. Nace en el barrio Vaga del municipio de Morovis, a unos 280 metros (918 pies) de altura sobre el nivel del mar; corre en dirección oeste.

▼ Quintero Alfaro, Ángel

Catedrático, ensayista, servidor público. Nació en Morovis y falleció en Madrid, España (1916–1992). Fue uno de los educadores puertorriqueños más destacados. Se graduó de bachiller en Ciencias con especialización en Física y Matemáticas en la Universidad de Puerto Rico (1937), de maestro (1943) y doctor (1949) en la Universidad de Chicago. Enseñó en la Universidad de Puerto Rico, Recinto de Río Piedras, desde 1945, y llegó a ser decano de la Fa-

Archivo General de Puerto Rico

Ángel Quintero Alfaro

QUINTÓN FUE UN VERDADERO ORFEBRE

Hay en la obra de José Ignacio Quintón notable preocupación por romper las barreras tradicionales de la música puertorriqueña. Su obra revela la madurez del artista consciente de la forma musical. Muestra posibilidades armónicas nunca antes oídas en Puerto Rico. Su sintaxis musical es rica, compleja y de factura clásica. Sin embargo, fluye con espontaneidad. Quintón es un orfebre que trabaja con ardoroso esmero su desarrollo temático, que depura hasta el más pequeño detalle. Por eso su obra es breve y concisa. La temática quintoniana, sin dejar de ser romántica, es contenida y sosegada.

Amaury Veray, «Presentación de José Ignacio Quintón», *Revista del Instituto de Cultura Puertorriqueña*, 1960

cultad de Estudios Generales (1950–58). Fue Subsecretario (1960–62) y Secretario (1962-68) del Departamento de Instrucción Pública, hoy de Educación (1965–68). Publicó numerosos ensayos en periódicos y revistas. Entre sus obras figuran las tituladas *La instrucción pública en Puerto Rico: ayer, hoy y mañana* (1968) y *Educación y cambio social en Puerto Rico* (1972).

▼ Quintero Rivera, Ángel

Sociólogo, ensayista, historiador. Nació en San Juan en 1947. Estudió en Londres, Inglaterra. Profesor en el Centro de Investigaciones Sociales de la Universidad de Puerto Rico. En 1970 fue uno de los fundadores del Centro de Estudios de la Realidad Puertorriqueña (CEREP). Ha publicado ensayos en diversas publicaciones periódicas. Es autor de *Lucha obrera en Puerto Rico. Antología de grandes documentos en la historia obrera puertorriqueña* (1971), *Conflictos de clase y política en Puerto Rico* (1976), *Desafío y solidaridad. Breve historia del movimiento obrero en Puerto Rico* (en colaboración con Gervasio García Rodríguez, 1982), *La otra cara de la historia* (en colaboración con Lidia Milagros González, 1985) y *Patricios y plebeyos; burgueses, hacendados, artesanos y obreros* (1988).

▼ Quinterón

Término aplicado al descendiente de cuarterón y blanco; es lo mismo que ochavón.

▼ Quinteto Figueroa

Quinteto de cuerdas creado por los hermanos Figueroa Sanabia: Guillermo, Jaime (Kachiro), José, Narciso y Rafael, en París, Francia, donde actuó en la Exposición Universal de 1937 con gran éxito. Posteriormente alcanzó fama internacional y paseó su arte por las principales capitales de América y Europa. En 1968, por acuerdo de las cámaras legislativas, se le reconoció como Quinteto Oficial del Estado Libre Asociado de Puerto Rico. Ver **Música. Periodo nacionalista.**

▼ Quintón, José Ignacio

Compositor, músico, maestro y director de orquesta nacido en Caguas (10 de febrero de 1881) y fallecido en Coamo (19 de diciembre de 1925). Estudió música con su padre, Juan Bautista Quintón, francés emigrado a Puerto Rico que había estudiado en el Conservatorio de París y que aceptó el puesto de organista de la Iglesia de Coamo, donde radicó con su familia cuando José Ignacio tenía dos años de edad. José Ignacio tocaba cello, cuatro, guitarra, mandolina, viola, violín y piano; éste último era su instrumento preferido. En 1893, con sólo doce años, acompañó al violinista cubano Brindis de Salas —considerado uno de los mejores en su época— cuando éste se presentó en la isla. Según el maestro Héctor Campos Parsi, Quintón «vivió aislado en Coamo, ciudad que no podía dar alas a un talento de su categoría». Allí fue miembro de varios conjuntos musicales y fundó otros dos: Arte y Amor (1911) y el Cuarteto Quintón (1920); también fundó la Banda Municipal de Coamo (1914). Escribió alrededor de 30 danzas, entre las que destacan la compleja *Danza de concierto* y *Carlota*, grabada en vida del autor, en 1917; otras son *Amor imposible, Ausente, Cuando me miras* y *El coquí*. También escribió *Romanza, Canción sin palabras* y *Marcha triunfal*. Ver más información en **Música. Periodo modernista.**

▼ Quiñones, Francisco Mariano

Periodista, historiador, escritor y político nacido y fallecido en San Germán (1830–1908), donde cursó la enseñanza primaria.

QUINTÓN, UN POETA EN EL DESIERTO

Toda la obra de Quintón es interesante. Con pocas divagaciones, es compacta y llena de pensamiento cuidadoso. En él se maduraba un genio de la talla de Morel, ahora en una época más adulta. Aun así, fue un poeta en el desierto. Vivió aislado en Coamo, ciudad que no podía dar alas a un talento de su categoría.

Héctor Campos Parsi

Aunque no concluyó carrera alguna, estudió en Alemania, Francia, Inglaterra y Estados Unidos, países de los cuales aprendió sus lenguas respectivas, y adquirió amplia cultura. A su regreso a Puerto Rico volvió a su pueblo natal y se inició en el periodismo de combate, defendiendo con ardor la abolición de la esclavitud y la implantación de un régimen más liberal en la isla. En 1865 fue uno de los fundadores del Partido Liberal y al siguiente año fue elegido comisionado de Puerto Rico a la Junta de Información en Madrid, convocada para adoptar leyes de reformas para las Antillas. En esa ocasión presentó al gobierno de la metrópoli un informe abogando por la abolición de la esclavitud. En 1871 fue diputado a las Cortes españolas, en representación del Partido Liberal Reformista. Durante el Gobierno del General Gómez Pulido fue encarcelado por defender sus ideales políticos. Colaboró en los periódicos *El Liberal de Mayagüez*, *La Opinión* de San Germán, y fundó en este último pueblo, en 1892, su propio periódico, *El Espejo*, por medio del cual también defendió sus ideales. En 1897, al implantarse el régimen autonómico, fue presidente del Gabinete de despacho; ese mismo año fue fundador, junto al Dr. Barbosa y otros, del Partido Autonomista Ortodoxo, que lo eligió su presidente. Al siguiente año figuró entre los directores del Partido Republicano Puertorriqueño; en 1901 se convirtió en el primer presidente de la Cámara de Diputados. Fue delegado a la Cámara en los años 1900 y 1902, y alcalde de San Germán.

Con motivo de su nombramiento como presidente del Gabinete de Despacho del gobierno autonómico, el periódico *El Liberal* publicó el 11 de febrero de 1898 la siguiente semblanza de Francisco María Quiñones:

«Puerto Rico entero conoce, respeta y está ligado por vínculos de gratitud y de amor al honorable patricio.

«Perteneciente a una de las más antiguas y respetables familias de San Germán, Don Francisco Mariano Quiñones abandonó en edad temprana este suelo, para marchar a Europa. En la culta Alemania recibió educación esmeradísima, nutriendo con caudales de conocimientos variados y profundos su potente cerebro. Viajes posteriores por Europa y América perfeccionaron su amplia cultura.

«Sostuvo, desde que volvió a pisar tierra puertorriqueña, ideas altamente liberales. En 1866, fue, con Acosta y Ruiz Belvis, coautor de la célebre información sobre la esclavitud de los negros. Sufrió prisiones en 1868, en tiempos del General Pavía, y bajo el período de gobierno del General Gómez Pulido, en 1871. Fue Diputado a Cortes en el reinado de Amadeo, realizando generosas gestiones en favor del país. Desde la Asamblea de Mayagüez, que presidió, retiróse de la política activa, a la que ha vuelto recientemente.

«Ha escrito varias obras, científicas algunas de ellas y algunas premiadas, e infinidad de notables trabajos periodísticos.

«La figura integérrima de este patriota ilustre se eleva muy por encima de la altura del elogio. Ni aun necesita elogio. Basta nombrar al noble anciano: el país sabe cuánto le debe y qué puede esperar de él».

Quiñones escribió las novelas *La magofonía* (1875) y *Nadir Shah;* ensayos sobre política, sociología, literatura e historia; artículos periodísticos que luego recopiló en folletos; *Apuntes para la historia de Puerto Rico* (1888), *Historia de los partidos Reformista y Conservador de Puerto Rico* (1869); y un estudio biográfico-crítico sobre la escritora gallega *Emilia Pardo Bazán* (1889).

▼ Quiñones, José Severo

Abogado y funcionario público nacido y fallecido en San Juan (1838–1909). Se graduó de abogado en la Universidad Central de Madrid, España (1860). De regreso a Puerto Rico fue vicepresidente de la Diputación Provincial (1872), intendente general de Hacienda y jefe de la sección de Administración Civil (1897), secretario de Agricultura, Industria y Comercio (1898) y presidente del Tribunal Supremo de Puerto Rico (1900–09). A continuación una semblanza de José Severo Quiñones, publicada en *El Liberal* el 11 de febrero de 1898, en ocasión de que fuera nombrado Secretario del Despacho de Agricultura, Industria y Comercio, durante el régimen autonómico:

«El año de 1871 se abría en Puerto Rico la primera Diputación Provincial. Un abogado de alto prestigio, un liberal de reputación envidiable y de abnegación suma, presidía la reunión de representantes. Llamábale allí el voto unánime de sus compañeros. Hacíanle digno de ocupar aquel sitio de honor sus altas dotes. Y el ínclito liberal, el jurisconsulto prestigioso, hizo honor a la designación con que le honrara.

«En 1872, ese mismo abogado, ese mismo liberal, presidía una mesa electoral en la Alcaldía de San Juan de Puerto Rico.

«Era en tiempos del célebre General Gómez Pulido. En plena elección, el General invadió el colegio, tratando de cohibir el derecho electoral y de imponer su voluntad, entonces suprema. Y hubo un hombre que llamó al orden al militar armipotente, y hablándole en el lenguaje altivo de la dignidad, le hizo abandonar el recinto.

«Aquel hombre, aquel Presidente del Colegio electoral, aquel primer Presidente de la Diputación, era el actual encargado de la cartera de Agricultura, Industria y Comercio, Don José Severo Quiñones.

«Retirado de la política activa, no ha dejado de poner por ello, constantemente, su toga al servicio del pueblo. Ha vuelto a la política en fecha reciente, con toda su voluntad, con todo su corazón, con sus nunca apagados bríos. Sus hechos de ayer son firme garantía de su actitud del mañana. En la jurisdicción que le ha correspondido tiene campo abierto para servir eficazmente a su país, y no hay duda de que el país tendrá en breve, para él, nuevos y poderosos motivos de gratitud.

«Como rasgo final: Don José Severo Quiñones está considerado en todos nuestros centros intelectuales como uno de los primeros jurisconsultos de Puerto Rico».

▼ Quiñones, quebrada Los

Afluente del río Grande de Manatí. Nace al este del barrio Hato Viejo del municipio de Ciales; es corta y corre en dirección oeste.

▼ Quiñones, Magali

Poetisa nacida en 1945. Autora de los cuadernos de versos *Entre mi voz y el tiempo* (1969), *Era que el mundo era* (1974), *Zumbayllu* (1976), *Cantándole a la noche misma* (1978), *En la pequeña Antilla* (1982), y el epistolario *Cosas de poetas, cosas nuestras* (1976).

▼ Quiñones Lugo, Delia

Poetisa y periodista nacida en San Germán y fallecida en San Juan (1916–1983). Contrajo matrimonio con el periodista José Arnaldo Meyners. Estudió en el Colegio del Sagrado Corazón de Santurce y en Barcelona, España. Colaboró en varias publicaciones, entre ellas *Puerto Rico Ilustrado* y el *Diario de Nueva York*. Ejerció el periodismo hablado en varias radioemisoras y en televisión. Fue directora social del Casino de Puerto Rico y de la Casa de España y directora de relaciones públicas del Festival Casals (1960–74). Cultivó la prosa, y el verso en el poemario *Canto íntimo* (1974).

▼ Quiñones Quiñones, Samuel R.

Poeta, ensayista, abogado, orador y político. Nació y murió en San Juan (1904–1976). Estudió en el Instituto Politécnico de Puerto Rico en San Germán (hoy Universidad Interamericana), y se graduó de abogado en la Universidad de Puerto Rico (1926). Un año antes había sido uno de los fundadores del movimiento literario de renovación llamado Noísmo, cuyo manifiesto publicaron sus integrantes en *El Imparcial,* donde apareció la composición noísta de Quiñones «Poema de la inquietud absurda». Otros de sus poemas de esta factura son «Motivo del mirar intenso» y «Salutación noísta». En lo adelante alterna la práctica de su profesión con el ejercicio de las letras. Escribió y publicó artículos y ensayos en varias publicaciones periódicas. Junto a otros destacados intelectuales fundó la revista literaria *Índice,* que dirigió (1929–31). Fue miembro fundador de la Academia Puertorriqueña de la Historia (1934) y de la Academia Puer-

Samuel R. Quiñones Quiñones

SAMUEL R. QUIÑONES EN LA TRIBUNA

No subió a la tribuna, como otros, para denigrarla. Subió a la tribuna para enaltecerla. Y en los embates de la lucha política conservó frente a la adversidad, la entereza; frente a la envidia, la nobleza; frente a los peligros, el sosiego; cualidades de hidalgo.

Salvador Tió, «Samuel R. Quiñones, síntesis de una vida» en *Revista del Instituto de Cultura Puertorriqueña,* 1976

CÓMO RECOBRA EL PUEBLO EL SENTIDO DE SU DESTINO

En Puerto Rico, el primigenio esfuerzo del pueblo hacia su propia rehabilitación, la inicial sacudida colectiva de reivindicador empeño cívico, no se manifiestan en la ciudad; tienen su arranque en el campo. Las muchedumbres de nuestra zona rural han hecho lo que en otros países ha sido iniciativa de las muchedumbres de los centros urbanos.

Aletargados por borrosas inquietudes que nadie acudía a concretar en positiva acción, los campesinos puertorriqueños despertaron al fecundo ejercicio de los derechos ciudadanos y comprendieron las reservas de energía que latían bajo la apagada inercia de su vida, cuando hasta ellos llegó la política con esa actitud de cultura —vital aleccionamiento ciudadano, ancha

comprensión espiritual, limpio sentido de la realidad— que convierten en conciencia social viva y activa al más miserable pedazo de humanidad. Un pueblo en crisis espiritual sólo puede recobrar el sentido de su destino cuando aprende ese conocerse a sí mismo que sólo la cultura puede enseñarle.

Samuel R. Quiñones, *Temas y letras*

LA POLÍTICA Y LA CULTURA

Buscarle a un pueblo sus potencialidades, señalarle sus posibilidades, marcarle el cauce propicio a sus reacciones específicas, todo eso es obra de la cultura. Sólo será fructuosa la política que utiliza esa obra al ejercer su ministerio de integrar la conciencia social. Política que actúa sin ese concurso de la cultura servirá para entusiasmar muchedumbres, pero no logrará cimentar pueblos. Servirá para formar gobierno, pero no logrará fundamentar ciudadanía.

Samuel R. Quiñones

---

torriqueña de la Lengua (1955), de la cual fue primer presidente. También presidió el Ateneo Puertorriqueño (1934–36), cuya revista dirigió y ayudó a fundar, y el Colegio de Abogados de Puerto Rico (1943–45). Por este tiempo dirigió la publicación jurídica *La Gaceta Forense*. Otra de las publicaciones dirigidas por él fue el periódico *La Democracia* (1937), que fundara Muñoz Rivera en 1890 y que era órgano del Partido Liberal. El primer libro de ensayos que publicó, *Temas y letras* (1941), contiene estudios críticos sobre destacadas figuras de Puerto Rico e Hispanoamérica; fue premiado por el Instituto de Literatura Puertorriqueña. Otros de sus ensayos son *Manuel Zeno Gandía y la novela en Puerto Rico* (1955) y *Nemesio R. Canales, el humorista de Puerto Rico* (1961). Orador brillante, varios de sus discursos han sido publicados; entre ellos, *Libertad de prensa, ética parlamentaria, ética periodística* (1951), *Puerto Rico y las Américas ante la Declaración de Independencia de Estados Unidos* (1954), *Las Naciones Unidas y el Estado Libre Asociado de Puerto Rico* (1956), *Un jíbaro en la Academia de la Lengua* (1958) y *América ante el reto comunista* (1960).

Comenzó a figurar en la vida política dentro del Partido Liberal Puertorriqueño y de su junta central. Por entonces conoció y trabó amistad con Luis Muñoz Marín, a quien acompañaría en la fundación de Acción Social Independentista (1936). Tras la pugna de Muñoz con Antonio R. Barceló siguió al primero para crear el Partido Liberal, Neto, Auténtico y

Completo, embrión del Partido Popular Democrático (1938). Dirigió los trabajos de inscripción de este último partido, fue su vicepresidente y se le eligió representante a la Cámara (1940), cuerpo que presidió (1941–43). Reelegido para igual cargo (1944) lo declinó para aceptar un escaño en el Senado, cuerpo que también presidió (1949–68). En dos ocasiones apoyó el Proyecto Tydings que recomendaba la independencia para Puerto Rico, en 1934 y 1945. Fue delegado al II Congreso Pro Independencia (1944) y a la Convención Constituyente del Estado Libre Asociado de Puerto Rico (1951–52).

▼ Quiñones Vidal, Rafael

Locutor y promotor de programas de radio y televisión. Nació en Mayagüez y falleció en San Juan (1893–1988). Fue alumno de la distinguida educadora y escritora puertorriqueña Ana Roqué de Duprey. A través de la radio y la televisión, con el programa Tribuna del Arte, llevó a cabo una sostenida labor para descubrir y promover artistas jóvenes, labor que le valió reconocimientos y homenajes de instituciones cívicas y culturales, como la Universidad Católica de Puerto Rico, que en 1984 le otorgó un doctorado *Honoris Causa* en Humanidades. Quiñones Vidal también se distinguió por colaborar con instituciones religiosas y benéficas en campañas para recaudar fondos.

▼ Quitarán

Ver **Abeyuelo**.

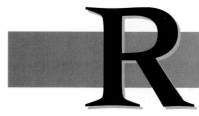

▼ Rabanal, barrio

Del municipio de Cidra (3,409 habitantes).

▼ Rábanos, quebrada de los

Afluente de la quebrada Honda, que es tributaria del río Gurabo. Nace en el barrio El Río del municipio de Las Piedras.

▼ Rabia

Puertorriqueñismo también usado en Cuba. Augusto Malaret, en *Vocabulario de Puerto Rico,* nos dice de "tener rabia": «Frase que indica la excelencia de alguna cosa».

▼ Rabiche, Tórtola rabilarga, Rolón

(Zenaidura macroura macroura) Ave de la familia Colúmbida que se caracteriza por tener un rabo largo terminado en punta, con puntos blancos visibles durante el vuelo. La cabeza es color claro, el resto del cuerpo achocolatado claro, que se hace más oscuro por debajo. Tiene un tamaño de unas 10 pulgadas (24 centímetros). La hembra es poco más pequeña y más oscura que el macho. Ver **Palomas.**

▼ Rabihorcado

Ver **Tijerilla.**

▼ Radio y Televisión

Puerto Rico tiene el privilegio de haber inaugurado la quinta estación de radio del mundo, la WKAQ en San Juan, el 3 de diciembre de 1922. Esto ocurrió solamente cuatro meses después de haberse inaugurado la cuarta emisora del mundo en La Habana. Ambas fueron propiedad de los hermanos Behn, que residían en Puerto Rico y poseían la Compañía Telefónica y la Radio Corporation de Puerto Rico. La primera emisora del mundo fue la KDKA de Pittsburgh, Pennsylvania en Estados Unidos; la segunda, la WJZ, propiedad de la Westinghouse en Nueva Jersey. La primera se inauguró el 2 de noviembre de 1920 y la segunda el 5 de octubre de 1921. La emisora de La Habana, la 9WX, se inauguró en agosto de 1922. Desde su inaugura-

ción y hasta 1928, más o menos, la WKAQ funcionó sin anuncios diz que «para estar atenta al desarrollo de la radiotelefonía y para la educación del pueblo». En 1930 comenzó el público a interesarse por la radio y la década de 1931 a 1940 vio un apoteósico desarrollo de la radio en Puerto Rico. En 1934 se inauguró la segunda emisora en San Juan, la WNEL de Don Juan Pizá; en 1936 Ponce inaugura su primera emisora, la WPRP de Don Julio Conesa; en 1937 Mayagüez estrena su primera emisora, la WPRA de Andrés Cámara y Rafael Pérez Perry. En 1940 Ponce inaugura su segunda emisora, la WPAB de Don Miguel Soltero Palermo. Más de veinte emisoras surgen en la década de 1941 a 1950, entre ellas la WAPA, la primera con radio-teatro. En 1958 el ingeniero Payo Acosta inauguró la primera emisora con frecuencia modulada, la WFID. En poco más de 25 años Puerto Rico ha desarrollado una industria radial que ya cuenta con 63 emisoras AM y 50 FM. Es decir, que Puerto Rico tiene 113 emisoras de radio para cubrir un territorio de 100 millas de largo por 35 de ancho.

La programación radial se inició en forma rudimentaria, con muy poco equipo, conocimientos limitados y personal escaso. Consistía mayormente en audiciones de música selecta ofrecidas en vivo, en estudios algo incómodos. Luego llegaron los discos y se inundó el ambiente de grabaciones. Sin embargo, las principales emisoras continuaron mejorando sus facilidades para presentar programas en vivo, y de ahí que en la década de los años cuarenta y cincuenta la programación de la gran mayoría de las emisoras contenía programas que incluían espectáculos musicales, radionovelas, eventos deportivos, noticieros, etc. Constituyó una gran fuente de trabajo hasta que llegó la televisión en 1954. Los dineros disponibles para la publicidad en radio se desviaron hacia la TV y el personal idóneo también fue a parar al medio que llegaba para quedarse. Esto provocó una caída de la radio en el favor popular, debido mayormente a la floja programación y al personal mediocre que las empresas tuvieron que conseguir cuando los buenos se fueron a la TV. Sin embargo, algunos años después, ya para la década del sesenta, la radio comenzó a surgir nuevamente en el favor popular cuando las emisoras empezaron a especializarse. Algunas transmitieron noticieros de 24 horas; otras se dedicaron a programación variada de música del ayer y programas hablados; otras aún se han especializado en programas de participación ciudadana a través de la vía telefónica. Aunque casi todas las emisoras de FM comenzaron a transmitir música selecta, pronto fueron desviándose hacia la popular moderna; ahora predominan las emisoras FM con la música conocida como «Salsa».

La televisión comenzó con gran ímpetu y pocos recursos. Sin embargo, tuvo el respaldo de las principales agencias de publicidad y logró estabilizarse por completo. Luego de inaugurarse el Canal 2 en marzo de 1954, el Canal 4 abrió sus puertas ese mismo año, unos meses después. El Canal 5 de Mayagüez fue al aire en 1955; el Canal 7 de Ponce en 1958, al igual que el Canal 9. Luego vino el Canal 6 del Gobierno junto con el Canal 3 y más tarde el Canal 12 de Aguadilla y el Canal 11 de San Juan. En fin, que en pocos años, ya Puerto Rico tenía más televisores por milla cuadrada que cualquier país de América del Sur. En 1968 se inauguró la primera emisora de TV a color, el Canal 2, y ya todas transmiten a color. Puerto Rico cuenta con una industria de televisión muy próspera. Las técnicas más modernas de programación y mercadeo se ponen en práctica y mueven más de cien millones de dólares al año. Podemos afirmar sin temor a equivocarnos que Puerto Rico está a la vanguardia en Latinoamérica, tanto en radio como en televisión, pero especialmente en esta última.

Sin embargo, los últimos tres lustros del siglo XX han visto a la Radio y la Televisión de Puerto Rico sufrir varios cambios dramáticos y nos preguntamos si habrán sido para bien o para mal. La tecnología ha avanzado en forma espectacular. Hoy pueden hacerse en radio o en televisión cosas que antes no se podían. Nuevos tipos de micrófonos con adelantos increíbles. Consolas y transmisores para radio y para televisión que mejoran considerablemente la calidad de las transmisiones que estos dos medios llevan al aire.

En radio, la cobertura ha mejorado mucho con la tendencia de las emisoras más potentes del Área Metropolitana haciendo cadena con emisoras de los pueblos de la isla. Se han creado cadenas muy poderosas cuando las emisoras de San Juan han comenzado a comprar las emisoras de la isla y constituir esas cadenas. Sin embargo, todo ese adelanto tecnológico tropieza con la inhabilidad de esas emisoras para producir programas de calidad para el público. Los noticiarios, que son los preferidos en las emisoras de Amplitud Modulada (AM), adolecen de varias fallas como: locutores mediocres con voces desagradables y poco preparados culturalmente para realizar una buena labor; falta de control adecuado para confeccionar una programación agradable al público; falta de un sistema adecuado para llevar al aire llamadas telefónicas que realmente aporten algo a nuestra cultura y eliminar las que así no lo hacen; proliferación de una gran cantidad de locutores y reporteros de noticias, algunos muy buenos y otros no tan buenos. Es significativa la participación de la mujer en este renglón, ya que constituye mayoría, pero hay que esperar un tiempo más para ver cuántas perduran en el medio.

Las estaciones de radio de Frecuencia Modulada (FM) se dedican mayormente a la música, pero aquí también predomina la mediocridad. Los productores de estas emisoras se aferran a un sistema que ellos dicen es el que más gusta al público pero que no deja de ser una copia mal hecha de los sistemas norteamericanos. Esto los lleva a ofrecer al público un tipo de música «moderna» que consiste mayormente de tres ritmos, salsa, merengue y balada, amenizado a veces por el *rap,* el *reggae* y otros ritmos ajenos a nuestra cultura y a nuestra idiosincrasia de pueblo.

La televisión anda por el mismo camino. Películas y mas películas, violencia y más violencia, sexo y más sexo. Una escasez lamentable de programas con talento vivo que realmente sean agradables e instructivos. Una posible excepción son las emisoras del Gobierno, que han incluido en su programación espectáculos musicales muy atractivos y programas muy variados.

Hay que reconocer que los costos de producción actualmente son muy elevados y que producir un programa de televisión en vivo hoy es incosteable, pero se puede lograr hacer un programa aceptable a un costo bajo si se utiliza la creatividad del productor y de los participantes. En los comienzos de la televisión en Puerto Rico se trabajaba con muy poco dinero y se lograban magníficas producciones, y los que laboraban en ella se entregaban por completo a su trabajo y el resultado era óptimo. Hoy hay más dinero, más adelantos tecnológicos, pero no se logra la calidad de antes. Quizás la forma en que operan las agencias de publicidad, que controlan los grandes presupuestos, sea el factor deteminante para este estado de cosas. Lo cierto es que se ha adelantado muy poco en términos de mejorar la calidad de los programas de radio y televisión. (*Mariano Artau*).

Nota: Ver información relacionada en **Transportación y comunicaciones.**

▼ Raffucci, Francisco L.

Agricultor, experto en la siembra e industrialización de la caña de azúcar. Nació en Rincón en 1931. Estudió en la Escuela de Administración de la Universidad Estatal de Oklahoma, Estados Unidos, donde también siguió un curso de Administración Aérea. Sirvió en las Fuerzas Aéreas de Estados Unidos de América durante la Guerra de Corea. En 1959 se graduó de bachiller en Ciencias Agrícolas en el Colegio Universitario de Mayagüez. Trabajó en la administración de la Central Coloso, y fue director ejecutivo de la Corporación Azucarera (1982–84). Ha escrito para esta obra el artículo sobre la industria del azúcar en el siglo XX.

▼ Rama menuda

Ver **Hoja menuda.**

▼ Ramírez, Adrián Nelson

Pintor nacido en Sabana Grande en 1934. Cursó estudios en las universidades Interamericana de San Germán y de Nueva York, y en la Escuela de Arte del Museo de Brooklyn. Se ha dedicado a la enseñanza. Ha expuesto sus obras en Puerto Rico y Estados Unidos y ganado premios.

▼ Ramírez, Alonso

Aventurero puertorriqueño nacido en San Juan alrededor de 1663, cuya accidentada vida narró Don Carlos de Sigüenza y Góngora en la obra que lleva por título *Infor-* *tunios que Alonso Ramírez, natural de la ciudad de Puerto Rico, padeció, así en poder de ingleses piratas que lo apresaron en las Islas Filipinas, como navegando por sí solo y sin derrota, hasta varar en la costa de Yucatán: consiguiendo por este medio dar vuelta al mundo* (1690). Ramírez fue hijo de Lucas de Villanueva, carpintero de ribera andaluz, y de Ana Ramírez, sanjuanera. Embarcó en San Juan rumbo a La Habana en 1675, y de allí en busca de aventuras visitó las colonias españolas de Sudamérica, México y otros países. En el capítulo VIII de los de *Infortunios,* titulado «Motivos que tuvo para salir de su patria: Ocupaciones y viajes que hizo por la Nueva España, su asistencia en México», Sigüenza y Góngora escribe lo que le narró nuestro biografiado: «Es mi nombre Alonso Ramírez y mi patria la Ciudad de San Juan de Puerto Rico, cabeza de la isla, que en los tiempos de ahora con este nombre y con el de Borinquen en la antigüedad entre el seno mexicano y el mar Atlántico divide términos. Hácenla célebre los refrescos que hallan en su deleitosa aguada cuantos desde la antigua navegan sedientos a la Nueva España; la hermosura de su bahía, lo incontrastable del Morro que la defiende; las cortinas y baluartes coronados de artillería que la aseguran. Sirviendo, aún no tanto esto, que en otras partes de las Indias también se halla, cuando el espíritu que a sus hijos les reparte el genio de aquella tierra sin escasez, a tenerla privilegiada de las hostilidades de corsantes.

«Empeño es éste en que pone a sus naturales su pundonor y fidelidad sin otro motivo, cuando es cierto que la riqueza que le dio nombre por los veneros de oro que en ella se hallan, hoy por falta de sus originarios habitadores que los trabajen y por la vehemencia con que los huracanes procelosos rozaron los árboles de cacao que a falta de oro provisionaban de lo necesario a los que lo traficaban, y por el consiguiente al resto de los isleños, se transformó en pobreza.

«Entre los que ésta había tomado muy a su cargo fueron mis padres y así era fuerza que hubiera sido porque no lo merecían sus procederes; pero ya es pensión de las Indias el que así sea. Llamóse mi padre Lucas de Villanueva, y aunque ignoro el lugar de su nacimiento cónstame porque varias veces se le oía que era andaluz, y sé muy bien haber nacido mi madre en la misma ciudad de Puerto Rico y es su nombre Ana Ramírez, a cuya cristiandad le debí en mi niñez lo que los pobres sólo le puedan dar a sus hijos que son consejos para inclinarlos a la virtud.

«Era mi padre carpintero de ribera, e impúsome (en cuanto permitía la edad) al propio ejercicio, pero reconociendo no ser continua la fábrica y temiéndome no vivir siempre, por esta causa, con las incomodidades que aunque muchacho me hacían fuerza determiné hurtarle el cuerpo a mi misma patria para buscar en las ajenas más conveniencia.

«Valime de la ocasión que me ofreció para esto una urqueta del Capitán Juan del Corcho que salía de aquel puerto para el de La Habana, en que corriendo el año de 1675, y siendo menos de trece los de mi edad me recibieron por paje. No me pareció trabajosa la ocupación considerándome en libertad y sin la pensión de cortar madera; pero confieso que tal vez presagiando lo porvenir dudaba si podría prometerme algo que fuese bueno, habiéndome valido de un corcho para principiar mi fortuna. Mas; ¿quién podrá negarme que dudé bien, advirtiendo consiguientes mis sucesos a aquel principio? Del puerto de La Habana (célebre entre cuantos gozan las islas de Barlovento, así por las conveniencias que le debió a la naturaleza que así lo hizo, como por las fortalezas con que el arte y el desvelo lo ha asegurado), pasamos al de San Juan de Ulúa, en la tierra firme de Nueva España, de donde apartándome de mi patrón subí a la ciudad de la Puebla de los Ángeles, habiendo pasado no pocas incomodidades en el camino, así por la aspereza de las veredas que desde Xalapa corren hasta Perote, como también por los fríos que por no experimentados hasta allí, me parecieron intensos. Dicen los que la habitan ser aquella ciudad inmediata a México en la amplitud que coge, en el desembarazo de sus calles, en la magnificencia de sus templos y en cuantas otras cosas hay, que la asemejan a aquélla; y ofreciéndoseme (por no haber visto hasta entonces otra mayor) que en ciudad tan grande me sería muy fácil el conseguir conveniencia grande, determiné, sin más discurso que este, el quedarme en ella, aplicándome a servir de carpintero para granjear el sustento en el ínterin que se me ofrecía otro modo para ser rico.

«En la demora de seis meses que allí perdí experimenté mayor hambre que en Puerto Rico y abominando la resolución indiscreta de abandonar mi patria por tierra a donde no siempre se da acogida a la liberalidad generosa, haciendo mayor el número de unos arrieros, sin considerable trabajo me puse en México». (Fragmento tomado de *Crónicas de Puerto Rico. Desde la conquista hasta nuestros días (1493–1955)* de Eugenio Fernández Méndez). Ver **Literatura** y **Sigüenza y Góngora, Carlos de.**

▼ Ramírez, Francisco

Compositor, músico. Nació en San Germán en 1844 y falleció en 1900. Se le ha atribuido a Francisco Ramírez la paternidad de la música del Himno puertorriqueño, «La borinqueña», aparentemente sin mucha base, si nos remitimos a los relatos de los historiadores Salvador Brau y Cayetano Coll y Toste, y a las investigaciones de la profesora Monserrate Deliz.

▼ Ramírez, Guillermo

Músico, escritor. Nació en Bayamón en 1923. Se graduó de bachiller en la Universidad de Puerto Rico, y posteriormente realizó estudios graduados de Historia y Literatura, respectivamente, en las universidades Nacional Autónoma de México y de Columbia en Nueva York. Estudió Música en el Conservatorio de Madrid, España; en esa ciudad fue ayudante del director del Teatro de la Zarzuela (1956–1957). Dedicado a la docencia desde fines de la década del cincuenta, profesó en la Universidad Católica, recinto de Bayamón, y en la Universidad de la Ciudad de Nueva York, en la que dirigió el Departamento de Estudios Puertorriqueños del Colegio Herbert H. Lehman. Ha escrito libros de texto de Lengua y Literatura y es autor de *El arte popular en Puerto Rico. (En busca de las raíces de nuestra cultura)* (1974), prologado por la Dra. María Teresa Babín, obra en la que estudia los orígenes del arte en sus raíces españolas y africanas. Fue organista y director del coro de la iglesia de la Santa Cruz de Bayamón. Ha sido integrante de la Compañía Española de Roberto Iglesias, bailarín, cantante y diseñador de vestuario para Ballets de San Juan y Ballet de Alicia Alonso.

▼ Ramírez, Juanchín

Compositor puertorriqueño de música popular; entre sus composiciones «Anabacoa», «Decepción» y «Pobre trovador».

▼ Ramírez, Luis Antonio

Compositor y profesor nacido en San Juan en 1923 y fallecido en 1994. Estudió en el Conservatorio de Música de Madrid, España. Fue distinguido con el Gran Premio Puertorriqueño de Música de la Academia de Artes y Ciencias de Puerto Rico (1983). Ver más información en **Música.**

▼ Ramírez Brau, Enrique

Historiador, poeta. Nació en Añasco en 1894 y falleció en Ponce (1894–1970). Era nieto de Salvador Brau. Escribió para *El Boletín Mercantil de Puerto Rico, El Imparcial, La Democracia, El Día* y *El Mundo.* En 1946 ganó el premio de periodismo del Instituto de Literatura Puertorriqueña. Entre 1920 y 1945 dio a la imprenta los cuadernos de versos *Opúsculo a José de Diego, Lira rebelde, Bajo tu cielo azul, El arquero soy yo, Esplín, Canciones en la sombra* y *Frisos inmortales.* Como historiador publicó *Investigación histórica acerca del escudo de armas de Puerto Rico, Orígenes puertorriqueños. Del año 1653 al 1853* e *Historia y genealogía del pirata Cofresí.* Dedicó a su abuelo la obra *Mi abuelo Salvador Brau* (1957).

▼ Ramírez de Arellano, Clemente

Poeta. Nació en Manatí y falleció en la misma ciudad (1868–1945). Se graduó de farmacéutico, profesión que ejerció en su pueblo natal; allí también fue maestro, director escolar, juez municipal y alcalde. Publicó poemas y ensayos en la prensa, en *Atenas, El Carnaval, El Mundo, El Palenque de la Juventud, La Chispa, La Democracia, La Revista Blanca* y en *Puerto Rico Ilustrado.* Sus poemas «¿Dudo o creo?», «Fiat Lux» y «La poesía» obtuvieron premios en distintos concursos literarios, así como su ensayo «Plantas indígenas, sus propósitos medicinales y su aplicación a las ciencias, las artes e industrias» (1905). En 1939 dio a conocer un poemario, *Algas* (1939).

▼ Ramírez de Arellano, Diana

Poeta, ensayista. Nació en Nueva York en 1919; es hija de Enrique Ramírez Brau. Se graduó de bachiller y maestra en Artes en las universidades de Puerto Rico y Columbia, respectivamente, y de doctora en Filosofía y Letras en la Universidad Central de Madrid (1952). Ha sido profesora de Lengua y Literatura Española en las universidades de Carolina del Norte, del Estado de Nueva Jersey y en el City College de Nueva York. Sus versos y artículos de crítica literaria han aparecido en publicaciones periódicas de México, Madrid y San Juan. Fue miembro fundador y presidenta del Ateneo Puertorriqueño de Nueva York y miembro de la Academia de Doctores de Madrid. En su extensa obra poética se cuentan los siguientes poemarios *Yo soy Ariel* (1947), *Albatros sobre el alma* (1955), *Ángeles de ceniza* (1958, premiada por el Instituto de Literatura Puertorriqueña y el Ateneo Puertorriqueño), *Un vuelo casi humano* (1960), *Privilegio* (1965), *El señalado oficio de la muerte* (1974), *Árbol en vísperas* (1988). Entre sus ensayos los siguientes: *«Los Ramírez de Arellano» de Lope de Vega* (1954), *Caminos de la creación poética en Pedro Salinas* (1956), *Poesía contemporánea en lengua española* (1961, premio de Literatura Puertorriqueña de la Universidad de Puerto Rico) y *La cultura en el panorama puertorriqueño de Nueva York* (1964).

Diana Ramírez de Arellano

▼ Ramírez de Arellano, Haydée

Poeta. Nació en San Germán en 1912. Se graduó de bachiller y maestra en Artes en las universidades de Puerto Rico y Católica de América en Washington, D. C., respectivamente. Comenzó a escribir versos desde la infancia; los primeros los publicó

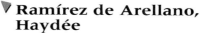

LA POESÍA

(Fragmento)

Tus huellas he seguido, paso a paso,
e ignoro a dónde irás, bella poesía.
¿Cuál ha sido tu cuna…? ¡el
                              [cielo acaso…!
Has debido empezar aquel gran día
en que el hombre primero, al
                              [rayo ardiente
de la joven creación que sonreía
con inefable calma
caer sintió de repente:
¡un beso de mujer sobre la frente
y una gota de amor dentro del
                              [alma!

Has debido nacer cuando su broche
entreabieron las rosas, y el estío
de su verde caudal hizo derroche;
cuando, al romper en medio del
                              [vacío
el arcángel trigueño de la noche
sus collares de perlas de rocío,
con millones de borlas de topacio,
¡Dios queriendo mostrar su
                              [poderío
adornó la cenefa del espacio!

Clemente Ramírez de Arellano

en la revista *Brújula,* cuando aún era estudiante universitaria; posteriormente sus versos han aparecido en *Asomante, El Mundo, Orfeo,* y *Puerto Rico Ilustrado,* y en varias antologías de poesía puertorriqueña. En 1951 publicó una selección titulada *Poemas.* Cesáreo Rosa-Nieves nos dice que a pesar de que Haydée Ramírez se ha inspirado en Alfonsina Storni y Juana de Ibarbourou, «el temario amoroso lo orquesta con dulce discreción, y sin traspasar la zona descarnada del erotismo hirviente. Muy femenina es, dentro de un sensualismo primoroso de color, luz y paisaje nativista.» (En *Aguinaldo lírico de la poesía puertorriqueña*). De su producción Rosa-Nieves prefiere sus poemas «Persecución» y «Evocación».

▼ Ramírez de Arellano, Olga

Olga Ramírez de Arellano

Poeta. Nació en San Germán en 1911. Se graduó de bachiller en Humanidades en la Universidad de Puerto Rico (1936). Hacia esta época publicó sus primeros versos en el periódico *La Torre.* Ha escrito una extensa obra poética. En 1947 publicó *Cauce hondo,* y entre 1962 y 1972 lo siguientes poemarios: *El rosal fecundo, La tierra de la diafanidad, A la luz del flamboyán, Te entrego amor, Mar de poesía, Dos veces retoño. Nana, Cada ola. Escucha mi alma un canto, Orbe, En mis ojos verás todos los mundos, Amor que es como un rezo* y *Traigo un ramillete.* Además cultiva el cuento y el teatro. Es lamentable que gran parte de su producción literaria se encuentre inédita.

▼ Ramírez de Arellano, Rafael W.

Historiador, educador. Nació en San Juan y falleció en la misma ciudad (1883–1974). En el Instituto Civil de Segunda Enseñanza de la citada ciudad se graduó de bachiller. Durante tres décadas ejerció la docencia en la Universidad de Puerto Rico, institución que lo nombró Profesor Eméritus y le otorgó un doctorado *Honoris causa* en Filosofía y Letras; en ella fundó y dirigió el Museo de Historia de Puerto Rico. Fue jefe de protocolo e historiador de la alcaldía de San Juan. Publicó conferencias y libros sobre el folklore y la historia de Puerto Rico; entre ellos, *Folklore puertorriqueño. Cuentos y adivinanzas recogidos de la tradición oral* (1926), parte del cual volvió a publicar en 1957 bajo el título de *Cuentos folklóricos; Los huracanes de Puerto Rico* (1932), *Cartas y relaciones históricas sobre Puerto Rico, 1493–1598* (1935), *Instrucciones al diputado Don Ramón Power y Giralt* (1936), *La reconstrucción agrícola de 1826* (1936), *La procesión borincana* (1939), *La capital a través de los siglos* (1950), *Cómo vivían nuestros abuelos* (1957) y *La última tarde* (1964).

▼ Ramírez de Estenós, Felipe

El Coronel Ramírez de Estenós fue gobernador y capitán general de Puerto Rico entre 1753 y 1757. Bajo su mando se llevó a cabo el desalojo de la isla de Vieques, entonces ocupada por colonos ingleses, y se promovió el cultivo del cafeto. Le sucedió en el cargo Esteban Bravo de Rivera.

▼ Ramírez Santibáñez, José

Abogado, político, escritor. Nació en Cabo Rojo y falleció en San Juan (1895–1950). Miembro fundador del Partido Liberal Puertorriqueño, entidad política que presidió (1939). Escribió, en colaboración con Carlos N. Carreras, el drama teatral *Juan Ponce de León* (1932); de su sola autoría es una *Cartilla biográfica de Eugenio María de Hostos* (1912).

▼ Ramírez y Villaurrutia, Alejandro

Economista español nacido en Alaejos, Castilla la Vieja, y fallecido en La Habana, Cuba (1777–1821). Fue el primer intendente de Puerto Rico, nombrado por las Cortes de Cádiz en 1812. Estudió Filosofía y Economía en Valladolid, estudios que más tarde continuó con el escritor y político español Gaspar de Jovellanos. En Puerto Rico organizó la hacienda pública y las aduanas insulares; creó las aduanas de Ponce, Mayagüez, Fajardo y Aguadilla; habilitó varios subpuertos, entre ellos los de Arecibo, Añasco y Guayama; suprimió los derechos arancelarios sobre la importación de maquinarias e implementos agrícolas e industriales; promovió la inmigración de agricultores canarios; estableció la Corte Mercantil y la Real Lotería; introdujo la moneda macuquina y puso en vigor la Real Cédula de Gracias. Fundó la Sociedad Económica de Amigos del País. En 1815 fue trasladado a la ciudad de La Habana, donde también realizó una exitosa labor.